Mentes brilhantes, rombos bilionários

Mentes brilhantes, rombos bilionários

SCOTT PATTERSON

TRADUÇÃO
Gabriel Zide Neto

REVISÃO TÉCNICA
Ricardo Doninelli Mendes

4ª edição

RIO DE JANEIRO | 2022

CIP-BRASIL. CATALOGAÇÃO-NA-FONTE
SINDICATO NACIONAL DOS EDITORES DE LIVROS, RJ.

P344M
4ª ed.

Patterson, Scott, 1969-
    Mentes brilhantes, rombos bilionários / Scott Patterson; tradução:
Gabriel Zide Neto; Revisão técnica: Ricardo Doninelli Mendes. – 4ª ed. – Rio
de Janeiro: Best Business, 2022.

    Tradução de: The quants
    ISBN 978-85-7684-469-3

    1. Ciência da administração — Estados Unidos. 2. Consultores de
investimentos — Estados Unidos. 4. Acionistas — Estados Unidos.
5. Investimentos — Modelos matemáticos — História. 6. Finanças — Estados
Unidos. I. Titulo.

11-7611.

CDD: 332.6409273
CDU: 336.764(73)

Texto revisado segundo o novo Acordo Ortográfico da Língua Portuguesa.

Título original norte-americano
THE QUANTS
Copyright © 2010 by Scott Patterson
Copyright da tradução © 2012 by Editora Best Seller Ltda.

Publicado mediante acordo com Crown Business,
um selo da The Crown Publishing Group, uma divisão da Random House, Inc.

Capa: Sérgio Carvalho | Periscópio
Editoração eletrônica: FA Editoração

Todos os direitos reservados. Proibida a reprodução,
no todo ou em parte, sem autorização prévia por escrito da editora,
sejam quais forem os meios empregados.

Direitos exclusivos de publicação em língua portuguesa para o Brasil
adquiridos pela
EDITORA BEST SELLER LTDA.
Rua Argentina, 171, parte, São Cristóvão
Rio de Janeiro, RJ — 20921-380
que se reserva a propriedade literária desta tradução.

Impresso no Brasil

ISBN 978-85-7684-469-3

Seja um leitor preferencial Record.
Cadastre-se e receba informações sobre nossos lançamentos
e nossas promoções.

Atendimento e venda direta ao leitor:
sac@record.com.br

Para mamãe e papai

Sumário

■ ■ ■

Os atores   9

1 ■ APOSTANDO TUDO   13

2 ■ O PODEROSO CHEFÃO ED THORP   29

3 ■ LEVANDO DO MERCADO   45

4 ■ O SORRISO DA VOLATILIDADE   69

5 ■ QUADRA DE ASES   91

6 ■ O LOBO   137

7 ■ A REDE DO DINHEIRO   157

8 ■ VIVENDO O SONHO   197

9 ■ "EU CRUZO OS DEDOS PELO FUTURO"   235

10 ■ O FATOR AGOSTO   267

11 ■ O RELÓGIO DO JUÍZO FINAL   309

12 ■ UMA FALHA   333

13 ■ A OBRA DO DEMÔNIO   367

14 ■ *DARK POOLS*   381

Notas   395

Glossário   403

Agradecimentos   407

Índice   409

Os atores

Peter Muller, gestor excêntrico e desbocado do PDT, sigiloso fundo de hedge do Morgan Stanley. Matemático inteligentíssimo, de vez em quando descia para o metrô de Nova York a fim de tocar teclado para os transeuntes. Em 2007, Muller tinha acabado de voltar para o fundo de hedge depois de um longo período sabático, com planos grandiosos para ampliar suas operações e aumentar ainda mais os lucros.

Ken Griffin, administrador durão do Citadel Investment Group, com sede em Chicago, um dos maiores e mais bem-sucedidos fundos de hedge do mundo. Nos anos anteriores à quebra, Griffin permitiu-se prazeres como comprar um quadro de Jasper Johns no valor de US$ 80 milhões e se casar no palácio de Versalhes, na França.

Cliff Asness, homem de pavio curto e língua afiada, fundador do AQR Capital Management, um fundo de hedge com quase US$ 40 bilhões de ativos sob administração na época da quebra. Poucos dias antes da crise o fundo estava prestes a protocolar os papéis para uma oferta pública de ações.

Boaz Weinstein, "mestre vitalício" de xadrez, craque no baralho e poderoso trader de derivativos no Deutsche Bank, que transformou o fundo de hedge interno Saba ("avô sábio", em hebraico) em um dos mais poderosos na área de operação de crédito do mundo, movimentando negócios de até US$ 30 bilhões.

MENTES BRILHANTES, ROMBOS BILIONÁRIOS

Jim Simons, gestor bilionário, recluso e extremamente discreto da Renaissance Technologies, o fundo de hedge mais bem-sucedido de todos os tempos, cujas misteriosas técnicas de investimento são geradas por cientistas oriundos das áreas de análise criptográfica e reconhecimento de voz por computador.

Ed Thorp, chefão dos quants. Quando professor de matemática na década de 1950, Thorp utilizou suas habilidades para quebrar a mesa de vinte e um (ou blackjack), juntando temas-chaves do mundo dos jogos e do investimento e, mais tarde, se tornou o primeiro gênio da matemática a sacar como usar técnicas semelhantes para ganhar milhões em Wall Street.

Aaron Brown, o quant que usou suas habilidades matemáticas para humilhar totalmente a velha-guarda de Wall Street no jogo de negócios que ficou conhecido como o jogo da mentira. A sua carreira o colocou na primeira fila da explosão do setor de títulos lastreados em hipotecas.

Paul Wilmott, guru extraordinário dos quants e fundador do programa de finanças quantitativas da Universidade de Oxford. Em 2000, Wilmott começou a advertir sobre a possibilidade de um colapso dos mercados administrados por matemáticos.

Benoit Mandelbrot, matemático que, já na década de 1960, alertava sobre os perigos que as grandes oscilações do mercado representavam para os modelos adotados pelos quants — mas que logo foi reduzido a uma nota de rodapé na longa marcha para uma vitória aparentemente inevitável no mundo dos quants.

"Nós nos envolvemos num lamaçal imenso, depois de meter os pés pelas mãos no controle de uma máquina delicada cujo funcionamento não conhecemos. O resultado disso é que nossas possibilidades de riqueza foram desperdiçadas por um tempo — talvez um bom tempo."

JOHN MAYNARD KEYNES
A grande depressão de 1930

· 1 ·

Apostando tudo

Peter Muller entrou no luxuoso Salão Versalhes do centenário hotel St. Regis, no centro de Manhattan, e deparou com um cenário incrível.

Não foram os três candelabros de cristal num teto cheio de ouro que chamou sua atenção, nem a dupla de espelhos antigos que iam do chão ao teto, nem os graciosos ternos Armani e os vestidos cheios de brilhantes. Havia outra coisa no ar que o fazia sorrir: o cheiro de dinheiro. E o doce perfume de algo de que ele gostava ainda mais: a mais pura e desmedida competição movida a testosterona. Era inebriante e estava em tudo à sua volta, desde o maravilhoso chiar de uma garrafa de champagne sendo aberta até os acenos e piscadelas dos amigos enquanto andava pelo salão — similar a um corredor da morte para um assassino —, cheio de banqueiros e gestores de fundos de hedge de primeira linha, os mais ricos do mundo — a sua turma.

O dia era 8 de março de 2006, e o Torneio de Pôquer de Wall Street estava prestes a começar. Mais de uma centena de jogadores bem-sucedidos circulava pelo salão, traders de elite e negociantes tradicionais durante o dia e entusiastas do jogo à noite. Aquela pequena reunião era o encontro de um seleto grupo de pessoas ricas e brilhantes que, apenas por conta do cérebro e de uma boa dose de audácia, haviam se tornado os novos magnatas de Wall Street. Essa roda das grandes finanças — e talvez Muller, mais que os outros — era tão discreta que poucas pessoas fora daquele salão tinham sequer ouvido falar de seus nomes. No entanto, nos bastidores, suas decisões controlavam a entrada e a saída de bilhões de dólares que passavam diariamente pelo sistema financeiro global.

Misturados a essa gente estavam alguns jogadores profissionais de pôquer, como T. J. Cloutier, vencedor de 60 grandes torneios, e Clonie Gowen, uma maravilhosa loura texana com um rosto de modelo e o corpo de uma coelhinha da *Playboy*. Porém, o mais importante para aquelas pessoas é que Gowen era uma das jogadoras de pôquer de maior sucesso dos Estados Unidos.

Muller, bronzeado, em forma e aparentando uma década menos que os seus 42, um Pat Boone em seu apogeu, aparentava a calma tranquila de um homem acostumado às vitórias. Acenou para Jim Simons, gênio da matemática, bilionário e fundador do fundo de hedge mais bem-sucedido do planeta, o Renaissance Technologies. Simons, careca e de barba branca, mago dos investimentos com técnicas quantitativas, retribuiu o aceno enquanto continuava a bater papo com o círculo de admiradores que o rodeava.

No ano anterior, Simons havia embolsado US$ 1,5 bilhão em taxas de administração do fundo, na época a maior quantia paga num único ano a um administrador de fundo de hedge.[1] Sua equipe de traders de elite, escondida em um pequeno enclave de Long Island, comandava os mais extraordinários avanços da ciência e da matemática, da física quântica e da inteligência artificial, e até da tecnologia de reconhecimento de voz, para extrair bilhões de dólares em lucros do mercado. Simons era um dos poucos investidores que podia fazer Muller trincar os dentes de inveja.

· 1 ·

Apostando tudo

Peter Muller entrou no luxuoso Salão Versalhes do centenário hotel St. Regis, no centro de Manhattan, e deparou com um cenário incrível.

Não foram os três candelabros de cristal num teto cheio de ouro que chamou sua atenção, nem a dupla de espelhos antigos que iam do chão ao teto, nem os graciosos ternos Armani e os vestidos cheios de brilhantes. Havia outra coisa no ar que o fazia sorrir: o cheiro de dinheiro. E o doce perfume de algo de que ele gostava ainda mais: a mais pura e desmedida competição movida a testosterona. Era inebriante e estava em tudo à sua volta, desde o maravilhoso chiar de uma garrafa de champagne sendo aberta até os acenos e piscadelas dos amigos enquanto andava pelo salão — similar a um corredor da morte para um assassino —, cheio de banqueiros e gestores de fundos de hedge de primeira linha, os mais ricos do mundo — a sua turma.

O dia era 8 de março de 2006, e o Torneio de Pôquer de Wall Street estava prestes a começar. Mais de uma centena de jogadores bem-sucedidos circulava pelo salão, traders de elite e negociantes tradicionais durante o dia e entusiastas do jogo à noite. Aquela pequena reunião era o encontro de um seleto grupo de pessoas ricas e brilhantes que, apenas por conta do cérebro e de uma boa dose de audácia, haviam se tornado os novos magnatas de Wall Street. Essa roda das grandes finanças — e talvez Muller, mais que os outros — era tão discreta que poucas pessoas fora daquele salão tinham sequer ouvido falar de seus nomes. No entanto, nos bastidores, suas decisões controlavam a entrada e a saída de bilhões de dólares que passavam diariamente pelo sistema financeiro global.

Misturados a essa gente estavam alguns jogadores profissionais de pôquer, como T. J. Cloutier, vencedor de 60 grandes torneios, e Clonie Gowen, uma maravilhosa loura texana com um rosto de modelo e o corpo de uma coelhinha da *Playboy*. Porém, o mais importante para aquelas pessoas é que Gowen era uma das jogadoras de pôquer de maior sucesso dos Estados Unidos.

Muller, bronzeado, em forma e aparentando uma década menos que os seus 42, um Pat Boone em seu apogeu, aparentava a calma tranquila de um homem acostumado às vitórias. Acenou para Jim Simons, gênio da matemática, bilionário e fundador do fundo de hedge mais bem-sucedido do planeta, o Renaissance Technologies. Simons, careca e de barba branca, mago dos investimentos com técnicas quantitativas, retribuiu o aceno enquanto continuava a bater papo com o círculo de admiradores que o rodeava.

No ano anterior, Simons havia embolsado US$ 1,5 bilhão em taxas de administração do fundo, na época a maior quantia paga num único ano a um administrador de fundo de hedge.[1] Sua equipe de traders de elite, escondida em um pequeno enclave de Long Island, comandava os mais extraordinários avanços da ciência e da matemática, da física quântica e da inteligência artificial, e até da tecnologia de reconhecimento de voz, para extrair bilhões de dólares em lucros do mercado. Simons era um dos poucos investidores que podia fazer Muller trincar os dentes de inveja.

Apostando tudo

Os dois se conheciam desde o início da década de 1990, quando Muller chegou a considerar a possibilidade de se unir à Renaissance, antes de começar seu próprio fundo de hedge com técnicas quantitativas dentro do Morgan Stanley, um gigantesco banco de investimentos americano. A equipe de Muller, que ele chamava de Process Driven Trading (PDT) [Negociações Orientadas por Processo], era tão secreta que a maioria dos funcionários do Morgan sequer sabia que ela existia. E mesmo assim, nos dez anos anteriores, esse grupo composto de aproximadamente 50 pessoas conseguiu um histórico de rentabilidade que seguia os passos dos melhores fundos de investimento de Wall Street, gerando lucros de US$ 6 bilhões para o banco.

Muller e Simons eram gigantes em um grupo incomum de investidores conhecidos como "quants", que utilizavam técnicas matemáticas mirabolantes e computadores supervelozes para colher do mercado pequenas quantias em dólares, bilhões de vezes. No início da década de 2000, esses investidores fanáticos por tecnologia passaram a dominar Wall Street, auxiliados por avanços teóricos na aplicação da matemática aos mercados financeiros, novidades que renderam a seus descobridores várias prateleiras de prêmios Nobel. Os quants aplicavam esses mesmos progressos ao trabalho extremamente prático e lucrativo de calcular padrões previsíveis da maneira como o mercado funcionava e se movia.

Esses investidores movidos a computação não davam a mínima para os "princípios" de uma empresa, ou para qualidades amorfas como o astral dos funcionários ou os rendimentos da alta diretoria. Esses detalhes ficavam para os dinossauros de Wall Street, os Warren Buffetts e Peter Lynches do mundo, investidores que se concentravam em assuntos que uma empresa normal se concentrava, e faziam bem o que era proposto. Os quants eram agnósticos para essas questões, dedicando-se, em vez disso, a prever se as ações de uma empresa subiriam ou cairiam baseados em uma quantidade estonteante de variáveis numéricas para saber o quanto uma ação estava barata em relação ao mercado, a velocidade com que uma ação havia subido ou caído (ou uma combinação dos dois fatores) e muito mais.

16 MENTES BRILHANTES, ROMBOS BILIONÁRIOS

Aquela noite no hotel St. Regis foi o momento de ouro dos quants, um "baile dos predadores"* para a turma dos protetores de carteiras. Eles comemoravam o domínio que exerciam sobre Wall Street, assim como os reis dos *junk bonds*, como Michael Milken, haviam dominado o mundo financeiro na década de 1980, ou como gestores de fundos de hedge espalhafatosos e instintivos, como George Soros, haviam conquistado Wall Street na década de 1990.[2]

Muller afastou uma mecha do cabelo castanho-claro de cima dos olhos e pegou um copo de vinho de uma bandeja que passava, enquanto procurava seus amigos. Naquela noite, alguns investidores fundamentalistas, que não eram quants, se misturavam a esse novo grupo. David Einhorn, o gestor com carinha de bebê do Greenlight Capital (que recebeu esse nome depois que sua mulher lhe deu o sinal verde para lançar o fundo, na década de 1990), podia ser visto conversando no celular ao lado de uma imensa janela panorâmica com vista para a esquina da rua 55 com a Quinta Avenida. Com apenas 37 anos de idade, ele ganhava rapidamente a reputação de ser um dos investidores fundamentalistas mais perspicaz do ramo, obtendo retornos de 20% ou mais, um ano após outro. Einhorn também era um ás no jogo de pôquer e chegaria ao 18º lugar na Série Mundial de Pôquer de Las Vegas, no ano seguinte, faturando US$ 659.730.

O próximo bilionário que Muller viu foi Ken Griffin, o implacável gestor de olhos azuis do Citadel Investment Group de Chicago, um dos maiores e mais bem-sucedidos fundos de hedge do mundo. Uma espécie de urubu da área, o Citadel tinha a fama de se lançar sobre empresas em dificuldades e devorar os restos da carniça ensanguentada. O motor do fundo eram os modelos matemáticos computadorizados que guiavam cada movimento que fazia. Griffin, que cortava os cabelos pretos bem rentes, com um ar de quem não estava ali para brincadeiras, era o tipo de

---

* Referência a *The Predator's Ball*, livro de Connie Bruck sobre a ascensão e queda de Michael Milken e do crescimento das emissões de *junk bonds*, nos EUA da década de 1980. (*N. do T.*)

Apostando tudo

homem que despertava uma sensação meio sinistra de ameaça, mesmo em seus sócios mais próximos: *Eu é que não ia querer me desentender com o Ken numa viela escura. Será que ele sorri? O cara quer ser o rei de tudo aquilo em que toca.*

— Petey, meu garoto.

Muller sentiu alguém lhe puxar pelas costas. Era seu velho amigo Cliff Asness, companheiro de pôquer e gestor do AQR Capital Management, um dos primeiros fundos de hedge a usar métodos unicamente quantitativos. Asness, assim como Muller, Griffin e Simons, era um pioneiro entre os quants, começou a carreira no Goldman Sachs, no início dos anos 1990.

— Decidiu dar o ar da graça esta noite? — perguntou.

Asness sabia que Muller não perderia por nada no mundo essa coroação dos quants no pôquer. Há pouco tempo ele havia arrastado Asness para um jogo de pôquer de apostas altas com vários outros traders e figurões que administravam fundos de hedge nos quartos mais luxuosos dos hotéis de Manhattan. O jogo tinha um cacife de US$ 10 mil, que não passava de um trocado para traders de primeiríssima linha como Asness e Muller.

Os quants mandavam naquela rodada particular de pôquer, mas titãs do tradicional mundo dos investimentos também participavam. Carl Icahn, o financista bilionário que começara em Wall Street com US$ 4 mil ganhos no pôquer, era uma presença constante. Assim como Marc Lasry, gestor do Avenue Capital Group, o fundo de hedge de US$ 12 bilhões que posteriormente, naquele ano, acabaria contratando Chelsea Clinton, a filha do ex-presidente. Lasry era conhecido como um investidor inteligente cujo comportamento frio disfarçava sua mentalidade de deixar as coisas fluírem. Conta-se que um dia ele apostou US$ 10 mil numa mão sem sequer olhar as cartas. E ganhou.

O verdadeiro motivo da alfinetada de Asness é que ele nunca sabia quando Muller estaria na cidade, já que vivia correndo o mundo. Em uma semana, ele podia estar fazendo trilha no Butão ou praticando canoagem numa corredeira da Bolívia; na semana seguinte poderia estar

MENTES BRILHANTES, ROMBOS BILIONÁRIOS

esquiando num lugar inacessível do Parque Nacional de Grand Teton, em Wyoming, ou cantando música folk em um cabaré fuleiro de Greenwich Village. Muller até já foi visto cantando e tocando no teclado músicas de Bob Dylan no metrô de Nova York, recebendo algumas moedas de passageiros de bom coração, que não faziam a menor ideia de que aquele cantor aparentemente fracassado tinha um patrimônio de centenas de milhões de dólares e voava em seu próprio avião particular.

Asness, um homem atarracado, de cabelos rareando, rosto cheio e olhos bem azuis, usava calças cáqui e uma camiseta branca aparecendo por baixo da gola aberta. Ele acenou, alisando a barba ruiva e grisalha bem-aparada. Embora não curtisse a vida da mesma maneira que Muller, Asness era muito mais rico, gestor do seu próprio fundo de hedge e um poder emergente no mundo dos investimentos. Sua empresa, AQR (Applied Quantitative Research), administrava US$ 25 bilhões e crescia rapidamente.

Um ano antes, Asness havia sido tema de um longo e glorioso perfil na revista do *New York Times*. Ele vivia atacando as práticas condenáveis no setor de gestão de capital e risco, como as taxas de administração absurdamente altas cobradas pelos fundos mútuos. E tinha disposição intelectual para bancar esses ataques. Conhecido como um dos investidores mais inteligentes do mundo, Asness tinha se esforçado muito para conseguir o sucesso. Foi um aluno destacado no renomado departamento de economia da Universidade de Chicago, no início da década de 1990. E em meados da mesma década virou uma estrela no Goldman Sachs, antes de montar seu próprio negócio, em 1998, e lançar a AQR com US$ 1 bilhão e mais alguns trocados, quase um recorde naquela época. Seu ego tinha crescido juntamente com o valor na carteira, e o mesmo aconteceu com suas crises temperamentais. Apesar de as pessoas de fora conhecerem Asness por sua inteligência aguçada, moderada por um senso de humor humilde e autodepreciativo, dentro da AQR ele era famoso por quebrar computadores em surtos de raiva e por mandar e-mails que estraçalhavam o ego de funcionários intimidados a qualquer hora do dia ou da noite. Os companheiros de pôquer de Asness adoravam suas tiradas

Apostando tudo

marcantes e sua memória enciclopédica, mas também conheciam seu lado mais obscuro, seu humor volátil e seus surtos de fúria ao perder a mão no jogo.

— Aí vem o Neil — disse Asness, indicando Neil Chriss com a cabeça. Matemático silencioso e cerebral, com diplomas das Universidades de Chicago e de Harvard, Chriss tinha entrado em Wall Street pelo Morgan Stanley, onde conheceu Muller. Em 1998, trabalhou na Goldman Sachs Asset Management, logo depois que Asness saiu. Em 2004, Chriss estava construindo silenciosamente uma máquina quantitativa de primeira linha num fundo de hedge gigante chamado SAC Capital Advisors, comandada por um titã recluso e excêntrico chamado Steve A. Cohen. Ele também era membro do círculo interno dos quants que gostavam de jogar pôquer.

— Você viu o Boaz? — perguntou Chriss, correndo os olhos pelo salão.

Eles procuravam o quarto integrante de seu joguinho particular de pôquer, Boaz Weinstein. Com apenas 33 anos, Weinstein era o chefe de todas as operações de crédito do Deutsche Bank, o gigante alemão, nos Estados Unidos. "Mestre vitalício" em xadrez, ele tinha se tornado vice-presidente do Deutsche, em 1999, na tenra idade de 25 anos. Dois anos depois foi nomeado diretor administrativo da companhia, um dos mais novos em toda a história do banco. Administrou um fundo de hedge interno extremamente bem-sucedido no Deutsche, batizado por ele de Saba, que em hebraico significa "avô sábio" (em homenagem ao seu próprio saba). Algumas vezes por ano Weinstein pegava o jatinho para Las Vegas, junto com os membros da equipe secreta de vinte e um do MIT, muitos dos quais tinham trabalhado na mesa de operações do Deutsche. A equipe já tinha ganhado fama no best-seller *Quebrando a banca*, que logo ganharia uma versão hollywoodiana. As pessoas que o conheciam diziam que o nome de Weinstein estava na lista negra de mais de um cassino em Las Vegas. E ele não estava nem aí. Havia muitos cassinos e nenhum deles era melhor do que aquele onde ele jogava todo dia, em sua sala no terceiro andar no centro de Manhattan: Wall Street.

— Ele está ali — disse Muller, apontando para Weinstein, com seu rosto pálido, cabelos castanhos e teclando rápido num BlackBerry enquanto conversava com Gowen. Asness assobiou e coçou a garganta.

Os jogadores partiram logo para a ação. Uma campainha melódica chamou os retardatários para o salão principal, onde funcionários vestidos a caráter esperavam atrás de várias fileiras de mesas de jogo, com baralhos novinhos espalhados diante deles na forma de arco-íris. O jogo era Texas Hold'em. Na superfície, toda a ação era cordial, mas nas entrelinhas era uma guerra de foices. Afinal de contas, tratava-se de um evento de caridade. Quase US$ 2 milhões de arrecadação iriam apoiar um programa de matemática nas escolas públicas de Nova York — um beneficiário absolutamente adequado, uma vez que os jogadores eram célebres atletas da matemática em Wall Street. Muller, Asness, Griffin e Weinstein eram todos quants. A matemática era o ar que eles respiravam. Até as fichas de pôquer feitas para o evento vinham com os nomes de deuses da matemática, como Isaac Newton.

A combinação potente de brilhantismo na matemática, naturezas fervorosamente competitivas e um instinto de jogador exacerbado levava a uma obsessão quase fanática pelo pôquer — as chances, os jogos mentais envolvidos, os blefes (*se eu apostar tanto, ele vai pensar que eu acho que ele pensa que...*) Asness não levava o jogo tão a sério quanto Muller, Weinstein e Chris. Ele pegou o gosto alguns anos antes, depois de um torneio interno na AQR (que ele acabou vencendo). Mas os homens contra os quais ele competia eram absolutamente *fanáticos* por pôquer. Muller frequentava salões de pôquer desde a década de 1980, nos seus dias de jovem quant em Berkeley, na Califórnia. Em 2004, ele passou a levar o jogo tão a sério — e a ser tão bom nisso — que entrara para o World Poker Tour, embolsando quase US$ 100 mil em prêmios. Ele jogava pôquer na internet obsessivamente e teve até a ideia bizarra de lançar um fundo de hedge de pôquer pela internet. Weinstein, que preferia vinte e um, também não era bobo no pôquer, tanto que ganhou uma Maserati num torneio organizado pela NetJets, em 2005. Griffin simplesmente detestava perder para qualquer pessoa em qualquer jogo e se aproximava

Apostando tudo

da mesa de pôquer com o mesmo instinto cerebral matador que investia em suas negociações diárias.

Independentemente do quanto eles jogavam duro em lugares diferentes, nenhum jogo de pôquer tinha mais valor do que quando os parceiros em volta da mesa eram outros quants. Era mais do que uma batalha de inteligência sobre apostas consideráveis — era uma batalha de egos enormes. Todo dia eles se confrontavam diretamente em Wall Street, em um jogo de pôquer por computador de apostas altas nos mercados financeiros do mundo inteiro, medindo de longe as vitórias e as derrotas uns dos outros, mas aqui estava uma chance de medir sua capacidade pessoalmente. Cada um tinha uma estratégia própria para ganhar do mercado. Griffin se especializava em encontrar títulos baratos através de fórmulas matemáticas ou, pela mesma lógica, empresas baratas passando por maus bocados, prontas para serem colhidas; Muller gostava de comprar e vender ações em um ritmo alucinante, utilizando os computadores ultrapotentes do Morgan Stanley; Asness se valia de testes históricos de tendências do mercado, que remontavam a décadas, para detectar padrões ocultos desconhecidos das outras pessoas; Weinstein era um mago com os derivativos de crédito — valores mobiliários cuja soma deriva de algum ativo subjacente, como um título ou uma ação. Ele era adepto, especialmente, de um derivativo recém-lançado chamado *credit default swap* [swap de inadimplência de crédito], que é basicamente um seguro sobre um título de dívida.

Qualquer que fosse a operação característica que cada um preferia, eles tinham em comum algo muito mais poderoso: uma busca épica por uma qualidade etérea e intangível a que os quants costumavam se referir, de uma maneira respeitosa e sussurrada, como a Verdade.

A Verdade era um segredo universal sobre a maneira como o mercado funcionava, que só poderia ser descoberto através da matemática. Revelada pelo estudo dos padrões obscuros do mercado, a Verdade era a chave para se conseguir bilhões em lucros. Os quants construíram artefatos gigantescos — computadores turbinados conectados aos mercados financeiros do mundo inteiro — para buscar a Verdade e levá-los a

MENTES BRILHANTES, ROMBOS BILIONÁRIOS

fortunas inimagináveis. Quanto maior a máquina, mais eles saberiam da Verdade, e quanto mais soubessem da Verdade, mais poderiam apostar. E assim, raciocinavam, ficariam ricos. Pense em cientistas construindo artefatos cada vez mais poderosos para imitar as condições do momento do Big Bang e entender as forças em jogo na origem da criação. Tudo, é claro, era uma questão de dinheiro, mas também de prova. Cada dólar que eles acrescentavam era um passo a mais para provar que tinham realizado sua promessa acadêmica e descoberto a Verdade.

Os quants criaram um nome para a Verdade, um nome que cheirava a estudos cabalísticos de fórmulas mágicas: alfa. *Alfa* é uma palavra-código para um talento intangível de que certas pessoas são dotadas, que lhes dá a capacidade de ganhar consistentemente do mercado. Ela é usada em contraste com outra palavra grega, *beta*, um modo resumido de se falar de retornos de mercado comuns, que mesmo alguém com um cérebro atrofiado consegue.

Para os quants, o beta é horrível e o alfa é ótimo. O Alfa é a Verdade. Se você o tiver, pode ficar mais rico do que em seus sonhos mais loucos.

A ideia de alfa e sua promessa efêmera de uma riqueza descomunal estavam por todo lado no mundo dos fundos de hedge. A revista técnica preferida nesse mundo se chamava *Alpha*. Um site comum frequentado pela comunidade dos fundos de hedge se chamava Seeking Alpha [Procurando Alfa]. Vários quants naquele salão já haviam clamado, de uma maneira ou de outra, estar na posse de alfa. Asness chamou seu primeiro fundo de hedge, criado dentro do Goldman em meados da década de 1990, de Global Alpha. Antes de se mudar para o Morgan, em 1992, Muller ajudara a construir o Alphabuilder, um sistema informatizado de gestão de investimentos para um reduto de quants chamado BARRA, em Berkeley, Califórnia. Um velho cartaz de *Alphaville*, um filme noir de Jean-Luc Godard, da década de 1960, ficava pendurado nas paredes da sala do PDT na sede do Morgan, no centro de Manhattan.

Mas sempre havia uma aflição atormentando a beleza dos algoritmos dos quants. Talvez todo aquele sucesso não se devesse ao talento. Talvez tudo não passasse de pura sorte, ouro de tolo, um vento a favor

Apostando tudo

que poderia acabar a qualquer momento. E se os mercados não fossem previsíveis? E se os modelos de computador nem sempre funcionassem? E se a Verdade não pudesse ser descoberta? Pior ainda — e se a Verdade simplesmente não existisse?

No trabalho diário, enquanto buscavam a Verdade canalizando os fluidos ocultos de alfa, os quants ficavam isolados nos fundos de hedge e nas mesas de operações. Na mesa de pôquer, eles podiam se olhar nos olhos, sorrindo por cima das cartas enquanto lançavam mais uns US$ 10 mil em fichas em cima da mesa e continuavam no jogo, procurando ver aquela piscadela que desmascarava o blefe. Sim, claro, era um evento beneficente. Mas também era um teste. Talento no pôquer era sinônimo de talento na mesa de operações. E, potencialmente, significava algo mais: a presença mágica de alfa.

Enquanto a noite se desenrolava, os quants seguiam se dando bem. Muller conseguiu vitórias contra Gowen e Cloutier logo nas primeiras rodadas. Weinstein foi eliminado cedo, mas Muller e Asness continuaram a dominar os adversários. Griffin chegou a ficar entre os dez primeiros, antes de ficar sem sorte e sem fichas. Einhorn também. A ação ia ficando mais intensa na medida em que a hora avançava. Por volta de 1h30, restavam apenas três jogadores: Muller, Asness e Andrei Paraschivescu, um administrador de carteiras que trabalhava para Griffin no Citadel.

Asness não gostou das duas cartas que recebeu na mão seguinte e saiu logo do jogo, se contentando em esperar cartas melhores e deixando as apostas para Muller e Paraschivescu. A multidão ficou em silêncio. Apenas o barulho incessante das buzinas na Quinta Avenida entrava no salão silencioso.

Quebrando o silêncio, Griffin gritou uma ordem para seu subordinado:

— Andrei, semana que vem você não precisa nem aparecer para trabalhar se não ganhar de Pete. — Algumas pessoas na plateia se perguntaram se Griffin estava falando sério. Com ele, nunca se sabia.

O salão voltou a ficar em silêncio. Paraschivescu levantou a aba das duas cartas de cabeça para baixo à sua frente. Par de quatro. Nada mau. Muller olhou a aba de suas cartas e viu um par de reis. Ele decidiu arriscar tudo, empurrando todas as suas fichas para o bolo. Desconfiando de um blefe, Paraschivescu empurrou suas fichas para a frente e pagou para ver, mostrando o par de quatro. Muller mostrou seus reis e o único sinal de emoção foi um brilho de vitória nos olhos. Um grunhido saiu da plateia, o mais alto vindo de Griffin. As outras cartas que saíram não ajudaram Paraschivescu, e ele estava fora.

A decisão estava entre Muller e Asness, quant *versus* quant. Asness estava em enorme desvantagem. Muller tinha oito vezes mais fichas do que ele, depois de depenar Paraschivescu. Asness teria que ganhar várias mãos seguidas para ter ao menos uma chance. Estava totalmente à mercê de Muller.

Griffin, ainda se recompondo da perda de seu principal trader, prometeu doar US$ 10 mil à instituição de caridade favorita de Asness se ele derrotasse Muller.

— Você não é bilionário? — rebateu Asness. — Então está sendo muito mão de vaca, Ken.

Cartas distribuídas, Muller tinha um rei e um sete. Nada mau, mas também nada excepcional. Mesmo assim ele decidiu apostar tudo. Tinha muitas fichas. Parecia um movimento errado: Asness tinha uma mão melhor, com ás e dez. A cada carta que saía, parecia que Asness certamente levaria o bolo. Mas, na última, Muller conseguiu mais um rei. As chances eram pequenas, mas mesmo assim ele ganhou. É assim que o mundo real funciona, de vez em quando.

O público aplaudiu, enquanto Griffin cobria Muller de vaias. Depois, Muller e Asness posaram para fotos com seus troféus de prata e com Clonnie Gowen exibindo um sorriso de US$1 milhão de dólares entre eles. O maior sorriso era o de Muller.

■ ■ ■

Quando o clã de milionários e bilionários bem de vida se dispersava pelas ruas de Manhattan naquela noite, eles estavam no topo do mundo. A Bolsa de Valores estava em um dos períodos de alta mais longos já registrados na história. O mercado imobiliário estava crescendo. Os economistas falavam sem cessar de uma economia de cachinhos de ouro — nem muito quente, nem muito fria —, na qual um crescimento regular iria até a linha do horizonte.

Ben Bernanke, um brilhante economista de Princeton, tinha acabado de assumir o manche do Federal Reserve [Fed: o Banco Central americano] das mãos de Alan Greenspan. Em fevereiro de 2004, Bernanke havia feito um discurso, em Washington, que registrava o elevado astral da época. Intitulado "A Grande Moderação", o discurso se referia a uma nova e ousada era econômica em que a volatilidade — os espasmos e as sacudidas que atormentavam a vida e as carteiras das pessoas — seria permanentemente erradicada. Segundo ele, uma das principais forças por trás dessa Shangri-lá econômica era "uma sofisticação e uma profundidade cada vez maiores dos mercados financeiros".

Em outras palavras, quants como Griffin, Asness, Muller, Weinstein, Simons e os demais gênios da matemática que tinham dominado Wall Street haviam ajudado a domar a volatilidade dos mercados. Do caos eles haviam criado uma ordem através do conhecimento cada vez maior que tinham da Verdade. Toda vez que o mercado se afastava demais do ponto de equilíbrio, seus supercomputadores socorriam, engolindo os valores mobiliários que estivessem fora de preço e restaurando a estabilidade no reino que passava por dificuldades. O sistema financeiro se tornara uma máquina bem-azeitada, funcionando alegremente no universo matemático cristalino dos quants.

Para fornecer esse serviço à sociedade os quants eram muito bem-pagos. Mas quem poderia reclamar? Os trabalhadores comuns estavam vendo seus planos privados de aposentadoria subirem junto com a Bolsa, os preços dos imóveis subiam cada vez mais, os bancos tinham um monte de dinheiro para emprestar, os futuristas imaginavam que o índice Dow Jones subiria sem parar, ano após ano. E boa parte dos agradecimentos ia para os quants. Essa era uma grande época para se estar vivo, rico e brilhante em Wall Street.

O dinheiro entrava *enlouquecidamente*. Fundos de pensão, que se queimaram na derrocada das empresas de internet no ano 2000, em todos os Estados Unidos, migraram para os fundos de hedge, o veículo favorito dos quants, confiando a poupança para a aposentadoria de seus membros a esse grupo de investidores fechados e nada transparentes. O fundo de Asness, o AQR, começara com US$ 1 bilhão, em 1998. Em meados de 2007 os ativos sob administração beiravam os US$ 40 bilhões. A vaquinha do Citadel passava de US$ 20 bilhões. Em 2005, Jim Simons anunciou que a Renaissance lançaria um fundo que poderia administrar um número recorde de US$ 100 bilhões em ativos. Boaz Weinstein, com apenas 33 anos, lidava com posições de US$ 30 bilhões para o Deutsche Bank.

O crescimento tinha se dado a passos largos. Em 1990, os fundos de hedge tinham US$ 39 bilhões em ativos.[3] Em 2000, essa quantia havia saltado para US$ 490 bilhões e, em 2007, esse número havia explodido para US$ 2 trilhões. Nessa conta não entram as centenas de bilhões em fundos hedge administrados por bancos como Morgan Stanley, Goldman Sachs, Citigroup, Lehman Brothers, Bear Stearns e Deutsche Bank, que de empresas bancárias tradicionais se transformavam rapidamente em veículos envenenados de fundos de hedge com o objetivo fixo de ganhar dinheiro rápido — ou os outros trilhões de dólares em alavancagem que azeitavam os retornos como esteroides anabolizantes.

A Grande Bolha dos Fundos de Hedge — porque eles realmente eram uma bolha — foi uma das mais frenéticas corridas pelo ouro de todos os tempos. Milhares de defensores dos fundos de hedge ficaram mais ricos do que em seus sonhos mais loucos. Um dos bilhetes mais rápidos para a festa era uma formação em matemática e computação. Na Noite do Pôquer de Wall Street de 2006, Simons, Griffin, Asness, Muller e Weinstein estavam no alto do monte, vivendo vidas extravagantes, com seus jatinhos particulares, iates de luxo e mansões magníficas.

Apostando tudo

Um ano mais tarde cada um dos jogadores no salão se veriam à beira de uma das mais brutais derrocadas do mercado já vistas na história, um desabamento que eles ajudaram a criar. O fato é que, na busca pela Verdade, pelo alfa, os quants, sem querer, armaram a bomba e acenderam o pavio para a catástrofe financeira que começou a explodir de maneira espetacular em agosto de 2007.

O resultado foi, provavelmente, o maior, mais rápido e mais estranho colapso de todos os tempos, e o ponto de partida para a pior crise econômica mundial desde a Grande Depressão.

É impressionante como nenhum dos quants — apesar de todo o elevado QI que tinham e de suas paredes cheias de diplomas, seus impressionantes Ph.Ds., seus bilhões de dólares de patrimônio ganhos antecipando cada curva e queda do mercado, as dezenas de anos que passaram estudando cada desvio estatístico que aparecesse debaixo do sol — tenha visto o trem descarrilando.

Como foi que eles não perceberam isso? O que deu errado?

Uma pista para a resposta foi capturada há vários séculos pelo mesmo homem que tinha seu nome gravado nas fichas utilizadas pelos quants naquela noite de pôquer: Isaac Newton. Depois de perder £ 20 mil num enorme esquema de pirâmide chamado de a Bolha dos Mares do Sul, em 1720, Newton comentou:

— Eu sei calcular o movimento dos corpos celestes, mas não a loucura das pessoas.

·2·

O poderoso chefão Ed Thorp

Passava um pouco das 5h de um sábado, na primavera de 1961, e o sol estava prestes a aparecer em um pequeno e pestilento cassino em Reno, Nevada. Mas lá dentro, a escuridão era constante, pontuada pela luz de lâmpadas de neon. Um jogador de vinte e um estava sentado numa mesa, sozinho. Ele havia perdido US$ 100 e estava exausto. Ed Thorp estava irritadíssimo, mas não aceitava desistir.[1]

— Você pode fazer dois jogos de uma só vez? — perguntou à moça da banca, querendo acelerar o jogo.

— Não posso — disse ela. — São regras da casa.

Thorp se empertigou e rebateu:

— Eu passei a noite inteira jogando duas mãos de cada vez com os outros banqueiros.

— Um jogador com duas mãos afasta os outros jogadores — ela disparou, embaralhando as cartas.

MENTES BRILHANTES, ROMBOS BILIONÁRIOS

Thorp olhou em volta e viu que o cassino estava vazio. *Ela vai fazer o que for necessário para me impedir de ganhar.*

Então, ela começou a disparar as cartas rapidamente, tentando confundi-lo. Finalmente, Thorp encontrou a brecha que tanto esperara. Finalmente, *talvez*, ele viesse a ter a chance de provar o mérito de seu sistema de vinte e um no mundo real de um cassino. Aos 28 anos de idade, com cabelos pretos e uma tendência a falar pelo canto da boca, Thorp se parecia com centenas de jovens que passavam pelos cassinos de Nevada tentando encher os bolsos com um monte de fichas. Só que ele era diferente. Era um gênio completo detentor de um Ph.D. em física: pela Universidade da Califórnia, em Los Angeles (UCLA), professor de matemática no Massachusetts Institute of Technology e especialista em traçar estratégias para ganhar em todos os tipos de jogo, do bacará ao vinte e um.

Enquanto a noite se transformava em dia, Thorp havia mantido as apostas baixas, com US$ 1 ou US$ 2 de cada vez, enquanto buscava falhas no sistema. A dona Sorte também estava contra ele, mas logo isso iria mudar. Não tinha nada a ver com sorte, e tudo a ver com matemática.

O sistema de Thorp se baseava em cálculos matemáticos complexos e centenas de horas em frente a um computador, e se amparava principalmente no número de cartas de valor 10 que haviam sido distribuídas. No vinte e um, todas as figuras — rei, dama e valete — valem 10, além das quatro cartas de número 10 que já vinham em cada baralho de 52 cartas. Thorp calculara que, quando a proporção de 10 no baralho em relação às outras cartas aumentava, as chances pendiam a seu favor. De um lado, isso aumentava as chances de a banca estourar, já que o cassino sempre tinha que pedir carta quando tinha 16 ou menos. Colocando de outra maneira: quanto mais repleto de cartas de valor 10 um baralho estivesse, maiores as chances de ganhar da banca e receber o prêmio. A estratégia de Thorp de contar os números 10, também conhecida como estratégia Hi/Lo, foi um marco revolucionário na contagem de cartas.

O poderoso chefão Ed Thorp

Embora ele nunca pudesse ter certeza da carta que iria sair, sabia que tinha uma vantagem estatística, segundo uma das mais fundamentais leis da teoria das probabilidades: a lei dos grandes números. A regra afirma que quanto maior uma série de eventos aleatórios, como cara ou coroa — ou as mãos de um jogo de vinte e um —, mais certa se torna a média esperada. Dez caras ou coroas podem gerar sete caras e três coroas, portanto, 70% de caras e 30% de coroas. Mas 10 mil caras ou coroas *sempre* vão resultar em uma proporção muito mais próxima de 50% para cada lado. Na estratégia de Thorp, isso significava que, como ele dispunha de uma vantagem estatística no vinte e um, podia até perder algumas mãos, mas se jogasse por tempo suficiente, ele sempre sairia vencedor — desde que não perdesse todas as fichas.

Enquanto as cartas saíam das mãos da moça da banca, Thorp via pela exaustão que o jogo estava se inclinando a seu favor. O baralho estava cheio de figuras. *Hora de mandar ver.* Ele aumentou a aposta para US$ 4 e ganhou. Deixou o pagamento no mesmo lugar e ganhou de novo. Dava para ver que suas chances estavam melhorando. *Vai fundo.* Ele ganhou de novo, e estava com US$ 16, que se transformaram em US$ 32 na mão seguinte. Thorp recuou, realizando um lucro de US$ 12. Ele apostou US$ 20... e ganhou. Continuou apostando US$ 20 e ganhando. Ele logo recuperou os US$ 100 que havia perdido e mais alguma coisa. *Hora de encerrar a noite.*

Thorp pegou suas fichas e se virou para sair. Enquanto olhava para a moça da banca, percebeu uma estranha mistura de raiva e respeito em seu rosto, como se ela tivesse visto de relance alguma coisa estranha e impossível que não poderia explicar.

Thorp, evidentemente, estava mostrando que não era impossível — era bem real. O sistema funcionava. Ele sorriu enquanto saía do cassino e pegava o alvorecer em Nevada. Ele tinha acabado de ganhar da banca.

A vitória de Thorp naquela manhã foi apenas o começo. Logo ele passaria para um jogo muito maior, encarando os figurões de Wall Street, quando utilizaria suas formidáveis habilidades matemáticas para ganhar centenas de milhões de dólares. Thorp foi o primeiro quant, o desbravador que abriria o caminho para uma nova safra de traders matemáticos que, décadas mais tarde, conquistariam Wall Street — e quase destruiriam tudo.

Aliás, muitos dos maiores avanços na história das técnicas quantitativas vieram desse matemático desconhecido e endiabrado, um dos primeiros a aprender como utilizar a matemática pura para ganhar dinheiro — primeiro nas mesas de vinte e um, em Las Vegas, e depois no cassino global chamado de Wall Street. Sem o exemplo de Thorp, os futuros titãs financeiros como Griffin, Muller, Asness e Weinstein nunca teriam se reunido no hotel St. Regis naquela noite de março de 2006.

■ ■ ■

Edward Oakley Thorp sempre foi um pouco criador de casos. Filho de um oficial do Exército que lutou na Frente Ocidental durante a Primeira Guerra Mundial, ele nasceu em Chicago, no dia 14 de agosto de 1932. Desde cedo mostrou sinais de habilidades matemáticas, como calcular de cabeça quantos segundos havia num ano, aos 7 anos de idade. Sua família acabou se mudando para Lomita, na Califórnia, perto de Los Angeles, e Thorp se transformou no próprio geniozinho problemático. Sozinho a maior parte do tempo — durante a Segunda Guerra, sua mãe trabalhava no turno da tarde na Douglas Aircraft e o pai trabalhava no turno da noite no estaleiro de San Pedro —, ele tinha liberdade para deixar a imaginação correr solta. Explodir coisas era uma de suas distrações. Ele preparou alguns pequenos explosivos caseiros em um laboratório que tinha na garagem. Com nitroglicerina que a irmã de um amigo, que trabalhava numa indústria química, conseguia, ele fazia bombas improvisadas para abrir buracos na mata virgem de Palos Verdes. Nos momentos mais sóbrios, operava um rádio amador e jogava xadrez com adversários distantes, do outro lado da linha.

Um dia, ele e um amigo despejaram tinta vermelha na maior piscina interna da Califórnia, a Plunge, em Long Beach. Nadadores assustados fugiram, gritando, da mancha, e o incidente foi parar no jornal da cidade.

O poderoso chefão Ed Thorp 33

Outra vez, ele ligou o farol de um automóvel a um telescópio e o conectou a uma bateria de carro. Carregou o artefato até uma rua onde as pessoas namoravam nos carros, a cerca de 1 quilômetro de sua casa, e esperou os carros estacionarem. Quando as janelas dos carros começaram a ficar embaçadas, ele apertou um botão e iluminou todos os carros ali parados, como se fosse um policial com um refletor, morrendo de rir enquanto adolescentes em pânico fugiam em disparada.

No ensino médio, Thorp começou a pensar em jogar. Um de seus professores favoritos voltou de uma viagem a Las Vegas cheio de medos e avisos sobre como um jogador depois do outro era depenado na mesa de roleta.

— Não se pode ganhar dessa turma — dizia o professor.

Thorp não tinha tanta certeza. Em toda a cidade, tinha um monte de caça-níqueis ilegais que cuspiam um monte de moedas se a alavanca fosse puxada do jeito certo. A roleta também poderia ter uma fraqueza oculta, pensava ele. Uma fraqueza *estatística*.

Thorp continuava a pensar nas roletas no segundo ano da pós-graduação em física na UCLA, na primavera de 1955. Ele se perguntou se poderia descobrir um sistema matemático para ganhar consistentemente no jogo. Já estava pensando em utilizar a matemática para descrever a arquitetura de sistemas aparentemente aleatórios — uma abordagem que um dia ele levaria à bolsa de valores e transformaria na teoria que está no centro dos investimentos por métodos quantitativos.

Uma possibilidade era encontrar uma roleta que tivesse algum tipo de defeito. Em 1949, dois companheiros de alojamento na Universidade de Chicago, Albert Hibbs e Roy Walford, encontraram defeitos numa série de roletas no Reno e em Las Vegas e ganharam milhares de dólares. Essa façanha acabou virando uma matéria da revista *Life*. Hibbs e Walford eram estudantes universitários no California Institute of Technology, em Pasadena, e suas realizações eram bem conhecidas dos residentes mais sabidos da UCLA, vizinha da Caltech.

Thorp acreditava que era possível ganhar mesmo que a roleta não tivesse defeito. Aliás, não ter defeito tornava as coisas ainda mais fáceis,

MENTES BRILHANTES, ROMBOS BILIONÁRIOS

já que a bola viajaria por um caminho previsível, como a órbita de um planeta. A chave: como os crupiês continuam aceitando apostas depois de a bola ser lançada, é possível, teoricamente, determinar a posição, a velocidade e a rotação da bola e prever aproximadamente em que número ela vai cair.

O olho humano, evidentemente, não consegue realizar um feito dessa natureza. Thorp imaginou um computador portátil que pudesse monitorar o movimento da bola e da roleta e fazer uma rápida previsão de onde ela iria cair. Ele acreditava ser capaz de criar uma máquina que pudesse prever por estatística o movimento aparentemente aleatório de uma roleta: um observador esconderia o computador nas roupas e inseriria a informação sobre a velocidade da roleta; o apostador, a uma determinada distância, a receberia por um link de rádio.

Thorp comprou uma roleta com metade do tamanho normal e filmou-a em ação, marcando o movimento com um cronômetro que media em frações de centésimos de segundo. Ele logo percebeu que a roleta barata tinha muitos defeitos para desenvolver um sistema confiável. Decepcionado, ele arquivou a ideia, enquanto trabalhava na conclusão da pós-graduação. Mas a ideia continuou a incomodá-lo e ele persistiu em suas experiências.

Uma noite, seus sogros foram jantar com ele e a mulher, Vivian. Surpresos por Thorp não ter ido cumprimentá-los na porta, foram ver o que ele estava aprontando. Encontraram-no na cozinha jogando bolas de gude por uma canaleta em V e marcando a distância que as bolinhas percorriam até parar. Ele explicou que estava simulando o caminho de uma bola de roleta em movimento. Surpreendentemente, seus sogros não pensaram que a filha tivesse se casado com um maluco.

O casal foi a Las Vegas pela primeira vez em 1958, depois de Thorp ter colado grau e começado a lecionar. O simplório professor tinha ouvido falar que os hotéis de lá eram baratos e continuava a brincar com a ideia de ganhar da roleta. A maciez com que as roletas de Las Vegas rodavam o deixaram convencido de que poderia prever o resultado. Agora ele precisava apenas de uma roleta de verdade, do tamanho regulamentar, e do devido equipamento de laboratório.

Thorp também decidiu experimentar uma estratégia de vinte e um que ele tinha conhecido pouco antes, em um artigo de dez páginas publicado no *Journal of the American Statistical Association* pelo matemático do Exército Roger Baldwin e outros três colegas (James McDermott, Herbert Maisel e Wilbert Cantey) que trabalhavam no campo de provas de Aberdeen, uma unidade militar em Maryland.[2] Entre os fanáticos por vinte e um, o grupo de Baldwin viria a ser conhecido como os "Quatro Cavaleiros", embora ninguém do grupo tenha chegado a testar efetivamente a estratégia em Las Vegas. Em um período de 18 meses, os Quatro Cavaleiros tabularam uma enorme quantidade de dados em calculadoras de mesa, captando as probabilidades envolvidas em milhares de mãos diferentes de vinte e um.

Cientista nato, Thorp decidiu dar uma chance à estratégia de Baldwin em Las Vegas. Apesar de o teste ter se revelado inconclusivo (Thorp perdeu ao todo US$ 8,50), ele permaneceu convicto de que a estratégia poderia ser aprimorada. E isso aconteceu na primavera de 1959, pouco antes de Thorp se transferir da UCLA para o Massachusetts Institute of Technology.

No MIT, Thorp encontrou um celeiro de atividade intelectual que estava revolucionando silenciosamente a sociedade moderna. A função que ele foi ocupar, o cobiçado cargo de C. L. E. Moore Instructor,* pertencera antes a John Nash, o prodígio da matemática que acabaria ganhando o prêmio Nobel de Economia, de 1994, por seu trabalho sobre a teoria dos jogos, uma abordagem matemática sobre como as pessoas competem ou colaboram. (Mais tarde Nash ficaria conhecido como personagem de *Uma mente brilhante*, o livro e o filme que falavam de duas forças que se digladiavam: a do gênio e a da doença mental.)

---

* Cargo dado pelo Departamento de Matemática do MIT a novos Ph.Ds. que sejam promessa nas pesquisas de matemática pura. (*N. do T.*)

36   MENTES BRILHANTES, ROMBOS BILIONÁRIOS

No primeiro verão que passou em Cambridge, Thorp destrinchou os números do vinte e um, evoluindo lentamente para aquele que se tornaria um avanço histórico no jogo. Ele despejou montes de dados aleatórios em um computador procurando padrões ocultos que poderia explorar com lucro. No outono, ele já havia descoberto os elementos rudimentares de um sistema de vinte e um que poderia ganhar da banca.

Ansioso para publicar os resultados, ele optou por um jornal de muito prestígio no ramo, *The Proceedings of the National Academy of Sciences*. O problema era que o jornal só aceitava artigos de membros da academia. E, assim, Thorp foi procurar o único membro matemático da academia que lecionava no MIT, o dr. Claude Elwood Shannon, uma das mentes mais brilhantes e excêntricas do planeta.

■ ■ ■

Em uma tarde de novembro de 1960, Ed Thorp caminhava com pressa pelo campus coberto de folhas do MIT. Um vento frio vinha do rio Charles. O recém-chegado professor de matemática estremeceu, e seus nervos tremiam só de pensar em sentar-se frente a frente com Claude Shannon.

Poucas pessoas no MIT eram mais intimidadoras. Shannon era o cérebro por trás de dois dos maiores avanços intelectuais do século XX. O primeiro era a aplicação do sistema binário aos circuitos eletrônicos, que abriu caminho para o nascimento do computador. A grande sacada de Shannon foi pegar uma lógica de dois símbolos, por meio da qual os problemas são resolvidos pela manipulação de dois números, o 1 e o 0, e aplicá-lo a um circuito onde o 1 é representado por uma chave que está ligada e 0 por uma chave desligada. Sequências de chaves ligadas e desligadas — que na prática eram *strings** de 1 e 0 — podiam representar quase todo tipo de informação.

---

* Uma sequência contínua de caracteres, termo consagrado na linguagem de programação computacional. (*N. do R.T.*)

Shannon também era um dos fundadores da teoria da informação: como codificar informação e transmiti-la do ponto A para o ponto B. De uma maneira crucial (e controversa), ele afirmou desde o início que, apesar de as mensagens "frequentemente terem um significado (...), [esses] aspectos semânticos da comunicação são irrelevantes para a questão da engenharia". Em outras palavras, a informação, no sentido técnico, é totalmente despida de contexto e de significado. Em vez disso, ela é puramente estatística e, portanto, codificável.

Isso era extremamente contraintuitivo. A maioria dos cientistas anteriores a Shannon acreditava que o elemento fundamental da comunicação era o significado, nada além do significado. Shannon mudou tudo isso.

No entanto, Thorp não queria conversar com Shannon sobre códigos binários, nem sobre teoria da informação. Queria falar sobre vinte e um. Ele ainda estava com um pouco de medo quando entrou na sala de Shannon. A secretária já o havia alertado de que o ocupado professor tinha apenas alguns minutos para lhe dar.

Thorp falou o mais rápido que pôde sobre os resultados do vinte e um e mostrou seu artigo a Shannon, que ficou impressionado e disse que Thorp tinha conseguido um avanço teórico significativo. Ele aceitou enviar o artigo, que se chamava "A Winning Strategy for Blackjack" [Uma estratégia vencedora para o vinte e um]. Mas tinha uma sugestão a fazer:

— Eu acho que você deveria mudar esse título.

— Tudo bem — concordou Thorp, confuso. — Mas por quê?

— A Academia pode ser um pouco pedante. E esse título cheira um pouco a cassino. Que tal "Uma estratégia favorável ao vinte e um"? Isso deve ser suficientemente insosso para passar por seu primeiro crivo.

Thorp concordou, e seus minutos haviam se esgotado. Quando ele se levantou, Shannon perguntou:

— Você está trabalhando em mais alguma coisa na área dos jogos de azar?

Thorp fez uma pausa. Ele tinha mantido quase toda a pesquisa sobre roletas em segredo[3] e não trabalhava nela há meses. Mas talvez Shannon a achasse interessante.

MENTES BRILHANTES, ROMBOS BILIONÁRIOS

— Eu tenho feito alguns estudos sobre o jogo de roleta — respondeu — e encontrei alguns resultados... interessantes.

— É mesmo? — disse Shannon, com os olhos iluminados. Fez sinal para que Thorp voltasse a se sentar. — Continue.

Muitas horas depois, Thorp saiu da sala de Shannon para a escuridão da noite de novembro.

■ ■ ■

Thorp começou a fazer visitas regulares à casa de Shannon no decorrer daquele mês de novembro, enquanto os dois cientistas se dedicavam à questão da roleta. Shannon chamava sua residência de "Casa da Entropia", uma alusão ao conceito central da teoria da informação, retirado da segunda lei da termodinâmica. A lei da entropia diz que, basicamente, tudo no universo vai um dia se transformar em uma massa homogênea e indiferenciada. Na teoria da informação, Shannon usou a entropia como uma maneira de descobrir a ordem dentro do aparente caos de séries de números aparentemente aleatórios.

A casa de Shannon, toda em madeira e com três andares, era voltada para os Lagos Místicos, que ficavam vários quilômetros a noroeste de Cambridge. Olhar para dentro bastou para que Thorp entendesse por que ele a comparava a uma teoria sobre o inexorável deslizamento do universo para a mais completa aleatoriedade. Era um "paraíso de parafernálias" desordenadas, como Thorp mais tarde descreveria, entupido de artefatos mecânicos e eletrônicos. Shannon era obcecado por autômatos (máquinas que imitam o comportamento humano) e gostava especialmente de criar bonecas que faziam malabarismos mecânicos e de máquinas que jogavam moedas para o alto. Era um monociclista conhecido e impressionava os visitantes pedalando em uma longa corda esticada no jardim. Um visitante ficou embasbacado com a filha de Shannon, que conseguiu pedalar o monociclo enquanto pulava corda. Por algum tempo, Shannon era obcecado por tentar calcular o tamanho mínimo que poderia ter um monociclo que pudesse ser pedalado por uma pessoa.

O escritor de ficção científica Arthur C. Clarke esteve várias vezes na casa de Shannon.[4] Uma invenção que o professor chamava de "a máquina fantástica" o deixou fora de si. "Nada poderia ser mais simples", escreveria Clarke mais tarde. "Não é mais do que uma caixinha de madeira, de mesmo tamanho e mesma forma de uma caixa de charutos, com um único botão ao lado, que ao ser apertado emite uma buzina estridente, que tem um propósito. A tampa se ergue lentamente e de dentro da caixa sai uma mão que abaixa, desliga o botão e volta para dentro da caixa. Como um caixão se fechando, a tampa estala, mostrando que está fechada e a paz volta a reinar. O efeito psicológico, se você não sabe o que esperar, é devastador. Existe alguma coisa incrivelmente sinistra em uma máquina que não faz nada, absolutamente nada, a não ser se desligar."

Thorp e Shannon encomendaram do Reno uma roleta do tamanho oficial por US$ 1.500, e a colocaram em uma empoeirada mesa de sinuca. Para aferir os movimentos, eles cronometravam o tempo com a ajuda da batida hipnótica de um estroboscópio. Para medir a velocidade da bola, apertavam um botão cada vez que ela dava uma volta completa na roleta. O botão também acionava o estroboscópio, marcando o lugar em que a bola estava no momento que o botão foi acionado. Isso permitia que Thorp e Shannon calculassem com que precisão haviam cronometrado a velocidade da bola, já que lhes mostrava se estavam apertando o botão cedo ou tarde demais.

Os resultados eram engenhosos e, talvez, condenados ao fracasso. Depois de muita tentativa e muito erro, Thorp e Shannon calcularam um método para prever, com boas chances, em que oitavo da roleta a bola cairia. A roleta tinha oito oitavos — seis com cinco números e dois com quatro, compondo os 38 números do círculo. Se conseguissem prever o oitavo certo, aumentariam suas chances consideravelmente. Se apostassem em todos os quatro ou cinco números do oitavo previsto e o método se mostrasse exato, a vitória estaria garantida. É claro que seria trapaça, e se eles fossem pegos havia uma chance extremamente alta de que os seguranças do cassino, aqueles com pescoços largos e dedos peludos, lhes cobrassem um preço bem alto. Mas essa era uma preocupação para outro dia.

MENTES BRILHANTES, ROMBOS BILIONÁRIOS

Thorp e Shannon desenharam um computador do tamanho de um maço de cigarros e o colocaram em um par de sapatos. Ele tinha dois botões: um acionava o computador e o outro cronometrava a velocidade da roleta (acionava com um dedo do pé quando a roda começava a girar, e com outro quando ela dava uma volta completa). O computador calculava os resultados e transmitia o oitavo em que eles deveriam apostar por meio de oito tons repassados a uma pessoa usando um tipo primitivo de headphone num dos ouvidos. Muito provavelmente, esse foi o primeiro computador portátil da história.

No entanto, alguns problemas técnicos condenaram o projeto. Os fios do fone se desconectavam com frequência. Certa vez, Thorp, que geralmente os usava e fazia as apostas, percebeu que uma mulher olhava fixamente para ele, horrorizada. Ele partiu imediatamente para o banheiro. No espelho, viu o fone saindo do ouvido como um inseto estranho.

Embora Shannon não tenha feito Thorp enriquecer nas mesas de roleta, o professor fez uma contribuição chave para a estratégia de vinte e um de seu jovem colega. Apesar de Thorp ter inventado uma abordagem vencedora para o jogo, uma pergunta continuava sem resposta: quanto o jogador deveria apostar se não quisesse se arriscar a perder tudo? Shannon disse a Thorp que a resposta podia ser encontrada num artigo de 1956, escrito por John Kelly Jr., um pesquisador de física dos laboratórios da Bell em Murray Hill, Nova Jersey. O artigo descrevia quanto um jogador — com informações privilegiadas sobre o vencedor de uma série de jogos de beisebol entre dois times do mesmo nível — deveria apostar, se houvesse algum ruído (e com isso a possibilidade de que as informações pudessem não ser verdadeiras) no canal que transmitia a informação.

Thorp percebeu que poderia utilizar o sistema de apostas de Kelly para calibrar de maneira bem eficiente o quanto ele deveria apostar em diversos cenários de vinte e um. Para simplificar, quando suas chances de vitória aumentavam, ele colocava mais fichas na mesa. Quando as chances diminuíam, ele recuava.

Uma boa maneira de se ver como o sistema de Kelly funciona é compará-lo com outra estratégia: dobrar a aposta. Digamos que você aposte US$ 10 numa mão de vinte e um e perca. Se apostar US$ 20 na seguinte e ganhar, você volta para o jogo. É claro que você também pode perder essa. Então, você aposta US$ 40, ganha, e volta a ter lucro. Dobrar a aposta, ou fazer apostas progressivas, é uma estratégia conhecida há muito tempo e adotada por várias lendas do jogo, como Casanova. Mas existe uma falha evidente nessa estratégia: o jogador pode perder tudo. Mais cedo ou mais tarde, o apostador que perde e dobra vai ficar sem dinheiro. A chance de isso acontecer, se o jogador não parar de apostar, é de 100%.

Kelly, no entanto, limitava a quantia que um apostador poderia colocar de cada vez. Um apostador apenas deveria arriscar tudo quando suas chances de vitória fossem de 100%, um acontecimento muito raro em um cassino — embora Thorp fosse descobrir oportunidades desse tipo vários anos mais tarde, em Wall Street.

A matemática de Kelly lhe dizia exatamente quanto ele deveria adicionar ou subtrair, baseado na quantidade de dinheiro disponível, para maximizar os ganhos. A fórmula descrevia, nas palavras do autor, como um jogador poderia "fazer seu dinheiro se multiplicar exponencialmente", ao mesmo tempo em que ele evitava perder tudo.

■ ■ ■

Em janeiro de 1961, Thorp apresentou seu artigo sobre vinte e um para a American Mathematical Society. Como a AMS não era tão conservadora quanto a National Academy, que já havia recebido o mesmo artigo, Thorp colocou um título mais provocador: "Fortune's Formula: A Winning Strategy for Blackjack" [A fórmula da fortuna: uma estratégia vencedora para o vinte e um]. Um repórter da Associated Press soube do artigo e escreveu uma matéria sobre um professor de matemática brilhante que tinha descoberto a chave para o vinte e um. A matéria foi publicada nos jornais de todos os Estados Unidos. De repente, Ed Thorp tinha se tornado famoso.

42 MENTES BRILHANTES, ROMBOS BILIONÁRIOS

O artigo também chamou a atenção de uma série de jogadores empreendedores que estavam sempre à procura de um novo sistema. Thorp teve que responder a uma enxurrada de perguntas sobre a natureza do sistema, assim como a ofertas de patrocínio que recebeu. Uma das mais generosas veio de um empresário de Nova York, que prometeu colocar US$ 100 mil à sua disposição. Thorp estava ansioso para testar suas teorias, mas não achava que fosse precisar de tanto dinheiro. Ele decidiu aceitar US$ 10 mil e partiu para Reno.

No mesmo dia em que Thorp ganhou da banca em um cassino fuleiro do Reno, às 5h, ele acordou à tarde ansioso para dar continuidade à experiência. Depois de uma lauta refeição, se encontrou com um de seus patrocinadores, que ficou conhecido como o misterioso "Sr. X" no livro que ele escreveria mais tarde para contar detalhes do sistema, *Beat the Dealer*. Mais tarde no mesmo dia, o "Sr. Y" chegou.

O Sr. X, na verdade, era um empresário de Nova York ligado ao crime organizado. Seu nome era Emmanuel "Manny" Kimmel, um vigarista baixinho e de cabelos grisalhos com as mãos metidas em tudo, desde bingos em Newark, Nova Jersey, até pistas de cavalo na Costa Leste. Ele também era um dos donos de uma empresa chamada Kinney Parking, administradora de 64 estacionamentos na cidade de Nova York. Um memorando, de 1965, do FBI sobre Kimmel dizia que ele fora "sócio a vida inteira de vários criminosos conhecidos internacionalmente". O Sr. Y era Eddie Hand, um magnata do transporte de automóveis e parceiro regular de Kimmel em jogos de alto cacife.

Depois que Hand chegou, eles foram para o Harold's Club, um famoso cassino localizado em um prédio enorme do centro de Reno. Era um avanço e tanto desde o cassino de segunda classe em que Thorp tinha jogado na noite anterior, e representaria um teste ainda mais forte do sistema.

Eles se sentaram nas mesas de apostas de até US$ 500, a maior quantia possível. Em 15 minutos, já haviam ganho US$ 500, com apostas que variavam de US$ 25 a US$ 250.

O poderoso chefão Ed Thorp

Com o pé, a moça da banca apertou um botão oculto no chão. Thorp ficou observando enquanto o dono do cassino, Harold Smith, caminhava até eles.

— Boa noite, senhores — disse Smith, cheio de sorrisos e gentilezas. Thorp não se deixou enganar nem por um minuto. *Ele está aqui para me parar.*

Depois de mais algumas mãos, tinham sobrado umas 15 cartas no baralho. Normalmente, a banca joga até que sobrem apenas algumas cartas. Uma maneira de derrubar os contadores de cartas é embaralhar cedo.

— Embaralha — disse Smith para a moça da banca. Mesmo com as cartas recém-embaralhadas, Thorp e Kimmel continuaram ganhando, já que a estratégia das cartas que valem 10 pode começar a dar certo desde que quatro cartas sejam distribuídas, apesar de as chances serem relativamente pequenas e exigir apostas cuidadosas. Quando o novo baralho estava pela metade, Smith fez sinal para a moça.

— Embaralha.

O sistema de Thorp continuava com chances favoráveis depois de várias mãos. A banca começou a embaralhar depois de apenas duas mãos. Apesar de o sistema ainda funcionar, as constantes embaralhadas diminuíam significativamente as oportunidades favoráveis. Thorp e Kimmel acabaram indo embora, mas já tinham embolsado muitos milhares de dólares.

A combinação do modelo vencedor de Thorp no vinte e um com o sistema otimizador de apostas de Kelly era poderosa. Thorp e Kimmel continuaram a ganhar da banca, apesar dos muitos obstáculos que colocavam no caminho. Depois de alguns dias, eles tinham mais do que dobrado o montante inicial de US$ 10 mil.

Pouco depois de Thorp anunciar o resultado em Washington, ele estava vendo um programa de televisão sobre jogo. Um repórter perguntou ao proprietário de um cassino se era possível ganhar no jogo.

— Quando um carneiro vai para o matadouro, ele pode matar o açougueiro — ele respondeu. — Mas nós sempre apostamos no açougueiro.

Thorp sorriu. Ele sabia que tinha ganho do açougueiro. Como escreveria mais tarde: "O dia do carneiro havia chegado."

■ ■ ■

Depois de sua primeira incursão em Las Vegas, Thorp começou a trabalhar no livro *Beat the Dealer*. Publicado em 1962, o livro logo se transformou em um best-seller da lista do *New York Times* — e espalhou o terror pelo coração dos mandarins dos cassinos no mundo inteiro.

Thorp continuou a faturar alto nas mesas de vinte e um, voltando diversas vezes a Las Vegas. As bancas ficavam procurando o professor de jogatina. Ele começou a usar disfarces, pois conhecia bem as histórias de contadores de cartas levados a becos escuros e aos porões dos cassinos para serem brutalmente espancados.

Um dia em 1964, enquanto jogava numa mesa de bacará em Las Vegas, lhe ofereceram uma xícara de café com creme e açúcar. Ele tomou alguns goles e começou a passar mal.

Uma amiga que havia viajado a Las Vegas, com Thorp e a esposa, era enfermeira. Ela olhou seus olhos e reconheceu o olhar de pacientes que iam parar drogados na sala de emergência. Thorp conseguiu escapar, mas o episódio o deixara traumatizado. Ele decidiu que tinha que encontrar um novo lugar para testar suas estratégias.

E imediatamente voltou seu olhar para o maior cassino de todos: Wall Street.

·3·

Levando
do mercado

Em um dia típico de sol desértico e calor seco em Albuquerque, Novo México, no verão de 1965, Thorp se recostou numa cadeira de jardim para ler sobre um nicho pouco conhecido de Wall Street: *warrants** de ações.[1]

Warrants são, basicamente, contratos de longo prazo, muito parecidos com opções de compra, que os investidores podem converter em ações ordinárias. (Uma opção de compra que dá ao investidor o direito de comprar uma ação em uma data futura é matematicamente idêntica a um *warrant*.) Naquela época, os *warrants* eram muito pouco negociados

---

* Não confundir este *warrant* com outro conceito, de título de crédito sobre mercadorias estocadas num armazém, muito comum em operações comerciais. (*N. do T.*)

46 MENTES BRILHANTES, ROMBOS BILIONÁRIOS

e considerados, em geral, território de jogadores e *bucket shops**, o espaço obscuro das negociações extrabolsa, e não o domínio típico de professores inclinados para a matemática. Ninguém nunca tinha descoberto uma maneira de precificá-los corretamente.

Nesse mundo desconhecido, Thorp teve uma visão que valeu milhões. Ele percebeu que os mesmos métodos que usara para ganhar no vinte e um poderiam ser utilizados para aferir o valor dos *warrants*.

Pouco depois de descobrir essa mina de ouro oculta, Thorp, que na época lecionava no Novo México, aceitou um emprego na Universidade da Califórnia, em Irvine. Quando chegou ao campus, ouviu falar de um professor de finanças na universidade chamado Sheen Kassouf, natural de Nova York e descendente de libaneses, que também estava enfrentando o problema de como precificar os *warrants*.

Kassouf se interessava por *warrants* desde o início da década de 1960. Ele não tinha descoberto o código de como precificar esses valores mobiliários, mas tinha uma boa noção de como funcionavam. Os dois professores começaram a se encontrar várias vezes por semana e acabaram inventando uma das primeiras estratégias de investimento verdadeiramente quantitativas — a qual eles chamavam de "um sistema científico para o mercado acionário".

O sistema permitia apreçar com exatidão os títulos conversíveis — valores mobiliários híbridos que consistem em um título que emite um pagamento regular de juros — e aqueles *warrants* pouco negociados, que dão ao proprietário o direito de converter o título em uma ação (daí o nome de "conversíveis"). Precificar um *warrant* era uma tarefa difícil, pois o seu valor depende de se adivinhar o provável preço da ação subjacente em uma data futura. O sistema que Thorp e Kassouf inventaram ajudou-os a fazer previsões sobre o rumo futuro dos preços das ações, permitindo que eles descobrissem quais títulos conversíveis estavam malprecificados.

---

* Corretoras trapaceiras que aceitam ordens de clientes (confirmando os preços pedidos) sem executá-los imediatamente, contrariando uma exigência feita pela Securities and Exchange Commission (SEC), instituição similar a Comissão de Valores Mobiliários no Brasil. (*N. do R.T.*)

Uma parte fundamental da resposta, descoberta por Thorp, se encontrava em um livro que ele tinha pego depois de voltar sua atenção do vinte e um para Wall Street. Chamava-se *The Random Character of Stock Market Prices* [O caráter aleatório dos preços do mercado acionário], uma antologia de ensaios publicada em 1964, a maioria dos quais defendia que o mercado seguia o que se chamava de um passeio aleatório. Fundamentalmente, isso significava que a direção futura do mercado, ou de qualquer ação ou título de dívida individualmente, era como uma moeda jogada para o alto: havia 50% de chance de que ele pudesse subir e 50% de chance de cair.

A ideia de que o mercado se comportava dessa maneira já vinha ganhando espaço desde meados de 1950, apesar de o kit conceitual já estar sendo preparado há mais de cem anos — remontando, nesse caso, a junho de 1827 e a um botânico escocês que amava flores.

O botânico, Robert Brown, vinha estudando uma espécie de pólen sob as lentes de um microscópio de latão. Os grãos do pólen, aumentados, se moviam sem parar, como milhares de pequeninas bolas de pingue-pongue se mexendo em uma dança frenética.

Brown não conseguiu descobrir a causa do movimento. Depois de testar uma série de outras espécies de plantas e até a areia de rochas, e de observar movimentos frenéticos semelhantes, ele concluiu que estava observando um fenômeno completa e misteriosamente aleatório. (O mistério continuou sem solução por dezenas de anos, até que, em 1905, Albert Einstein descobriu que aquele estranho movimento, então chamado de movimento browniano, era o resultado de milhões de partículas microscópicas se mexendo em uma frenética dança de energia.)

A conexão entre o movimento browniano e os preços da bolsa foi feita por um aluno da Universidade de Paris chamado Louis Bachelier, em 1900. Naquele ano, ele havia escrito uma dissertação intitulada "A Teoria da Especulação", que era a tentativa de criar uma fórmula que capturasse o movimento dos títulos de dívida na Bolsa de Valores de Paris. A primeira tradução para o inglês do ensaio, que caíra no ostracismo até ressurgir na década de 1950, foi incluída no livro sobre a aleatoriedade dos mercados que Thorp lera no Novo México.

A chave para a análise de Bachelier era sua observação de que os preços dos títulos se moviam, de certa maneira, da mesma forma que o fenômeno descoberto por Brown em 1827. Os títulos negociados na Bolsa de Valores de Paris seguiam um padrão que, matematicamente, se movia exatamente como aquelas partículas de pólen, que oscilavam de forma aleatória. Como os grãos de pólen hiperativos, o movimento minuto a minuto dos preços dos títulos parecia completamente aleatório, empurrado para cima, para baixo e para os lados, pela ação de milhares de investidores que procuravam adivinhar qual seria o próximo passo do mercado. No raciocínio de Bachelier, essas adivinhações eram uma futilidade. Não havia meios de se saber qual seria o movimento seguinte.

A fórmula de Bachelier para descrever esse fenômeno mostrava que o rumo do mercado no futuro seria, basicamente, um cara ou coroa — um título tem as mesmas chances de subir e de cair, da mesma maneira que uma moeda pode dar cara ou coroa, ou um grão de pólen em uma quantidade de líquido pode ir para a esquerda ou para a direita. Com os títulos de dívida, isso acontecia porque o preço corrente era "o verdadeiro preço: se o mercado quisesse julgar de outra maneira, não teria dado esse, e sim, outro, mais alto ou mais baixo", escreveu Bachelier.

Essa descoberta passou a ser chamada de *passeio aleatório*, ou de *andar do bêbado*. Imagine que seja tarde da noite e você esteja indo para casa no meio de um denso nevoeiro — digamos, um nevoeiro da Paris de 1900. Você vê um bêbado recostado a um poste de luz no bairro boêmio de Montmartre — talvez um artista desconhecido comemorando sua ascensão —, que tomou tanto absinto que está tonto, enquanto tenta decidir em que direção fica a casa dele. Será que é para o leste, para o norte, para o oeste ou para o sul? De repente, ele se desgruda do poste e parte com a maior convicção para o sul, cambaleando naquela direção por cinco segundos. Aí, ele muda de ideia. E ele tem esse direito — afinal, é um artista parisiense. Sua casa, evidentemente, fica para o oeste. Mais cinco segundos e ele volta a mudar de ideia — e parte para o sul. E por aí vai.

Levando do mercado

Segundo Bachelier, as chances de o bêbado andar um metro e meio para o leste, ou um metro e meio para o oeste, são rigorosamente as mesmas, assim como a chance de que um título de cem francos vá subir ou cair um franco em qualquer período de tempo é a mesma.

Visualmente, um gráfico com os diversos resultados de um passeio aleatório é conhecido como a *curva do sino*, se erguendo suavemente até formar um pico arredondado, antes de descer na mesma proporção. É muito mais provável que o bêbado confuso cambaleie aleatoriamente em várias direções à medida que a noite avance (amostras que cairiam no centro da curva) do que ele vá se mover continuamente em linha reta, ou fazer um círculo completo (amostras que cairiam nas extremidades da curva, normalmente chamadas de caudas da distribuição). Em mil caras ou coroas, é mais provável que a amostra tenha cerca de quinhentas caras e quinhentas coroas (caindo no centro da curva) do que novecentas caras e cem coroas (que estaria na extremidade da curva).

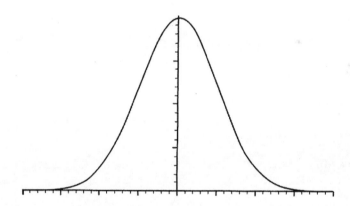

Thorp, que já conhecia bem a descoberta feita por Einstein, em 1905, era familiarizado com o movimento browniano e logo captou a ligação entre *warrants* e títulos. Aliás, de certa maneira era a mesma regra estatística que o ajudara a ganhar no vinte e um: a lei dos grandes números (quanto mais observações, quanto mais moedas lançadas para cima, mais acertada a previsão). Embora nunca pudesse saber se ganharia todas as mãos no jogo, Thorp sabia que, com o tempo, sairia vitorioso se seguisse sua estratégia de contar cartas. Da mesma forma, embora nunca pudesse saber se uma ação iria subir ou cair na semana seguinte, ele era capaz de determinar qual a possibilidade de a ação subir ou cair, digamos, 2%, 5% ou 10%.

Thorp aplicou essa fórmula aos *warrants*. O movimento futuro de uma ação — uma variável que os quants chamam de *volatilidade* — é aleatório e, portanto, quantificável. E se o *warrant* estiver com um preço que subestime ou superestime sua provável volatilidade, é possível se ganhar dinheiro.

A chave para desvendar o mapa do tesouro dos *warrants* de ações era descobrir como aferir a volatilidade. Digamos que você tenha um *warrant* da IBM. O valor corrente da ação da empresa é de US\$ 100. O *warrant*, que expira em 12 meses, só terá valor se chegou a valer US\$ 110 em algum momento desse período de 12 meses. Se você puder determinar o quanto uma ação da IBM é volátil — qual a probabilidade de ela atingir esses US\$ 110 nesse intervalo de tempo —, você saberá qual o valor desse *warrant*. Thorp descobriu que, inserindo a fórmula do movimento browniano, o modelo do passeio aleatório, além de mais uma variável que verificava se a ação específica tendia a subir mais ou menos que as outras, ele poderia saber melhor que qualquer pessoa no mercado quanto valia aquele *warrant* da IBM.

Jogadores estão sempre fazendo apostas como essa, que dependem do intervalo de tempo. O prazo até o vencimento do *warrant* é parecido com os quatro tempos de um jogo de futebol americano, com os nove *innings* do beisebol, ou com uma volta em uma pista de corrida. Os investidores estão apostando em determinado resultado em um intervalo pré-determiando. Thorp simplesmente utilizou suas habilidades matemáticas e seu já bem calibrado instinto de jogador para quantificar esse problema.

Para os mais conservadores — aqueles que investem em títulos do Tesouro americano ou ações de primeira linha —, tudo isso parecia uma

Levando do mercado

espécie de bola de cristal para prever o futuro, o tipo de abordagem que era melhor deixar para vigaristas e charlatões. Mas um físico treinado como Thorp viu que era apenas uma questão de designar certa probabilidade a um resultado futuro, baseando-se em parâmetros fixos — uma prática em que físicos e engenheiros incorrem diariamente.

■ ■ ■

Utilizando seus modelos e seus talentos para prever a volatilidade, Thorp e Kassouf perceberam que havia uma série de *warrants* que aparentemente estavam mal apreçados. Alguns eram caros demais, enquanto outros estavam muito baratos. Os dois professores foram coautores de *Beat the Market: A Scientific Stock Market System,* um livro de 1967, que descrevia suas descobertas. Pedra angular do mundo dos quants, logo se transformou em um dos livros sobre investimento mais influentes de todos os tempos.

Ele também batia de frente com uma teoria cada vez mais popular no mundo acadêmico, a de que era impossível ganhar consistentemente do mercado. Lançada no final dos anos 1960, por Eugene Fama, professor de finanças da Universidade de Chicago, essa teoria era conhecida como a "hipótese dos mercados eficientes" (HME). No fundo, a HME se baseava na ideia defendida por Bachelier de que os mercados se moviam aleatoriamente e que os preços atuais refletiam todas as informações conhecidas pelo mercado. Se este for o caso, é impossível saber se a bolsa, ou uma ação, moeda, um título ou uma commodity específica, vai subir ou cair no futuro, porque se trata de um movimento aleatório, como cara ou coroa. É uma maneira mais elegante de se dizer que não existe almoço grátis. Essa teoria acabaria quando o setor bilionário dos fundos de índice, baseados na ideia de que se os gestores ativos não conseguem tirar retornos consistentemente melhores do que o resto do mercado; por que não apenas investir na bolsa como um todo, como o índice S&P 500, por uma taxa de administração muito menor?

MENTES BRILHANTES, ROMBOS BILIONÁRIOS

Embora Thorp compreendesse perfeitamente o conceito do passeio aleatório, o que usava para precificar os *warrants*, ele achava que a HME era um balão de ar acadêmico, coisa de professores enfurnados que deliravam com fantasias etéreas sobre uma matemática altamente organizada e uma lógica confusa. O pensamento padrão dizia que era impossível ganhar da banca, e ele mostrou que os céticos estavam errados. E estava convencido de que poderia realizar a mesma façanha na bolsa de valores.

Logo ele e Kassouf estavam investindo em todos os tipos de *warrants* utilizando esse sistema científico, e ganhando montes de dinheiro. Outros membros da faculdade que ouviram falar do estirão de vitórias da dupla Thorp e Kassouf pediram para entrar também e, em pouco tempo, eles geriam as contas de mais de dez pessoas, aproximando-se do limite, quando teriam que se registrar no governo como consultores de investimentos. Thorp pensou que a melhor maneira de investir para um conjunto de pessoas era fazer um único *pool* de ativos, mas ele não estava certo sobre como proceder.

A solução viria com um homem que rapidamente ganhava a reputação de ser um dos investidores mais espertos do mundo: Warren Buffett.

■ ■ ■

No verão de 1968, Thorp foi de carro de Irvine para a casa em que Buffett frequentemente passava as férias em Laguna Beach, quando não estava acumulando milhões de dólares em seu escritório de Omaha, Nebraska. Buffett estava no processo de se desfazer de seu *pool* de investimentos, a Buffett Limited Partnerships, e de distribuir os ativos para os investidores — inclusive as ações da tecelagem Berkshire Hathaway, na Nova Inglaterra. Nos anos seguintes, Buffett faria da Berkshire uma usina de geração de caixa que transformaria o lendário investidor conhecido como o "Oráculo de Omaha" no homem mais rico do mundo.

Naquele momento, no entanto, Buffett não estava muito entusiasmado. Acreditava que a situação da bolsa não lhe era favorável e decidiu

Levando do mercado

se desfazer de seus investimentos. Um dos investidores era Ralph Gerard, reitor da Universidade da Califórnia em Irvine, onde Thorp dava aula. Gerard estava procurando um novo investimento e pensava no professor. Perguntara a Buffett se ele poderia dar uma olhada naquele figurão que era professor de matemática e que estava ganhando uma grana preta com os *warrants* de ações.

Buffett contou a Thorp de sua sociedade, que adotava uma estrutura legal parecida com a criada por seu mentor, Benjamin Graham, autor de *O investidor inteligente* e pai do investimento em empresas pouco valorizadas. A mesma estrutura era utilizada por Alfred Winslow Jones, ex-colaborador da revista *Fortune*.

O nome era fundo de hedge.

Em 1940, o Congresso americano aprovou a Lei das Companhias de Investimento, que se destinava a proteger os pequenos investidores dos diabólicos administradores de fundos mútuos. Mas havia uma exceção. Se um administrador de fundo se limitasse a até 99 investidores ricos com ativos de US$ 1 milhão ou mais e não fizesse propaganda, poderia fazer quase tudo o que quisesse.

Graham havia sofrido perdas brutais na Grande Depressão e era um investidor notoriamente conservador, que só colocava o próprio dinheiro em empresas que tivessem uma "margem de segurança" do tamanho do Grand Canyon. Jones, um australiano que trabalhara como repórter e editor da *Time*, era muito mais aventureiro, pronto para apostar em oscilações a curto prazo das ações ou para fazer apostas especulativas de que uma ação iria despencar. Em 1949, ele fundou o A.W. Jones & Co., o primeiro fundo de hedge de verdade, com US$ 100 mil de capital, sendo que US$ 40 mil eram dele.

Para se afastar ainda mais da supervisão do governo, o A.W. Jones era domiciliado fora dos Estados Unidos e cobrava uma taxa de performance anual de 20%. Para diminuir a volatilidade do fundo, ele vendia algumas ações a descoberto, esperando lucrar com uma queda, ao mesmo tempo em que mantinha certas ações, se beneficiando da alta dos preços. Em tese, isso aumentaria os lucros nos tempos bons e nos ruins.

54 MENTES BRILHANTES, ROMBOS BILIONÁRIOS

As posições vendidas garantiam (hedgeavam) suas posições compradas, daí o nome de *fundo de hedge*, embora o termo não entrasse para o uso comum até a década de 1960. Os lucros arrebatadores do fundo — de 670% nos dez anos anteriores, contra os 358% do principal fundo mútuo daquela época — deram origem a uma geração de imitadores.

Jones podia ser repórter, mas também era um quant primitivo, que desenvolvia análises estatísticas para melhor administrar os riscos do fundo. Para aumentar o retorno, ele contava com alavancagem, dinheiro emprestado que pode ser extremamente benéfico para os fundos que estiverem bem-posicionados, ou pode se revelar um desastre no caso de os preços se moverem na direção errada.

Enquanto a Bolsa subia na onda do oba-oba dos anos 1960, outros administradores de fundos de hedge que eram verdadeiros astros, como o sábio húngaro George Soros, entravam em cena. Em 1968, havia 140 fundos de hedge em operação nos Estados Unidos, segundo uma pesquisa feita pela SEC. E Ed Thorp iria se somar a essa lista, que não parava de crescer.

Sua chance chegou em agosto do ano seguinte, 1969. Os hippies faziam a festa em Haight-Ashbury. A Guerra do Vietnã corria solta. Os New York Jets, liderados por "Broadway" Joe Namath, batiam os Baltimore Colts e ganhavam o Super Bowl. Mas Ed Thorp se concentrava em seu único objetivo como um laser: ganhar dinheiro.

Então, ele conheceu Jay Regan, um mestre em filosofia de Dartmouth que trabalhava para a Butcher & Sherrerd, uma corretora da Filadélfia. Dez anos mais novo que Thorp, Regan lera *Beat the Market* e ficara maravilhado pela estratégia revolucionária de negociação do livro. Convicto de que os professores nerds da Costa Oeste poderiam ter esbarrado em algo extremamente lucrativo, ligou para Thorp e pediu para marcar um encontro.

Regan disse que tinha contatos na Costa Leste que poderiam ajudar a financiar um fundo, acrescentando que seus contatos eram fontes confiáveis de informações sobre o mercado. Essa ideia atraiu Thorp, que não queria perder seu tempo lidando com corretores e contadores.

Levando do mercado

Eles fizeram um trato: Thorp ficaria em Newport Beach, continuaria dando aulas na UC Irvine e trabalharia nas estratégias de investimento do fundo, enquanto Regan se estabeleceria em Princeton, Nova Jersey, e ficaria de olho em Wall Street. No início, o fundo foi chamado de Convertible Hedge Associates. Em 1975, foi rebatizado de Princeton/Newport Partners.

■ ■ ■

Nesse meio-tempo, Thorp continuou trabalhando em sua fórmula de precificação de *warrants*, sempre em busca de oportunidades lucrativas para pôr em prática seu novo sistema científico para o mercado acionário. Utilizando seu método para analisar centenas de *warrants*, ele percebeu que a maior parte estava sobreprecificada. Por alguma razão, os investidores estavam muito otimistas de que seus *warrants* fossem vencer "dentro do dinheiro" — que a ação da IBM bateria em US$ 110 nos próximos 12 meses —, feito bem parecido com jogadores ingênuos apostando em seu time favorito.

Isso abria uma oportunidade de ouro. Thorp podia vender a descoberto um *warrant* supostamente sobreprecificado, tomando-o emprestado de uma terceira pessoa e vendendo-o pelo preço corrente a outro investidor. Sua esperança era de poder comprá-lo mais tarde a um preço mais barato, embolsando a diferença. O risco era o *warrant* encarecer, possivelmente porque a ação subjacente havia se valorizado. Isso poderia ser devastador para quem tivesse vendido a descoberto, já que, teoricamente, não há limite para a valorização de uma ação.

Mas ele tinha uma rede de proteção para esse tipo de cenário: a arbitragem, uma prática que está no centro de como funciona o moderno mercado financeiro — e uma chave-mestra na busca dos quants pela Verdade. Alfred Jones, com sua estratégia long/short, havia realizado uma forma primitiva de arbitragem, embora fosse brincadeirinha de criança perto do método quantitativo imaginado por Thorp.

A verdadeira arbitragem representa negócio praticamente garantido. Envolve comprar um ativo num mercado e vendê-lo, ou a coisa mais

56 MENTES BRILHANTES, ROMBOS BILIONÁRIOS

parecida com ele, em outro mercado, quase ao mesmo tempo. Digamos que o ouro seja negociado por US$ 1.000 em Nova York e por US$ 1.050 em Londres. Um arbitrador perspicaz vai comprar esse ouro em Nova York e instantaneamente vendê-lo em Londres, embolsando os US$ 50 de diferença. Embora isso fosse difícil de se fazer quando os traders negociavam ações debaixo de uma figueira em Wall Street no século XVIII, a invenção do telégrafo — e do telefone, do modem de alta velocidade e de uma grade de satélites no espaço — fez com que fazer isso fosse muito mais fácil nos dias de hoje.

Na prática, discrepâncias tão óbvias assim são raras e geralmente estão ocultas nos confins dos mercados financeiros, como pepitas de ouro em uma tonelada de minério. É aí que entram os quants, os cobras da matemática.

Por trás da prática da arbitragem está a lei do preço único (LPU), que afirma que apenas um preço deve se aplicar ao ouro em Nova York ou em Londres, ou em qualquer outro lugar. Um barril de petróleo bruto "doce" e leve em Houston deve custar a mesma coisa que um barril de petróleo cru em Tóquio (subtraindo-se fatores como custos de transporte e diferenças de impostos). Mas falhas nas informações obtidas por alguns participantes do mercado, fatores técnicos que levam a rápidas discrepâncias nos preços, ou qualquer número de fatores extramercado podem disparar desvios do preço único.

No mundo sombrio dos *warrants*, Thorp e Kassouf tinham encontrado uma mina de ouro cheia de oportunidades de arbitragem. Eles podiam vender os *warrants* sobreprecificados a descoberto e comprar uma quantidade equivalente de ações para hedgear a aposta. Se a ação começasse a subir inesperadamente, a perda seria coberta por ela. A fórmula também lhes dava um método para calcular quantas ações eles tinham que deter para cobrir sua posição. No melhor de todos os mundos, o preço do *warrant* cairia e o da ação subiria, eliminando a ineficiência e gerando ganho para os dois lados da transação.

Essa estratégia se tornou conhecida pelo nome de arbitragem de títulos conversíveis [*convertible bond arbitrage*] e se tornou uma das mais

Levando do mercado

lucrativas e bem-sucedidas, ajudando a gerar milhares de fundos de hedge, inclusive o Citadel Investment Group, a enorme potência de Chicago presidida por Ken Griffin.

Espécies de arbitragem desse tipo já vinham sendo utilizadas há muito tempo em Wall Street. No entanto, Thorp e Kassouf foram os primeiros a desenvolver um método quantitativo preciso para descobrir métricas de avaliação dos *warrants*, assim como a correlação entre a quantidade de ações que os investidores deveriam deter para cobrir sua posição com aqueles *warrants*. Com o tempo, todos os bancos de Wall Street e a maioria dos fundos de hedge praticaram esse tipo de arbitragem, que se tornaria conhecido como *delta hedging* (*delta* é um termo grego que basicamente captura a mudança na relação entre a ação e sua opção ou *warrant*).

Thorp compreendia bem os riscos que essa estratégia trazia. E isso significava que ele era capaz de calcular o quanto era provável que ele ganhasse ou perdesse em cada aposta. Daí, estipularia o quanto deveria apostar nessas transações utilizando sua velha fórmula do vinte e um, o critério de Kelly. Isso lhe permitia ser agressivo quando vislumbrava oportunidades, mas também o impedia de apostar demais. Quando as chances eram boas, como um baralho cheio de figuras, Thorp enchia o barco e avançava. Mas quando as chances não estavam a seu favor, ele não se arriscava e se certificava de que tinha bastante dinheiro extra na mão, no caso de a operação se voltar contra ele.

Thorp também era cauteloso, quase paranoico. Estava sempre preocupado com acontecimentos repentinos que pudessem se voltar contra ele: um terremoto em Tóquio, uma bomba nuclear em Nova York, a queda de um meteoro em Washington.

Mas funcionava. A estratégia obsessiva de Thorp para administrar riscos estava no cerne de seu sucesso a longo prazo. Significava que ele podia maximizar o retorno quando as cartas estivessem a seu favor. E, mais importante, significava que ele podia recolher as fichas se sentisse um vento frio batendo — uma lição que os quants de outra geração pareciam não ter aprendido.

58 MENTES BRILHANTES, ROMBOS BILIONÁRIOS

■ ■ ■

Depois do lançamento, no final de 1969, o fundo de Thorp e Regan alcançou sucesso quase imediato, ganhando 3% em 1970, em comparação com a queda de 5% no índice S&P 500, que normalmente é usado para representar o mercado como um todo. Em 1971, o fundo subiu 13,5%, diante de um avanço de 4% da bolsa, e ganhou 26% em 1972, comparado a um aumento de 14,3% no índice. Thorp programou as fórmulas para rastrear e precificar os *warrants* em um Hewlett-Packard 9830A que ele instalou em seu escritório de Newport Beach para monitorar Wall Street, que ficava a milhares de quilômetros da costa do Pacífico.

Em 1973, Thorp recebeu uma carta de Fischer Black, um economista excêntrico que, naquela época, dava aula na Universidade de Chicago, que continha um rascunho do artigo que Black havia escrito com outro economista de Chicago, Myron Scholes, sobre uma fórmula para precificar opções de ações. Este se tornaria um dos artigos mais importantes de toda a história das finanças, embora poucas pessoas, inclusive seus autores, tivessem alguma ideia de sua importância.

Black já conhecia a estratégia de *delta hedging* de Thorp e Kassouf, descrita em *Beat the Market*. Ele e Scholes se valeram de um método semelhante para descobrir o valor de uma opção, que ficou conhecido como a fórmula de Black-Scholes de precificação de opções. Thorp deu uma olhada no artigo, programou a fórmula no computador, e a máquina logo produziu um gráfico que mostrava o preço de uma opção que se aproximava muito do preço calculado pela fórmula que ele criou.

A fórmula de Black-Scholes estava destinada a revolucionar Wall Street e a pôr em cena uma leva de quants que mudariam para sempre a maneira como o sistema financeiro funcionava. Assim como a descoberta da teoria da relatividade por Einstein, em 1905, levaria a uma nova maneira de se compreender o universo, e também a criação da bomba atômica, a fórmula de Black-Scholes mudaria radicalmente a forma como as pessoas veriam o vasto mundo do dinheiro e dos investimentos. Ela também geraria suas próprias forças destrutivas e pavimentaria o caminho para uma série de catástrofes financeiras, culminando no colapso que fez a Terra tremer, em agosto de 2007.

■ ■ ■

Assim como na metodologia de Thorp para precificar os *warrants*, um componente fundamental da fórmula de Black-Scholes era a premissa de que as ações se moviam num passeio aleatório. Em outras palavras, acreditava-se que as ações se moviam como formigas fazendo zigue-zagues, assim como as partículas de pólen observadas por Brown em 1827. Em seu artigo de 1973, Black e Scholes afirmavam ter partido da ideia de que "o preço da ação segue um passeio aleatório em tempo contínuo". Assim como Thorp já havia descoberto, isso permitia que os investidores determinassem as probabilidades relevantes para a volatilidade — o quanto uma ação ou opção poderia subir ou cair em um determinado intervalo de tempo.

E, assim, a teoria que havia começado com o exame minucioso das plantas por Robert Brown, e que levara às observações de Bachelier sobre os preços dos títulos de dívida, havia chegado à sua conclusão mais pragmática — uma fórmula que Wall Street utilizaria para negociar bilhões de dólares em ações e opções.

Mas uma figura central da fórmula de precificação de opções voltaria para morder os quants anos mais tarde. Falando de uma forma prática, o uso do movimento browniano para aferir a volatilidade das opções significava que os traders analisavam os movimentos mais prováveis de uma ação — aqueles que ficavam mais no centro da curva do sino. Por definição, o método ignorava amplamente grandes oscilações de preços. Esses tipos de movimento eram considerados tão improváveis quanto o bêbado vagar por toda Paris, pulando de repente da catedral de Notre Dame para a Sorbonne, do outro lado do Sena, num piscar de olhos. Mas o mundo da física e o das finanças — por mais que tenham em comum — nem sempre estão sincronizados. A exclusão dos grandes saltos deixava de fora uma realidade fundamental sobre o comportamento dos preços de mercado, que podem dar saltos gigantescos num piscar de olhos. Houve uma falha na hora de considerar o elemento humano — um grande escândalo, um remédio que não funciona, um produto estragado ou uma fuga em pânico para a porta de saída, causado por uma histeria bastante comum entre os investidores. A história mostra que os investidores frequentemente agem como carneiros, seguindo uns aos outros em manadas ruidosas, às vezes se jogando do alto de um penhasco.

Oscilações gigantescas e repentinas eram uma contingência com a qual ninguém se deu o trabalho de se preocupar. Traders experientes como Thorp entendiam isso e faziam os devidos ajustes — seus arroubos paranoicos sobre terremotos em lugares distantes, ou ataques nucleares, assim como a atenção permanente que ele dava a suas reais chances de vitória (fundamentais para os cálculos que utilizassem o método de Kelly), impediam que ele confiasse demais no modelo. Outros traders quantitativos menos experientes, talvez menos vividos, passaram a ver o modelo como um reflexo de como o mercado realmente funcionava. O modelo logo se espalhou por toda parte, como se fosse uma sala de espelhos, e ficou difícil de dizer a diferença entre ele e o próprio mercado.[2]

No entanto, no início da década de 1970, o surgimento do modelo de Black-Scholes pareceu propício. Um grupo de economistas da Universidade de Chicago, liderado pelo guru do livre mercado Milton Friedman, estava tentando criar uma bolsa de opções na cidade. A revolucionária fórmula para a precificação de opções acelerou os planos. Em 26 de abril de 1973, um mês antes de o artigo de Black-Scholes ser efetivamente publicado, a Chicago Board Options Exchange abriu as portas. E logo depois a Texas Instruments lançou uma calculadora portátil que podia precificar as opções utilizando a fórmula de Black-Scholes.

Com a criação e a rápida adoção da fórmula por Wall Street, a revolução dos quants tinha oficialmente começado. Anos mais tarde, Scholes e Robert Merton, um professor do MIT cujo uso engenhoso de cálculos estocásticos tinha servido como mais uma confirmação do modelo de Black-Scholes, ganhariam o prêmio Nobel por seu trabalho na precificação

Levando do mercado

de opções (Black havia falecido alguns anos antes, por isso foi excluído das considerações para o prêmio). Thorp nunca recebeu qualquer reconhecimento formal por ter inventado basicamente a mesma fórmula, sem tê-la publicado inteiramente. No entanto, ganhou centenas de milhões de dólares utilizando-a.

Em 1974, o Princeton/Newport Partners já tinha atraído tanta atenção que o *Wall Street Journal* publicou um artigo de primeira página sobre o fundo: "Playing the Odds: Computer Formulas Are One Man's Secret to Success in the Market" [Jogando com as probabilidades: fórmulas de computador são o segredo do sucesso de um homem na bolsa].

"Fontes confiáveis de corretoras próximas aos fundos de hedge declaram que eles tiveram uma média de mais de 20% anuais de retorno sobre os ativos administrados", dizia o artigo. O mais impressionante era que esses ganhos ocorreram em uma época em que o mercado experimentava sua maior queda desde a Grande Depressão, atingido pela alta da inflação e pelo escândalo de Watergate. Em 1974, ano em que o S&P 500 despencou 26%, o fundo de Thorp ganhou 9,7%.

O artigo continuava descrevendo uma das operações de investimento mais sofisticadas do mundo — e uma semente da revolução que os quants iriam provocar. Thorp, dizia o jornal, "se apoia em fórmulas matemáticas próprias programadas em computadores, que ajudam a descobrir anomalias entre opções e outros títulos conversíveis e suas respectivas ações ordinárias (...). Os fundos de Thorp são um exemplo de uma mudança incipiente, mas crescente, na gestão de capital para uma abordagem mais mecanicista e quantitativa, envolvendo o uso maciço de computadores".

A partir de meados da década de 1970, o Princeton/Newport pegou uma onda muito forte, exibindo retornos de dois dígitos por 11 anos seguidos (já descontadas as taxas de performance de 20% que Thorp e Regan cobravam dos clientes, características dos fundos de hedge). De fato, desde a sua criação, o fundo nunca teve um ano ou trimestre negativo. Em 1982, Thorp deixou seu emprego na Universidade da Califórnia, em Irvine, e começou a trabalhar como gestor de capital em tempo integral.

62 MENTES BRILHANTES, ROMBOS BILIONÁRIOS

Os lucros continuavam, mesmo nos anos ruins. Nos 12 meses anteriores a novembro de 1985, o Princeton/Newport subira 12%, comparado a uma queda de 20% no S&P 500. A essa altura, Thorp e Regan geriam cerca de US$ 130 milhões, um aumento considerável do cacife de US$ 10 mil que Thorp recebera de Manny Kimmel em sua primeira aventura na mesa de vinte e um, em 1961. (Em 1969, quando o fundo deu início às suas operações, seus ativos eram de US$ 1,4 milhão.)

Mas Thorp não repousava nos louros. Estava sempre procurando novos talentos. Em 1985, conheceu Gerry Bamberger, um trader de mão cheia que tinha acabado de largar seu emprego no Morgan Stanley. Bamberger havia criado uma brilhante estratégia de operações com ações que seria chamada de arbitragem estatística, ou *stat arb* [na abreviação em inglês] — uma das estratégias de investimento mais poderosas já imaginadas, um sistema quase infalível de se ganhar dinheiro que dava lucros independentemente da direção em que o mercado se movia.

E estava bem na seara de Thorp.

■ ■ ■

Gerry Bamberger descobriu a arbitragem estatística quase por acidente.[3] Judeu ortodoxo de Long Island, alto e de raciocínio rápido, ele trabalhou para o Morgan Stanley em 1980, pouco depois de se formar em ciência da computação pela Universidade de Colúmbia. No Morgan, ele fazia parte de um grupo que fornecia apoio analítico e técnico para as operações com ações do banco.

Nessa função, Bamberger escrevia software para a mesa de operações de blocos de ações do banco, que lidava com blocos de 10 mil ou mais ações de uma só vez para clientes institucionais, como fundos mútuos. Os traders de blocos também usavam uma "estratégia de pares de ações" ("pairs strategy") para minimizar as perdas. Se a mesa fosse detentora de um bloco de ações da General Motors, ela poderia vender a descoberto um bloco da Ford, que se pagaria se as ações da GM se desvalorizassem. O software de Bamberger proporcionava aos traders informações atualizadas sobre as posições relativas dos pares.

Levando do mercado

Bamberger percebeu que a negociação de grandes blocos geralmente fazia com que o preço das ações fosse significativamente alterado. No entanto, o preço da outra ação do par praticamente não se mexia. Isso fazia com que a diferença normal entre os preços das duas ações, o "spread", ficasse temporariamente desalinhada.

Suponha que a GM normalmente é negociada a US$ 10 e a Ford a US$ 5. Uma grande ordem de compra para a GM poderia fazer com que o preço subisse momentaneamente para US$ 10,50 enquanto a Ford continuaria nos US$ 5. O "spread" entre as duas ações haveria crescido.

Ao monitorar os padrões históricos e agir com a velocidade de um raio, Bamberger percebeu que poderia se aproveitar desses desvios temporários. Ele podia vender a descoberto uma ação que tivesse subido de preço em relação a seu par e obter lucro quando elas voltassem ao spread original. Também podia assumir uma posição comprada (ou vendida) na ação estagnada, o que o protegeria no caso de a outra ação não voltar ao preço original — se o spread histórico permanecesse, a posição comprada acabaria subindo.

Assim como a estratégia de *delta hedging* de Thorp, tudo não passava do velho jogo de comprar na baixa e vender na alta, com um toque quantitativo.

Após descrever a ideia para seus superiores, Bamberger foi instalado na mesa de operações do Morgan no início de 1983, com US$ 500 mil e uma pequena equipe de traders. Desde o início, começou a produzir dinheiro aos montes. Em setembro, a equipe já tinha posições compradas e vendidas no valor de US$ 4 milhões. No início de 1984, já eram US$ 10 milhões. Esse número subiu para US$ 15 milhões em outubro e, em 1985, o grupo já geria US$ 30 milhões.

Mas quase com a mesma velocidade que havia subido às alturas, Bamberger despencou. Os mandarins do Morgan relutaram em deixar uma máquina de ganhar dinheiro desse nível nas mãos de um programador e a entregaram a um empregado mais obediente chamado Nunzio Tartaglia. Irritado, Bamberger saiu do banco.

Nascido no Brooklyn, Tartaglia era um bolo de contradições. Recebera o diploma de mestre em física pela Universidade de Yale, no início da década de 1960 e pouco depois se juntou aos jesuítas. Cinco anos mais tarde, deixou o seminário para obter um Ph.D. em astrofísica pela Universidade de Pittsburgh. No início dos anos 1970, Tartaglia se viu trabalhando em Wall Street como corretor de varejo na Merrill Lynch. Dali, o andarilho Tartaglia passou por outras cinco empresas antes de ir parar no Morgan, em 1984.

Ele rebatizou o grupo que havia assumido de Automated Proprietary Trading, ou APT, e a transferiu para uma única sala de 13 metros de comprimento no 19º andar da sede do Morgan, no edifício da Exxon, no centro de Manhattan. Tartaglia deixou o sistema mais automatizado, ligando a mesa ao Super Designated Order Turnaround System, ou SuperDOT, da Bolsa de Valores de Nova York, que facilitava as operações por computador. O APT logo fazia tantas negociações que chegava a responder por 5% do volume diário de negociação da Bolsa de Nova York. A estratégia das arbitragens estatísticas gerou para o banco lucros de US$ 6 milhões no primeiro ano em que Tartaglia esteve à frente do grupo. Em 1986, gerou a inacreditável soma de US$ 40 milhões, e US$ 50 milhões no ano posterior. O grupo passou a ganhar status de lenda em Wall Street, em parte devido ao nível de segredo em que era mantido, semelhante ao da CIA.

Em 1986, Tartaglia contratou David Shaw, um gênio da informática que lecionava na Universidade de Colúmbia, para chefiar a unidade de tecnologia do APT. Shaw, que se formara em Stanford, era especialista em um campo novo e quentíssimo, o processamento paralelo, em que dois ou mais *mainframes* destrinchavam números do mesmo problema para aumentar a velocidade e a eficiência. Shaw não tinha praticamente qualquer experiência com operações, mas aprendia rápido e logo ficou interessado nas estratégias únicas de negociação do grupo. Seus companheiros viram que ele era tímido, ficava nervoso na presença de mulheres e era muito inseguro quanto à aparência física. Alto, magro como um palito, Shaw participava dos primeiros serviços de namoro por computador que surgiam na década de 1980 — em outras palavras, era o típico quant.

Morgan havia contratado Shaw com a promessa de que ele poderia desenvolver suas próprias estratégias de negociação, que era como

Levando do mercado

se conseguia o dinheiro de verdade.[4] Mas à medida que Tartgalia foi tomando conta do grupo, fazendo todos os esforços para manter a lucrativa plataforma de negociação para uns poucos eleitos, Shaw percebeu que não teria oportunidade de negociar.

Ele decidiu tomar a iniciativa nesse sentido. Em um dia de setembro de 1987, o grupo estava fazendo uma apresentação sobre o modelo de negócios e as estratégias de negociação para a cúpula da administração. A apresentação de Shaw sobre processamento paralelo e algoritmos de alta velocidade seguia normalmente, mas, de repente, ele começou a extrapolar e a falar de estratégias de arbitragem de títulos de alta complexidade matemática. Quando a reunião acabou, os traders e pesquisadores do APT estavam possessos nas cadeiras. Shaw tinha passado dos limites. Programadores não deviam operar, ou mesmo pensar em operar. Naquela época, a linha entre programador e estrategista de operações era firmemente demarcada, um limite que se tornava mais tênue à medida que as operações iam ficando mais computadorizadas.

De sua parte, Shaw esperava que os mandarins do Morgan vissem o valor de suas ideias. Ele também havia se aproximado por iniciativa própria da alta administração, propondo criar uma unidade de pesquisa inteiramente nova, um laboratório científico de pesquisas sobre finanças quantitativas e informática. Mas suas ideias caíram em ouvidos moucos, e Tartaglia não estava disposto a ceder espaço. No fim de semana depois da apresentação, Shaw decidiu ir embora, informando a Tartaglia de sua decisão na segunda-feira seguinte. Tartaglia, que provavelmente via Shaw como uma ameaça, ficou feliz em vê-lo partir.

Essa deve ter sido uma das perdas de talento mais significativas da história do Morgan Stanley.

Shaw aterrissou de pé e deu início à sua própria empresa de investimentos com US$ 28 milhões de capital, chamando o seu fundo de D.E. Shaw, que logo se tornou um dos fundos de hedge mais bem-sucedidos do mundo. Sua estratégia central: arbitragem estatística.

Enquanto isso, Tartaglia enfrentava um terreno acidentado e, em 1988, os mandarins do Morgan reduziram o capital do APT de US$ 900 milhões para US$ 300 milhões. Tartaglia turbinou a alavancagem, chegando à razão de 8:1 (ele investia US$ 8 para cada dólar que tinha nos cofres). Em 1989, o APT começava a perder dinheiro. Quanto mais pioravam as coisas, mais fanático ficava Tartaglia. Ele acabou sendo dispensado. E logo depois o próprio fundo APT foi fechado.

Nesse meio-tempo, Bamberger encontrou um novo lar. Um dia depois de sair do Morgan, recebeu uma ligação de Fred Taylor, um ex-colega do Morgan que se juntara a um fundo de hedge especializado em investimentos quantitativos.

— Qual é o nome? — perguntou Bamberger.

— Princeton/Newport Partners — disse Taylor. — Administrado por um sujeito chamado Ed Thorp.

Thorp, explicou Taylor, estava sempre interessado em novas estratégias e gostaria de dar uma olhada na arbitragem estatística. Taylor apresentou Bamberger a Jay Regan, e os dois se entenderam bem. Thorp e Regan aceitaram bancar um fundo chamado BOSS Partners, uma sigla para Bamberger and Oakley Sutton Securities (Oakley e Sutton são os sobrenomes intermediários de Thorp e Regan, respectivamente). Bamberger se instalou em uma sala de 11 metros quadrados no 12º andar da West 57th Street, em Nova York. Com US$ 5 milhões em capital, ele já saiu mordendo a mesa, gerando um retorno anual de 30% no primeiro ano de operação. Em 1988, o BOSS já administrava US$ 100 milhões em ativos e gerava retornos consistentes de dois dígitos.

O BOSS, assim como o APT, enfrentou um período de vacas magras em 1988. No fim daquele ano, Bamberger decidiu que bastava de Wall Street. Ele desmontou o BOSS e se mudou para o norte do estado, para dar aula de direito e finanças na Universidade Estadual de Nova York, em Buffalo. Nunca mais voltaria a negociar ações em larga escala.

Mas sua estratégia sobreviveu, e não apenas no Princeton/Newport. Traders que trabalharam para Bamberger e Tartaglia se espalharam por Wall Street, levando a arbitragem estatística aos fundos de hedge e aos bancos de investimento, como o Goldman Sachs. Enquanto o D.E. Shaw se enchia de lucros, outros fundos começaram a tentar copiar seu estilo de negociação ultrarrápida. Robert Frey, que trabalhara como pesquisador no APT, levou a arbitragem estatística ao fundo de Jim Simons, o Renaissance Technologies, no início da década de 1990. Peter Muller, o quant que gostava de cantar e que ganhou a Noite do Pôquer de Wall Street de 2006, entraria em cena no Morgan alguns anos depois de Tartaglia ser afastado e começaria sua própria máquina de ganhar dinheiro com arbitragens estatísticas, que se mostrou muito mais vigorosa. Ken Griffin, sempre atento a tudo o que Thorp fazia, adotou essa estratégia no Citadel. Logo a arbitragem estatística se transformou em uma das formas mais populares e consistentes de se ganhar dinheiro em Wall Street — popular até demais, como seus adeptos descobririam em agosto de 2007.

A influência de Ed Thorp estava se espalhando pelo universo financeiro também de outras maneiras. No MIT, surgiu uma equipe de contadores de cartas que jogava vinte e um, posterior inspiração do livro *Quebrando a banca*. Um dos primeiros integrantes do grupo era um jovem perito da matemática chamado Blair Hull, que havia lido *Beat the Dealer* no início da década de 1970. No fim daquela década, ele já tinha ganho US$ 25 mil para dar início a uma carreira de trader nos *pits* de negociação de opções de Chicago, já tendo lido também *Beat the Market*. Em 1985, ele fundou a Hull Trading Company, que se especializava em utilizar modelos quantitativos e computadores para precificar opções de uma maneira superveloz. A Hull acabaria se transformando em uma das trading companies mais avançadas do mundo, uma Meca dos quants, que mudou o mundo das opções. Em 1999, o Goldman Sachs destinou US$ 531 milhões para a Hull e foi transformando-a numa das principais empresas de "trading de alta frequência" de Wall Street.

Enquanto isso, para Thorp e Regan, tudo corria bem. O fundo tinha apresentado lucros sólidos em 1986 e caminhava a passos largos no primeiro semestre de 1987, auxiliado pelos ganhos do BOSS. Então, as ações começaram a balançar. No início de outubro, algumas rachaduras estavam se formando no mercado, e viriam a se transformar no mais completo terremoto. No coração do desastre: os quants e a fórmula de Black-Scholes de precificação de opções.

·4·

O sorriso da volatilidade

Em torno da meia-noite de 19 de outubro de 1987, Leo Melamed esticou a mão úmida de suor, pegou o telefone em seu escritório no 19º andar da Bolsa Mercantil de Chicago e ligou para Alan Greenspan.[1] O recémnomeado presidente do Federal Reserve estava hospedado no luxuoso hotel Adolphus, em Dallas, pois faria uma palestra na convenção anual da Associação Americana de Banqueiros no dia seguinte. Esse seria seu primeiro discurso importante como presidente do Banco Central.

A palestra não iria acontecer. O índice Dow Jones industrial havia despencado, perdendo 23% em um único dia. Outras Bolsas, inclusive "a Merc",* estavam mergulhadas no caos. Muitos participantes do mercado estavam quebrados e incapazes de honrar seus compromissos. Greenspan tinha recebido ligações de executivos de quase todos os gran-

---

* Como é chamada a Bolsa Mercantil de Chicago. (*N. do R.T.*)

MENTES BRILHANTES, ROMBOS BILIONÁRIOS

des bancos e bolsas de valores do país. Sua única meta: garantir que os mercados estivessem funcionando na manhã de terça-feira.

Greeenspan quis saber se a Merc conseguiria funcionar. Melamed, o presidente da bolsa, não tinha certeza. A Merc havia virado um centro de negociação para um novo produto financeiro: os contratos futuros atrelados ao índice S&P 500. No final de um dia comum os traders que tivessem perdido dinheiro em seus contratos transferiam recursos para a câmara de compensação da Merc, que depositava o dinheiro nas contas dos vencedores. Normalmente, US$ 120 milhões poderiam mudar de mãos por dia. Mas, naquela segunda-feira, os compradores de futuros do S&P 500 deviam aos corretores a quantia de US$ 2 a 3 bilhões, e alguns não tinham como pagar.

Se a Merc não pudesse abrir as portas, o pânico se alastraria. O sistema inteiro poderia desabar. Naquela noite, Melamed fez ligações desesperadas para instituições financeiras no país inteiro, tentando acertar as contas. De manhã, transferências no valor de US$ 2,1 bilhões já haviam sido concluídas, mas um único cliente ainda devia US$ 400 milhões à Continental Illinois, agente financeira da Merc.

Melamed continuava sem ter certeza se a Merc poderia abrir sem esses US$ 400 milhões. Por volta das 7h, ele decidiu ligar para Wilma Smelcer, a gerente financeira responsável pela conta da Merc na Continental. Se ela não pudesse ajudá-lo, a próxima chamada teria que ser para Greenspan... com notícias muito ruins.

Smelcer não achava que podia fazer vista grossa para US$ 400 milhões faltando na conta. Era o fim da linha.

— Wilma, eu tenho certeza de que o cliente tem dinheiro — implorou Melamed. — Você não vai deixar que a Merc desmorone por causa de algumas centenas de milhões de dólares.

— Leo, estou com as mãos atadas.

— Por favor, Wilma, escute. Você tem que assumir a responsabilidade pessoal de cobrir o saldo devedor, porque, senão, vou ter que ligar para o Alan Greenspan e nós vamos causar a próxima depressão.

Depois de alguns momentos de um silêncio muito tenso, Smelcer falou:

O sorriso da volatilidade 71

— Espere um minuto, Leo. Tom Theobald acabou de entrar. — Ele era o presidente da Continental.

Após alguns minutos, Smelcer estava de volta ao telefone.

— Leo, está tudo bem. Tom disse para ir em frente. Nós emprestamos o dinheiro.

Eram 7h17, três minutos antes da abertura dos mercados de câmbio da Merc. O mundo mal fazia ideia de o quanto o sistema financeiro havia se aproximado de um desabamento catastrófico.

■ ■ ■

O fator crítico por trás da Segunda-Feira Negra, em 19 de outubro de 1987, remonta a uma noite insone de um professor de finanças, mais de dez anos antes. O resultado daquela noite seria uma façanha da engenharia financeira chamada seguro de portfólio. Baseado na fórmula de Black-Scholes, o seguro de portfólio alteraria o funcionamento interno das bolsas de valores e prepararia o terreno para o maior colapso de um único dia na história das bolsas.

Na noite do dia 11 de setembro de 1976, Hayne Leland, um professor de 35 anos da Universidade da Califórnia, em Berkeley, estava com dificuldade para dormir. Ele tinha acabado de chegar de uma viagem à França. Um dólar muito fraco havia feito com que a viagem saísse demasiadamente cara. A estagflação, uma mistura aterrorizante de inflação alta e baixo crescimento, corria solta. A economia e a bolsa de valores estavam no fundo do poço. O então governador da Califórnia, Ronald Reagan, ameaçava cortar os salários de professores universitários como Leland, que temia que o próspero estilo de vida da geração de seus pais estivesse correndo perigo.[2]

Enquanto avaliava essa terrível realidade, Leland se lembrava de uma conversa que tivera com o irmão John, que trabalhava em uma empresa de gestão de investimentos em São Francisco. Em 1973, as ações haviam desabado e os fundos de pensão tinham batido em retirada maciçamente, perdendo o repique de alta que ocorreria depois. John tinha dito:

— Se existisse seguro para isso, esses fundos poderiam ser atraídos de volta para o mercado.

Leland já conhecia a fórmula de Black-Scholes e sabia que as opções funcionavam, de certa maneira, como um seguro. Uma opção de venda, que dá lucro se uma ação cair, é semelhante a um seguro sobre uma ação. Ele pensou passo a passo: *Digamos que eu tenha ações da IBM que valem US$ 50 cada e esteja preocupado que percam valor. Eu posso comprar uma opção de venda por US$ 3 que me remunera se a ação cair a US$ 45 (permitindo que eu a venda por US$ 50) e com isso eu estou me segurando contra essa queda, pagando um prêmio de US$ 3.*

Leland percebeu que seu irmão havia descrito uma opção de venda sobre todo um portfólio de ações. Ele se sentou à mesa e começou a rabiscar as implicações dessa revelação. Se o risco de todo um portfólio de ações em queda pudesse ser quantificado e se houvesse um seguro para cobrir isso, então o risco seria controlado e administrado, se não fosse totalmente eliminado. Nascia assim o seguro de portfólio. E não haveria mais noites insones para professores trêmulos.

Nos anos seguintes, Leland e uma equipe de engenharia financeira, que contava com Mark Rubinstein e John O'Brien, criaram um produto capaz de proporcionar segurança para grandes portfólios de ações, com a fórmula de Black-Scholes servindo de guia. Em 1981, eles fundaram a Leland O'Brien Rubinstein Associates Inc., posteriormente conhecida apenas como LOR. Em 1984, o negócio estava a pleno vapor. O produto se tornou ainda mais popular depois que a Bolsa Mercantil de Chicago começou a negociar contratos futuros atrelados ao índice S&P 500, em abril de 1982. Os magos financeiros da LOR podiam reproduzir seu seguro de portfólio vendendo a descoberto contratos futuros do S&P 500. Se as ações caíssem, eles venderiam mais. Fácil, simples e apetitoso. E extremamente lucrativo.

No outono de 1987, os seguros de portfólio da empresa protegiam US$ 50 bilhões em ativos pertencentes a investidores institucionais, a maioria fundos de pensão. Some-se a isso os imitadores da LOR e o montante total de ações cobertas por seguro de portfólio ficava em torno dos US$ 100 bilhões.

O sorriso da volatilidade   73

O índice Dow Jones industrial havia disparado no primeiro semestre de 1987, ganhando mais de 40% no final de agosto. A chamada Revolução Reagan conseguira restaurar a confiança dos Estados Unidos. A inflação estava recuando. Investidores japoneses enchiam os Estados Unidos de ienes. Adeptos da New Age descobriam o poder curativo dos cristais pelo país inteiro. Um novo e jovem presidente do Fed entrava em cena. Os New York Mets eram a própria Cinderela, campeões mundiais de beisebol, tendo ganhado a World Series de 1986 em sete jogos, comandados por um batedor de peso chamado Darryl Strawberry e um lançador incrível chamado Dwight Gooden. O que poderia dar errado?

Muita coisa. Em meados de outubro, o mercado havia despencado, perdendo 15% em poucos meses. A mesa de operações de blocos de ações do Shearson Lehman Brothers instalara uma placa de metal com uma seta que dizia: "Para os botes salva-vidas."

O clima estava péssimo. Os traders falavam em reações de queda em cadeia, disparadas por misteriosas estratégias de negociações auxiliadas por computador nos mercados de ações e de futuros. Quando as operações terminaram na sexta-feira, 16 de outubro, um trader de opções de índices gritou no salão da American Stock Exchange:

— É o fim do mundo!

Na manhã de segunda-feira, 19 de outubro, os investidores de Nova York estavam se preparando para um massacre quando as operações começaram. Na Cidade dos Ventos, o ambiente era de um silêncio sinistro no *pit* de futuros de índices na Bolsa Mercantil de Chicago, enquanto os traders esperavam o início das operações. Todos os olhos se voltavam para os "mercados paralelos" de Chicago, cujos contratos futuros antecipavam o comportamento dos preços reais. Segundos depois da abertura da Merc — e 15 minutos antes de começarem as operações em Nova York —, os futuros do índice S&P 500 caíam 14 pontos, indicando uma queda de 70 pontos no índice Dow Jones industrial.

Nos 15 minutos seguintes, antes de começarem as operações na Bolsa de Valores de Nova York, uma pressão maciça se formou sobre os futuros de índices, quase totalmente vinda das empresas de seguros de

MENTES BRILHANTES, ROMBOS BILIONÁRIOS

portfólio. A grande queda nos futuros de índices disparou o alarme para outro tipo de trader: os arbitradores de índices, investidores que tiram vantagem de pequenas discrepâncias entre os índices e as ações subjacentes. Quando as operações começaram em Nova York, uma torrente de vendas a descoberto sufocou o mercado. Na medida em que as ações despencavam, aumentava a pressão para vender contratos futuros sobre os seguradores de portfólio, e eles se apressavam em seguir o ritmo de um mercado que despencava cada vez mais, num ciclo que se autoalimentava de maneira devastadora. Os arbitradores lutavam para inserir suas negociações, mas isso estava além de seus poderes: as ações e os contratos futuros despencavam juntos, sem parar. Reinava o caos.

Fischer Black assistiu fascinado a esse desastre de sua sala no Goldman Sachs, em Nova York, onde aceitara um trabalho de gestor de estratégias de operações quantitativas. Robert Jones, trader do Goldman, entrara correndo em sua sala para relatar a carnificina.

— Eu pus uma ordem de venda a preços de mercado, e ela nunca foi cumprida — falou, descrevendo um cenário assustador, no qual os preços caíam tão depressa que parecia não haver um ponto em que a ordem pudesse ser executada.

— Nossa. É mesmo? — disse Black, batendo palmas de alegria. — Isso é a história sendo feita!

Nos últimos 75 minutos de negociação do dia 19 de outubro, a queda se acentuou a toda velocidade, à medida que os corretores de seguros de portfólio jogavam para baixo os índices de futuros e as ordens de venda vinham de corretoras do país inteiro. O Dow desabou, perdendo mais de 300 pontos, o triplo do que já havia caído num único dia em sua história e mais ou menos o equivalente a uma queda de 1.500 pontos nos dias de hoje. A média das *blue chips* fechou em 1.738,74, numa perda total de 508 pontos.

Na nova bolsa eletrônica interligada globalmente, a devastação se alastrou pelo mundo como uma serpente venenosa na noite de segunda-feira, atingindo as bolsas de Tóquio, Hong Kong, Paris, Zurique e Londres, voltando depois a Nova York. Na terça de manhã cedo, durante um bre-

O sorriso da volatilidade

ve momento de calafrio, a bolsa entraria num pandemônio ainda maior do que na Segunda-Feira Negra. A média das ações blue chip abriu numa queda maior que 30%. A negociação de ações, opções e futuros ficou paralisada. Era um desmoronamento total.

Em Newport Beach, a equipe de Thorp se desdobrava. Ele tinha visto, horrorizado, os mercados desabarem na segunda. Quando voltou de um almoço rapidamente engolido, a bolsa havia caído 23%. As negociações pararam e Thorp teve uma séria crise de azia. Mas logo viu que o seguro de portfólio estava por trás do derretimento do mercado.

Quando as operações começaram na terça, uma gigantesca diferença entre os contratos futuros do S&P 500 e o mercado à vista correspondente se abriu. Normalmente, isso significava uma grande oportunidade de negócio para os arbitradores, inclusive Thorp, sempre atraídos por estratégias quantitativas. A enorme diferença aberta entre os contratos futuros, criada pela venda maciça por parte dos seguradores de portfólio, e as ações subjacentes eram uma deixa para comprar futuros e vender as ações a descoberto.

Na terça, a maioria dos arbitradores estava apavorada depois de serem esmagados na Segunda-Feira Negra por um mercado em queda livre. Mas Thorp estava determinado. Seu plano era vender a descoberto as ações que compunham o índice e comprar contratos futuros, se esbaldando no grande "spread" que existia entre os dois.

O problema era conseguir executar as ordens em um mercado que mudava velozmente. Assim que uma ordem de compra ou de venda era dada, ela ficava para trás à medida que o mercado continuava a desabar. No calor da crise, Thorp falou por telefone com o *head trader* Princeton/ Newport:

— Compre US$ 5 milhões em contratos futuros e venda a descoberto US$ 10 milhões em ações.

Ele achava que, na melhor das hipóteses, apenas metade das ordens seria executada, porque, por motivos técnicos, era muito difícil vender ações a descoberto em um mercado em queda livre.

No início, o trader ficou assustado.

MENTES BRILHANTES, ROMBOS BILIONÁRIOS

— Não dá. Está tudo parado.

Thorp bateu o martelo.

— Se não executar essas ordens, eu mesmo faço isso na minha conta pessoal e deixo você sem nada — gritou Thorp, deixando claro que a empresa do trader não teria nenhuma parte nos lucros.

Relutantemente, o trader concordou em executar as ordens, mas só conseguiu cumprir cerca de 60% das vendas a descoberto que Thorp tinha ordenado, devido à volatilidade. Pouco depois, refez a negociação, embolsando mais de US$ 1 milhão de lucro.

O mergulho calmo de Thorp nesse caos não era regra geral. A maioria dos participantes do mercado estava em um clima frenético de "este é o grande terremoto".

Então, parou. Em algum momento da tarde de terça-feira, o mercado aterrisou de pé. E começou a subir, à medida que o Fed injetava volumes maciços de dinheiro no sistema. O Dow terminou aquele dia em alta de 102 pontos. No dia seguinte, ele subiria mais 186,84 pontos, o maior avanço em pontos num único dia em toda a sua história, até ali.

Mas o estrago estava feito. O clima em todo o país tinha se voltado decididamente contra Wall Street, enquanto os escândalos dos *junk bonds* chegavam às manchetes dos jornais. A capa de uma edição de outubro de 1987 da revista *Newsweek* perguntava: "Será que a festa acabou? Um susto nos magos das finanças de Wall Street." Em dezembro as plateias dos cinemas ouviram Gordon Gekko, o asqueroso mago das aquisições interpretado por Michael Douglas, pronunciar o mantra da década em *Wall Street*, de Oliver Stone: "A ganância é boa." Uma série de livros populares refletindo o sentimento anti-Wall Street apareceu nas livrarias: *A fogueira das vaidades*, de Tom Wolfe; *Barbarians at the Gate*, de Bryan Burrough e John Helyar, ambos repórteres do *Wall Street Journal*; *The Predator's Ball*, de Connie Bruck; e *O jogo da mentira*, de Michael Lewis.

Os quants estavam lambendo suas feridas. Sua magnífica invenção, o seguro de portfólio, estava sendo culpada por todos os lados pelo desastre. A teoria dos mercados eficientes de Fama foi imediatamente contestada.

O sorriso da volatilidade

Como o mercado poderia estar "certo" num dia e, então, sofrer um colapso de 23% sem quase nenhuma nova informação no dia seguinte, e no próximo voltar a ficar bem?

Os magos da matemática, em seu estilo "agora você vê, agora você não vê", tinham uma resposta singular: a Segunda-Feira Negra jamais aconteceu. Jens Carsten Jackwerth, professor visitante de pós-doutorado da Universidade da Califórnia em Berkeley, e Mark Rubinstein, coinventor do seguro de portfólio, ofereceram uma prova incontestável de que o dia 19 de outubro de 1987 era estatisticamente impossível. De acordo com sua fórmula de probabilidades, publicada em 1995, a probabilidade do crash era de um "evento 27 desvios-padrão longe da média", uma probabilidade 1 em 10 elevado à 160ª potência: "Mesmo se alguém tivesse vivido todos os 20 bilhões de anos em que existe vida no universo e experimentado isso 20 bilhões de vezes (20 bilhões de Big Bangs), seria praticamente impossível que uma queda dessa magnitude pudesse acontecer uma única vez nesse período."[3]

Mas, mesmo assim, a realidade do crash da Segunda-Feira Negra deixou cicatrizes verdadeiras nas mentes dos traders que a testemunharam, dos *pits* de negociação de Chicago até os salões da bolsa, no sul de Manhattan. Desmoronamentos dessa ordem de grandeza e com esse nível de ferocidade não deviam acontecer no mundo dos mercados financeiros mais avançados e sofisticados.

E, certamente, não deveriam acontecer num mundo de movimentos brownianos aleatórios, em que o mercado obedecia a regras estatísticas claras. A ocorrência de um evento 27 desvios-padrão distante da média era tão improvável quanto jogar cara ou coroa 100 vezes e tirar cara 99 vezes seguidas.

Será que havia algum bicho na maçã, alguma falha fatal na teoria dos quants? Esse medo assombroso, trazido pela Segunda-Feira Negra, iria pairar sobre eles volta e meia, como um pesadelo, desde o desmoronamento de outubro de 1987 até a catástrofe financeira que irrompeu em agosto de 2007.

MENTES BRILHANTES, ROMBOS BILIONÁRIOS

A falha já havia sido identificada décadas antes por um dos mais brilhantes matemáticos do mundo: Benoit Mandelbrot.

■ ■ ■

Quando os tanques alemães entraram na França em 1940, Benoit Mandelbrot tinha 16 anos.[4] Sua família, de judeus lituanos, tinha vivido em Varsóvia antes de se mudar para Paris em 1936, em meio a uma depressão econômica que se alastrava. O tio de Mandelbrot, Szolem Mandelbrojt, foi para Paris em 1929 e logo ganhou projeção entre a elite matemática da cidade. O jovem Mandelbrot estudou com o tio e entrou em uma escola francesa para fazer o ensino médio. Mas sua vida ficou em suspenso quando os nazistas invadiram o país.

Quando os alemães fecharam o cerco, a família Mandelbrot fugiu para a pequena cidade de Tulle, nas montanhas do sudoeste da França, onde tinha amigos. Benoit se inscreveu na escola local, na qual a competição era muito pequena. A liberdade da pressão feroz do confronto direto de Paris alimentou seu lado criativo. Ele logo desenvolveu um talento singular para visualizar imagens geométricas complexas mentalmente e dar saltos intuitivos sobre como resolver equações difíceis.

O pai de Mandelbrot, um atacadista de roupas, estava desempregado, e a família era muito pobre. Ele conhecia um vendedor que tinha alguns casacos de antes da guerra, com um design escocês meio esquisito. Os casacos eram tão horrendos que o vendedor não conseguia sequer distribuí-los como presente. O Mandelbrot pai ficou com um para dar ao filho, que o recebeu de bom grado.

Um dia, um grupo de partisans franceses explodiu um posto de observação alemão. Uma testemunha percebeu que um dos envolvidos usava um casaco estranho, de desenho escocês — o mesmo casaco com que o jovem Mandelbrot passeava pela cidade. Quando um aldeão o denunciou, ele teve que se esconder, e seu irmão se juntou a ele. Por todo o ano seguinte Mandelbrot, que era inocente do ataque, conseguiu evitar

O sorriso da volatilidade 79

as patrulhas alemãs. No momento em que as tropas aliadas libertaram Paris, em 1944, ele tinha 20 anos.

Os anos passados como nômade no interior da França foram cruciais para o desenvolvimento da abordagem matemática de Mandelbrot. A falta de regras estritas e de competição dos colegas criou um ambiente em que sua mente poderia explorar livremente os limites externos do território da matemática, o que a maioria dos alunos de sua idade não poderia nem sonhar.

Ele prestou o exame de admissão para as duas instituições de elite do ensino superior de Paris, a École Normale Supérieure e a École Polytechnique. Sem tempo para se preparar, tentou apenas com a cara e com a coragem. A seção de matemática do teste era um enigma complexo que incluía geometria e álgebra, o resultado (depois de muitos cálculos) era zero. Mandelbrot tirou a nota mais alta de toda a França, o que lhe permitiu escolher entre as duas faculdades. Ele concluiu seu doutorado em 1952.

Depois de se formar, Mandelbrot entrou em um período de ostracismo profissional, trabalhando por algum tempo com o psicólogo francês Jean Piaget, antes de passar um ano no Instituto de Estudos Avançados de Princeton, em 1953.

Em 1958, ele aceitou um emprego no centro de pesquisas Thomas J. Watson, o principal laboratório da IBM, ao norte de Manhattan. A essa altura seu trabalho sobre questões como distribuição de renda em várias sociedades havia despertado a atenção de economistas fora do fechado laboratório de pesquisas da IBM, e em 1961 ele foi dar uma palestra em Harvard. Quando chegou ao campus, fez um pequeno desvio até a sala de seu anfitrião naquele dia, o professor de economia Hendrik Houthakker. Assim que entrou, ficou impressionado com um diagrama esquisito no quadro-negro do professor, um V convexo que se abria para a direita. Mandelbrot se sentou. A imagem no quadro-negro pairava atrás do ombro de Houthakker e Benoit não conseguia desviar o olhar.

— Me desculpe — ele falou, depois de alguns minutos de papo-furado. — Eu não consigo parar de olhar para o quadro-negro porque essa é uma situação meio esquisita. O senhor tem no seu quadro um diagrama que é da minha palestra.

Houthakker se virou e olhou para o diagrama.

— O que você quer dizer com isso? — perguntou. — Eu não tenho a menor ideia do assunto sobre o qual você vai falar.

O diagrama tinha saído do projeto de pesquisa de um aluno sobre o comportamento dos preços do algodão, que era uma obsessão de Houthakker. O aluno estava tentando verificar como os padrões dos preços do algodão se encaixavam nos modelos de movimento browniano padrão que dominavam a teoria das finanças. Mas, para sua grande frustração, nada combinava. Os dados não se encaixavam na curva do sino. Os preços oscilavam muito aleatoriamente. A coincidência incrível para Mandelbrot era que o diagrama de preços de Houthakker naquele quadro de giz batia perfeitamente com o diagrama de distribuições de renda que ele havia preparado para a sua palestra.

Os saltos e quedas bizarros nos preços do algodão tinham se revelado selvagens demais para Houthakker. Ou os dados estavam errados — o que era improvável, porque eram muitos, remontando a mais de um século de registros mantidos pela Bolsa de Algodão de Nova York —, ou havia algum defeito nos modelos. De qualquer maneira, ele estava quase desistindo.

— Cansei — contou a Mandelbrot. — Eu fiz tudo o que pude para tirar algum sentido desses preços do algodão. Eu tento medir a volatilidade, mas ela muda o tempo todo. Tudo muda. Nada é constante. É uma bagunça da pior espécie.

Mandelbrot vislumbrou uma oportunidade. Podia haver uma relação oculta entre sua análise das distribuições de renda — que também mostrava saltos gritantes e disparatados que não se encaixavam na curva do sino normal — e esses preços rebeldes do algodão, que tinham levado aquele professor ao limite de sua capacidade. Houthakker lhe passou alegremente uma caixa de papelão cheia de cartões de computador contendo os dados dos preços do algodão.

— Boa sorte se conseguir tirar algum sentido disso.

O sorriso da volatilidade 81

Ao voltar ao centro de pesquisa, em Yorktown Heights, Mandelbrot começou a passar os dados para os supercomputadores da IBM. Juntou os preços dos livros empoeirados do National Bureau of Economic Research, em Manhattan, e do Departamento de Agricultura americano, em Washington. Analisou os preços do trigo, das ações das ferrovias e das taxas de juros. Para onde quer que olhasse, ele via sempre a mesma coisa: grandes saltos onde não deviam acontecer — nas extremidades da curva do sino.

Depois de peneirar os dados mais um pouco, Mandelbrot escreveu um artigo detalhando suas descobertas, "The Variation of Certain Speculative Prices" [A variação de certos preços especulativos]. Publicado como um relatório de pesquisa interna na IBM, era um ataque direto às distribuições normais usadas para modelar o mercado. Ao mesmo tempo em que elogiava Louis Bachelier, um herói pessoal para Mandelbrot, o matemático declarava que "as distribuições empíricas das mudanças de preços têm geralmente 'picos agudos' demais em relação às amostras" das distribuições padrão.

E o motivo: "Grandes mudanças de preço são muito mais frequentes do que o previsto."

Mandelbrot propôs um método alternativo para medir o comportamento errático dos preços que tomava emprestado uma técnica matemática inventada pelo fancês Paul Lévy, de quem fora aluno em Paris. Lévy investigou as distribuições em que uma única amostra mudava radicalmente a curva. A média de altura de mil pessoas não mudava muito após o acréscimo de uma 1.001ª pessoa. Mas a chamada distribuição de Lévy pode ser desequilibrada por uma única grande mudança na amostra. Mandelbrot utilizou o exemplo de um arqueiro de olhos vendados: mil flechas podem cair perto do alvo, mas a 1.001ª pode, por acaso, passar muito longe dali, alterando radicalmente a distribuição geral. Essa era uma forma totalmente diferente de se olhar para os padrões estatísticos — todos os resultados anteriores poderiam ser modificados por uma única mudança dramática na tendência, como uma queda de 23% no mercado acionário em um único dia. As fórmulas de Lévy deram a Mandelbrot a chave matemática para analisar as fortes oscilações nos preços do algodão que tanto esmoreceram Houthakker.

Quando plotados em um gráfico, esses movimentos dramáticos e inesperados não se pareciam em nada com a curva do sino padrão. Em vez disso, a curva se erguia numa bolha nas duas extremidades, as "caudas" da distribuição. Essas bolhas vieram a ser chamadas de "caudas grossas".

Forma de uma distribuição com caudas grossas

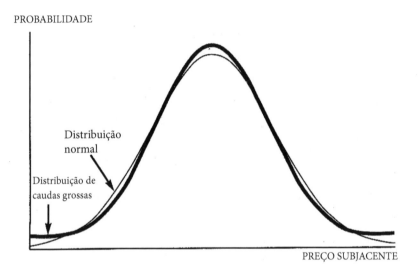

Os rumores sobre o artigo de Mandelbrot se espalharam pela comunidade acadêmica. Em 1963, ele recebeu um telefonema de Paul Cootner, um professor de finanças do MIT, que estava organizando um livro com materiais publicados sobre recentes insights matemáticos acerca do funcionamento dos mercados, inclusive uma tradução da tese de Bachelier sobre o movimento browniano. Ele gostaria de incluir o artigo de Mandelbrot. O livro se chamaria *The Random Character of Stock Market Prices*. Foi o mesmo livro que Ed Thorp leria um ano depois, quando estava tentando imaginar uma fórmula para a precificação dos *warrants*.

No livro, Cootner atacou o artigo de Mandelbrot fazendo uma crítica maldosa, de cinco páginas. Mandelbrot "não nos promete uma utopia, mas sangue, suor, esforço e lágrimas". A grande bagunça giratória das fórmulas de Lévy e os saltos repentinos de preços simplesmente não eram aceitáveis. O resultado seria o caos. Enquanto vários economistas deram uma rápida olhada na análise de Mandelbrot, ele logo caiu no esquecimento. Alguns diziam que o enfoque era simplista demais, outros apenas acharam que o método era muito inconveniente, incapaz de prever os preços, como se tentasse prever a direção de um feijão saltitante mexicano. Os críticos alegavam que, apesar de até poder funcionar por breves intervalos de tempo em que o preço de uma ação pode ficar errático, nos períodos mais longos os preços parecem se mover de uma maneira mais ordeira e browniana. Um teste visual das tendências de longo prazo do mercado acionário tende a mostrar que os preços de um mercado inteiro tendem a se mover em padrões regulares e menos erráticos.

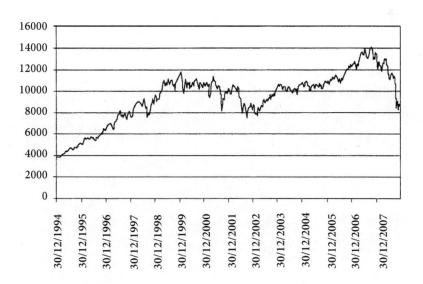

Índice Dow Jones industrial 1995-2008

MENTES BRILHANTES, ROMBOS BILIONÁRIOS

Mandelbrot concordou que em períodos mais longos o equilíbrio tendia a dar a ordem do dia. Mas essa não era a questão. O fato é que os preços podem oscilar bruscamente em *pequenos* períodos de tempo — o suficiente para causar perdas gigantescas e potencialmente devastadoras para investidores que tenham feito apostas grandes e alavancadas.

Como Nassim Nicholas Taleb, um crítico dos modelos dos quants, afirmaria mais tarde em vários livros, os investidores que acreditam que o mercado se move de acordo com o passeio aleatório são "iludidos pelo acaso" (que foi o título de um de seus livros).* Taleb pôs o famoso apelido "cisnes negros" a essas grandes oscilações inesperadas nos mercados, que também acontecem na vida; alusão a uma crença de longa data no Ocidente de que todos os cisnes eram brancos, que caiu por terra quando marinheiros descobriram cisnes negros na Austrália. Taleb argumentou que existem muito mais cisnes negros no mundo do que muita gente acredita, e que modelos baseados em tendências históricas e expectativas de um passeio aleatório estão fadados a levar seus usuários à destruição.

As teorias de Mandelbrot foram arquivadas pelos engenheiros financeiros que não queriam lidar com o mundo caótico e bagunçado evocado por elas. Mas sempre pairaram no ar como uma lembrança ruim no fundo de suas mentes e, volta e meia, eram jogadas no centro do palco em períodos de volatilidade exacerbada, como a Segunda-Feira Negra, apenas para serem novamente esquecidas quando os mercados voltavam a se acalmar, como sempre parecia acontecer.

No entanto, inevitavelmente a volatilidade mortal sempre retorna. Cerca de dez anos depois da Segunda-Feira Negra, os gênios da matemática por trás de um enorme fundo de hedge baseado em métodos quantitativos, o LTCM (Long-Term Capital Management), ficaram frente a frente com os mercados indomáveis de Mandelbrot. Em questão de semanas, no verão de 1998, o LTCM perdeu bilhões de dólares, ameaçando

---

* *Fooled by Randomness*, no original. No Brasil, o título é *Iludido pelo acaso*, publicado pela Record. (*N. do T.*)

O sorriso da volatilidade 85

desestabilizar o mercado financeiro global e gerando um salvamento maciço orquestrado pelo presidente do Fed, Alan Greenspan. Os negócios do LTCM, baseados em sofisticados modelos computacionais e estratégias de gerenciamento de risco, empregavam uma quantidade inimaginável de alavancagem. Quando o mercado se comportou de uma forma que esses modelos nunca poderiam ter previsto, as camadas de alavancagem fizeram o capital do fundo virar pó.

Os traders por trás do LTCM, cujos sócios incluíam os criadores da fórmula das opções Myron Scholes e Robert Merton, disseram muitas vezes que, se tivessem sido capazes de manter suas posições por tempo suficiente, eles teriam ganhado dinheiro. É uma bela teoria. Mas a realidade é muito mais simples: o LTCM arriscou tudo e perdeu.

■ ■ ■

A Segunda-Feira Negra deixou uma marca indelével no próprio tecido da estrutura do mercado. Logo depois do crash, os traders começaram a perceber um padrão estranho nos gráficos dos preços das opções de ações. Os preços para opções de venda muito "fora do preço" — apostas arriscadas em enormes quedas de preço — estavam estranhamente altos em comparação aos preços das opções de venda mais próximos do valor atual da ação. Os gráficos desses preços exibiam uma curvatura anormal para essas opções que, de acordo com a teoria predominante, não deveria existir. Os traders logo inventaram um nome para esse fenômeno: "o sorriso da volatilidade". Era a lembrança amarga da Segunda-Feira Negra sorrindo sinistramente de dentro dos próprios preços, que eram a razão de ser do mercado.

O sorriso da volatilidade desobedecia ao mundo ordenado e "sem arbitragem" estipulado por Black-Scholes e pela moderna teoria do portfólio, já que ele implicava que os traders pudessem ganhar muito dinheiro vendendo essas opções de venda "fora do preço". Se as *puts* (opções de venda) fossem caras demais para o risco que carregavam (de acordo com a fórmula), a coisa inteligente a se fazer era vendê-las a rodo. Com o tempo, isso empurraria o preço para baixo, como deveria ser. Mas, estranhamente, os traders não faziam isso. Provavelmente, estavam com medo de que outro crash como o da Segunda-Feira Negra pudesse varrê-los do mapa. E eles nunca superaram esse medo. O sorriso da volatilidade persiste até hoje.

Esse sorriso deixou os quants de Wall Street perplexos. Por um lado, era um deboche de suas estratégias de hedge cuidadosamente calculadas. E também levantava dúvidas sobre a própria teoria que estava na base de tudo.

"Eu percebi que a existência do sorriso estava completamente em desalinho com os fundamentos de vinte anos da teoria das opções de Black e Scholes", escreveu Emanuel Derman, um engenheiro financeiro de longa data que trabalhava com Fischer Black na Goldman Sachs, no livro *My Life as a Quant*. "E se a fórmula de Black e Scholes estivesse errada, então também estaria a sensibilidade prevista do preço de uma opção aos movimentos do índice subjacente. (...) Assim, o sorriso abria uma fenda profunda na barragem da teoria que protegia as negociações de opções."[5]

A Segunda-Feira Negra fez mais que isso. Ela abriu um buraco não só na fórmula de Black e Scholes, mas nas fundações em que se baseava a própria revolução dos métodos quantitativos. As ações não se moviam nos pequenos incrementos previstos pelo movimento browniano e pela teoria do passeio aleatório. Elas pulavam para cima e para baixo como saltitantes feijões mexicanos. Os investidores não eram racionais, como a teoria dos quants acreditava que fossem; eles entravam em pânico como ratos em um navio afundando.

Pior ainda: o motor por trás do crash, os seguros de portfólio, fora uma invenção dos quants, um produto destinado a *proteger* os investidores de grandes prejuízos. E, em vez disso, ele gerou justamente os prejuízos que deveria evitar.

Nem todo mundo sofreu perdas catastróficas na Segunda-Feira Negra. O Princeton/Newport Partners, graças ao trabalho de Thorp, perdeu apenas alguns milhões de dólares naquele dia. Depois do crash, os modelos

O sorriso da volatilidade

de Thorp, esquadrinhando o mercado como mísseis sensíveis ao calor, vislumbraram inúmeras boas oportunidades de negócios. O fundo fechou aquele mês no zero. Mas, no ano, teve um retorno de 27%, comparado a um ganho de 5% do S&P 500.

Thorp conseguiu sobreviver à derrocada mais devastadora da história do mercado acionário. Tudo parecia ir bem. E então, vindo do nada, um desastre se abateu sobre o Princeton/Newport Partners. Era o cisne negro de Ed Thorp.

■ ■ ■

Em meados de dezembro de 1987, um exército de vans parou na frente de um prédio de escritórios absolutamente comum no coração de uma sonolenta Princeton. Um pelotão de cinquenta agentes federais armados com coletes à prova de balas saiu de dentro das vans e se dirigiu ao escritório do Princeton/Newport Partners, aninhado em um pequeno espaço sobre uma loja da Häagen-Dazs.[6]

Eles estavam procurando por documentos que tivessem relação com os negócios do império de *junk bonds* de Michael Milken, na Drexel Burnham Lambert. O encarregado do caso era Rudolph Giuliani, procurador federal no distrito sul de Nova York, que tentava juntar mais provas para o processo do governo contra a Drexel e esperava que os funcionários do fundo, ameaçados com multas pesadas e talvez até mesmo um período na prisão, se voltassem contra Milken.

Não deu certo. Em agosto de 1989, um júri de Manhattan condenou cinco executivos do Princeton/Newport — inclusive Regan — pela prática de 63 atos ilícitos relacionados a esquemas ilegais de negociação de ações. Thorp, nos escritórios de Newport Beach, a mais de 3 mil quilômetros de distância, e sem conhecer os alegados negócios escusos na sede do Princeton, nunca sofreu qualquer acusação. Mas Regan e os outros sócios condenados do Princeton/Newport se recusaram a testemunhar contra Milken ou a admitir qualquer erro. Em vez disso, recorreram da sentença do governo... e ganharam. Em junho de 1991, um tribunal federal de

88 MENTES BRILHANTES, ROMBOS BILIONÁRIOS

recursos reverteu a condenação por fraude pelo governo. No início do ano seguinte, os promotores abandonaram o caso. Nenhum empregado do Princeton/Newport passou um único dia na prisão.

A maior vítima do ataque do governo foi o Princeton/Newport. Ficou impossível para Ed Thorp manter o barco navegando com toda essa polêmica, e seus sócios no Princeton, obviamente, estavam com a atenção dividida, tendo que lidar com as acusações levantadas contra eles. Investidores preocupados se retiraram do fundo.

■ ■ ■

Thorp decidiu simplificar sua vida. Deu uma pausa na gestão de investimentos alheios, apesar de continuar investindo sua considerável fortuna no mercado.

Ele também trabalhou como consultor para fundos de pensão e de doações. Em 1991, uma empresa pediu a Thorp que desse uma olhada em sua carteira de investimentos. Enquanto analisava os diversos ativos e propriedades, ele percebeu um determinado veículo de investimento que tinha gerado retornos impressionantes por toda a década de 1980. Todo ano, ele conseguia retornos de 20% ou mais, muito acima de qualquer coisa que Thorp tivesse visto — inclusive o Princeton/Newport. Intrigado e com algumas dúvidas, ele se aprofundou um pouco mais nas estratégias do fundo, pedindo documentos que listassem as principais operações. O fundo, com sede no famoso Lipstick Building, na Terceira Avenida, em Nova York, supostamente negociava opções de ações de uma maneira ultrarrápida, se valendo de uma fórmula secreta que lhe permitia comprar barato e vender caro. O histórico de negociações que o fundo mandou a Thorp listava as operações — quantas opções ele tinha comprado, de que empresas e quanto dinheiro ele havia ganhado ou perdido em cada operação.[7]

Thorp precisou de mais ou menos um dia para perceber que o fundo era uma fraude. O número de opções que ele relatava ter comprado ou vendido era muito maior do que a quantidade negociada nas bolsas. Por

O sorriso da volatilidade

exemplo, no dia 16 de abril de 1991, a empresa relatava ter comprado 123 opções de compra das ações da Procter & Gamble. Mas *ao todo* apenas 20 opções da P&G tinham mudado de mãos naquele dia (isso foi bem antes da explosão das negociações com opções, que viria a ocorrer na década seguinte). Discrepâncias semelhantes apareciam em negociações com opções da IBM, da Disney e da Merck, entre outras, pelo que revelou a pesquisa de Thorp. Ele disse à empresa que fez esse investimento para tirar o dinheiro desse fundo, que se chamava Bernard L. Madoff Investment Securities.

No final de 2008, o fundo administrado pelo financista nova-iorquino Bernard Madoff foi desmascarado como o maior esquema de pirâmide de todos os tempos, uma enorme fraude que tinha enganado seus investidores em dezenas de bilhões de dólares. Os reguladores tinham sido alertados repetidas vezes sobre esse fundo, mas nunca conseguiram determinar se suas estratégias de investimento eram legítimas.

■ ■ ■

Enquanto Thorp dava um tempo no jogo do investimento, o cenário para a impressionante ascensão dos quants havia sido montado. Peter Muller, trabalhando numa fábrica de quants na Califórnia, estava se coçando para sair dali e começar a administrar dinheiro de gente grande. Cliff Asness estava entrando em um curso de finanças de elite na Universidade de Chicago. Boaz Weinstein ainda estava no ensino médio, mas já estava colocando os olhos nas agitadas salas de negociação de Wall Street.

Quando Thorp se desvinculou do Princeton/Newport Partners, entregou o bastão do fundo de hedge para um prodígio de 22 anos que iria se tornar um dos mais poderosos gestores de fundos de hedge do mundo — e que desempenharia um papel central na derrocada do mercado que começou em agosto de 2007.

·5·

Quadra de ases

▪ GRIFFIN ▪

Em 1990, Ed Thorp recebeu um telefonema de um investidor de longa data, um financista recluso chamado Frank Meyer, com olho clínico para novos talentos. Meyer tinha um pedido especial.[1]

— Estou com um cara fantástico aqui — disse Meyer, com sua voz rouca, indo direto ao assunto. Parecia tão animado quanto um técnico de futebol que tivesse acabado de ver o próximo vencedor do troféu Heisman.* — Um dos sujeitos mais inteligentes que já vi na vida. Negociava títulos conversíveis do dormitório da faculdade, usando a conta da avó.

— Quem é?

---

* Prêmio dado ao melhor jogador de futebol americano universitário. (*N. do T.*)

— Um cara de Harvard, chamado Ken Griffin. Ele me lembra muito você, Ed.

— Harvard? — Esnobou Thorp, que se formara pelo MIT. — Quantos anos ele tem?

— Vinte e um.

— Caramba, é muito novo. E o que você quer de mim?

— A papelada.

Na esperança de economizar dinheiro, Meyer queria usar os documentos para ofertas do Princeton/Newport como modelo para o fundo de hedge que ele estava montando para Griffin, um gênio da matemática magro, com 1,82m de altura e focado exclusivamente em ganhar dinheiro. Thorp aceitou e mandou uma cópia dos documentos legais do PNP (ele tinha rebatizado o fundo Sierra Partners depois do ataque de Giuliani) para o escritório de Meyer. Naquela época, custava cerca de US$ 100 mil para elaborar a documentação necessária para montar um fundo de hedge. Pegando esse atalho — os advogados de Meyer basicamente mudaram os nomes nos documentos da sociedade —, saiu por menos de US$ 10 mil. A piada que corria na empresa de Meyer é que eles tinham utilizado o escritório de advocacia Manteiga & Salgadinho para lançar o fundo de Griffin, que acabaria se tornando o Citadel Investment Group, um nome criado para evocar a imagem de um gigantesco baluarte, capaz de resistir às maiores tormentas financeiras imagináveis.

■ ■ ■

Meyer administrava em Chicago um "fundo de fundos de hedge" chamado Glenwood Capital Management. Um fundo de fundos investe em quotas de outros fundos de hedge, repassando os lucros aos clientes enquanto ficam com uma parte, geralmente 10%, para si. O setor de fundos de fundos atualmente é imenso, administrando centenas de bilhões de dólares (embora tenha murchado como um balão depois da crise de crédito). Quando Meyer lançou o Glenwood, em 1987, esse setor praticamente não existia.

Aliás, quando o Princeton/Newport Partners fechou as portas, no final da década de 1980, os fundos de hedge continuavam a ser um recanto desconhecido do ecossistema financeiro global, que rapidamente se ampliava, uma espécie de Velho Oeste cheio de atiradores rápidos como Paul Tudor Jones e George Soros, dispostos a jogar milhões em uma única aposta baseada em seus instintos. Outros novatos faziam parte de um desconhecido grupo de gênios do mercado em Princeton, Nova Jérsei, chamado Commodity Corp., um fundo de primeira linha que operava, principalmente, contratos futuros de commodities. Do Commodity Corp. saíram traders lendários, como Louis Moore Bacon (que depois administraria o fundo Moore Capital Management, com US$ 10 bilhões em ativos) e Bruce Kovner (gestor do Caxton Associates, com US$ 6 bilhões). Em Nova York, um trader agressivo e cerebral chamado Julian Robertson se dedicava a transformar um cacife inicial de US$ 8 milhões nos mais de US$ 20 bilhões da Tiger Management. Em West Palm Beach, um grupo de traders de um fundo chamado Illinois Income Investors, mais conhecido como III ou Triple I, lançava estratégias inovadoras em títulos lastreados em hipotecas, moedas e derivativos.

Mas as operações estavam se tornando cada vez mais quantitativas, e cada vez mais matemáticos migravam para Wall Street, inspirados por Thorp e pelas novas ondas de pesquisa que saíam das academias. A empresa de Jim Simons, Renaissance Technologies, estava lançando seu Medallion Fund, que logo se tornaria uma lenda. David Shaw estava se instalando em cima de uma livraria comunista em Greenwich Village com sua relampejante arbitragem estatística. Os que investiam no fundo de Thorp, depois de perder a galinha dos ovos de ouro, estavam à caça de novos talentos. E, para muitos, Ken Griffin se encaixava nesse papel.

Thorp também passou uma mina de ouro a Meyer e Griffin: caixotes de prospectos para *warrants* e títulos conversíveis, muitos dos quais não podiam mais ser obtidos devido ao tempo que havia se passado. Era um arquivo incomparável de informações sobre aquela indústria, uma chave-mestra que poderia destrancar milhões de dólares do mercado. Ao examinar o tipo de negócio em que Thorp investia, Griffin aprendeu a procurar situações semelhantes por conta própria.

Essas informações ajudaram Griffin a distinguir melhor que tipo de operações eram possíveis na negociação de títulos conversíveis. Apesar dos registros de Thorp não passarem todos os detalhes de todas as operações, forneciam uma espécie de mapa do tesouro. Com os registros na mão, Griffin tinha uma ideia muito melhor dos segmentos do mercado em que deveria se concentrar e ele logo desenvolveu estratégias que eram, de muitas maneiras, parecidas com aquelas em que Thorp havia sido pioneiro nas décadas anteriores.

Para aprender mais, Griffin pegou um avião para se encontrar com Thorp em Newport Beach, esperando aprender aos pés do mestre. Thorp conduziu Griffin por uma série de negociações de arbitragem de títulos e lhe passou um know-how precioso, obtido em mais de vinte anos de experiência em negociações. Griffin, aluno sempre ansioso, engoliu tudo.

Thorp também descreveu para ele o modelo de negócios do Princeton/Newport, que envolvia "centros de lucro" que evoluíam a partir do quanto eles fossem bem-sucedidos, um conceito que o Citadel copiaria nos anos seguintes. Griffin também adotou a estrutura de taxas administrativas de Thorp, na qual os investidores pagavam pelas despesas do fundo, em vez da taxa única que a maioria dos administradores de fundos de hedge cobrava, normalmente de 2% dos ativos.

Meyer prometeu apoiar Griffin com uma única condição: ele teria que montar o Citadel em Chicago. Griffin, que nascera na Flórida, concordou. Em novembro de 1990, ele começou a operar com US$ 4,6 milhões utilizando apenas uma esotérica estratégia: arbitragem de títulos conversíveis, a mesma que Ed Thorp havia usado.

■ ■ ■

Filho de um gerente de projetos da General Electric, Griffin tinha uma inclinação para a mecânica dos aparelhos de alta tecnologia e estava sempre interessado em saber como eles funcionavam. Conhecido por seu olhar azul fixo, Griffin parecia sempre ser capaz de analisar profundamente questões complexas e extrair mais delas do que qualquer outra pessoa, uma técnica que lhe serviria muito bem no caótico mundo das finanças.

Quadra de ases

Quando era aluno da Boca Raton Community High School, ele tinha se metido em programação de computador e conseguido um emprego para projetar códigos de computador para a IBM. Sua mãe o levava até a Computerland local, onde ele passava horas batendo papo com os vendedores sobre software e novos artefatos. Em 1986, quando Griffin não tinha sequer 18 anos, ele teve a ideia de vender software educacional para escolas, associando-se com alguns amigos da Computerland para lançar uma empresa chamada Discovery Educational Systems. Griffin a vendeu alguns anos mais tarde, mas a empresa ainda existe em West Palm Beach.

Durante seu primeiro ano em Harvard, depois de ler uma matéria da revista *Forbes* que afirmava que as ações da Home Shopping Network estavam sobreprecificadas, Griffin comprou opções de venda dessas ações, esperando ter lucro com a queda. A aposta foi boa e ele ganhou alguns milhares de dólares, mas elas não pagaram tanto quanto esperava: as comissões e os custos de transação do *market marker*, uma corretora de Filadélfia chamada Susquehanna International Group, acabou ficando do com uma parte dos lucros. Ele percebeu que o jogo dos investimentos era mais complexo do que imaginara e começou a ler o máximo de livros sobre o mercado financeiro em que pudesse pôr as mãos. Griffin acabou se deparando com um livro didático sobre títulos conversíveis — o veículo de investimento favorito de Ed Thorp. A essa altura as ideias de Thorp, explicadas em *Beat the Market*, já tinham penetrado no mundo acadêmico e estavam sendo ensinadas em salas de aula de finanças no país inteiro. Evidentemente, Griffin acabou indo direto à fonte, devorando *Beat the Market* também.

Como Thorp, Griffin logo descobriu que uma série de títulos conversíveis estava malprecificada. Seu talento para computador entrou em campo, e ele escreveu um programa de software para marcar os títulos malprecificados. Ansioso para ter informações do mercado atualizadas minuto a minuto, ele instalou em seu dormitório no terceiro andar da Cabot House de Harvard, um prédio cheio de trepadeiras, uma antena de satélite — colocando-a no teto do dormitório, passando um cabo pela janela do quarto andar e descendo um andar pelo poço do elevador —, de modo que ele pudesse acessar as cotações das ações em tempo real. O único probleminha de todo essa parafernália era que a janela do quarto andar nunca poderia ser totalmente fechada, mesmo durante o gelado inverno de Cambridge.

Nas férias de verão, entre o segundo e o terceiro ano de faculdade, em 1987, ele visitava com frequência um amigo que trabalhava no First National Bank de Palm Beach. Um dia um aposentado chamado Saul Golkin entrou na sala por acaso, enquanto Griffin descrevia suas ideias sobre hedge e títulos conversíveis. Depois de ouvir a apresentação de Griffin por vinte minutos, Golkin disse:

— Eu tenho que ir almoçar correndo, mas entro com cinquenta.

No começo, Griffin não entendeu, até o amigo lhe explicar que Golkin tinha acabado de investir US$ 50 mil no jovem geniozinho de Harvard.

Ansioso para levantar mais fundos com amigos e parentes, inclusive a mãe e a avó, ele acabou captando US$ 265 mil para uma sociedade limitada que ele chamou de Convertible Hedge Fund #1 (extremamente parecido com o fundo original de Thorp, o Convertible Hedge Associates). Quando voltou a Harvard no outono, começou a investir o dinheiro, comprando principalmente *warrants* subprecificadas e hedgeando a posição com a venda das ações a descoberto (a estratégia de *delta hedging* de Thorp).

Seu timing se revelou auspicioso. No dia 19 de outubro, o mercado desabou, e as posições vendidas de Griffin pagaram uma bolada, despencando muito mais do que os *warrants*.

Tendo vencido essa tempestade, ele logo captou US$ 750 mil para mais um fundo, que ele chamou de Convertible Hedge Fund #2.

A capacidade de Griffin de passar pela Segunda-Feira Negra sem um arranhão — e ainda com um belo lucro — foi uma espécie de revelação. Os profissionais de Wall Street tinham levado uma surra enquanto o menino prodígio que operava de seu dormitório em Harvard usando satélites, computadores e uma complexa estratégia de investimento tinha

Quadra de ases

se dado bem. Era um primeiro gostinho das incríveis possibilidades que se abriam à sua frente.

Mas ainda havia mais trabalho a fazer. Ele precisava ter acesso a mais valores mobiliários. E isso significava uma conta de operações institucional — o tipo de conta utilizada pelos traders profissionais, como fundos mútuos e fundos de hedge. Em 1989, Griffin, com apenas 19 anos de idade, se aproximou de um especialista em títulos conversíveis da Merrill Lynch em Boston chamado Terrence O'Connor e lhe apresentou o que aparentemente era um plano maluco: *Dê a mim, Ken Griffin, um universitário de 19 anos, acesso a sua plataforma de negociações mais sofisticada, que vai permitir que eu entre em quase todos os investimentos existentes debaixo do sol.*

De alguma maneira, ele conseguiu exatamente isso, deixando O'Connor aturdido com todo o seu conhecimento técnico. O especialista concordou em dar acesso a Griffin, apesar do fato de uma conta institucional naquela época gerenciar em média cerca de US$ 100 *milhões* em ativos.

Griffin começou a negociar e a ligar para todo mundo em Wall Street que se dispusesse a conversar com ele. A reação mais típica era: "Você está gerenciando US$ 200 mil desde seu dormitório em Harvard? Não me procure nunca mais." *Bam.*

Mas alguns ficavam intrigados com aquele fenômeno de Harvard e explicavam algumas das operações em que estavam envolvidos — arbitragens, por que os fundos de hedge as faziam e por que o próprio banco se envolvia nisso. Griffin começou a viajar para Nova York e a se sentar junto a traders experientes, bebendo do conhecimento deles. Estava particularmente interessado nas mesas de aluguel de ações, que lhe davam uma oportunidade de ver a que fundos os bancos alugavam suas ações — e por quê.

Pouco antes de Griffin se formar em economia em Harvard, ele se encontrou com Justin Adams, gestor do Triple I. Eles tomaram café da manhã juntos em um restaurante de West Palm Beach e discutiram o mercado. Enquanto comia uma omelete bem quente, Griffin explicou como tinha feito contatos com traders nas corretoras de Wall Street e tinha aprendido muitos segredos internos do mundo das negociações.

Ex-integrante das forças especiais do Exército, que servira na Guerra do Vietnã antes de se aventurar no mundo das altas finanças, Adams ficou estupefato. Griffin era inteligente e concentrado e fazia perguntas coerentes e aprofundadas sobre o mercado — perguntas que eram tão aguçadas que faziam Adams parar para pensar em uma resposta coerente.

Adams organizou uma reunião em Nova York entre Griffin e Frank Meyer, um investidor do Triple I, e também do Princeton/Newport. Meyer também ficou impressionado com o amplo conhecimento que Griffin tinha dos aspectos técnicos de investimento, assim como sua expertise com computadores, um talento importante à medida que as operações ficavam cada vez mais eletrônicas e informatizadas. Mas foi seu conhecimento do mercado que deixara Meyer mais impressionado:

— Se você é um garoto que administra algumas centenas de milhares de dólares, é muito difícil tomar emprestado ações para vender a descoberto — lembra-se Meyer. — Ele foi a toda grande empresa que emprestava ações e procurou conquistá-las, e ele era tão incomum que elas lhe concediam boas taxas.

Griffin se instalou em Chicago no final de 1989 com US$ 1 milhão para administrar e rapidamente começou a ganhar dinheiro aos montes com a negociação de títulos conversíveis pelo programa de software que havia elaborado.[2] No primeiro ano de negócios, Griffin teve um retorno de inacreditáveis 70%. Impressionado, Meyer decidiu ajudá-lo a lançar seu próprio fundo. Pensou em outros com estratégias semelhantes e foi aí que Ed Thorp lhe veio à cabeça.

Griffin já tinha sua sala. Tinha seu capital inicial. Contratou uma pequena equipe de traders, alguns dos quais devem ter ficado chocados por trabalharem para um menino que ainda tinha cheiro de alojamento de universidade. A única coisa que estava faltando era um nome. Griffin e vários de seus novos contratados escreveram nomes em uma lista e então fizeram uma votação para escolher o favorito.

Ganhou Citadel. Em 1990, no início da década que veria um crescimento fenomenal do setor de fundos de hedge, a fortaleza de dinheiro de Griffin estava pronta para a batalha e a caminho de se tornar uma das mais temidas máquinas de dinheiro em todo o mundo das finanças.

■ MULLER ■

Aos 10 anos de idade, Peter Muller fez uma viagem à Europa com a família. Depois de passar por vários países, percebeu algo estranho: as taxas de juros do dólar variavam nos diferentes países. Ele perguntou ao pai, um engenheiro químico, se poderia comprar marcos alemães em Londres e ter lucro trocando-os por dólares na Alemanha.[3]

Intuitivamente, o jovem Muller tinha captado o conceito de arbitragem.

Nascido na Filadélfia em 1963, Muller cresceu em Wayne, Nova Jersey, a meia hora de carro de Manhattan, na direção oeste. Desde cedo mostrou aptidão para a matemática e adorava todos os tipos de jogos, desde palavras cruzadas até xadrez e gamão. Em seu último ano na Wayne Valley High School, Muller misturou sua obsessão por jogos a um interesse crescente pela programação de computadores e desenhou um programa que podia jogar gamão tão bem que seu professor de matemática alegava que o programa roubava.

Em Princeton, estudou matemática teórica, fascinado pela beleza cristalina das estruturas complexas e pelos padrões universais que lotam os campos mais específicos da teoria dos números. Muller também passou a se interessar por música, fazendo aula e tocando piano em uma banda de jazz que se apresentava nos eventos da escola e em clubes de estudantes.

Depois de se formar em 1985, ele atravessou os Estados Unidos de carro, rumo à Califórnia. Em Nova York estava à sua espera um emprego numa empresa alemã de software chamada Nixdorf, mas ele ficou adiando sua ida para lá por uma série de motivos. E, de qualquer modo, não tinha muita certeza se queria voltar para a Costa Leste. Muller tinha se apaixonado pela Califórnia.

MENTES BRILHANTES, ROMBOS BILIONÁRIOS

Logo ele se viu tocando teclado em um ginásio, enquanto várias mulheres musculosas dançavam balé de collant, ao mesmo tempo giravam bambolês e faziam malabarismos com bolas de borracha coloridas. Ele procurava, um tanto desesperadamente, ser músico profissional e acabou conseguindo um emprego de tecladista de fundo para uma equipe de ginástica rítmica.

Aparentemente, o emprego como maestro de ginástica rítmica não era suficiente para pagar casa e comida, inclusive os US$ 200 de aluguel que Muller pagava para ficar na casa do amigo de um amigo. Também havia o hábito irritante de um colega de quarto de sair atirando a esmo com um revólver no quintal, quando ficava deprimido.

Um dia, Muller viu um anúncio de uma pequena empresa de engenharia financeira chamada BARRA Inc., oferecendo emprego a um programador que soubesse Fortran, uma linguagem de computador utilizada para problemas estatísticos. Muller não sabia (embora tivesse poucas dúvidas de que podia aprender rápido) e nunca tinha ouvido falar da BARRA. Mesmo assim, candidatou-se ao emprego e foi entrevistado no escritório da empresa em Berkeley.

Muller entrou na BARRA com confiança, a mente estalando com a matemática teórica que tinha aprendido em Princeton. Mas não tinha a menor familiaridade com o mundo das finanças quantitativas em que estava se metendo, já que nunca fizera um curso nessa área. Chegava mesmo a se considerar uma espécie de socialista e tinha até espezinhado a namorada, que trabalhava em meio expediente na redação do *Wall Street Journal,* em São Francisco, como sendo uma agente do capitalismo. Mas ficava intrigado, teoricamente, sobre como funcionavam as engrenagens do dinheiro. E, mais do que qualquer outra coisa, ele queria começar a ganhar algum dinheiro também.

Antes da entrevista, Muller fez um pit stop no banheiro masculino e ficou horrorizado com o que viu: uma guimba de cigarro. Maníaco compulsivo por limpeza e xiita em questões de saúde, ele odiava cigarros. Aquela guimba quase pôs tudo a perder. Ele chegou até a pensar em cancelar a entrevista. Simplesmente não havia maneira de trabalhar

Quadra de ases

em um escritório no qual as pessoas fumassem. Relutante, partiu para a entrevista, onde soube que a BARRA não permitia que se fumasse dentro da empresa. A guimba deve ter sido deixada por algum visitante.

Depois de uma série de entrevistas, o emprego foi oferecido, e ele aceitou. Muller não sabia na época, mas tinha acabado de entrar para o mundo dos quants.

Em 1985, a BARRA era o eixo do mundo para o universo dos quants da Costa Oeste. A empresa fora fundada em 1974 por um professor iconoclasta de economia de Berkeley, Barr Rosenberg, um dos pioneiros do movimento de aplicar as lições da moderna teoria do portfólio dadas nas torres de marfim da academia na construção de portfólio no mundo real. Alto e magricelo, de cabelos ondulados, Rosenberg também era budista de longa data. Sempre desafiou as categorias rígidas. Na década de 1960, estudara como os pacientes reagiam de maneiras diferentes ao mesmo remédio. Ao mesmo tempo, colecionava informações sobre ações, um interesse que acabou se transformando em obsessão. Ele percebeu que, da mesma forma que as reações dos pacientes aos remédios eram diferentes, as ações também exibiam comportamentos estranhos e aparentemente inexplicáveis ao longo do tempo. Deve haver uma maneira lógica de se encontrar a ordem nesse caos, pensou.

Uma maneira de entender como funcionam as ações é destrinchar os fatores que as fazem subir ou descer. A General Motors é uma mistura de diversos fatores diferentes da economia e do mercado: a indústria automobilística, as ações de uma grande companhia, as ações americanas como um todo, o preço do petróleo, a confiança do consumidor, as taxas de juros e assim por diante. A Microsoft é uma mistura de grandes empresas, tecnologia e fatores de consumo, entre outros.

No início da década de 1970, trabalhando até tarde no porão de sua casa em Berkeley, Rosenberg inventou modelos quantitativos para monitorar os fatores de milhares de ações e os programou em um computador. Posteriormente, ele passou a vender estes modelos para empresas de gestão de ativos que adotavam cada vez mais as estratégias quantitativas (embora poucas fossem remotamente tão sofisticadas quanto o fundo de hedge de alto nível que Ed Thorp administrava de Newport Beach). Em 1974, ele fundou uma empresa chamada Barr Rosenberg Associates, que acabou se transformando na BARRA.

Em poucos anos, a BARRA tinha seguidores, como uma seita. Rosenberg tinha obtido grande sucesso com o Serviço Fundamental de Gestão de Risco da empresa, um programa de computador que podia prever o comportamento de uma ação baseado em categorias como lucros, setor de atividade, capitalização de mercado e volume de negócios.

Na época que Muller chegou à BARRA, milhares de gestores administravam ativos estavam utilizando as recém-criadas estratégias quantitativas. O próprio Rosenberg saiu da empresa em 1985, pouco depois de Muller ser contratado, com um pequeno grupo de companheiros, para dar início à sua própria empresa de gestão de ativos, a Rosenberg International Equity Management, em Orinda, na Califórnia. Mais alguns anos e ele já administrava bilhões de dólares em todo o mundo. (Mais recentemente, Rosenberg se afastou da busca de riquezas materiais e tem dado cursos de budismo no Instituto Nyingma, em Berkeley.)

■ ■ ■

Um dos primeiros projetos em que Muller trabalhou se referia a uma análise dos vários componentes do retorno das ações, que eram o pão com manteiga dos modelos da BARRA. Pouco antes de sair, Rosenberg deu uma olhada no trabalho de Muller e fez uma demonstração de seu talento para ver o jogo de forças da economia em ação no mercado.

— Esse fator deve ser o preço do petróleo. Olhe só essa queda durante a crise de energia... E esse aqui deve estar relacionado às taxas de juros.

Só tinha um problema: Muller tinha errado nos cálculos e os dados eram imprestáveis. Ele refez a análise e, timidamente, mostrou os resultados a Rosenberg.

Quadra de ases

— Ah, esse aqui faz muito mais sentido — concluiu Rosenberg. — Esse fator aqui deve ser o petróleo... E aqui foi quando o Fed entrou e elevou as taxas de juros.

Apesar de isso mostrar que Rosenberg era capaz de transformar rapidamente os modelos e a matemática em acontecimentos do mundo real, também demonstrava que os modelos podiam enganar até mesmo os melhores nomes do mercado. Mesmo com toda aquela matemática de alto calibre, sempre parecia haver algum toque de feitiçaria em Rosenberg e nos métodos quantitativos que ele criava. A busca constante por fatores ocultos podia se transformar em uma espécie de busca profética de vodu nas entranhas de uma galinha, ou de maus presságios nas formas das nuvens.

A atmosfera relaxante e ensolarada da BARRA foi uma espécie de revelação para Muller, depois da monotonia dos subúrbios de Nova Jersey e dos corredores de convento de Princeton. Era meados dos anos 1980 e a nostalgia pelos anos 1960 estava crescendo. E havia poucos lugares melhores para se capturar essa onda do que Berkeley, a pouca distância dos pontos de encontro de surfistas na Half Moon Bay, ou do reduto hippie de Haight-Ashbury. É claro que trabalhar para uma empresa financeira não se encaixava exatamente no figurino clássico de um hippie, mas Muller não se incomodava com isso. Ele estava farto de correr atrás de dinheiro e de tocar música por alguns trocados. O salário anual de US$ 33 mil que ele ganhava na BARRA era uma bonança e certamente mais dinheiro estaria por vir. Acima de tudo, ele estava certo de que, por mais dinheiro que ganhasse, jamais se tornaria um Tio Patinhas. O próprio Rosenberg já dera o exemplo de que era possível ganhar rios de dinheiro e ainda alguma espiritualidade.

E a vida na BARRA era boa. O clima era casual. Os trajes, informais. O único sujeito que andava de terno era o diretor de marketing da empresa. Os funcionários podiam passar horas no almoço para falar de teoria acadêmica, política e os acontecimentos do mundo. Muller estava namorando e às vezes tocava com uma banda de jazz. Uma vez por mês, um grupo de funcionários corria tarde da noite sob a lua cheia, seguindo dali para o bar, ou, melhor ainda, para uma sorveteria.

MENTES BRILHANTES, ROMBOS BILIONÁRIOS

Muller aprendeu Fortran rapidamente e começou a trabalhar no conserto de códigos para a empresa, mas estava se coçando para aprender mais sobre o verdadeiro trabalho da BARRA: modelagem financeira. Ele deixou a música de lado e se afundou na literatura sobre a moderna teoria das carteiras: Eugene Fama, Fischer Black, Robert Merton, os clássicos.

E também se sentia atraído por um novo hobby: pôquer. Começou a frequentar o Oaks Card Room em Emeryville, a vinte minutos de carro da sede da BARRA. Passou a devorar livros de estratégia de pôquer e logo estava depenando os outros nas mesas de grandes apostas do Oaks.

O jogo passou a ser uma obsessão. Muller passava de dez a 15 horas por semana jogando cartas no Oaks. Às vezes, mergulhava em maratonas de jogos que testavam sua resistência. Certa vez, começou a jogar às 18h30, depois de sair do trabalho na sexta-feira, e não parou até as 10h de domingo. Foi de carro para casa, tão exausto que acabou dormindo enquanto esperava parado em um sinal.

Em 1989, Muller recebeu a tarefa de fazer um trabalho para um novo cliente da BARRA, um trader de fundo de hedge chamado Renaissance Technologies. Jim Simons estava à procura de um especialista para resolver um problema espinhoso com o qual se deparava um de seus fundos, Medallion.

A questão envolvia o uso mais eficiente do dinheiro reserva do Medallion. A solução de Muller era tão inteligente que o Renaissance lhe ofereceu um emprego. Mas ele se demonstrou cético e rejeitou a oferta. Ainda sob os efeitos do mundo acadêmico, ele acreditava na hipótese dos mercados eficientes de Fama, que dizia que era impossível se ganhar do mercado a longo prazo.

Logo mudaria de ideia sobre esse assunto.

■ ■ ■

Em 1991, Muller já ganhava cerca de US$ 100 mil por ano, morava em uma bela casa em Berkeley Hills com a namorada e tinha um ótimo emprego, com tempo de sobra para a sua banda de jazz, jogos de pôquer e ainda para surfar um pouco. Mas ele queria mais.

Naquele ano, a BARRA abriu o capital. Para Muller, a empresa parecia ter ficado diferente depois disso, menos faminta, menos enérgica e menos criativa. Alguns bons funcionários saíram para trabalhar em outras empresas ou para montar um negócio próprio. Muller teve uma ideia que esperava que pudesse renovar a BARRA: utilizar os modelos quantitativos que tinha desenvolvido para os clientes a fim de administrar os fundos próprios da empresa. Em outras palavras, montar um fundo de hedge interno da BARRA. E ele tinha as pessoas certas para isso: seus amigos de pôquer no Oaks, todos funcionários da BARRA.

Os mandachuvas da empresa arquivaram o plano. Não era uma boa ideia lançar uma operação arriscada tão pouco tempo depois da abertura do capital, disseram. O CEO da BARRA, Andrew Rudd, sugeriu que Muller criasse novos modelos para prever retornos de ações e os vendesse para os clientes. Não era bem o que Muller tinha pensado, mas concordou. Em pouco tempo, ele ajudou a desenhar o sistema Alphabuilder da BARRA, que se revelou um campeão de vendas — um software para computadores que podia analisar os retornos esperados para os portfólios de ações.

Depois disso, ele foi embora.

■ ■ ■

— Que porra é você, e por que diabos precisa de uma sala?

— Eu sou a porra do Peter Muller e estou feliz pra caralho por te conhecer.

Muller fuzilou com o olhar o corretor espertalhão do Morgan Stanley, que entrou de supetão em sua sala, como se fosse dono. Fazia pouco tempo que Muller montara um grupo de operações quantitativas no Morgan, e essa era a recepção que ele tinha?

E havia sido assim desde seu primeiro dia no banco. Depois de aceitar o emprego no Morgan, recebendo com isso um enorme aumento de salário, ele entregou seu aviso prévio na BARRA e tirou seis semanas de licença para se recuperar, a maior parte passada em Kauai, a exuberante ilha no oeste do Havaí. A transição dos jardins plácidos e verdes de Kauai para o salão de batalha do Morgan Stanley, no centro de Manhattan, fora um choque brutal. Prometeram a Muller que ele teria sua própria sala e uma pilha de fontes de dados antes de ele chegar, mas em seu primeiro dia no banco viu que não teve nenhum pedido atendido.

Até a tal sala chegar, teve que se sentar em uma mesa no meio do salão de operações do Morgan, que era do tamanho de um campo de futebol, e ligou para um ex-companheiro da BARRA, Tom Cooper, que trabalhava para um fundo de hedge em Boston. Ele perguntou:

— Como é que você consegue trabalhar em um ambiente como esse?

De repente, uma mulher sentada a seu lado tirou o telefone da mão dele.

— Eu preciso desse telefone!

Muller olhou para ela assustado, enquanto ela cuspia ordens que envolviam mercados em Tóquio e em Chicago. Muller estava aprendendo que a gentileza não era uma opção quando havia dinheiro em jogo. A BARRA e os seus graciosos modelos quantitativos pareciam a um mundo inteiro de distância.

Uma amiga havia lhe mandado flores parabenizando-o pelo novo emprego. O buquê foi entregue em sua mesa no salão de operações. Aquilo foi carne crua para os traders grisalhos à sua volta: *Olha que gracioso esse rapazinho quant da Califórnia e as flores que ele ganhou.* No que ele havia se metido?, perguntou-se Muller. A energia era de enlouquecer. Todos ficavam espremidos como sardinhas, suando e gritando — e usando terno!

Isso não era a Califórnia. E, certamente, não era Berkeley. Essa era a porra da cidade de Nova York e essa era a porra do Morgan Stanley, um dos maiores e mais agressivos bancos de investimento do mundo, e Muller estava dentro desse caldeirão.

■ ASNESS ■

O musculoso professor subiu ao tablado e olhou para mais uma sala cheia de alunos de olhos inteligentes, ansiosos para aprender os segredos de como as Bolsas de Valores realmente funcionavam. Eugene Fama dava aulas na Universidade de Chicago desde o início dos anos 1960. Agora, em setembro de 1989, era universalmente reconhecido como um dos mais brilhantes pensadores de economia e mercados financeiros do mundo. Fama passou a mão pela cabeça calva e olhou para aqueles garotos de 20 anos espalhados à sua frente.[4]

Uma característica de Fama que chamava imediatamente a atenção de seus novos alunos era a testa. Era incrivelmente grande, larga e alta, vincada com linhas bastante profundas que se moviam como se fossem ondas, enquanto ele vomitava sua sabedoria sobre os mercados com seu sotaque de Boston, como se estivesse sendo agitado por pensamentos poderosos no crânio do tamanho de uma bola de basquete. Usando uma larga camisa azul de algodão e calça cáqui, ele parecia mais um refugiado do departamento de filosofia da universidade do que um guru durão do mundo das finanças.

Suas primeiras palavras eram quase um choque para os alunos na sala.

— Tudo o que vou dizer a vocês não é verdade — disse Fama, com uma voz roufenha, com o leve sotaque de uma juventude passada em Boston.

Foi até o quadro-negro e escreveu o seguinte: *Hipótese dos mercados eficientes.*

— O mercado é eficiente. O que eu quero dizer com isso? Significa que, a qualquer momento, os preços das ações incorporam tudo o que se sabe sobre elas. Se muita gente anda tomando Coca-Cola, as ações dessa empresa vão subir tão logo essa informação estiver disponível.

Os alunos anotavam nos cadernos, sugando aquilo tudo.

A hipótese dos mercados eficientes, talvez a mais famosa e duradoura ideia sobre o comportamento do mercado nos últimos cinquenta anos, foi criada por Fama. Ela se tornara tão influente e tão amplamente aceita que deixou de ser uma hipótese e ficou mais parecida com um dos mandamentos de Deus, trazido à Terra por esse profeta econômico da Cidade dos Ventos.

— Existe uma série de consequências para a eficiência dos mercados — disse Fama, olhando para a turma. — Uma das mais importantes é que é estatisticamente impossível saber qual o próximo lugar para onde o mercado vai se dirigir. A isso chamamos de teoria do passeio aleatório, o que significa que o curso futuro do mercado é como um cara ou coroa. Pode ir para cima ou para baixo, com 50% de chance para cada um, e ninguém sabe para que lado vai.

Um aluno no fundo da sala levantou a mão, timidamente.

— E todas aquelas pessoas que são pagas para escolher ações? Elas devem estar sendo pagas por alguma razão. Não pode ser tudo sorte.

— As provas indicam que tentar escolher ações é uma completa perda de tempo — rebateu Fama, secamente. — E de dinheiro. Wall Street é cheia de corretores que tentam convencer as pessoas a lhe darem dinheiro. Mas nunca houve um estudo na história que mostrasse que gestores ativos consigam consistentemente ganhar do mercado. Não é só uma questão de dados. Há gestores que tiveram bons momentos, mas normalmente se resume a uma questão de sorte.

— E por que as pessoas pagam tanto dinheiro a esses gestores?

— Esperança? Burrice? É difícil dizer.

— E Warren Buffett?

Fama suspirou. *Esse Buffett de novo.* Cada vez mais alunos estavam obcecados com o histórico desse investidor de alto calibre de Omaha, cuja empresa, Berkshire Hathaway, vinha superando o S&P 500 há vinte anos consecutivos, e continuava assim.

— Parece que existem alguns destaques que são impossíveis de se explicar. Em toda ciência existem exceções que parecem desafiar todas as regras. Buffett, assim como Peter Lynch, do fundo Fidelity Magellan, obtiveram retornos consistentes ao longo dos anos. Eu não sei de mais ninguém. Esses gênios podem existir por aí, mas eu não sei quem eles são.

Quem vai saber? — disse ele, sorrindo e dando de ombros. — Talvez eles venham a perder tudo no ano que vem.

A matemática mostrava que era inevitável que alguns traders se destacassem, mas isso não queria dizer que eles tivessem talento. Dê moedas a 10 mil pessoas e mande-as jogar cara ou coroa. A cada rodada, elimine aquelas que tiraram cara. Depois de dez rodadas, talvez fiquem umas cem. Depois de vinte, talvez umas três ou quatro continuem no jogo. Se elas estivessem em Wall Street, seriam consideradas experts em cara ou coroa, cara-coroístas encharcados de alfa. Buffett, segundo Fama, não passava de um homem sortudo no cara ou coroa.

Outro aluno ergueu o braço.

— Mas o senhor disse que tudo o que ia nos dizer não seria verdade. Isso quer dizer que os mercados não são realmente eficientes?

— Exatamente — disse Fama. — Nada do que eu estou dizendo é 100% verdade. São modelos matemáticos. Nós analisamos as estatísticas, os históricos, as tendências e extraímos delas o que pudermos. Não é física. Na física, você pode construir um ônibus espacial, colocá-lo em órbita e vê-lo aterrissar em cabo Canaveral depois de uma semana. Já o mercado é muito mais instável e imprevisível. O que nós sabemos sobre ele são aproximações sobre a realidade baseadas em modelos. A hipótese dos mercados eficientes é só isso, uma hipótese que se baseia em décadas de pesquisa e em uma grande quantidade de dados. Sempre existe a possibilidade de estarmos errados.

Fez uma pausa.

— Embora eu esteja quase certo de que nós temos razão. Deus sabe que o mercado é eficiente.

A turma riu, tensa. A presença de Fama intimidava, irradiando um frio desdém por aqueles que eram incapazes de seguir seu ritmo. Cliff Asness, um doutorando de 23 anos, anotou as palavras de Fama em seu caderno: *gênios incomuns... modelos matemáticos...* Nada disso era novidade para ele, que já tinha feito cursos de finanças com alguns dos maiores pensadores do mundo na Wharton School, da Universidade da Pensilvânia. Mas ele sabia que Fama era o cara, o número um das finanças numa universidade.

MENTES BRILHANTES, ROMBOS BILIONÁRIOS

Mesmo assim, ele não podia deixar de se perguntar. Aliás, as palavras de Fama eram quase que um desafio: *Será que eu posso? Será que eu posso ganhar do mercado?*

Quando criança, Clifford Scott Asness não dava o menor sinal de seu futuro como magnata de Wall Street.[5] Ele nasceu em outubro de 1966, no Queens, em Nova York. Aos quatro anos, sua família se mudou para o arborizado subúrbio de Roslyn Heights, em Long Island. Na escola, Asness tirava boas notas, mas seu interesse por Wall Street não ia além das torres escuras de Gotham City nas páginas de *Batman*. Obcecado por pouca coisa além de garotas e histórias em quadrinhos, Asness foi um adolescente triste, sem rumo na vida e um pouco acima do peso. Às vezes, demonstrava um temperamento violento que voltaria à tona anos mais tarde, no comando de seu próprio fundo de hedge. Certa vez, um rival de sua equipe de xadrez o espezinhou no estacionamento da escola, por conta de um jogo recente. Irritado, Asness agarrou o provocador e o jogou várias vezes contra uma van que estava ali perto.

Como aluno de graduação da Wharton, Asness acreditava que seguiria os passos do pai e se tornaria um advogado de tribunal. Ele não sabia bem por que queria ser advogado, a não ser pelo fato de ser uma tradição da família. No entanto, o pai ficou assustado com os planos do filho.

— Por que você quer ser advogado, se é bom em matemática?

Asness levou as palavras do pai a sério. Aberto a novos campos, mergulhou no misterioso mundo da teoria das carteiras como assistente de pesquisa de Andrew Lo, professor da Wharton que mais tarde se transferiria para o MIT. Para sua surpresa, ficou fascinado pelo assunto. Passou a se concentrar nas finanças e ainda tirou um diploma em computação pelo caminho — a combinação mortífera para um quant.

À medida que a formatura de Asness se aproximava, ele cancelou sua inscrição para fazer o teste de admissão para a faculdade de direito (LSAT, na sigla em inglês) e se inscreveu para o teste de admissão em pós-graduação em administração, o GMAT. Com um ótimo resultado nas mãos, foi aceito por várias faculdades de administração. Suas favoritas eram Stanford e Chicago. O fator decisivo foi que Chicago ofereceu

Quadra de ases

pagar a passagem de avião para Asness, que não tinha dinheiro, fazer uma visita, ao contrário de Stanford. Ele chegou em um lindo dia de primavera — talvez o dia de sol mais afortunado de toda a sua vida. Essa foi a isca final, diria Asness mais tarde, brincando que ele deve ter sido a única pessoa no mundo que escolheu ir para a Universidade de Chicago, em vez de Stanford, por causa do clima.

Asness entrou em Chicago quando Fama e seu colega Kenneth French faziam a histórica pesquisa que iria abalar as coberturas das faculdades de administração no país inteiro. Sua pesquisa se aproveitaria das ideias mais importantes das finanças modernas e as colocaria em campos totalmente novos, na teoria e na prática.

Fama era a estrela da dupla. Nascido perto do fim da Grande Depressão e criado nos estaleiros sombrios de Charlestown, em Boston, Fama foi um dos primeiros economistas a fazer uso intensivo de computadores. Quando era aluno da Universidade de Chicago, no início da década de 1960, também teve acesso a um dos maiores bancos de dados de bolsas de valores do mundo, o Center for Research in Security Prices [Centro de Pesquisa de Preços dos Valores Mobiliários], de Chicago, também chamado de CRSP (pronuncia-se "crisp").[6]

Procurando um assunto para lecionar, Fama percebeu que a universidade não oferecia nenhum curso sobre Harry Markowitz, um ex-aluno de Chicago que utilizava métodos quantitativos para demonstrar como os investidores podiam maximizar seus retornos e diminuir o perfil de risco diversificando seus portfólios — uma forma de os quants dizerem "não ponha todos os ovos no mesmo cesto".

Fama começou a dar aula sobre as teorias de Markowitz em 1963. Ele logo acrescentaria os trabalhos de William Sharpe, um protegido de Markowitz que tinha feito um trabalho inovador no conceito de beta, uma medida da sensibilidade de uma ação à volatilidade geral do mercado. Uma ação que tivesse um beta mais alto do que o resto do mercado era considerada mais arriscada, enquanto uma ação com um beta mais baixo era considerada mais segura. Ações com beta iguais a 1 tinham a mesma volatilidade do resto do mercado. *Blue chips* de maior peso como as da AT&T normalmente têm betas baixos. Um beta de 2 é sinal de uma ação extremamente volátil — geralmente feijões saltitantes da área de tecnologia, como a Apple ou a Intel. Se você sabe o beta de uma ação, você sabe mais ou menos o quanto ela é arriscada.

O resultado dos esforços de Fama foi o primeiro curso de finança moderna ministrado em Chicago, chamado Teoria do Portfólio e Mercados de Capitais (o qual Fama leciona até hoje). Na pesquisa, ele fez uso bastante intenso do banco de dados da universidade, assim como dos computadores, jogando neles um teste depois do outro e procurando padrões ocultos nos dados. Em 1969, Fama destilou as ideias conjuntas desse curso e de anos de números analisados por computador na primeira articulação totalmente fechada da pedra angular da moderna teoria do portfólio: a hipótese dos mercados eficientes, ou HME.

Embora muitos pensadores tenham escrito sobre a eficiência dos mercados, ao longo dos anos o trabalho de Fama foi a afirmação mais coerente e concisa da ideia de que o mercado era invencível. A ideia fundamental por trás da HME é a de que toda nova informação relevante sobre uma ação é instantaneamente precificada na ação, tornando-a "eficiente". Fama vislumbrou um mercado amplo e bem-desenvolvido com muitos participantes que estão sempre em busca das últimas notícias sobre as empresas. O processo de injetar novas informações — um relatório de lucros decepcionantes, a saída de um CEO, um grande contrato novo — é como jogar um apetitoso pedaço de carne fresca num tanque cheio de piranhas. Antes que você se dê conta, a carne foi devorada.

Como toda informação corrente entra no preço da ação e as informações futuras são basicamente desconhecidas, é impossível de se prever se uma ação vai subir ou cair. O futuro, assim, é aleatório, um cara ou coroa de movimento browniano, ou o andar de um bêbado pela noite parisiense.

O trabalho de base para a hipótese dos mercados eficientes já vinha sendo feito desde a década de 1950, com os estudos de Markowitz e Sharpe, que acabariam ganhando o prêmio Nobel de Economia de 1990 (juntamente com Merton Miller) por sua obra.

Quadra de ases

Outra peça-chave foi Louis Bachelier, o obscuro matemático francês que alegava que os preços dos títulos se moviam seguindo um passeio aleatório.

Em 1954, o economista do MIT, Paul Samuelson — outro futuro ganhador do prêmio Nobel —, recebeu um cartão-postal de Leonard "Jimmie" Savage, um estatístico de Chicago. Savage andou pesquisando nas prateleiras de uma biblioteca e deparou com o trabalho de Bachelier, que havia caído no esquecimento desde que fora escrito, há cinquenta anos. Savage queria saber se Samuelson já tinha ouvido falar daquele desconhecido francês. Ele disse que sim, embora nunca tivesse lido sua tese. Então, Samuelson logo a encontrou e ficou fascinado com seus argumentos.

Como o curso futuro de um mercado é, basicamente, igual a um cara ou coroa, com 50% de chance para cada lado, escrevera Bachelier, "a expectativa matemática do especulador é zero". Samuelson já tinha começado a pensar sobre mercados financeiros. Seu interesse havia sido despertado por um discurso polêmico feito em 1952 por Maurice Kendall, um estatístico da London School of Economics. Kendall tinha analisado uma série de informações do mercado, inclusive índices de ações, preços do trigo e do algodão, procurando algum padrão que mostrasse se os movimentos de preço seriam previsíveis. Kendall não encontrou qualquer padrão desse tipo e concluiu que as séries de dados eram parecidas com "as de um andarilho, como se uma vez por semana o Demônio da Sorte tirasse um número aleatório de uma população simétrica".[7] Kendall disse que isso parecia ser "uma espécie de movimento browniano na economia".

Samuelson percebeu que isso era uma bomba. Ele deu o salto que vinha embutido no artigo original de Bachelier: que os investidores estavam perdendo o seu tempo. Matematicamente, não havia maneira de ganhar do mercado. Os Thorps desse mundo deviam jogar fora seus computadores e suas fórmulas e se dedicar a uma profissão mais produtiva, como ser dentista ou encanador. "Não é fácil ficar rico em Las Vegas, em Churchill Downs ou numa sucursal da Merrill Lynch", escreveu.

MENTES BRILHANTES, ROMBOS BILIONÁRIOS

Naquela época, Samuelson estava se transformando em uma forte influência na comunidade econômica. Se ele achava que o mercado se movimentava em um passeio aleatório, significava que todo mundo tinha que concordar com isso, ou ter uma razão muito boa para discordar. A maioria concordava, incluindo uma das estrelas entre os alunos de Samuelson, Robert Merton, que seria um dos cocriadores da fórmula Black-Scholes de precificação de opções. Outro partidário era Burton Malkiel, que iria escrever *A Random Walk Down Wall Street*.

No entanto, foi Fama quem ligou todos os pontos e colocou a hipótese dos mercados eficientes no mapa, como uma figura central da moderna teoria das carteiras.

A ideia de que os mercados são uma máquina eficiente, que processa os preços aleatoriamente, tem muitas consequências estranhas. Fama estipula um amplo mundo infestado de investidores constantemente procurando por ineficiências — as tais piranhas famintas circulando em busca de carne fresca. Sem elas para engolir as breves ineficiências, o mercado jamais seria eficiente. Será que haveria piranhas sem carne fresca? Não, elas não existiriam. E sem as piranhas, não haveria mercados eficientes. Esse é um paradoxo que incomoda os partidários da HME até hoje.

Outro efeito colateral dos mercados eficientes é que, se isso for verdade, é definitivamente impossível sustentar que o mercado esteja malprecificado — em *momento algum*. Quando o Nasdaq estava acima dos 5 mil pontos, no começo do ano 2000, era impossível sustentar naquele momento que havia uma bolha, segundo a HME. E o mercado imobiliário em 2005, no momento em que os preços de muitas residências nos Estados Unidos haviam dobrado ou triplicado de preço? Também não era uma bolha.

Apesar dessas contradições capazes de dar um nó na cabeça, a HME se tornou o paradigma dominante da academia, enquanto Fama pregava esse evangelho. Era um ataque de frente ao setor de gestão de ativos, que fora construída sobre a ideia de que, com os métodos e as ferramentas certas, algumas pessoas poderiam ganhar do mercado.

Os quants viam a HME como uma arma fundamental em seu arsenal: as probabilidades dos vários movimentos de um mercado eficiente

Quadra de ases

podiam ser compreendidas através da matemática baseada no movimento browniano. Os movimentos mais prováveis se encontravam mais para o meio da curva do sino, que podia ser utilizada para fazer previsões sobre a provável volatilidade futura do mercado no curso de um mês, um ano ou dez anos. Na comunidade dos planejadores financeiros, as chamadas simulações de Monte Carlo, que podem prever o crescimento das carteiras dos investidores ao longo do tempo, adotavam a mesma ideia de que o mercado se move seguindo um passeio aleatório. Assim, um ganho anual de 5% é muito mais provável, já que cai mais para o centro da curva do sino. Um ganho ou perda de 50%, como aconteceu no crash da bolsa ou na crise de crédito de 2008 (ou, para todos os efeitos, os 23% de queda da bolsa na Segunda-Feira Negra) era tão improvável que chegava a ser praticamente impossível — pelo menos nos modelos. Atualmente, quase todas as grandes empresas de serviços financeiros, como a Fidelity Investments ou a T. Rowe Price, oferecem simulações de Monte Carlo para os investidores. Assim, os insights de Bachelier, depois de mais de cem anos, alardeados por Fama, atingiram a engrenagem principal de como os americanos planejam suas aposentadorias. Isso também os deixou cegos para a possibilidade de que o mercado pudesse incorrer em movimentos extremos. Fenômenos feios como esses simplesmente não se encaixavam nos modelos elegantes criados pelos quants.

De muitas formas, a HME era uma faca de dois gumes. De um lado, argumentava que era impossível ganhar do mercado. No entanto, a maioria dos quants — especialmente aqueles que migraram do mundo acadêmico para Wall Street — acreditava que o mercado é só *parcialmente* eficiente. Fischer Black, cocriador da fórmula Black-Scholes de precificação de opções, disse uma vez que o mercado é mais eficiente nas margens do rio Charles do que nos bancos do rio Hudson — e, convenientemente, uniu suas forças ao Goldman Sachs.

Por esse ponto de vista, o mercado era como uma moeda viciada que dava mais cara do que coroa (ou mais coroa do que cara). Se fosse jogada 100 vezes para o alto, é provável que saíssem 52 caras, em vez de 50. A chave para o sucesso seria descobrir esses defeitos ocultos, o maior

116   MENTES BRILHANTES, ROMBOS BILIONÁRIOS

número possível. A lei dos grandes números que Thorp utilizara para ganhar da banca e fazer fortuna em Wall Street ditava que falhas assim, exploradas em centenas, se não milhares, de valores mobiliários podiam gerar muita riqueza.

Implicitamente, a HME também mostrou que existia um mecanismo no mercado que tornava os preços eficientes: eram as piranhas de Fama. O objetivo era virar uma piranha, engolindo as rápidas ineficiências, as discrepâncias ocultas, o mais rápido possível. Os quants com os melhores modelos e os computadores mais rápidos ganhariam esse jogo.

De uma maneira crucial, a HME deu aos quants uma pedra de toque de como o mercado deveria parecer se fosse de uma eficiência perfeita, constantemente gravitando para o equilíbrio. Em outras palavras, isso lhes deu um reflexo da Verdade, o cálice sagrado das finanças quantitativas, explicando como o mercado funcionava e como mensurá-lo. Toda vez que os preços do mercado se desviassem da Verdade, as piranhas computadorizadas dos quants detectariam o erro, cairiam em cima e restaurariam a ordem — colhendo um belo lucro nesse caminho. Seus computadores de alta velocidade rastreariam os mercados globais como radares à procura da Verdade, em busca de oportunidades. Os modelos dos quants podiam descobrir quando os preços se desviariam do equilíbrio. É claro que nem sempre estavam certos. Mas se estivessem certos com frequência suficiente, poderiam ganhar uma fortuna.

Essa foi uma das maiores lições que Cliff Asness aprendeu, como aluno da Universidade de Chicago. Mas tinha mais.

■ ■ ■

Fama, que era um verdadeiro buldogue em matéria de pesquisa, não repousou nos louros dos mercados eficientes ao longo dos anos. Ele continuou a escrever montanhas de artigos, alavancando o poder de seus computadores e de uma série de alunos ansiosos em aprender com o guru desse tipo de mercado. Em 1992, pouco depois de Asness ter chegado lá, Fama e French publicaram o passo mais importante até então, um artigo que ainda hoje aparece como uma das pesquisas acadêmicas sobre finanças mais importantes dos últimos vinte anos. Por trás dele, uma ambição imensa: subverter o próprio fundamento da teoria das finanças, o *capital asset pricing model* (modelo de precificação de ativos financeiros), também conhecido como CAPM.

Antes de Fama e French, o CAPM era o mais perto que se conseguia chegar da Verdade nas finanças quantitativas. De acordo com o avô do CAPM, William Sharpe, o elemento mais importante para se determinar o retorno potencial futuro de uma ação é o beta, uma medida de quanto ela é volátil em comparação com o resto do mercado. E, segundo o CAPM, quanto mais arriscada a ação, maior a recompensa potencial. Em resumo: investimentos de longo prazo em ações arriscadas tendiam a remunerar melhor do que investimentos em *blue chips* de grande peso.

Fama e French colocaram os supercomputadores de Chicago para funcionar e fizeram uma série de testes com uma ampla base de dados dos retornos das ações para determinar o impacto do importantíssimo beta nos retornos que elas davam. Conclusão: impacto nenhum.[8]

Uma descoberta dessas não era nada mais, nada menos do que um coquetel molotov incendiário atirado na tenda mais sagrada da moderna teoria do portfólio. Os dois professores estavam afirmando que décadas de pesquisa estavam simplesmente erradas. Talvez o mais surpreendente tenha sido a descoberta de Fama e French de que eram as forças do mercado que, efetivamente, geravam os retornos das ações. Eles descobriram dois fatores que determinavam o quanto uma ação pagava durante o período da amostra, de 1963 a 1990: o valor e o tamanho.

Existe uma série de maneiras de se aferir o tamanho de uma companhia. Geralmente é medido pelo valor que Wall Street dá a uma empresa, através do preço de suas ações, uma métrica chamada de capitalização de mercado (o preço das ações da companhia contra o número de ações). A IBM é grande porque tem uma capitalização de mercado de US$ 150 bilhões. A Krispy Kreme Doughnuts é pequena porque tem uma capitalização de mercado de cerca de US$ 150 milhões. Outros fatores, como o número de funcionários de uma empresa e sua lucratividade, também contam.

MENTES BRILHANTES, ROMBOS BILIONÁRIOS

O valor geralmente é determinado ao se comparar o preço das ações de uma companhia com seu valor contábil, que é uma medida do patrimônio de uma empresa (ativos, como imóveis e/ou máquinas, menos as suas obrigações, ou dívidas). A relação preço/valor contábil é a métrica favorita de investidores da velha escola, como Warren Buffett. Os quants, entretanto, a utilizam de uma forma que os Buffetts do mundo jamais imaginaram (nem gostariam de imaginar), enfiando décadas de dados da base CRSP nos computadores, injetando algoritmos complexos e escavando os resultados como garimpeiros à procura de reluzentes pepitas de ouro — moedas com defeito, com discrepâncias ocultas.

Fama e French descobriram uma das maiores e mais reluzentes mina de ouro. A árvore genealógica do "valor" tinha dois filhotes principais: as ações com grandes perspectivas de crescimento (*growth stocks*) e as ações com poucas perspectivas de crescimento (*value stocks*). As *growth stocks* são relativamente caras, indicando que os investidores gostam da empresa e puseram suas ações nas alturas. As *value stocks* têm uma baixa relação preço/valor contábil, indicando que elas são, de certa forma, pouco apreciadas em Wall Street. Em outras palavras, elas parecem baratas.

A principal descoberta de Fama e French foi que as *value stocks* se davam melhor que as *growth stocks* em qualquer horizonte de tempo, e que isso acontecia desde 1963. Se pusesse seu dinheiro em *value stocks*, você acabaria ganhando um pouco mais do que se tivesse investido em *growth stocks*.

Intuitivamente, esses dados fazem bastante sentido. Imagine um bairro que gosta de dois tipos de pizza — pepperoni e champignon. Durante algum tempo, as duas têm a mesma popularidade. Mas, de repente, as pizzas de champignon saem de moda. Cada vez mais gente pede a de pepperoni. O dono da pizzaria, percebendo a mudança, aumenta o preço das pizzas de pepperoni e, esperando encorajar mais gente a comprar as pouco amadas pizzas de champignon, baixa o preço delas. A disparidade de preço fica tão grande que mais gente volta a atenção para o sabor champignon, deixando o pepperoni para trás. E assim as pizzas de

Quadra de ases 119

champignon passam a ter um preço mais alto e as de pepperoni ficam mais baratas — exatamente como Fama e French haviam previsto.

É claro que nem sempre as coisas são assim tão simples. Às vezes, há uma queda na qualidade dos champignons, e o bairro tem suas razões para não gostar dessas pizzas; ou o sabor do pepperoni melhorou de repente. Mas a análise mostrou que, de acordo com a lei dos grandes números, ao longo do tempo as *value stocks* (os champignons de que ninguém gosta) tendem a se sair melhor do que as *growth stocks* (o pepperoni caro).

Fama e French também descobriram que companhias de pequeno porte tendiam a se sair melhor do que as ações de empresas de grande porte. A ideia é parecida com a disparidade entre as *growth stocks* e as *value stocks*, porque uma empresa pequena geralmente é pouco apreciada — é por isso que ela é pequena. Já as grandes empresas, por sua vez, costumam sofrer por serem valorizadas demais, como uma celebridade que estrelou muitos filmes de sucesso e está prestes a ter um fraco desempenho.

Colocando de outra maneira, segundo Fama e French, as forças que empurram as ações para cima e para baixo ao longo do tempo não são a volatilidade ou o beta, mas sim valor e tamanho. Para alunos como Asness, a mensagem era bem clara: podia-se ganhar dinheiro se concentrando exclusivamente nesses fatores. Compre algumas pizzas de champignon (pequenas) e venda a descoberto as gigantes, de pepperoni.

Para a fechada comunidade dos quants, isso era como Martinho Lutero pregando suas 95 Teses na porta da igreja do Castelo, em Wittenberg, colocando por terra séculos de fé e tradição. A Verdade como ela era conhecida — o sagrado CAPM — não era a Verdade, no fim das contas. Se Fama e French estivessem certos, havia uma Nova Verdade. O valor e o tamanho era tudo o que contava.

Os defensores da Antiga Verdade mantiveram suas posições. Fischer Black, na época sócio do Goldman Sachs, fez o ataque mais incisivo ao escrever que "Fama e French (...) interpretaram errado seus próprios dados", uma verdadeira bofetada no mundo dos quants. Sharpe argumentou que o período que Fama e French fizeram suas observações favoreceu o fator do valor, já que as empresas pouco valorizadas se saíram muitíssimo bem na década de 1980, depois da baixa da década anterior, com a estagflação e as crises do petróleo.

Apesar disso, a Nova Verdade de Fama e French começava a se impor.

Além da chiadeira teórica provocada pelo artigo, ele exerceu um impacto crucial na comunidade financeira: ao detonar o CAPM, Fama e French abriram as comportas para uma enorme onda de novas pesquisas, à medida que os nerds das finanças começaram a vasculhar novas areias à cata de pepitas mais douradas. E Cliff Asness era um dos primeiros da fila.

Com o tempo, essa descoberta teve um efeito mais sinistro. Cada vez mais quants passaram a utilizar as estratégias descobertas por Fama, French e outros, levando a um acontecimento que os dois professores jamais poderiam ter previsto: uma das derrocadas mais velozes e brutais já vistas pelo mercado.

Mas isso apenas anos depois.

■ ■ ■

Em um dia de 1990, Asness entrou na sala de Fama para falar de uma ideia para a sua tese de doutorado. Estava nervoso e tomado pela culpa. Fama tinha lhe dado a maior honra que qualquer aluno do departamento de economia da Universidade de Chicago poderia desejar: escolheu Asness para ser seu professor-assistente. (Ken French, colaborador de Fama, também o elogiou bastante. Os dois disseram que Asness era o aluno mais inteligente que eles já tinham visto em Chicago.) Asness achou que estava traindo o homem que passara a ver como herói.

O fenômeno que ele estava considerando para ser o tema de sua tese batia de frente com a amada hipótese dos mercados eficientes de Fama. Passando um pente fino em décadas de dados, Asness acreditava que tinha descoberto uma anomalia curiosa em uma tendência que empurrava os preços das ações. Ações que estavam em queda pareciam continuar

Quadra de ases

caindo mais do que deveriam, baseando-se em fundamentos subjacentes como lucros; e ações que estavam subindo frequentemente continuavam a subir mais do que deveriam. No jargão da física, esse fenômeno se chamava "momento".

De acordo com a hipótese dos mercados eficientes, o momento não deveria existir, já que isso implicava que havia uma maneira de dizer que certas ações iriam continuar subindo e outras iriam continuar caindo.

Asness sabia que o momento era uma contestação direta a Fama e esperava uma briga. Ele limpou a garganta.

— Minha tese vai ser sobre momento — disse ele, torcendo a cara.

Fama coçou o queixo e assentiu. Vários segundos se passaram. Ele olhou para Asness, com a testa enrugada de concentração.

— Se estiver nos dados, pode escrever.

Asness ficou surpreso e maravilhado. A abertura de Fama a qualquer coisa que os dados comprovassem era uma demonstração impressionante de honestidade intelectual.

Ele começou a destrinchar os números da vasta biblioteca de dados do mercado de Chicago e verificou vários padrões que mostravam momentos de curto e de longo prazo nas ações. No começo, Asness não percebeu que tinha feito uma descoberta crucial sobre padrões ocultos do mercado, que ele poderia usar para ganhar dinheiro. Estava simplesmente emocionado porque poderia escrever sua tese e se formar. O dinheiro viria logo logo.

Em 1992, enquanto Asness aprontava sua tese sobre momento, ele recebeu uma oferta para trabalhar no grupo de renda fixa do Goldman Sachs. Uma divisão pequena, mas em crescimento, o Goldman Sachs Asset Management estava buscando jovens acadêmicos brilhantes para construir o que se tornaria um dos conjuntos de cérebros mais formidáveis de Wall Street.

O primeiro trabalho real de Asness no Goldman foi construir modelos de renda fixa e operar valores mobiliários lastreados em hipotecas. Enquanto isso, ele passava as noites e os fins de semana escrevendo a

122   MENTES BRILHANTES, ROMBOS BILIONÁRIOS

tese e pensando muito na escolha que teria que fazer: se continuaria na universidade ou iria em busca de riqueza em Wall Street.

A decisão foi, basicamente, tomada dele. Em janeiro de 1992 ele recebeu um telefonema da Pimco, a gestora de títulos da Costa Oeste administrado por Bill Gross, bilionário e ex-contador de cartas no vinte e um (na faculdade, tinha devorado *Beat the Dealer* e *Beat the Market*) que aplicava religiosamente seu instinto para o jogo em suas decisões de investimento — todos os dias. A Pimco tinha obtido a primeira pesquisa publicada de Asness, "OAS Models, Expected Returns, and a Steep Yield Curve" [Modelos de spreads ajustados por opções, retornos esperados e curva ascendente de rentabilidade], e estava interessada em contratá-lo. No curso de um ano, Asness fez várias entrevistas na empresa. Em 1993, lhe ofereceram um emprego para construir modelos e ferramentas quantitativas. Era um cargo ideal, que combinava o lado de pesquisa da academia com o rigor prático de Wall Street.

Goldman, ao saber da oferta, lhe ofereceu um cargo semelhante no GSAM. Asness topou, já que o Goldman ficava mais perto de sua casa em Roslyn Heights.

— Então você está pegando o trabalho pior porque é um filhinho da mamãe, né? — zombou o recrutador da Pimco.

Asness apenas riu. Ele sabia que o Goldman era seu lugar. Em 1994, pouco depois de concluir sua tese, o Ph.D. Clifford Asness lançou o Grupo de Pesquisas Quantitativas do Goldman Sachs. Ele tinha 28 anos de idade.

▪ WEINSTEIN ▪

Um dia, no início da década de 1980, Boaz Weinstein olhava fixa e atentamente para uma série de cavalos, peões, reis e rainhas espalhados à sua frente.[9] Estava nervoso e na defensiva. Do outro lado do tabuleiro estava seu adversário, com uma expressão inexpugnável: Joshua Waitzkin,

Quadra de ases

o menino gênio, mestre de xadrez, que acabaria sendo retratado no filme *Lances inocentes*, de 1993.

Weinstein perdeu para Waitzkin o jogo, disputado no famoso Manhattan Chess Club, mas isso não diminuiu seu entusiasmo por xadrez. Logo ele estava ganhando de sua irmã mais velha tantas vezes que ela parou de jogar com ele. Desesperado para continuar jogando em casa, ele encheu o saco do pai para lhe comprar um jogo de xadrez para computador. Aos 16 anos, Weinstein já era um "mestre vitalício" nacional, a alguns passos de se tornar grande mestre, o terceiro no ranking de sua faixa etária nos Estados Unidos.

Mas o xadrez não era tudo na vida do jovem Weinstein. Havia também o jogo traiçoeiro dos investimentos. Um ritual semanal da família Weinstein era ver o programa *Wall Street Week with Louis Rukeyser*, nas noites de sexta-feira. Ele começou a testar a Bolsa de Valores com poucos trocados e algum sucesso. No penúltimo ano como aluno da Stuyvesant High School, uma escola de elite em Nova York, ele ganhou um concurso de "seleção de ações" [*stock picking*] patrocinado pelo jornal *Newsday*, vencendo outros 5 mil concorrentes. Weinstein percebeu que, para ser o vencedor, ele tinha que fazer escolhas com potencial de ganhos elevados. Sua estratégia vencedora era uma forma primitiva de arbitragem: ele vendia descoberto de ações com grandes retornos, enquanto selecionava ações subavaliadas que achava que poderiam subir rapidamente. A estratégia mostrou que Weinstein podia julgar uma situação e verificar o que era necessário para ganhar — mesmo que fosse uma aposta maciça.

Aliás, tendo sido criado no privilegiado bairro de Upper East Side, em Manhattan, parecia que o dinheiro estava em tudo à sua volta. Enquanto Griffin, Muller e Asness foram criados relativamente longe da cacofonia de Wall Street, Weinstein praticamente cresceu em uma sala de negociações. Quando tinha 15 anos, teve um emprego de meio expediente fazendo trabalhos de escritório para a Merrill Lynch, a prestigiada empresa famosa por sua "tropa imbatível" de corretores. No tempo livre, ele examinava os relatórios de pesquisa espalhados pelo escritório, procurando dicas de investimento.

124 MENTES BRILHANTES, ROMBOS BILIONÁRIOS

Enquanto isso, sua irmã tinha arranjado um emprego no Goldman Sachs. Weinstein a visitava depois do expediente e percorria as seções do histórico banco, sonhando com glórias futuras. Um dia, quando ia para a sala dela, deu uma rápida passada no banheiro e esbarrou com David DeLucia, um trader de junk bonds que ele reconheceu do clube de xadrez em que jogavam. DeLucia fez um rápido tour com Weinstein pela sala de negociações do Goldman, o qual o garoto, de olhos arregalados, transformou numa série de entrevistas. Acabou ganhando um emprego de meio expediente na mesa de operações dos títulos de alto rendimento do Goldman quando tinha apenas 19 anos de idade.

Em 1991, ele começou a ter aula na Universidade de Michigan, onde se formou em filosofia e se sentiu atraído pela lógica rígida de Aristóteles e pelo cético escocês David Hume. Também se interessou por vinte e um e, em 1993, pegou o livro de Ed Thorp, *Beat the Dealer*. Adorou a maneira como a contagem de cartas lhe concedia uma vantagem estatística para prever o futuro. Isso o fez lembrar do livro de Mark Twain, *Um ianque na corte do rei Artur*, no qual o personagem principal, Hank Morgan, viaja no tempo e salva o pescoço prevendo um eclipse solar, pois decorara todos os eclipses até a época em que vivia.

Mas a verdadeira paixão de Weinstein eram as negociações. Ele sabia que, tão logo saísse da universidade, sua primeira parada seria Wall Street. Depois de se formar, em 1995, pegou um lugar na mesa de negociações de dívidas globais na Merrill Lynch, onde teria seu primeiro gostinho de Wall Street. Dois anos depois, ele passou para um banco menor, o Donaldson Lufkin Jenrette, atraído por DeLucia, que saíra do Goldman. Weinstein achava que seria uma boa ideia trabalhar em um banco menor, no qual teria mais chances de ter sua própria mesa de operações. No DLJ, ele aprendeu o básico das operações de crédito negociando com notas de taxa flutuante, títulos negociados com taxas de juros variáveis.

Para um trader emergente como Weinstein, que ainda por cima gostava de jogar, era o momento ideal para iniciar a carreira em Wall Street. Um boom de exóticos derivativos de crédito estava prestes a acontecer.

Os derivativos de ações, taxas de juros e commodities já existiam há muitos anos. Mas foi apenas em meados da década de 1990 que os engenheiros financeiros inventaram maneiras de negociar derivativos ligados ao crédito.

Isso se mostrou uma revolução que mudaria o funcionamento de Wall Street para sempre. Jovens que não haviam sido treinados no velho jeito de negociar crédito — quando a maior preocupação era se o devedor pagaria o empréstimo e para onde as taxas de juros se direcionariam — podiam dançar em volta de rivais jurássicos que não tinham como competir nesse estranho novo mundo dos derivativos. Mais do que isso, os bancos incentivavam cada vez mais os traders a forçar a barra e gerar altos retornos. E a era de ouro dos fundos de hedge, que antes fora o território principalmente de excêntricos independentes como George Soros ou de gênios da matemática como Ed Thorp, estava decolando. Bancos competiam contra os fundos de hedge em busca de lucros, acabando eles mesmos se transformando em fundos de hedge gigantes e pesados.

Em 1998, Weinstein soube que uma vaga havia sido aberta no Deutsche Bank, onde vários operadores e pesquisadores com quem ele havia trabalhado na Merrill tinham ido parar. O Deutsche estava fazendo um grande esforço para se transformar de um banco comercial tradicional e modorrento em uma potência do mundo dos derivativos. Ele tinha planos de comprar o Bankers Trust, um banco de investimentos aventureiro de Nova York cheio de quants especialistas desenhando valores mobiliários complexos. O negócio, anunciado pouco depois de Weinstein entrar para a companhia, faria do Deutsche o maior banco do mundo, com mais de US$ 800 bilhões em ativos na ponta dos dedos.

Weinstein achava que podia ser um bom emprego — seu trabalho seria numa mesa pequena, com pouca competição, em um banco que estava investindo pesado para entrar em uma área que ele tinha certeza que havia muito espaço para crescer. Logo depois de se unir ao Deutsche, estava aprendendo como operar com um derivativo relativamente novo chamado notas atreladas a crédito. Posteriormente, elas ficariam mais conhecidas pelo nome "swaps de crédito" [*credit default swaps*].

Swaps de crédito são derivativos porque seu valor está ligado a um valor mobiliário subjacente — um empréstimo. Foram criados no início da década de 1990 pelo Bankers Trust, mas só decolaram depois que os gênios da matemática do J.P. Morgan passaram a cuidar deles. Quando Weinstein chegou ao Deutsche, apenas umas poucas notas eram negociadas diariamente — a anos-luz dos megatrilhões de dólares de negociações em swaps que iriam acontecer no ciberespaço na década seguinte.

Quem ensinou a Weinstein como as notas funcionavam foi o chefe das operações globais de crédito do Deutsche, Ronald Tanemura, um arrasa-quarteirão do mundo dos derivativos que havia afiado as garras lidando com valores mobiliários complexos no Japão e na Europa para o Salomon Brothers, na década de 1980.

Os derivativos de crédito eram, de certa maneira, como contratos de seguro para um empréstimo, explicou Tanemura para Weinstein na sede do Deutsche em Nova York, que se localizava à sombra do extinto World Trade Center. Os investidores que compram um seguro para um empréstimo pagam um prêmio pelo direito de receber se o devedor não pagar. O comprador e o corretor do seguro, basicamente, trocam sua exposição ao risco de inadimplência do título.

Weinstein logo entendeu o conceito. Tanemura via que ele aprendia rápido e trabalhava duro. Um colega também achava que ele fazia o tipo nervoso, trêmulo e intimidado.

Os swaps normalmente eram precificados de acordo com quanto um trader teria que pagar para segurar milhões de dólares em títulos por um determinado período de tempo, geralmente cinco anos, explicou Tanemura. Por exemplo, pode custar US$ 1 milhão para comprar um seguro de US$ 10 milhões em dívida da General Motors por cinco anos, implicando uma chance de 10% que a montadora venha a ser inadimplente nesse período. Se a GM não pagar, a parte que forneceu o seguro teria que pagar US$ 10 milhões, ou alguma porcentagem dessa quantia depois de decretada a falência.

A maioria dos negócios era "sob medida", talhada entre as duas partes como um terno de uma alfaiataria de Londres.

Quadra de ases

— Os derivativos de crédito, basicamente, dão a nossos clientes exatamente o que precisam — acrescentou Tanemura. — E nós fornecemos isso.

Weinstein, como uma esponja, absorveu aquilo tudo com sua memória fotográfica e logo percebeu que o mercado de swaps de crédito não era feito para se comprar e manter um título até o vencimento. Na verdade, ele lidava com a percepção de inadimplência. Os traders não precisavam esperar que uma companhia implodisse. Um trader que comprasse um swap da GM por US$ 1 milhão poderia, potencialmente, vendê-lo a outro trader mais tarde por, digamos, US$ 2 milhões, apenas pela percepção de que o caminho da GM havia piorado.

No fim das contas, era tudo muito simples: os traders estavam apostando em um certo nível de preço, exatamente como uma ação. Se uma empresa parecesse estar estremecida, o custo do swap de crédito aumentava.

Teoricamente, centenas de *swaps*, ou mais, podiam ser inscritos em um único título. O mais comum é que os *swaps* fossem inscritos em cestas de centenas ou milhares de títulos e em outros tipos de empréstimo. Podiam sofrer metástases sem fim — e isso acontecia —, atingindo um valor de mais de US$ 60 trilhões, dez anos depois de Weinstein entrar em cena.

Mais do que isso, como os negócios eram feitos normalmente caso a caso, sem uma câmara de compensação central para monitorar as ações, os negócios com swaps de crédito eram conduzidos no mundo das sombras de Wall Street, praticamente sem qualquer supervisão regulatória e zero de transparência. E era exatamente isso que o setor queria.

Pouco depois de Weinstein ter chegado ao emprego, seu chefe (que não era Tanemura) pulou fora. E de repente ele se viu como o único trader do Deutsche que lidava com esses novos derivativos em Nova York. Não era um grande desafio, ou pelo menos assim parecia. Era um negócio meio monótono, e poucos traders sabiam o que era aquilo ou como usar esses swaps exóticos — ou faziam uma remota ideia de que eles representavam uma nova frente de batalha na ascendência dos quants

128 MENTES BRILHANTES, ROMBOS BILIONÁRIOS

sobre Wall Street. O fato é que eles se revelariam uma das armas mais poderosas do arsenal. Os quants cresciam constantemente, subindo cada vez mais nos escalões do universo financeiro.

O que poderia dar errado?

Como se veria, um grande negócio — uma sigla de quatro letras: LTCM.

■ ■ ■

Em 1994, John Meriwether, um ex-trader renomado do Salomon Brothers, lançou um imenso fundo de hedge conhecido como Long-Term Capital Management.[10] O LTCM era comandado por uma equipe de quants estelares do Salomon, assim como por Myron Scholes e Robert Merton, futuros vencedores do prêmio Nobel. No dia 24 de fevereiro daquele ano o fundo começou negociando com US$ 1 bilhão de capital de investidores.

No fundo, o LTCM era um exercício mental, um teste de laboratório conduzido por acadêmicos com formação em economia e matemática — quants. A própria estrutura do fundo se baseava nos novos avanços da moderna teoria do portfólio, que começaram em 1952 com Harry Markowitz e remontavam a Robert Brown, no século XIX.

O LTCM se especializava em operações de valores relativos, procurando relações entre valores mobiliários que estivessem fora de esquadro. Ele ganhava dinheiro apostando em pares de valores mobiliários que se afastavam de sua relação natural e a caixa registradora tilintava quando a ordem natural das coisas — a Verdade — era restaurada.

Uma das apostas favoritas do LTCM era comprar velhos títulos *off the run* do Tesouro americano — títulos que foram emitidos antes, mas que haviam sido suplantados por um lote mais novo —, enquanto vendiam a descoberto novos títulos *on the run*. Era uma operação que voltava aos tempos de Meriwether no Salomon Brothers. Meriwether tinha percebido que os lotes mais novos de títulos com o mesmo vencimento — dez anos, trinta anos, cinco anos, o que fosse — quase

Quadra de ases

sempre eram negociados a um preço mais alto que os títulos vencidos. Isso não fazia sentido. Basicamente, era o mesmo título. A razão para o preço mais alto era que alguns investidores — fundos mútuos, bancos, governos — atribuíam um prêmio ao fato de os títulos mais novos serem mais fáceis de negociar. Eram mais líquidos. E isso os tornava mais caros do que os títulos mais antigos. *Tudo bem*, pensou Meriwether, *eu assumo o risco da liquidez e o prêmio, partindo do pressuposto que o valor dos dois vai acabar convergindo.*

Um dos problemas com esse tipo de operação é que ela não paga muito. O spread entre os títulos antigos e novos é relativamente pequeno, talvez alguns pontos-base (um ponto-base é 0,01%). A solução: alavancagem. Basta pegar o máximo de dinheiro emprestado possível, fazer uma operação de grande porte e, basicamente, você tem uma máquina de imprimir dinheiro.

Meriwether gastou US\$ 20 milhões em um sistema de computadores de primeiríssima linha e contratou uma equipe de feras da engenharia financeira para comandar o show do LTCM, que se instalaria em Greenwich, Connecticut. Era a administração de risco em nível industrial.

A principal ferramenta de administração de risco do LTCM foi criada por uma equipe de quants do J.P. Morgan. No início da década de 1990, os bancos de Wall Street procuravam desesperadamente uma metodologia que captasse todo o risco enfrentado pelo banco, a qualquer dia. Essa era uma tarefa monumental, já que as posições podiam flutuar dramaticamente em nível diário. O que se pedia era um sofisticado sistema de radar que pudesse monitorar o risco em âmbito global e entregar um número impresso numa simples folha de papel que permitisse que o CEO da empresa dormisse à noite.

Conseguir as posições diárias era difícil, mas não impossível. Avanços na tecnologia da informática possibilitavam cálculos rápidos que podiam agregar todas as posições do banco. O problema era determinar o risco global. O modelo que os quants do J.P. Morgan criaram media a volatilidade diária das posições do banco e, então, traduziam essa volatilidade em determinada quantia em dólar. Era uma distribuição estatística da volatilidade média, baseada no movimento browniano. Plotado em um gráfico, essa volatilidade se parecia com a curva do sino.

O resultado foi um modelo que eles chamaram de *value-at-risk*, ou VAR — uma métrica que mostrava a quantidade de dinheiro que o banco poderia perder em 24 horas com uma probabilidade de 95%.

O poderoso sistema de radar do VAR tinha um encanto perigoso. Se o risco pudesse ser quantificado, também poderia ser controlado com sofisticadas estratégias de hedge. Essa crença pode ser vista no prospecto do LTCM de outubro de 1993: "A redução da volatilidade do Portfólio da empresa através do hedge pode permitir a alavancagem da posição resultante ao mesmo nível esperado de volatilidade de uma postura sem hedge, mas com um retorno esperado maior."

Se você consegue fazer o risco desaparecer — puf! — em um passe de mágica quantitativo, você pode aumentar ainda mais a alavancagem, sem parecer um jogador imprudente.

Outros não tinham assim tanta certeza. Em 1994, uma empresa de engenharia financeira que fazia um trabalho para o LTCM também trabalhava para Ed Thorp, que naquele ano tinha começado mais um fundo de arbitragem estatística em Newport Beach, chamado Ridgeline Partners. Um funcionário da empresa de consultoria falou com Thorp sobre o LTCM e achou que seria um ótimo investimento.

Thorp conhecia Scholes, Merton e Meriwether — mas hesitou. Esses acadêmicos não tinham experiência suficiente no mundo real, pensou ele. Thorp também tinha ouvido falar que Meriwether era meio esbanjador, e decidiu ficar de fora.

Por algum tempo, parecia que Thorp havia tomado a decisão errada. O LTCM deu um retorno de 28% em 1994 e 43% no ano seguinte. Em 1996, o fundo ganhou 41%, seguido de 17% em 1997. Aliás, os sócios do fundo ficaram tão confiantes que, no final de 1997, eles decidiram devolver US$ 3 bilhões em capital para os investidores. Isso significava que uma parte maior dos lucros do LTCM iria para os sócios, muitos dos quais tinham colocado boa parte de seu patrimônio no fundo. Isso equivalia a uma pessoa pegar todas as suas fichas, empurrá-las para o centro da mesa e dizer: "Aposto tudo."

Quadra de ases

Meriwether e sua alegre equipe de quants tinham sido tão bem-sucedidos no Salomon Brothers, e depois no LTCM, que traders das mesas de títulos de toda Wall Street, do Goldman Sachs ao Lehman Brothers e o Bear Stearns, faziam tudo o que era possível para imitar suas estratégias. Isso acabou sendo uma maldição para o LTCM, que para muitos era conhecido como o Salomon do Norte.

O primeiro golpe foi uma picada de mosquito, que o LTCM mal sentiu. A mesa de arbitragem de renda fixa do Salomon Brothers recebeu ordens do Travelers Group, seus novos donos, de encerrar suas atividades pois eles não gostaram do risco que estavam correndo. Quando o Salomon começou a desfazer suas posições — frequentemente as mesmas mantidas pelo LTCM —, as operações de arbitragem de Meriwether começaram a desandar. E isso disparou um efeito cascata, à medida que os modelos de computador em outras instituições, com posições semelhantes, ligaram o sinal de alerta e dispararam mais ordens de venda.

Em agosto de 1998, a liquidação de operações de valores relativos por toda Wall Street causou sérios ferimentos às posições do LTCM. Ainda assim, os sócios do fundo tinham poucas pistas do que viria depois. Eles acreditavam nos próprios modelos. Inclusive, esses modelos diziam que as operações estavam mais atraentes do que nunca. Eles partiram do princípio de que outros arbitradores do mercado — as famosas piranhas de Fama — entrariam em cena e engoliriam aquele almoço grátis. Mas no fim do verão de 1998 não parecia haver piranha em lugar algum.

O golpe fatal veio no dia 17 de agosto, quando o governo russo deu um calote na dívida. Foi uma verdadeira catástrofe para o LTCM. O movimento impensável por parte da Rússia abalou o centro dos mercados financeiros globais, disparando, no linguajar de Wall Street, uma "fuga para a liquidez".

Os investidores, temerosos de algum tipo de desastre financeiro, debandaram de qualquer coisa que achassem arriscada — ações de mercados emergentes, câmbio, *junk bonds*, tudo que cheirasse mal — e se agarraram aos ativos mais seguros e mais líquidos. E os ativos mais seguros e mais líquidos do mundo eram os títulos *on the run* recém-emitidos do Tesouro americano.

O problema é que o LTCM tinha uma enorme posição vendida contra esses títulos *on the run* do Tesouro por causa de suas engenhosas operações de valor relativo.

A operação com títulos *off the run* x títulos *on the run* foi destruída. Os investidores estavam se enchendo de títulos recém-lançados do Tesouro, do tipo que o LTCM tinha vendido a descoberto, e estavam vendendo os títulos mais antigos. Estavam dispostos a pagar o prêmio extra de liquidez que os títulos mais novos proporcionavam. Era o tipo de mercado que não existia nos modelos quantitativos criados pelos ganhadores do Nobel sócios do LTCM.

Como escreveu Roger Lowenstein em sua crônica sobre a derrocada do LTCM, o livro *When Genius Failed*: "Apesar do enorme crescimento dos derivativos, não havia liquidez nos mercados de crédito. Nunca existe liquidez quando todo mundo quer sair ao mesmo tempo. E foi isso o que os modelos não capturaram. Quando o prejuízo cresce, investidores alavancados como o Long-Term são obrigados a vender, sob pena de os prejuízos serem maiores do que eles podem suportar. Quando uma empresa tem que vender num mercado sem compradores, os preços correm para aqueles extremos que estão além da curva do sino."

Os preços de tudo, de ações a moedas e até títulos da carteira do LTCM se moveram de uma maneira estranha, que desafiava a lógica. O LTCM havia confiado em estratégias complexas de hedge, com uso maciço de derivativos e ferramentas de gestão de risco como o VAR para permitir a alavancagem ao maior grau possível. Ao hedgear com cuidado suas posições, o LTCM podia diminuir seu capital próprio, também conhecido como *equity*. Isso liberava dinheiro para outras apostas. Como explicou Myron Scholes antes do desastre:

— Eu gosto de pensar no capital próprio como um colchão para todo tipo de risco. Quanto mais eu tiver, menos risco eu corro, porque assim eu não posso me dar mal. Por outro lado, se eu faço um hedge sistemático (uma abordagem mais direta), é interessante porque existe uma compensação: custa caro fazer hedge, mas também custa caro usar capital próprio.

Quadra de ases

Com um colchão da espessura de uma navalha, os ativos do LTCM evaporaram. No fim de agosto, o fundo tinha perdido US$ 1,9 bilhão, ou seja, 44% de seu capital. A queda no capital fez com que o seu grau de alavancagem disparasse para 100:1, se não mais. Desesperado, o LTCM apelou para investidores de bolsos cheios como Warren Buffett e George Soros. Buffett quase comprou a carteira do LTCM, mas algumas questões técnicas levaram o negócio a naufragar na última hora. Soros, por sua vez, não queria nem chegar perto. A abordagem quantitativa do LTCM em relação a investimentos era a antítese do estilo instintivo de negociar que fazia a fama de Soros. Segundo ele:

— A habilidade cada vez maior de mensurar e modelar os riscos levou-os a negligenciar a incerteza no LTCM, e o resultado foi que eles usaram muito mais alavancagem do que podiam, se reconhecessem a incerteza. O LTCM usou esse modelo muito mais do que o aconselhável. Eles não perceberam que o modelo tinha falhas e não levaram em consideração essa cauda grossa na curva do sino.

O encerramento da operação do fundo foi brutal, envolvendo um resgate maciço por um consórcio de 14 bancos americanos e europeus organizado pelo Federal Reserve. Muitos dos sócios que investiram as economias de uma vida inteira no fundo sofreram graves perdas pessoais.

Por mais dolorosos que fossem os custos financeiros, aquilo era ainda mais humilhante para um grupo de investidores inteligentes que surfaram no alto do universo financeiro por vários anos e esnobaram seus rivais mais burros, mais lentos e menos versados em métodos quantitativos. Mais ainda: o uso irresponsável que fizeram da alavancagem quase estraçalhou o sistema financeiro global, ferindo investidores mais simples que contavam cada vez mais com seus planos particulares de aposentadoria para se garantir na velhice.

A queda do LTCM não maculou apenas a reputação de seus sócios da alta-roda. Também deixou um olho roxo em uma força em ascensão em Wall Street: os quants. Os modelos superturbinados do LTCM, seus sistemas de gestão de risco da era espacial, tão avançados quanto os do controle de missões da NASA, tinham fracassado de uma maneira

134 MENTES BRILHANTES, ROMBOS BILIONÁRIOS

retumbante — exatamente como aquela outra invenção dos quants: o seguro de carteiras. Os quants já haviam fracassado duas vezes. O terceiro desastre viria dez anos depois, começando em agosto de 2007.

■ ■ ■

Ironicamente, o colapso do LTCM se revelou uma das melhores coisas que já aconteceram a Boaz Weinstein. Enquanto os mercados do mundo inteiro mergulhavam no caos e os investidores em busca da segurança dos mercados mais líquidos, o negócio dos derivativos de crédito pegava fogo. Além do Deutsche Bank e do J.P. Morgan, outros titãs bancários começaram a entrar nesse jogo: Citigroup, Bear Stearns, Credit Suisse, Lehman Brothers, UBS, o Royal Bank da Escócia e, posteriormente, Goldman Sachs, Merrill Lynch, Morgan Stanley e muitos outros, atraídos pelas comissões lucrativas para ser a corretora dessas negociações, assim como a possibilidade de tirar os riscos indesejados de seus balanços. Os bancos e os fundos de hedge procuraram se proteger da confusão crescente, colocando o máximo de seguro que pudessem nos títulos que detinham. Outros, como o American International Group, o gigante do mundo dos seguros —, e especialmente sua agressiva unidade de Londres, cheia de quants especializados em derivativos, a AIG Financial Products —, estavam mais do que dispostos a fornecer esses seguros.

Outro *boom* surgiu na forma de uma nova safra de fundos de hedge como o Citadel (e seus imitadores), que se especializaram na arbitragem de títulos conversíveis. Tradicionalmente, da mesma maneira que Ed Thorp havia descoberto na década de 1960, a estratégia envolvia hedgear posições de títulos da dívida das empresas com ações. Agora, com os swaps de crédito, havia uma maneira ainda melhor de se fazer esse hedge.

E, de repente, esses derivativos exóticos com que Weinstein vinha lidando começaram a passar de mão em mão como figurinhas de beisebol. No final do ano 2000, quase US$ 1 trilhão em swaps de crédito haviam sido criados. Poucas pessoas entendiam mais sobre seu funcionamento do que o gênio do xadrez, contador de cartas e rosto de bundinha de nenê que trabalhava no Deutsche Bank. Na velocidade de um raio, graças, em parte, ao calote da Rússia e ao colapso do LTCM, Weinstein passou de um pequeno jogador a uma estrela em ascensão no centro dos acontecimentos, posicionado na via expressa para se tornar um dos mais quentes, mais poderosos e mais bem-pagos traders de crédito de Wall Street.

·6·

O lobo

Em uma tarde de primavera em 1985, um jovem trader de hipotecas chamado Aaron Brown entrou com passos confiantes na sala de operações da sede da Kidder, Peabody & Co., em Manhattan, no Exchange Place, nº 20. Ele olhou para o relógio. Eram 14h, hora em que os traders de títulos da Kidder se reuniam diariamente para o Jogo. Brown adorava o Jogo. E estava disposto a destruí-lo.[1]

Vai ser muito bom, pensou Brown, enquanto os agentes da Kidder se reuniam. Era um momento que ele vinha planejando há meses.

■ ■ ■

Como em todas as mudanças revolucionárias da história, não existe um momento único que marque a ascensão dos quants ao topo da pirâmide de Wall Street, mas eles, certamente, montaram seu acampamento no dia em que Brown e alguns amigos iguais a ele derrotaram o jogo da mentira.

Naquela época, os quants eram conhecidos como os reis da matemática, já que muitos vinham de centros de pesquisa importantes como o Bell Labs, onde os telefones celulares foram inventados, ou o Laboratório Nacional de Los Alamos, berço da bomba atômica. Os traders instintivos de Wall Street não foram páreo para um poder cerebral tão explosivo.

O clássico de Wall Street *O jogo da mentira*, de Michael Lewis, era um exemplo e também expunha a velha escola do trader Fodão, chamado nos bastidores de Big Swinging Dick, da década de 1980, a era de Gordon Gekko e seu lema "a ganância é boa". Lewis Ranieri, o trader de títulos lastreados em hipotecas que ganhou fama por causa do livro, fazia grandes apostas a partir da intuição vinda de seu estômago empanturrado de hambúrgueres. Michael Milken, da Drexel Burhman, por algum tempo foi o rei de Wall Street, financiando aquisições alavancadas arriscadíssimas com bilhões de dólares em *junk bonds*. Nada poderia ser mais diferente do universo cerebral e computadorizado dos quants.

Esses dois mundos entraram em choque quando Aaron Brown entrou na sala de operações da Kidder. Por ter sido um trader de hipotecas em ascensão de uma firma rival de Nova York, Brown ainda era um intruso na Kidder. E era difícil não percebê-lo. De porte imenso e com uma barba castanha malcuidada, Brown se distinguia mesmo em uma multidão de traders de títulos marrentos.

Enquanto ele observava, um grupo de traders da Kidder se reunia em círculo, cada um com uma nota novinha de US$ 20 escondida na palma da mão. Eles disputavam uma versão de Wall Street para o jogo do medroso, usando os números de série das notas para tentar blefar e se impor sobre os outros. As regras eram simples. O primeiro trader do círculo dizia um número pequeno, como quatro números 2. Era uma aposta de que juntando os números de série das notas de US$ 20 no círculo haveria pelo menos quatro números 2 — um palpite bem seguro, já que cada número de série tem oito algarismos.

O trader à esquerda tinha duas opções: ele podia aumentar as cifras — quatro de um número maior (nesse caso, maior que 2), ou cinco ou mais de qualquer outro algarismo —, ou podia pagar para ver. Se pagasse para ver e houvesse, de fato, quatro números 2 em todos os números de série, ele teria que pagar US$ 100 a cada pessoa do círculo (ou qualquer que fosse a soma combinada no início do jogo).

E o jogo prosseguia assim até que alguém pagasse para ver. Era comum que as apostas aumentassem regularmente, até algo próximo a 12 números 9, ou 13 números 5. Então, quando o homem ao lado — e, nos anos 1980, quase sempre eram homens — pagasse para ver, seria hora de conferir as notas para ver se o último trader a fazer a aposta estava certo. Digamos que a aposta fosse de 12 números 9. Se as notas contivessem, de fato, 12 números 9, o trader que tinha pago para ver teria que pagar a todos. Mas, se elas não tivessem todos esses 9, o trader desafiado pagava ao desafiante.

No livro de Lewis, o jogo envolvia o presidente do Salomon, John Gutfreund, e o principal trader de títulos da corretora, John Meriwether, que depois criaria o malfadado fundo de hedge LTCM. Um dia, Gutfreund desafiou Meriwether a um jogo da mentira de US$ 1 milhão. Meriwether rebateu:

— Se nós vamos jogar por um valor desse tipo, é melhor jogar por dinheiro de verdade. Dez milhões de dólares, sem choro.

A resposta de Gutfreund enquanto se afastava do blefe de Meriwether foi:

— Você é maluco.

Os grandes traders como Meriwether dominavam o jogo da mentira. Havia certa hierarquia no jogo que dava vantagem aos jogadores que faziam seus palpites primeiro, e os grandes traders sempre davam um jeito de serem os primeiros da fila. Obviamente, ninguém pagaria para ver um palpite de quatro números 2. Mas, à medida que o jogo ia chegando aos últimos jogadores do círculo, as coisas ficavam um pouco mais arriscadas. E os últimos coitados normalmente eram os quants, as mentes brilhantes. Como Aaron Brown.

Os quants estavam explorando ao máximo todo o poder de fogo da física quântica, do cálculo diferencial e da geometria avançada para tentar se impor sobre as forças rebeldes do mercado. Mas, na década de

140 MENTES BRILHANTES, ROMBOS BILIONÁRIOS

1980, eles eram, na melhor das hipóteses, cidadãos de segunda classe nas salas de operação dos bancos de investimento. Os reis de Wall Street eram investidores espalhafatosos e instintivos, que confiavam mais na própria experiência e na intuição do que no destrinchar dos números.

Os quants não ficavam felizes com essa situação. E, especialmente, não gostavam de ser vítimas diárias de cérebros limitados participando do jogo da mentira, um jogo quase totalmente determinado por probabilidades e estatísticas — o terreno dos quants.

Brown ficava irritadíssimo com a maneira como o sistema dominado pelos traders humilhava os quants. E ele entendia um pouco de chances e sistemas de aposta. Quando adolescente, frequentara salões de pôquer clandestinos de Seattle e se sentara em mais de uma mesa de grandes apostas em Las Vegas, se confrontando diretamente com alguns dos maiores ases do baralho dos Estados Unidos. E ele também tinha seu orgulho. E assim Brown se dispôs a derrotar o jogo da mentira.

Ele logo percebeu um fato importante sobre o jogo: você tem que estar muito confiante quando pagar para ver. Num jogo com dez pessoas, se estiver certo ao pagar para ver, você ganha US$ 100 — mas, se estiver errado, paga US$ 900. Em outras palavras, você quer ter 90% de certeza de que está certo para pagar para ver. Se ele conseguisse criar um padrão para apostar e pagar para ver, poderia levar vantagem sobre os demais traders, que geralmente jogam por instinto. Os quants saberiam quando continuar apostando e quando pagar para ver.

Brown analisou os números e teve um insight fundamental: um jogo da mentira segue por um desses dois caminhos. Num deles, um único número faz a volta e ninguém o altera até um jogador pagar para ver (cinco números 2, sete números 2, dez números 2 etc.). No outro rumo, alguém muda o número — geralmente, pelo que Brown percebeu, na décima rodada. No primeiro caminho, praticamente não há chances de o mesmo algarismo aparecer 14 vezes ou mais em um grupo de notas de US$ 20. Mas no segundo, se alguém muda o número e aumenta a aposta, significa que tem um grande número do mesmo algarismo em sua nota, talvez uns 3 ou 4. Isso aumenta consideravelmente a chance de haver mais de 14 vezes aquele algarismo nas notas do círculo.

Saber como os dois caminhos se distinguiam, juntamente com as chances que acompanhavam cada processo, ajudou Brown a desvendar o jogo. Não era uma ideia de gênio, mas ele acreditava ser o bastante para dar certo.

Ele começou a difundir sua estratégia em fóruns da internet e até criou um simulador que permitia que os quants praticassem nos computadores de casa. O foco era a velocidade. Apostas rápidas deixavam os traders nervosos. Eles perceberam que, no geral, a melhor estratégia era subir dramaticamente a aposta se o algarismo aparecesse mais de uma vez na nota que tinham, algo que não costumava ser feito antes. E uma aposta de oito vezes o número 6 de repente passava para 14 vezes o número 7.

Com os testes completos, os quants finalmente decidiram colocar a estratégia em prática no salão da Kidder Peabody. Brown observou a movimentação à distância, sorrindo para si mesmo quando os palpites começaram como de hábito. Os traders eram previsíveis e só jogavam na certa: quatro vezes o número 2.

Quando chegou a hora dos quants, vieram os lances rápidos e furiosos. Um lance, depois outro e mais outro. Dez vezes o número 7. Doze oitos. Treze noves. Eles fizeram a metralhadora girar de volta para o trader principal, que tinha iniciado os lances. Os traders da Kidder ficaram aturdidos. O silêncio durou um minuto inteiro enquanto os quants lutavam para manter uma expressão impassível. Brown estava com vontade de se dobrar de rir.

O trader principal finalmente decidiu desafiar o último quant. Péssima ideia. Havia 15 números 9 na roda. Ele perdeu, mas recusou-se a pagar, acusando os quants de terem trapaceado. Os quants apenas riram, cumprimentando-se uns aos outros. Brown já esperava por isso. Os traders nunca aceitavam uma derrota.

O jogo da mentira na Kidder Peabody morreu silenciosamente pouco depois do levante dos quants. A estratégia de Brown se espalhou

142 MENTES BRILHANTES, ROMBOS BILIONÁRIOS

para quants de outros bancos e corretoras. Um ano depois, o jogo tinha sumido dos salões de Wall Street. Os quants o haviam matado.

Eles estavam provando que eram uma força a ser levada em consideração em Wall Street. Eles não iam mais ficar no fim da fila e ser humilhados pelos Big Swinging Dicks.

E, de fato, os quants estavam invadindo Wall Street na década de 1980, chegando de postos avançados como a BARRA, em Berkeley, onde Muller afiava sua espada quantitativa criando modelos fatoriais, ou da Universidade de Chicago, onde Asness estudava aos pés de Fama e French. O avanço dos computadores pessoais, o aumento da volatilidade devido às oscilações da inflação e das taxas de juros e as bolsas de opções e futuros de Chicago e Nova York criaram o ambiente perfeito para os gênios cerebrais das universidades. Físicos, engenheiros elétricos e até decodificadores treinados pelo complexo industrial-militar perceberam que poderiam utilizar a matemática que tanto amavam para ganhar milhões no mercado. Tempos depois, programas dedicados ao único objetivo de formar engenheiros financeiros começaram a aparecer nas principais universidades do país, de Colúmbia a Princeton, de Stanford a Berkeley.

A primeira leva de quants se dirigiu para bancos como o Salomon Brothers, Morgan Stanley e Goldman Sachs. Mas alguns independentes partiram para negócios próprios, constituindo fundos de hedge discretos na tradição de Ed Thorp. Em uma pequena e isolada cidade de Long Island apareceu um grupo deles. Em pouco tempo ele se tornaria uma das usinas de investimento mais bem-sucedidas da história da humanidade. Seu nome era Renaissance Technologies.

■ ■ ■

É bem adequado que o Renaissance Technologies, o fundo de hedge mais secreto do mundo, fundado por um homem que um dia trabalhou como decifrador de códigos para o governo americano, tenha sede na pequena

O lobo 143

cidade de Long Island, que um dia foi o centro de espionagem na Guerra da Revolução.

A cidade de Setauket foi fundada em 1655, quando meia dúzia de homens comprou um terreno de 78Km^2 da tribo indígena Setalcott. Quando a Guerra da Independência começou, mais de 100 anos depois, ela se tornou a cidade mais densamente povoada da região. Boa parte de Long Island ficou nas mãos dos ingleses durante a guerra, depois da derrota de George Washington na Batalha do Brooklyn, em 1776. Setauket, que é um porto, tinha, no entanto, sua quota de guerrilheiros. Mas os casacos-vermelhos deram duro e a transformaram em uma cidade de guarnição.

A rede de espionagem de Culver apareceu um ano mais tarde. Robert Townsend, da cidade de Oyster Bay, ali perto, se fez passar por mercador tóri em Manhattan para obter informações sobre as manobras inglesas. Ele repassou a informação a um estalajadeiro de Setauket que viajava com frequência a Nova York e que, por sua vez, repassava as mensagens para um fazendeiro na cidade, que prontamente as transmitia ao capitão de um barco baleeiro chamado Caleb Brewster. Brewster carregava o pacote através do estreito de Long Island para o major Benjamin Tallmadge, que era natural de Setauket e cujo quartel ficava em Connecticut. Finalmente, Tallmadge passava a mensagem a George Washington.[2]

Depois da guerra, Washington fez um tour de Long Island e uma visita a Setauket para conhecer os espiões. Hospedou-se na Roe's Tavern na noite de 22 de abril de 1790 e anotou em seu diário que a cidade era "toleravelmente decente".

Nos tempos de Washington, a Roe's Tavern ficava numa estrada que hoje se chama Rota 25A — a mesma onde se encontra hoje a sede do Renaissance Technologies.

O carro-chefe do Renaissance, o fundo Medaillon, criado no fim da década de 1980, é considerado por muitos o fundo de hedge mais bem-sucedido do mundo. Seu retorno de cerca de 40% ao ano durante 30 anos é, sem dúvida, inigualável no mundo do investimento. Para efeito de comparação, antes da recente implosão da bolsa de valores, a Berkshire

144 MENTES BRILHANTES, ROMBOS BILIONÁRIOS

Hathaway, de Warren Buffet, deu um retorno médio anual de 20%. (É claro que o tamanho faz diferença: o Medallion tem cerca de US$ 5 bilhões em capital, enquanto a Berkshire tem uma capitalização de cerca de US$ 150 bilhões, alguns bilhões a mais ou a menos.)

O fato é que os retornos fenomenais do Medallion têm sido tão consistentes que muita gente do reino dos quants se pergunta se ele possui a mais intangível de todas as essências: a Verdade.

■ ■ ■

Quando era uma criança crescendo em uma cidadezinha nos arredores de Boston, James Harris Simons se assustou quando descobriu que um carro podia ficar sem gasolina. Ele achava que se tivesse meio tanque, e aí perdesse mais meio, mais meio e depois mais meio, ele sempre deveria ter no tanque a metade da quantidade anterior. Havia acabado de tropeçar em um enigma da lógica conhecido como o paradoxo de Zenão, o que não é muito comum para quem está no jardim da infância.[3]

Simons se destacava em matemática no ensino médio e em 1955 se inscreveu no MIT. Ele logo pegou o bichinho do pôquer, jogando com amigos até altas horas da noite antes de se enfiar em seu fusca e dirigir até a lanchonete Jack & Marion's, ali perto em Brookline, para tomar o café da manhã.

Simons passou voando pelo curso de bacharelado em matemática do MIT em três anos, fez o mestrado em um e, então, se inscreveu no doutorado de Berkeley, estudando física. Em Berkeley, ele tomou o primeiro gosto pela negociação com commodities, ganhando bastante dinheiro com a soja. Depois de conseguir seu doutorado, Simons deu aula no MIT antes de subir um pouco e lecionar em Harvard. Insatisfeito com o salário de professor, foi trabalhar no Institute for Defense Analysis [Instituto de Análise da Defesa], uma ramificação de pesquisa sem fins lucrativos do Departamento de Defesa.

O IDA fora fundado em meados da década de 1950 para fornecer auxílio civil para o Weapons Systems Evaluation Group [Grupo de Avaliação de Sistemas de Armamentos] das forças armadas, que estuda os aspectos técnicos dos armamentos recém-criados. Na época que Simons foi trabalhar para eles, o IDA havia aberto uma sucursal em Princeton, que se tornara um reduto de decodificadores na Guerra Fria.

A Guerra do Vietnã corria solta, o que representava um peso para muitos dos universitários mais liberais que trabalhavam em laboratórios civis como o IDA. Em 1967, um ex-chefe do Estado-maior das Forças Armadas, Maxwell Taylor, presidente do IDA, escreveu para a revista do *New York Times* um artigo a favor da guerra que o levou a uma resposta ácida de Simons. "Alguns de nós, nesta instituição, temos um ponto de vista diferente", escreveu o rapaz de 29 anos em uma carta aos editores da revista, publicada em outubro de 1967. "O único caminho disponível, consistente com uma política de defesa racional, é se retirar o mais rápido possível."

Aparentemente, a carta valeu o emprego de Simons, mas ele não demorou muito para arranjar um novo. Em 1968, assumiu o cargo de diretor do Departamento de Matemática da State University of New York, em Stony Brook, Long Island, a pouca distância de Setauket. Passou a ter a fama de agressivo ao recrutar novos talentos, transformando o departamento em uma Meca para os prodígios de matemática do país inteiro.

Simons saiu de Stony Brook em 1977, um ano depois de ganhar o prêmio Oswald Veblen, uma das maiores honrarias do mundo da geometria, concedido pela American Mathematics Society a cada cinco anos. Junto com Shiing-Shen Chern, ele desenvolveu o que conhecemos como a teoria de Chern-Simons, que se tornou um componente-chave da teoria das cordas, uma hipótese que diz que o universo é composto de pequenas cordas de energia que vibram em espaços multidimensionais.

Simons passou a pensar seriamente em ganhar dinheiro. Deu início a uma empresa de investimentos chamada Monemetrics em um pequeno shopping aberto, perto da estação ferroviária de East Setauket e ligou para Lenny Baum, criptoanalista do IDA que tinha trabalhado com a tecnologia de reconhecimento automático de voz. Simons achou que ele, um dos matemáticos mais precisos que conhecera na vida, poderia utilizar seu brilhantismo quantitativo para ganhar dinheiro no mercado.

A maior realização de Baum no IDA foi o algoritmo Baum-Welch, que ele e seu colega matemático do IDA, Lloyd Welch, desenharam para descobrir padrões em um fenômeno matemático obscuro chamado "processo oculto de Markov". O algoritmo revelou ser uma ferramenta incrivelmente eficiente para decodificação e também tinha aplicações interessantes nos mercados financeiros.

Um processo de Markov, assim chamado em homenagem ao matemático russo Andrey Markov, modela uma sequência de eventos que não têm relação uns com os outros em um sistema. Cada lançamento de dados num jogo de Banco Imobiliário, por exemplo, é aleatório, embora o resultado (a casa em que você vai cair) dependa do lugar no tabuleiro em que você está. Em outras palavras, trata-se de um passeio aleatório com variáveis contingentes que mudam a cada passo do caminho.

Um processo *oculto* de Markov modela um sistema que depende de um modelo subjacente com parâmetros desconhecidos. Em outras palavras, pode extrair informações sobre algum tipo de sequência de eventos aleatórios e subjacentes. Por exemplo, imagine que você esteja falando ao telefone com um amigo que está jogando Banco Imobiliário. Ele grita "Droga!" cada vez que vai para a prisão ou "Eureca!" cada vez que seu adversário cai na casa Park Place, assim como uma série de outras pistas exclamatórias. Com dados suficientes e um computador poderoso, o algoritmo de Baum-Welch pode extrair as possibilidades desse modelo — e, às vezes, até prever o que pode vir a seguir.

Baum se mostrou cético. Ele nunca tinha se interessado por investimentos. Mas Simons insistiu.

— Por que eu deveria fazer isso? — perguntou Baum, durante uma de suas muitas conversas telefônicas. — Vou viver mais tempo?

— Porque vai saber que viveu — respondeu Simons.

Baum aceitou. Ele começou a ir de Princeton a Long Island para trabalhar na Monemetrics. Ambos eram relativamente novatos no jogo dos investimentos e Baum viu pouco uso para suas habilidades matemáticas no campo das finanças. Em vez disso, demonstrou ser um brilhante trader fundamentalista, apostando na direção das moedas ou das commodities com base em sua análise da economia ou das reviravoltas na política do governo.

Mas Simons continuava aferrado à ideia de criar modelos de negociação fundamentados na matemática. Ele se voltou para um professor nascido no Bronx que havia contratado quando dirigia o Departamento de Matemática de Stony Brook, James Ax.

Ax olhou para os algoritmos de Baum e determinou que poderia utilizá-los para negociar todo tipo de valor mobiliário. Em meados da década de 1980, Simons e Ax criaram um fundo chamado Axcom Ltd. Em 1985, Ax transferiu a operação para Huntington Beach, na Califórnia. A Axcom deveria atuar como conselheira de investimentos para o fundo, que nominalmente era administrado como uma firma de investimentos pertencente a uma empresa que Simons havia estabelecido em julho de 1982, a Renaissance Technologies.

Logo a equipe de Simons, com cada vez mais quants, acrescentou outro gênio matemático às suas hostes, Elwyn Berlekamp, um especialista em teoria dos jogos de Berkeley. Como Ed Thorp, Berlekamp havia trabalhado com Claude Shannon e John Kelly no MIT. Ele estivera com Simons rapidamente durante uma passagem pelo IDA nos anos 1960.

O fundo trouxe retornos sólidos por vários anos, conseguindo até operar na Segunda-Feira Negra com relativamente pouco prejuízo. Em 1988, Ax e Simons rebatizaram o fundo de Medallion, em homenagem a um prêmio de matemática que eles ganharam. Assim que renomearam o fundo, ele começou a perder dinheiro. Na segunda metade de 1988, os prejuízos se acumulavam e pioravam a cada mês. Em abril de 1989, tinha despencado quase 30%. Alarmado com a mudança de vento, Simons deu ordem a Ax para parar de negociar. Mas Ax resistiu, convicto de que poderia mudar o rumo do barco. Contratou um advogado e ameaçou entrar com um processo. Simons também conversou com um advogado próprio.

Em junho, Berlekamp, que tinha se afastado para fazer uma viagem de vários meses ao Egito, passou na administração do Medallion. Ficou surpreso com a maneira como as coisas haviam se deteriorado. Ele logo

148   MENTES BRILHANTES, ROMBOS BILIONÁRIOS

forneceu uma solução, oferecendo-se para comprar a parte de Ax, que representava dois terços dos ativos. Ax concordou, e Simons também.

Com Ax fora, era hora de trabalhar na recuperação do sistema de negociação do fundo. Berlekamp transferiu a sede do Medallion para Berkeley, ao norte, de modo que pudesse se concentrar em tramar uma estratégia sem ter que se preocupar com os deslocamentos. Ele alugou todo o nono andar de um prédio de escritórios na avenida Shattuck, perto da universidade, e despachou para lá os computadores do fundo. Por meses, Berlekamp e Simons suaram para mudar a sorte do Medallion.

Uma mudança crucial foi a opção pelas operações de alta frequência. O normal era que o fundo mantivesse suas posições por vários dias, algumas vezes até por semanas. Berlekamp e Simons decidiram encurtar o tempo médio de manutenção para períodos de menos de um dia, até menos que uma hora, dependendo de como uma posição se movesse. Eles perceberam que, do ponto de vista estatístico, a capacidade de prever o que iria acontecer amanhã ou nas próximas horas era muito melhor do que a possibilidade de se prever o que vai acontecer daqui a uma ou duas semanas.

Para Berlekamp, isso era igual às estratégias de apostas nos jogos de cartas, como o vinte e um, em que a vantagem do apostador é pequena. Mas tudo bem, porque a lei dos grandes números está do seu lado. Se o apostador jogar 10 mil mãos por mês, suas chances de perder são muito pequenas (se ele jogar bem). Com uma única aposta, ele tem que ter muita certeza de que sua vantagem é grande. Por isso, a meta era fazer várias apostas, o máximo possível, desde que houvesse uma pequena vantagem estatística.

Em novembro de 1989, o Medaillon já havia se recuperado. E foi um sucesso imediato. Em 1990, ganhou 55%, já debitadas as taxas. A equipe do Medallion continuava a aperfeiçoar os modelos e o desempenho continuou melhorando. Simons continuou a trazer gênios da matemática, inclusive Henry Laufer, outro ilustre egresso de Stony Brook, para trabalhar no Renaissance. Laufer se formara em física por Princeton, em 1965, e publicara um livro sobre buracos negros, em 1971, chamado *Normal*

O lobo

Two-Dimensional Singularities. Fora consultor dos traders de commodities do Renaissance na década de 1980 e passou a trabalhar para a empresa em tempo integral a partir de janeiro de 1991.

Simons fechou o fundo para novos investidores em 1993, com US$ 280 milhões em ativos. Ele não achava que os modelos pudessem dar conta de muito mais que isso. Em 1994, o retorno atingiu o impressionante valor de 71%. A grande disparada do Medallion estava em ação. Um mês após outro, trimestre após trimestre, ano a ano, o dinheiro continuou entrando. O sucesso do fundo passou a ser tão confiável que pesquisadores e traders (todos com Ph.D.) esqueceram o que era perder. Quando o Medallion teve um raro prejuízo de 0,5% num único trimestre de 1999, pelo menos um funcionário chorou.

Enquanto isso, Simons começara a explorar a máquina de arbitragem estatística do Morgan Stanley criada na década de 1980, ao comprar o Kepler Financial Management, o fundo criado por Robert Frey, depois de sair do APT de Nunzio Tartaglia. O fundo teve um começo difícil, mas acabou funcionando a toda velocidade. Em 1997, foi absorvido pela nave mãe do Medallion e passou a se chamar Factor Nova Funds, acrescentando o poder de fogo das arbitragens estatísticas a uma máquina de investimentos que já era de primeiríssima linha. Esse foi o primeiro passo para transformar o Medallion num fundo genuinamente multiestratégico.

A essa altura Berlekamp já havia saído. Ele deixara o Renaissance no final de 1990 para se dedicar a seus interesses acadêmicos em Berkeley, onde passou a desvendar os enigmas da teoria dos jogos, como o xadrez matemático. Mas a lenda do Medallion continuava a crescer. Verdade seja dita, o fundo teve alguns tropeços ao longo dos anos. Em março de 2000, quando a bolha da internet começou a explodir, revertendo uma tendência nas ações de tecnologia que existia há anos, o Medallion perdeu US$ 250 milhões em três dias, zerando quase todos os ganhos obtidos até então naquele ano. Mas o fundo logo se recuperou e teve mais um ano de retornos magníficos.

Todo trader de Wall Street que ouvia falar do desempenho de virar a cabeça do fundo perguntava abertamente: como é que eles fazem isso?

MENTES BRILHANTES, ROMBOS BILIONÁRIOS

Simons deixou algumas pistas transparecerem ao longo dos anos. Uma vez, comentou que o fundo analisava os dados em busca de padrões identificáveis nos preços.

— Os padrões de movimentos de preços não são aleatórios — disse ele, disparando uma flecha contra os arautos do passeio aleatório e dos mercados eficientes, como Eugene Fama. — No entanto, são bem próximos disso, de modo que conseguir alguma vantagem, algum excesso, não é muito fácil nem muito óbvio, graças a Deus.

Depois de rir desta declaração cifrada, ele acrescentou:

— Deus provavelmente não está nem aí para isso.

Num dia de 2003, Paul Samuelson foi dar uma palestra na sede do Renaissance, em East Setauket. O economista do MIT e vencedor do prêmio Nobel dizia há muito tempo que era impossível ganhar do mercado. Ele aprofundou mais a declaração, afirmando que se alguém conseguisse fazer uma coisa dessas, provavelmente se esconderia e não contaria o segredo a ninguém.

— Bem, parece que foram vocês que descobriram — disse Samuelson para a risonha plateia de ricos quants de East Setauket.

■ ■ ■

Como o Renaissance consegue detectar movimentos de preço não aleatórios? É quase a mesma coisa que perguntar se ele conhece a Verdade.

O fato é que ninguém fora dos escritórios do Renaissance Technologies sabe a resposta para o que ele faz para detectar esses movimentos de preço não aleatórios. Poucas pessoas que foram trabalhar no Renaissance saíram de lá. E aqueles que saíram não dizem nada.

No entanto, existem algumas pistas. Uma é o grande número de criptógrafos que ajudaram a criar o Medallion: Ax, Berlekamp e, é claro, o próprio Simons. Criptógrafos são treinados para detectar mensagens ocultas em séries de códigos aparentemente aleatórios. O Renaissance parecia ter aplicado essa técnica a uma série de números do mercado, como cada movimento específico dos preços do petróleo, enquanto analisava outras relações que esses dados tinham com ativos como o ouro e o dólar.

Outra pista pode ser encontrada na decisão da empresa, no início da década de 1990, de contratar várias pessoas com expertise no desconhecido campo do reconhecimento de voz, que estava, definitivamente fora dos padrões de Wall Street.

Em novembro de 1993, o Renaissance contratou Peter Brown e Robert Mercer, fundadores de um grupo de reconhecimento de voz no centro de pesquisa da IBM, Thomas J. Watson, em Yorktown Heights, Nova York, nos morros de Westchester County. Brown se revelou um trabalhador febrilmente dedicado ao fundo, e com frequência passando a noite na sede do Renaissance em East Setauket em uma cama embutida com um quadro branco embaixo. Preocupado com a saúde, passou a jogar squash avidamente, porque deduziu que esse era o modo mais eficiente de fazer exercício. Brown, muitas vezes, era visto na sede do fundo com roupas amarrotadas e um monte de canetas nos bolsos, mas tinha talento para se debater com os enigmas mais difíceis da matemática, assim como para lidar com os computadores mais avançados.

Enquanto isso, Mercer era conhecido simplesmente como "o canhão" do Renaissance. Quando aparecia um problema espinhoso que exigia atenção concentrada, a empresa simplesmente "apontava Bob e disparava", como afirmou um ex-funcionário.

Nos anos seguintes, o Renaissance contratou diversas pessoas da equipe de reconhecimento de voz da IBM, inclusive Lalit Bahl e os irmãos Vincent e Stephen Della Pietra. Qualquer busca na internet feita sobre esses nomes vai resultar em uma série de artigos acadêmicos escritos na primeira metade da década de 1990. Depois disso, as pistas desaparecem.

À primeira vista, reconhecimento de voz e investimentos parecem ter pouca coisa em comum. Mas por baixo da superfície existem conexões impressionantes. Os computadores de voz desenhados para mapear o discurso dos seres humanos dependem de dados históricos que imitam os sinais acústicos. Para operar com maior eficiência, os programas de reconhecimento de voz monitoram esses sinais e, baseados em funções probabilísticas, tentam adivinhar o próximo som que vai ser emitido. Os programas frequentemente fazem esse tipo de estimativa para acompanhar o ritmo do emissor da voz.

Os modelos financeiros também são feitos de séries de dados. Ao rodar os modelos complexos de reconhecimento de voz sobre os dados financeiros, por exemplo, em uma série com preços de soja, o Renaissance pode gerar diversas probabilidades para a futura direção desses preços. Se as chances forem boas... Se você tiver uma vantagem...

Claro que não é assim tão simples — se fosse, qualquer expert em reconhecimento de voz administraria um fundo de hedge. Existem questões complexas que envolvem a qualidade dos dados e a autenticidade dos padrões descobertos. Mas, certamente, existe uma ligação poderosa entre reconhecimento da voz e investimentos, e o Renaissance explora isso ao máximo.

Uma pista da importância do reconhecimento de voz para o funcionamento geral do Renaissance é que Brown e Mercer foram nomeados CEOs do Renaissance Technologies depois que Simons abdicou do posto, no final de 2009.

— É um jogo de estatística — declara o ex-analista e trader do Renaissance, Nick Patterson, que anteriormente trabalhou como criptógrafo para os governos dos Estados Unidos e da Inglaterra. — Você percebe alguns fenômenos no mercado. Será que eles são reais? Essa é a verdadeira questão. Você tem que ter certeza de que não é um erro do modelo, ou um mero ruído.

Se o fenômeno for "real", transformá-lo em dinheiro pode ser um desafio ainda maior. Qual o grau de alavancagem que deve ser usado? Qual a quantidade de dinheiro que deve ser colocado nessa estratégia antes de a oportunidade desaparecer? Os grandes pensadores do Renaissance pesavam todas essas questões e outras mais.

— A nossa vantagem era relativamente pequena, mas é como ser o dono da banca em um cassino — acrescentou Patterson. — Você leva uma pequena vantagem em cada aposta e tem que saber como lidar com isso.

O lobo

Um denominador comum entre a tecnologia de reconhecimento de voz e a criptografia é a teoria da informação. Aliás, a teoria da informação se originou, em parte, dos esforços do governo de decifrar códigos durante a Segunda Guerra Mundial. Nos mercados financeiros, os criptógrafos tentavam descobrir padrões ocultos que iriam reaparecer no futuro.

O Medaillon pode alterar e ajustar seus modelos mais do que as pessoas de fora imaginam. Uma pessoa que conhece o fundo diz que ajusta os seus modelos de acordo com as condições do mercado, com uma frequência muito maior do que a maioria das operações dos quants. Essas mudanças se baseiam em complexos sinais do mercado percebidos pelos poderosos computadores do Medallion. Como as operações são processadas muito rapidamente e o Medallion participa de muitos mercados, o fundo tem maior flexibilidade para mudar de foco, mais do que os fundos de quants que só sabem fazer um truque de mágica.

Talvez não haja ninguém mais espantado com o estirão de vinte anos de vitórias do fundo Medallion do que o próprio Simons. Por toda a década de 1990, os funcionários do Renaissance se preparavam para o fim do sucesso espetacular do fundo que dava tanto dinheiro quanto ganhar na loteria. Em 1992, a diretoria se reuniu para discutir as perspectivas do fundo para os dez anos seguintes. A maioria esperava que a linha de trabalho fosse diferente em uma década. Dizem que Simons repetia constantemente:

— O lobo já está na porta.

Simons é tão paranoico com a ameaça de funcionários saírem do fundo e levar o segredo de seu molho especial para outro lugar que se mostra mais do que disposto a arruinar a carreira desses hereges. Em dezembro de 2003, o Renaissance processou dois empregados, Alexander Belopolsky e Pavel Volfbeyn, que saíram da empresa para se unir ao gigantesco fundo de hedge Millennium Partners.[4] O processo acusava os dois ex-físicos do MIT de se apropriarem indevidamente de segredos de negócio. Em sua defesa, Volfbeyn acusou o Renaissance de pedir a eles que inventassem métodos para "fraudar os investidores que operassem

MENTES BRILHANTES, ROMBOS BILIONÁRIOS

pelo Portfolio System for Institutional Trading — POSIT",* referindo-se a um *dark pool of liquidity*** —, basicamente, um mercado eletrônico que combina ordens de compra e de venda de ações fora dos olhos do público. Volfbeyn declarou que recebeu instruções para criar um código que "revelaria informações que o POSIT desejava manter confidenciais", segundo um artigo da Bloomberg, e que ele se recusou a participar do esquema, assim como outras pessoas, por acreditar que era ilegal. O processo também dava pistas de nefastas operações de swap que ele descreveu como uma "enorme fraude", mas não deu maiores detalhes sobre a operação.

Todas essas alegações não deram em nada, e os dois lados acabaram fazendo um acordo extrajudicial. Mas a mensagem para os funcionários do Renaissance havia sido dada.

Quem está lá dentro diz que a pressão para o sucesso no Renaissance pode ser brutal. Um matemático do fundo pode ter sucumbido a essa pressão no dia 1º de março de 2006. Foi quando Alexander Astashkevich, de 37 anos e formado pelo MIT, matou a ex-mulher a tiros na pequena cidade de Port Jefferson, Long Island, antes de disparar a arma contra si. Eles deixaram um filho, Arthur, de 6 anos.

Talvez a pressão intensa explique porque Simons ficou famoso por fumar três maços de Merit por dia. Uma vez, Patterson entrou na sala de Simons para discutir uma questão administrativa. Depois de algum tempo ele percebeu que Simons, fumando, não estava escutando — estava com o olhar fixo nos números que piscavam na tela do computador, números que mostravam grandes perdas do Medallion. Apesar de

---

* Sistema eletrônico de combinação de ordens de compra e venda de ações ordinárias, utilizado principalmente por investidores institucionais. (*N. do T.*)

** Sistema alternativo de negócios em que grandes traders movimentam grandes lotes de ações eletronicamente sem revelar suas operações para o mercado e, assim, conseguindo preços melhores do que obteriam no pregão. Depois da crise financeira, a SEC atuou para dar mais transparência a essas operações. No Brasil, a prática é proibida pela CVM. (*N. do T.*)

O lobo

o fundo sempre parecer sair desses buracos que faziam parte da rotina de se administrar um fundo só para dar mais lucro ainda, eles faziam o estômago de Simons ficar embrulhado. Robert Frey, que havia deixado o Renaissance em 2004, disse que uma das maiores razões para a sua saída era que ele não conseguia mais aguentar a volatilidade diária, que era de torcer o intestino. Apesar de todo o sucesso do Medallion, o fundo sempre parecia efêmero, como se um dia a mágica fosse desaparecer, o gênio fosse voltar para dentro da garrafa. Como se a Verdade um dia deixasse de ser a Verdade.

Quando não estavam desenvolvendo os programas de negociação mais bem-sucedidos do mundo, o riquíssimo grupo de quants do Renaissance encontrava tempo para relaxar nos redutos mais exclusivos de East Setauket e Port Jefferson. Simons e Laufer, o "cientista-chefe" do fundo, eram donos de mansões aninhadas no estreito de Long Island, a poucos minutos de carro da sede da empresa. Simons adorava levar a equipe para passear em seu iate de luxo ou ir de jatinho para alguns resorts exclusivos, como o Atlantis, nas Bahamas.

Enquanto isso, quants rivais como Peter Muller e Cliff Asness olhavam com respeito para o sucesso do Medallion, que não cabia nos gráficos. Nenhum dos dois tinha a menor ideia de como Simons conseguira isso. Independentemente do que estivesse acontecendo com o mercado, o Medallion conseguia extrair bilhões em lucros. Muita gente se perguntava: se Simons e seu grupo de quants reclusos nas florestas de Long Island haviam descoberto o Santo Graal, a pedra filosofal, a lendária e secreta Verdade dos mercados financeiros? Talvez, pensavam eles com inveja, Simons realmente tivesse decifrado o código.

Uma coisa era certa: Simons não falava nada.

·7·

A Rede do Dinheiro

No final da década de 1990, Ken Griffin fazia swaps de títulos conversíveis em uma alta torre em Chicago. Jim Simons construía seu império quant em East Setauket. Boaz Weinstein corria os olhos pelas telas de computador para negociar derivativos para o Deutsche Bank. Peter Muller negociava ações no Morgan Stanley. Cliff Asness media o valor e o momento no AQR. Todos estavam ganhando mais dinheiro do que jamais julgaram possível.

E cada um estava se tornando parte, e ajudando a criar, uma enorme rede eletrônica, uma máquina computadorizada e digitalizada de negociar com dinheiro, que poderia transferir bilhões de dólares ao redor do mundo em um piscar de olhos, em um simples clique no mouse.

Essa máquina não tem nome, mas é uma das evoluções tecnológicas mais revolucionárias dos tempos modernos. Ela é ampla, e seus tentáculos alcançam os confins mais distantes da civilização. No entanto, ela é praticamente invisível. Podemos chamá-la de a Rede do Dinheiro.

MENTES BRILHANTES, ROMBOS BILIONÁRIOS

Inovadores como Ed Thorp, Fischer Black, Robert Merton, Barr Rosenberg e muitos outros foram os primeiros arquitetos dessa Rede do Dinheiro, desenhando estratégias de negociação informatizadas feitas para ganhar dinheiro em qualquer lugar do mundo, de Bagdá a Bombaim, de Xangai a Cingapura. Michael Bloomberg, um ex-trader de ações no Salomon Brothers e futuro prefeito de Nova York, desenhou uma máquina que permitia aos usuários receberem em segundos informações sobre praticamente qualquer ativo financeiro negociado no mundo, fazendo de seu criador um milionário. A bolsa Nasdaq, que fornecia transações totalmente eletrônicas, em contrapartida aos vagarosos seres humanos da Bolsa de Valores de Nova York, tornou mais rápido e mais barato de se comprar e vender ações no mundo inteiro. Todo o sistema financeiro global foi sincronizado a uma matriz eletrônica de botões de uma complexidade inimaginável. O dinheiro passou a ser digital.

E poucos estavam tão bem-posicionados quanto Ken Griffin para tirar vantagem da Rede do Dinheiro, o menino prodígio da Flórida.

■ GRIFFIN ■

A fortaleza de dinheiro de Griffin, o Citadel Investment Group, começou a operar no dia 1º de novembro de 1990, com US$ 4,6 milhões em capital. O fundo, assim como o Princeton/Newport Partners, era especialista em utilizar modelos matemáticos para descobrir bons negócios no sombrio mundo dos títulos conversíveis.[1]

No primeiro ano, o Citadel teve um retorno de notáveis 43%. Ganhou mais 41% no segundo ano e 24% no terceiro.

Uma das primeiras operações do Citadel que chamou a atenção de Wall Street se referia a um provedor de segurança eletrônica doméstica chamado ADT Security Services.[2] A empresa tinha emitido um título conversível que continha a condição de que, se o portador convertesse o título em ação, não receberia o próximo pagamento de dividendos. Isso significava que o título era negociado com um pequeno desconto em

A Rede do Dinheiro 159

relação ao seu valor de conversão, porque o portador não receberia o dividendo seguinte.

Griffin e sua pequena turma de pesquisadores descobriram que, na Inglaterra, o dividendo não era tecnicamente um dividendo, mas uma "emissão de bônus" — o que significava que o comprador do título, lá, receberia o dividendo. Em outras palavras, o título estava mais barato do que deveria.

O Citadel comprou o máximo que podia desses títulos. Era um negócio que muitos traders grandes não haviam percebido e foi uma operação que colocou o Citadel no mapa como uma empresa que sabia muito bem o que estava fazendo.

A essa altura, Griffin, que continuava sendo um prodígio com cerca de 25 anos de idade e cara de menino, administrava quase US$ 200 milhões com 60 funcionários trabalhando para ele num escritório de 280 m² em Chicago Loop.

Então ele perdeu dinheiro. E muito. Em 1994, Alan Greenspan e o Federal Reserve assustaram o mercado com um aumento surpresa da taxa de juros. O chão sumiu debaixo dos pés do mercado de títulos conversíveis, sempre muito sensível às taxas de juros. O Citadel despencou 4,3% e os ativos administrados caíram para US$ 120 milhões (parte dessa queda veio de investidores preocupados, que retiraram dinheiro do fundo). Daquele ano, até 2008, esse seria o único ano em que o carro-chefe do Citadel, o fundo Kensington, perdeu dinheiro.

Acostumado a êxitos sucessivos, Griffin ficou aturdido e ainda mais obcecado por se assegurar de que suas batalhas financeiras não viessem a sofrer rachaduras no futuro.

— Nós não vamos deixar que isso volte a acontecer — disse ele a seu patrocinador, Frank Meyer.

O Citadel começou a fazer planos para fortalecer sua estrutura, instituindo mudanças que podem tê-lo salvo de um desmoronamento completo 14 anos depois. Quando os investidores viram os mercados de títulos de dívida desabarem, ligaram em pânico para Griffin exigindo seu dinheiro de volta. Griffin sabia que, no devido momento, o mercado

160 MENTES BRILHANTES, ROMBOS BILIONÁRIOS

iria se recuperar, mas não havia muito que ele pudesse fazer. A solução era prender os investidores por vários anos de cada vez. Lentamente, começou a negociar novas condições com seus sócios e acabou conseguindo que eles mantivessem seus investimentos no Citadel por pelo menos dois anos (e, ao final de cada biênio, aceitando outro trancamento de dois anos). Um período longo de blindagem como esse significava que, quando as coisas ficassem difíceis, Griffin poderia se manter tranquilo, na certeza de que investidores volúveis e prontos para sair correndo não poderiam simplesmente abandonar o barco com um mero aviso. Em julho de 1998, o novo modelo já estava em funcionamento — e bem a tempo.

Mais tarde naquele ano, o Long-Term Capital Management degringolou. Enquanto os outros fundos de hedge tinham que vender tudo, indiscriminadamente, em uma desalavancagem ampla e brutal, o Citadel saiu atrás de pechinchas. O fundo Kensington ganhou 31% naquele ano. A essa altura, o Citadel já possuía mais de US$ 1 bilhão em ativos sob administração. O fundo se metia em quase todas as estratégias de negociação que o mundo conhecesse. No início da década de 1990, ele prosperou com títulos conversíveis e com um boom de *warrants* japoneses. Em 1994, ele lançou um grupo de "arbitragem de fusões", que apostava nas ações de empresas que estivessem envolvidas em uma fusão. No mesmo ano, encorajado pelo sucesso de Ed Thorp no Ridgeline Partners, o fundo de arbitragem estatística (*stat arb*) iniciado por ele depois de fechar o Princeton/Newport, o Citadel lançou seu próprio fundo de *stat arb*. A companhia começou a se meter em valores mobiliários lastreados em hipotecas, em 1999, e mergulhou no negócio de resseguros alguns anos depois. Griffin criou uma operação interna de *market making* para ações que permitissem que ele fizesse negociações que não aparecessem nos radares de Wall Street, o que era sempre um bônus para um gestor de fundos obcecado pelo sigilo.

Enquanto a conta bancária aumentava em proporções de fazer rir e chorar, ele começou a curtir as regalias da extrema riqueza. Seguindo uma trilha muito usada pelos ricos, passou a se interessar pelas grandes obras de arte. Em 1999, arrematou o quadro *Cortina, jarro e fruteira*,

A Rede do Dinheiro

de Paul Cézanne, por US$ 60,5 milhões. No mesmo ano, apaixonou-se pela escultura de Degas, *Pequena bailarina de 14 anos*, que viu por acaso na casa de leilões Sotheby's, em Nova York. Mais tarde, comprou uma versão dessa escultura, assim como um quadro em tons pastel de Degas, chamado *Bailarina verde*. Enquanto isso, em 2000, ele despendeu US$ 6,9 milhões em uma cobertura duplex em um luxuoso edifício art déco na North Michigan Avenue, em Chicago, em uma faixa de propriedades de luxo conhecida como The Magnificent Mile.

Os retornos do Citadel haviam se tornado motivo de inveja dos fundos de hedge, quase que iguais aos do Renaissance. O grupo teve ganhos de 25% em 1998, 40% em 1999, 46% em 2000 e 19% em 2001, quando a bolha da internet estourou, provando que podia ganhar dinheiro quando os mercados iam bem e quando eles iam mal. Ken Griffin, com certeza tinha alfa.

A essa altura, o fundo de Griffin estava sobre belíssimos US$ 6 bilhões em ativos e estava entre os seis maiores fundos de hedge do mundo. Entre seus principais assessores estavam Alec Litowitz, que comandava a mesa de arbitragem de fusões, e David Bunning, chefe de crédito global. Alguns anos depois, Litowitz e Bunning sairiam do fundo. Em 2005, Litowitz lançou um fundo de hedge de US$ 2 bilhões chamado Magnetar Capital, que exerceria um dos papéis principais na crise mundial de crédito que iria explodir anos mais tarde. A Magnetar é uma estrela de nêutrons com forte campo magnético, e o fundo de hedge de Litowitz acabou revelando ter forte atração por uma produção de hipotecas subprime em rápido crescimento.

Enquanto isso, o Citadel estava rapidamente se transformando em uma das máquinas de fazer dinheiro mais poderosas da face da Terra, veloz e extremamente confiante e com uma firme musculatura financeira. Tinha se transformado em uma fábrica de fundos de hedge, treinando novos gestores como Litowitz, que saíam de lá e iam montar novos fundos. A criação de Ed Thorp estava se espalhando como erva daninha. E Griffin, com apenas 33 anos de idade, continuava a ser o mais bem-sucedido de todos.

O colapso da Enron em 2001 lhe deu a chance de relaxar os músculos. Em dezembro daquele ano, um dia depois de a corrupta companhia de energia pedir falência, Griffin pegou um avião e começou a recrutar traders do país inteiro. Em Chicago, uma equipe de quants começou a construir modelos de precificação de commodities para aumentar as negociações do fundo. O Citadel também contratou uma série de meteorologistas para ajudá-lo a monitorar questões de oferta e demanda que pudessem causar impacto nos preços de energia. Em pouco tempo, o fundo já tinha uma das maiores operações de negociação de energia do setor.

À medida que o fundo crescia, o patrimônio pessoal de Griffin chegava à estratosfera. Ele era o mais jovem *self-made man* da lista dos 400 americanos mais ricos da revista *Forbes*. No ano seguinte, já era o décimo da lista da *Fortune* de pessoas mais ricas dos Estados Unidos com menos de 40 anos, com um patrimônio estimado em US$ 725 milhões, um fio de cabelo atrás de Dan Snyder, dono do Washington Redskins.

Ele atingira um nível de sucesso que poucos mortais podem imaginar. Para comemorar aquele ano, ele se casou — no Palácio de Versalhes, playground de Luís XIV, o Rei Sol. Griffin trocou alianças com Anne Dias, que também administrava um fundo de hedge (embora este fosse muito, muito menor). A recepção, que durou dois dias, foi realizada no Hameau de la Reine, ou "Aldeia da Rainha", onde Maria Antonieta vivia, como camponesa, um idílio naturalista à la Rousseau, em uma aldeia fictícia do século XVIII.

Uma trupe de acrobatas do Cirque de Soleil se apresentou no local. Donna Summer cantou. Os convidados se penduravam em balões de hélio. A festa em Paris incluía uma comemoração no Louvre e um jantar de pré-casamento no Musée d'Orsay.

Era muito bom ser Ken Griffin. Talvez bom até *demais*.

A Rede do Dinheiro

■ MULLER ■

Enquanto Griffin dava início ao Citadel, em Chicago, Peter Muller trabalhava duro no Morgan Stanley de Nova York, tentando colocar de pé sua mesa de negócios quantitativos, utilizando os modelos que criara na BARRA. Em 1991, ele acionou o botão que ligava os computadores.

Foi um pesadelo. Nada funcionava. Os modelos sofisticados de operação que ele havia desenvolvido na BARRA eram brilhantes na teoria. Mas quando Muller efetivamente tentou operar com eles, encontrou todo tipo de problema. A execução não era rápida o suficiente. Os custos de transação eram mortais. Pequenas falhas em um programa podiam colocar uma ordem a perder.

Ele havia se instalado no 30º andar da sede do Morgan, dentro do Exxon Building, que ficava na Avenue of the Americas, nº 1.251, o mesmo arranha-céu que alojava a experiência de Bamberger e Tartaglia com arbitragens estatísticas, com várias estações de trabalho Unix e computadores de primeira linha desenhados para aplicativos técnicos e gráficos complexos. A primeira pessoa que ele contratou foi Kim Elsesser, uma programadora com mestrado em pesquisa de operações pelo MIT. Elsesser era alta, magra e tinha olhos azuis: o alvo perfeito para os traders do Morgan, cheios de testosterona. Era uma matemática e programadora de computador extremamente talentosa. A primeira vez que trabalhou no Morgan foi em janeiro de 1987, antes de sair para fazer pós-graduação em Cambridge. Ela voltaria em 1992. Meses depois, foi fazer parte da equipe de Muller. Ele chamou o grupo de Process Driven Trading, ou PDT. "Process-driven" [negociações "orientadas por processos"] era, basicamente, uma abreviação para o uso de algoritmos matemáticos complexos, que apenas algumas milhares de pessoas no mundo entendiam, naquela época.

Muller e Elsesser construíram todo o negócio do nada.[3] Eles escreveram modelos de negociação em código de computador e conectaram a estação de trabalho Unix à infraestrutura de mainframe do Morgan, que por sua vez estava ligada às principais bolsas de valores do mundo.

164   MENTES BRILHANTES, ROMBOS BILIONÁRIOS

Muller desenhou os modelos, e Elsesser, que conhecia bem o sistema do Morgan, fez a maior parte da programação. Começaram a operar nos Estados Unidos, depois acrescentaram o Japão, seguido por Londres e Paris. Eles operavam uma vez por dia, baseados nos modelos. Trabalhavam em horários malucos, mas parecia não valer de nada.

Muller conseguiu pegar alguns pedaços de informação de outros grupos de matemáticos que surgiam, tentando também decifrar o código do mercado. Em 1993, ele fez uma visita a um grupo pouco conhecido de físicos e cientistas que administravam um grupo de negociação computadorizada de ponta, em um pequeno edifício em Santa Fé, no Novo México. Eles se chamavam de Prediction Company e procuravam fazer contato com as firmas de Wall Street, inclusive o Morgan Stanley, em busca de "capital semente". O trabalho de Muller era observá-los.

Um dos fundadores da Prediction Company era Doyne Farmer, um físico alto e vistoso e um dos pioneiros a se dedicar a uma ciência desconhecida chamada teoria do caos. Mais apegado a camisetas coloridas e chinelos do que ao terno e gravata, padrão de Wall Street, Farmer havia seguido os passos de Thorp na década de 1980, criando um sistema para prever os números da roleta, usando computadores de ponta escondidos em sapatos "mágicos". Também como Thorp, Farmer havia deixado de ser jogador de cassino para ganhar dinheiro com computadores e matemática nos mercados financeiros do mundo.[4]

Muller e Farmer se encontraram na sede da empresa, na Griffin Street, nº 123, em Santa Fé, também conhecida como a "Cabana da Ciência". As perguntas de Muller eram rápidas e diretas. Já quando Farmer pedia alguma informação em troca, Muller, como bom jogador de pôquer que era, guardava as cartas bem perto do corpo. Farmer acabou se enchendo daquilo.

— Nós tivemos que mandá-lo embora — lembrou-se Farmer mais tarde. — Se você dá uma informação que uma pessoa possa utilizar, espera receber em troca algo que possa utilizar. Faz todo o sentido. Mas Pete não queria dar nada para a gente.

Farmer não tinha percebido que Muller não tinha mesmo muito para dar a ele. Pelo menos, não naquela hora.

A Rede do Dinheiro 165

Mais tarde naquele ano, a administração do Morgan estava procurando um jeito de cortar gordura. O PDT estava em uma encruzilhada. A empresa tinha pago muito dinheiro a Muller, e ele não estava correspondendo. John Mack, o trader de títulos que tinha acabado de ser nomeado presidente, convocou uma reunião para que os administradores defendessem suas operações.

Muller foi à reunião de terno. O cabelo estava penteado com gel, em vez da habitual cabeleira desgrenhada. Uma equipe de executivos do Morgan, que nada falava, estava sentada em volta de uma longa mesa em uma sala de reunião quente e mal-iluminada. Muller teve que esperar sua vez, enquanto vários administradores faziam seus discursos de sobrevivência. O desespero deles era óbvio. Muller fez uma anotação mental: *Fique calmo e tranquilo, seja confiante.* Quando chegou a hora, ele logo confessou que o PDT ainda não tinha obtido êxito. Mas estava à beira de grandes coisas. As negociações computadorizadas eram o futuro. Ele só precisava de mais tempo.

Quando parou de falar, olhou para Mack, que concordou com a cabeça. Ele havia sido convencido.

A perseverança valeu a pena, e pouco depois já havia sinais de que o PDT estava começando a alcançar a Verdade, ou pelo menos alguma parte dela — ele teve lucro. No dia em que completaram o primeiro milhão de dólares, Muller e Elsesser deram uma festa, com vinho barato em copos de plástico. Em pouco tempo, 1 milhão não passaria de um bocejo pela manhã, num piscar de olhos.

No início de 1994, Muller juntou seu *dream team* de ases da matemática e da informática: Mike Reed, geofísico de fala mansa com Ph.D. em engenharia elétrica por Princeton; Ken Nickerson, o grande tabulador de números, especialista em matemática, alto e meio aéreo, com Ph.D. em pesquisa de operações por Stanford; Shakil Ahmed, um sujeito franzino e gênio da programação de computadores, de Princeton; e Amy Wong, mestre em engenharia elétrica pelo MIT. Esse pequeno grupo formaria o núcleo do que se tornaria uma das operações de mercado mais lucrativas e menos conhecidas do mundo.

MENTES BRILHANTES, ROMBOS BILIONÁRIOS

Além dos bolsos cheios, Muller contava com mais uma vantagem ao trabalhar para um gigantesco banco de investimentos. Outros grupos de negociação, como os fundos de hedge, passavam seus negócios por bolsas como a de Nova York através de corretores credenciados, como o próprio Morgan. Um dos fundos de hedge que utilizavam o Morgan como corretor de bolsa era um grupo de operações do Renaissance Technologies chamado Nova, administrado por Robert Frey, o matemático que trabalhara para Nunzio Tartaglia no Morgan Stanley.

Em meados da década de 1990, o Nova passou por uma fase ruim. O PDT assumiu as posições das mãos do Renaissance e as incluiu em seu próprio fundo. As coisas até que correram bem, e as posições acabaram se revelando lucrativas e ainda deu a Muller uma rara oportunidade de ver a arquitetura secreta do Renaissance. E Muller, por sua vez, transformou o Nova numa máquina de geração de lucros.

■ ■ ■

Em 1994, o palco estava montado. Muller tinha o dinheiro e o talento para trabalhar. Só não tinha muito tempo. Mack fecharia a porta em um segundo, se achasse que o grupo não estava entregando o que prometia.

Trabalhando até tarde e também nos fins de semana, o *dream team* do PDT construiu uma máquina de negociações automáticas, um verdadeiro robô para se ganhar dinheiro que batizaram de Midas — como se tudo o que tocasse fosse virar ouro. Nickerson e Ahmed faziam uma análise mais detalhada dos números, buscando sinais ocultos no mercado que revelariam ao computador quais ações comprar e quais vender. Nickerson se concentrava no mercado americano e Ahmed, no resto do mundo. Reed construiu a infraestrutura do supercomputador, conectando-o aos mercados financeiros do mundo inteiro. A estratégia era a arbitragem estatística — a mesma que Bamberger havia inventado no Morgan Stanley na década de 1980. Os quants do PDT descobriram praticamente sozinhos como implementar essa estratégia, mas há poucas dúvidas de que, no momento em que o Midas entrou em ação, a ideia desse tipo de arbitragem já havia surgido. A Prediction Company de Doyne Farmer conduzia uma série de arbitragens estatísticas em Santa Fé, e o mesmo acontecia com D. E. Shaw, o Renaissance e vários outros fundos. No entanto, no decorrer dos anos, poucos fundos fariam isso tão bem quanto o PDT, que se tornou a operação exclusiva mais bem-sucedida de Wall Street, com relação a de consistência, longevidade e lucratividade.

O Midas se concentrava em setores específicos: empresas exploradoras de petróleo, como a Exxon e a Chevron, ou ações de companhias aéreas como a United e a American Airlines. Se quatro empresas aéreas estivessem subindo e três caindo, o Midas vendia as que estivessem em ascensão a descoberto e comprava as que estivessem em declínio, desfazendo a posição em questão de dias, ou, às vezes, de horas. A parte mais perigosa era determinar exatamente quando comprar e quando sair. O Midas podia fazer essas negociações de forma automática e contínua durante o dia. E o melhor é que o computador não pedia um bônus portentoso no fim do ano.

No quarto trimestre de 1994, o dinheiro estava começando a se acumular. O Midas era o rei. Era só ligar o botão e *zzip-zip-zip... zap... zap... zuing... bapbapbapbap... zing... zing... zap!* As operações digitais computadorizadas espocavam como fogos de artifício, uma mina de ouro eletrônica capturada em números que não paravam de aumentar nas telas dos computadores do PDT, enquanto o dinheiro entrava como num passe de mágica.

Era impressionante, de arrepiar e, às vezes, assustador. Uma noite, Elsesser ia de táxi para casa, exausta, depois de uma longa jornada de trabalho. Os prédios e as luzes da cidade passavam como um borrão azul. O rádio do motorista era um zumbido irritante ao fundo. Mas então uma notícia no meio da estática: o locutor dizia que um nível incomum de atividade estava criando transtornos nos mercados de Tóquio.

Os ouvidos de Elsesser se ligaram. *Que merda. Será que somos nós?*

Ela pediu ao motorista que a levasse com urgência de volta à sede do Morgan. Ela sempre tivera medo de que alguma falha no programa do computador pudesse disparar um tsunami de ordens de compra ou de venda. Nunca se sabia se o sistema iria desandar, como uma espécie de Frankenstein computadorizado. O PDT não fora responsável pelo caos daquele dia em Tóquio, mas nos bastidores essa possibilidade sempre existia. Às vezes, era difícil dormir com os computadores funcionando sozinhos à noite.

Mas esse tipo de preocupação tinha que ficar para outro dia. A performance do PDT era tão incrível que às vezes acompanhava e até superava a do fundo Medallion do Renaissance. No entanto, em 1997, os retornos do Medallion pularam para um novo patamar. Os lucros eram inacreditáveis. Jim Simons tinha deixado todo mundo para trás, e ninguém sabia como ele conseguira isso. Posteriormente, o Renaissance deixou de operar com o Morgan, temendo que o grupo de Muller estivesse copiando suas estratégias. Seguindo a cultura de espionagem da qual eles saíram, os quants de Long Island estavam ficando cada vez mais paranoicos, com medo de que rivais como Muller fossem copiar sua receita especial. Da mesma maneira, Muller começou a ficar cada vez mais nervoso sobre espiões no interior do Morgan Stanley. Os traders do PDT ficavam em redutos isolados, conheciam apenas suas posições e ficavam no escuro sobre as outras estratégias de crescimento do PDT.

Mesmo enquanto se refestelava no sucesso da operação, Muller cuidava para não ficar confiante demais.

— Mantenham as emoções sob controle — era o que Muller dizia repetidas vezes aos traders. Ele falava por experiência própria. Desde que ele e Elsesser começaram a operar, no início da década de 1990, tomaram várias decisões no calor do momento, se impondo sobre os modelos de computador. Um relatório econômico inesperado ou um movimento surpresa do Fed instauravam o caos no mercado. Eles pensaram que era melhor passar por cima dos modelos ou então simplesmente desligá-los.

Mas logo chegaram à conclusão de que os computadores eram mais confiáveis do que as pessoas. As vezes em que eles tentaram ser mais espertos que o computador se revelaram uma manobra infeliz. O mantra passou a ser "confie sempre na máquina".

A Rede do Dinheiro

Num dia de 1994, Muller encontrou alguns registros antigos de um grupo de negociações quantitativas do Morgan Stanley que atingira a estratosfera na década de 1980. Ele já tinha ouvido algumas histórias sobre esse grupo, e lendas do salão de operações sobre um quant italiano espalhafatoso chamado Nunzio Tartaglia, astrofísico e ex-jesuíta. Boa parte da história do grupo se perdeu. Os jovens quants em ascensão no PDT mal tinham ideia de que esse era o grupo que dera origem às arbitragens estatísticas. Apesar de Muller e sua equipe terem desenvolvido essa estratégia sozinhos e adicionado um tempero pessoal próprio, o antigo grupo do Morgan foi o primeiro a descobri-la. Na década de 1990, essa estratégia se espalhava velozmente, e quants como Muller e Farmer estavam tentando decifrar esse código.

No entanto, conhecer as arbitragens estatísticas e colocá-las em prática efetivamente eram duas coisas muito diferentes. E o PDT é que tivera êxito.

Os registros do APT também ensinaram outra lição valiosa a Muller. O APT tinha alcançado grandes retornos por alguns anos. Então, de repente, a música parou. Isso significava que ele nunca podia baixar a guarda; tinha que estar sempre se movimentando, melhorando e aprimorando o sistema.

Em 1995, um jovem quant chamado Jaipal Tuttle chegou ao PDT. Tuttle, cuja credencial era um Ph.D. em física pela Universidade da Califórnia em Santa Cruz, vinha negociando *warrants* japoneses no escritório do Morgan em Londres há alguns anos.[5] Mas a bolsa de valores e a economia do Japão entraram em colapso no início da década de 1990, e o mesmo aconteceu com o negócio de *warrants* japoneses.

A formação de Tuttle em física lhe proporcionou as ferramentas para compreender muitas das operações complexas que o PDT executava. Mas, como ele não tinha talento algum para programação de computador, sua capacidade de desenhar e implementar modelos era limitada. Em vez disso, ele passou a ser o "trader humano" do PDT. Naquela época, ainda havia alguns mercados, como os futuros de índice de ações, que não eram totalmente automáticos. As ordens disparadas pelos modelos do PDT deviam ser passadas por telefone às outras mesas do Morgan. Esse era o trabalho de Tuttle.

O sistema de negociação automatizado nem sempre funcionava bem. Uma vez, o PDT vendeu por engano US$ 80 milhões em ações em 15 minutos por causa de uma falha no sistema. Em outra, Reed, que na época administrava o sistema de ações japonesas, pediu a outro trader que lhe desse cobertura:

— É só apertar Y cada vez que ele sinalizar uma negociação — disse ele. Só esqueceu de avisar que também tinha que apertar a tecla enter. Nenhuma das negociações foi feita como devia.

O PDT muitas vezes contratava consultores externos para trabalhar temporariamente, em geral professores com vontade de ganhar algum dinheiro quando não estavam dando aulas. Um dia, um consultor chamado Matt estava implementando uma estratégia de arbitragem com opções do índice S&P 500. A negociação envolvia vender uma opção atrelada ao S&P 500 de um mês, como maio, por exemplo, e comprar uma opção de outro mês, como junho, para ganhar sobre uma ineficiência entre as duas. Tuttle tinha que processar as ordens pelo telefone. O consultor estava em outra sala do escritório do PDT, lendo metodicamente as ordens de negociação para ele. E essa era uma ordem grande, na casa das dezenas de milhões de dólares.

De repente, Tuttle ouviu um grito fraco de algum lugar do escritório. Ele olhou para cima e viu o consultor voando pelo corredor, agitando os braços no ar e gritando:

— Pare! *Paaare!* Não é para comprar. É para vender. *Vendeeeer!*

O consultor tinha confundindo as ordens: o que era para vender, ele comprou e o que devia comprar, ele vendeu. Tuttle desfez as posições, mas a lição fora aprendida: os seres humanos erram. É melhor deixar que o computador cuide do show.

No ano em que Tuttle chegou, o PDT se mudou para a nova sede do Morgan, no nº 1.585 da Broadway, um respeitoso arranha-céu, logo ao norte de Times Square. Eles se instalaram em um lugar melhor, no sexto andar do prédio, um andar acima do salão principal do Morgan. À medida que o desempenho deles ia melhorando, o espaço melhorava também.

A Rede do Dinheiro

Então começaram a expandir a abordagem quantitativa a cada vez mais mercados.

— Eu quero muitos sistemas — exigiu Vikram Pandit, que supervisionava o grupo. (Ele se tornaria CEO do Citigroup no final de 2007.) O grupo começou a negociar futuros de eurodólares, um mercado relativamente jovem que se baseava no preço dos dólares em contas bancárias no exterior. Logo, logo, o PDT estava ampliando suas ações para os futuros de energia, títulos e opções — o que pudessem modelar, eles negociavam.

O grupo, e especialmente Muller, começou a ficar rico na mesma proporção que o Midas crescia e crescia. Ele comprou um sítio de frente para o mar em Westport, Connecticut, e um amplo apartamento em Tribeca, um bairro chique de Manhattan conhecido pelas celebridades que moram lá, como Robert De Niro, Gwyneth Paltrow e Meryl Streep. Ele se adaptou bem a uma vida de luxo e passou a ter algumas manias esquisitas. Mandou que a governanta passasse os lençóis assim que eles saíssem da secadora porque não queria que ficassem enrugados. Ele ordenou que um assistente comprasse mantimentos em Manhattan e os levasse até o sítio de Westport, em vez de comprar no mercadinho local, que ficava na mesma rua.

— Ele vivia em uma área um pouco diferente daquilo que se podia chamar de racional — comentou uma pessoa que conheceu Muller naquela época. Como uma de suas muitas e crescentes distrações paralelas, ele escrevia palavras cruzadas, e muitas delas foram publicadas no *New York Times*.

O grupo passou a fazer excursões a lugares exóticos ao redor do mundo: Jamaica, Granada e as ilhas Turks and Caicos. Iam esquiar em Vermont e fazer canoagem no Maine, com jogos de paintball nos fins de semana em que permaneciam em Nova York. Eles almoçavam juntos na área comum do escritório, dividindo seus bolinhos crocantes de salmão, que chegavam da loja de sushis local — muito distante das orgias de hambúrgueres acebolados dos traders de hipotecas do Salomon, nos anos 1980.

MENTES BRILHANTES, ROMBOS BILIONÁRIOS

Havia alguma coisa de New Age nisso tudo para os poucos traders do Morgan que sabiam que esse grupo existia, uma coisa bem de São Francisco, como hippies no salão de negociação — um horror! um horror! —, mas tudo isso era desenhado para unir o grupo e, para a maioria, isso funcionava. Ao longo dos anos, pouquíssimas pessoas da equipe original saíram do PDT, o que é um fato muito incomum num setor conhecido pela alta rotatividade e pelas carreiras abreviadas pelo estresse.

Elsesser foi uma das primeiras a pôr o pé na estrada, passando a estudar, na UCLA, as questões de sexo no ambiente de trabalho. Ela havia ficado de saco cheio da cultura de machões do Morgan, muito embora se mantivesse relativamente isolada dos piores comportamentos desse tipo, ao trabalhar na bolha protetora do PDT. Mas os traders geralmente a tratavam como se fosse secretária de Muller. Uma vez, logo depois do lançamento do PDT, Elsesser estava negociando contratos futuros eletronicamente quando um homem entrou na sala do PDT, olhou fixamente para ela, depois olhou em volta e saiu. Voltou, olhou em volta e saiu. Na próxima vez que ele entrou, olhando em volta, confuso e coçando entre as pernas, Elsesser finalmente perguntou:

— Posso ajudar em alguma coisa?

— O pessoal fica me dizendo que tem um trader quant aqui que negocia contratos futuros, mas eu continuo dizendo a eles que aqui não tem ninguém desse tipo.

Depois de uma pausa furiosa, Elsesser rebateu:

— Sou eu.

O cara olhou para ela de queixo caído e depois saiu sem dizer uma palavra.

Uma boa quantidade de pessoas esquisitas passou pelos escritório do PDT ao longo dos anos. Um trader se irritou com o brilho da tela do computador e colou uma placa de papelão no topo para tapar a luz. Os visitantes que passassem e olhassem pela divisória de vidro veriam um quant debruçado e teclando com a cabeça debaixo de uma proteção de papelão. Um mandachuva do Morgan, que tinha uma sala mais à frente no corredor, ficou revoltado.

— Você não pode ter uma geringonça dessas! — reclamou um dia, entrando no escritório. — Eu recebo os presidentes das maiores empresas, isso é constrangedor!

Outro quant gostava de trabalhar no escuro, até tarde da noite. O sistema de luz da sala de operações era equipado com sensores de movimento que disparavam ao menor sinal. Ele prendeu pedaços de papel para tapar os sensores, de modo que pudesse ficar digitando alegremente naquele ambiente escuro.

As sessões de entrevistas podiam ser desgastantes e, às vezes, absurdas. Muller gostava de pedir aos candidatos a emprego que adivinhassem, entre dois valores, quanto dinheiro ele tinha na carteira, com um nível de confiança de 95%.

— Sei lá. Entre US$ 10 e 100 dólares.

Muller então tirava uma nota de US$ 100 e a colocava na mesa.

— Entre US$ 100 e 200.

Muller tirava US$ 200.

— Quinhentos?

Muller, rindo e sacudindo a cabeça, tirava US$ 500. Era uma pergunta capciosa. Muller podia estar com a carteira cheia de dinheiro para um jogo de pôquer na madrugada — ou podia não ter nada. O candidato, evidentemente, não fazia a menor ideia. Uma estimativa com um nível de confiança de 95% poderia ter um raio de alcance muito grande, entre zero e alguns milhares de dólares. O mais comum era que o entrevistado ficasse simplesmente irritado: quem é esse doido?

Muller também gostava de entrevistar grandes jogadores profissionais de pôquer, para irritação de seus colegas. *Sim, esses caras são todos ótimos jogadores de pôquer, mas eles sabem negociar? Sabem programar um computador? Sabem alguma coisa de modelagem fatorial?* Nenhum jogador de pôquer deu certo. Um deles acabou mostrando ter um registro para fazer apostas esportivas.

Os *headhunters* sentiam o cheiro do dinheiro e mandavam constantemente novos candidatos para Muller. As secretárias do escritório driblavam ligações frenéticas de *headhunters* desesperados para que um de

174 MENTES BRILHANTES, ROMBOS BILIONÁRIOS

seus clientes tivesse uma chance de entrar para o novo e quente fundo de hedge do Morgan.

— Mande Muller atender o telefone! — dizia um deles. — Se você não o puser na linha agora, eu vou perder milhões!

De repente, todo mundo queria um pedaço de Peter Muller. O sucesso fez com que ele se comportasse de maneira ainda menos convencional. Muller começou a faltar às primeiras reuniões da manhã e a aparecer no escritório apenas às 11h, ou até mais tarde — isso quando ele aparecia. Tuttle usava camisetas rasgadas do Clash e brincos extravagantes, uma visão bizarra no formal e engomado Morgan Stanley. O grupo comemorava dias em que faturava US$ 10 milhões com vinho em copos de plástico. E com o passar do tempo os dias de vinho eram cada vez mais frequentes.

Uma vez, Muller decidiu que precisava do efeito calmante de água corrente em sua sala e comprou uma cachoeira de pedra gigante chamada Niágara, trazida para a sala do PDT em um caixote imenso. A administração do prédio foi à loucura — a cachoeira era tão pesada que poderia arrebentar o piso e cair no andar de baixo, onde ficava a principal sala de operações do banco. Péssimo. A caixa passou várias semanas na sala. Um gaiato apagou o *N* do nome da cachoeira e colocou um *V* no lugar, sugerindo que Muller havia encomendado uma enorme caixa de remédio para disfunção erétil.

Em outra ocasião, Muller disse a Elsesser que queria instalar uma porta giratória entre suas salas, porque seria mais fácil para entrar e sair quando quisessem trocar ideias. Para Muller, era só uma piada. Mas Elsesser, horrorizada com a ideia de Muller entrar e sair facilmente de sua sala o dia inteiro, não achou tanta graça assim.

O alto escalão do Morgan não podia dar menos importância ao comportamento bizarro dos quants secretos do sexto andar. O dinheiro que eles ganhavam era um milagre. O Morgan Stanley nunca revelou exatamente quanto o PDT ganhou ao longo dos anos, mas ex-funcionários normalmente consideram sua lucratividade como uma coisa que não cabia nos gráficos. De 1996 a 2006, o PDT obteve cerca de US$ 4 bilhões em lucros, já descontados os 20% do topo, que o banco pagava aos membros do PDT. Isso significa que aquele pequeno grupo de traders levou para casa nesse período cerca de US$ 1 bilhão. Os salários dos maiores cérebros do PDT, como Muller, Nickerson e Ahmed, em alguns anos, superavam de longe os honorários dos principais executivos do banco, inclusive os do CEO. Em alguns anos, principalmente no fim da década de 1990 e no início da seguinte, o PDT era responsável por mais de 25% do lucro líquido do Morgan Stanley.

— Eu descreveria isso como uma quantia absolutamente sobre-humana, um valor extraordinariamente alto. É impossível alguém acreditar quanto era. Era uma máquina que funcionava de maneira excepcional — disse Tuttle, que saiu do banco em 2001 para correr atrás de seu sonho de competir no windsurfe.

Já Vikram Pandit costumava dizer:

— É o PDT que mantém as luzes do Morgan acesas.

Em 1999, Muller deu a Nickerson uma garrafa cara de uísque escocês *single-malt* como recompensa pelo trabalho que fez no Midas. Nos cinco anos em que funcionara, o Midas proporcionou US$ 1 bilhão de lucro líquido ao Morgan e nesse caminho fez com que todo mundo no PDT ficasse mais rico do que em seus sonhos mais loucos. Nos anos seguintes, ele apenas melhoria, deixando todo mundo mais rico ainda. Especialmente Peter Muller.

■ ASNESS ■

Quando Cliff Asness passou a trabalhar em tempo integral para o Goldman, no final de 1994, ele não sabia exatamente qual seria seu trabalho. Ele recebeu a tarefa de construir modelos quantitativos para prever os retornos de múltiplas classes de ativos, uma encomenda bem ampla. Basicamente, o Goldman estava fazendo uma aposta no jovem fenômeno de Chicago, para ver se sua educação de torre de marfim daria frutos no mundo real.[6] Goldman tinha feito uma de suas primeiras apostas num rato de biblioteca chamado Fischer Black na década de 1980. No início dos anos 1990, o banco era o principal destino para os atletas da matemática das universidades do país inteiro.

Asness chamou sua operação principiante de Quantitative Research Group. Para aumentar a força cerebral do QRG ele recrutou várias das pessoas mais inteligentes que conheceu na Universidade de Chicago, inclusive Ross Stevens, Robert Krail, Brian Hurst e John Liew. Krail e Liew já haviam trabalhado por algum tempo na Trout Trading, a empresa de administração de recursos fundada pelo legendário trader Monroe Trout Jr. Liew era filho de um professor de economia da Universidade de Oklahoma e planejara seguir os passos do pai e se dedicar à carreira acadêmica. Mas a época que passou na Trout, onde trabalhou construindo modelos quantitativos de negociação, o fez mudar de ideia. Um dia ele estava conversando com Krail sobre o trabalho que faziam na empresa.

— Até que não é mal; é até um tipo de diversão — comentou.

Liew sempre achou que detestaria trabalhar. E se sentiu surpreso ao descobrir que estava até se divertindo.

— Não pense nisso como um emprego — disse Krail. E também pagava bem.

No início, o grupo de Asness não administrava diretamente os recursos. Sua tarefa inicial era atuar como uma espécie de prótese dos quants para um grupo de compradores de ação fundamentalistas que tinham enfrentado problemas na hora de escolher ações fora dos Estados Unidos. Haveria uma maneira de se utilizar as técnicas quantitativas para guiar as decisões de investimentos em cada país? Esse não era um problema em que Asness, ou qualquer outra pessoa, tivesse pensado. Ele nunca havia sido debatido em uma sala de aula ou nas pencas de livros didáticos que eles haviam decorado.

Mas a resposta de Asness foi:

— É claro!

Eles juntaram suas cabeças. Havia alguma semelhança entre as estratégias que haviam aprendido em Chicago e a tarefa de avaliar

A Rede do Dinheiro

a saúde de um país inteiro? A resposta surpreendente, pelo que descobriram, era sim. As anomalias de valor e de momento das ações que eles haviam estudado na academia podiam realmente valer para países inteiros.

Foi um salto monumental. Eles poderiam medir a bolsa de valores de um país, dividir pela soma do valor contábil de cada empresa da Bolsa e obter uma relação de preço/valor contábil para o país inteiro. Se o Japão tinha uma relação de preço/valor contábil de 1,0 e a França, de 2,0, queria dizer que o Japão estava barato, em comparação com a França. E o processo de investimento era relativamente simples: comprar Japão e vender França a descoberto.

As aplicações desse insight eram praticamente infinitas. Assim como saber se uma empresa fazia botões ou tanques, ou se seus líderes eram palhaços ou visionários, as questões específicas da política, da liderança ou dos recursos naturais de um país só tinha uma importância tangente, do ponto de vista da mesa de negociação de um quant. Uma abordagem quantitativa podia ser aplicada não só às ações e aos títulos de um país, mas também a moedas, commodities, derivativos, o que fosse. Em pouco tempo a equipe de Asness estava desenhando modelos que procuravam por oportunidades baratas, em contraposição às caras, no mundo inteiro. Logo se seguiram as estratégias de momento. O alto escalão do Goldman ficou impressionado com aqueles quants jovens e brilhantes. Em 1995, eles concordaram em dar início a um pequeno fundo de hedge interno com US$ 10 milhões de capital.

Ele se chamaria Global Alpha, um grupo que iria se tornar uma das operações de elite de toda Wall Street. E o Global Alpha se tornaria um dos principais catalisadores para o derretimento gerado pelos quants em agosto de 2007.

■ ■ ■

Em seus primeiros anos no Goldman, Asness frequentemente tinha contato com um dos arquitetos-chefes da Rede do Dinheiro, Fischer Black.

Ao lado de Thorp, Black foi uma das ligações mais fundamentais entre os avanços que surgiram nas universidades depois da Segunda Guerra Mundial e as inovações em Wall Street que levaram à revolução dos métodos quantitativos. Ao contrário de Thorp, que sempre teve uma mentalidade muito prática, Black era muito mais um teórico e até um pouco filosófico. Entre várias outras esquisitices, ele era famoso pelas digressões na conversa, períodos prolongados de um silêncio meio confuso que deixavam seus companheiros perdidos e fora de guarda. Asness também teve sua quota de experiências desse tipo no Goldman. Às vezes, ele entrava no escritório de Black, ao lado do salão de negociações do banco, para responder a uma pergunta que o grande homem fizera sobre um fenômeno do mercado. Asness descarregaria rapidamente seus pensamentos, só para deparar com o olhar fixo e sem expressão de Black. Este iria girar a cadeira, olhar para a tela piscante do computador e ficar sentado, pensando, às vezes por minutos. E então, depois de um silêncio absurdamente longo, ele voltava a girar a cadeira e dizia algo do tipo "É, você pode estar certo".

— Era como o ar saindo do dirigível *Hindenbug* — lembra-se Asness.

Black acreditava na racionalidade acima de todas as coisas. Mas também era um homem cheio de contradições. Figura central das finanças quantitativas, nunca fizera um curso de finanças nem de economia. Ele era astrofísico e matemático formado, tão avesso ao risco quanto um diretor de lançamento da NASA, e tinha um deslumbramento infantil sobre a engrenagem interior das estrelas e dos planetas. Ele banhava seus cereais em suco de laranja, não em leite, e nos últimos anos havia restringido o almoço a peixe grelhado e batata assada sem manteiga. Preocupado com um histórico de câncer na família, doença que acabaria por lhe tirar a vida, Black usava um medidor de radiação nos ambientes em que trabalhava e comprava fios longos para o teclado do computador, para ficar distante do monitor. Mas ele também tinha um viés rebelde. Quando jovem, havia se metido com drogas psicodélicas e vasculhado as páginas dos jornais à procura de companhia, sugerindo à mulher, de quem estava afastado na época, que fizesse o mesmo.[7]

A Rede do Dinheiro

Quando adolescente, morando em Bronxville, no estado de Nova York, na década de 1950, Black adorava fazer o papel de advogado do diabo, alardeando o comunismo na frente do pai conservador e expressando admiração pelos boêmios de Greenwich Village para sua mãe religiosa. Ele fundou no bairro um grupo chamado Sociedade Americana de Criadores, Apóstolos e Profetas, que se reunia para debater temas como a experiência de Aldous Huxley com substâncias que alteravam a mente. Foi para Harvard, ficou fascinado com os computadores e acabou se dirigindo para as finanças após trabalhar para uma empresa de consultoria em administração perto de Boston chamada Arthur D. Little.

No outono de 1968 ele conheceu Myron Scholes, um jovem economista canadense do MIT, que recentemente tinha começado a refletir sobre um problema difícil: como precificar os warrants de ações. Black já vinha debatendo esse mesmo enigma. A dupla se juntou a Robert Merton, e vários anos depois eles publicaram sua histórica pesquisa, com uma leve ajuda de Thorp, sobre como precificar as opções de ações.

No início da década de 1970 Black foi trabalhar como professor de finanças na Universidade de Chicago. Sua sala no 3º andar de Rosenwald Hall ficava entre as de Myron Scholes e Eugene Fama. Depois disso, foi lecionar no MIT pelos nove anos seguintes.

Mas ele estava ficando inquieto, entorpecido pelo ritmo lento do meio acadêmico. Enquanto isso, Robert Merton tinha trabalhado como consultor para o Goldman Sachs. Uma vez ele tinha sugerido a Robert Rubin, que na época era chefe da divisão de ações do banco e depois seria secretário do Tesouro do governo Clinton, que o Goldman deveria pensar em criar uma posição de alto nível para um professor de finanças.

E um dia Merton perguntou a Black se ele conhecia alguém que servisse para esse cargo.

— Bob, eu mesmo estou interessado nesse posto — respondeu Black. Em dezembro de 1983 ele fez uma viagem a Nova York para discutir seu trabalho com Rubin. No começo de 1984 foi contratado como chefe do Grupo de Estratégias Quantitativas do Goldman.

180 MENTES BRILHANTES, ROMBOS BILIONÁRIOS

Uma história — talvez apócrifa — conta que logo depois de pegar o emprego Black estava circulando pelo salão de operações do Goldman no centro de Manhattan. O barulho no salão era ensurdecedor. Os traders gritavam ordens de compra e de venda a plenos pulmões. Homens apressados corriam para cima e para baixo. Era uma cena grotesca para Black, que estava na meia-idade e mais acostumado a se enclausurar nas salas das universidades, onde passara a maior parte da vida profissional.

Black foi levado à mesa de opções da empresa para conhecer o chefe de operações.

— Ah, quer dizer que você é o Fischer Black — disse o trader, esticando a mão para a lenda. — Prazer em conhecê-lo. E permita que eu lhe diga uma coisa: você não entende porra nenhuma de opções.

Bem-vindo a Wall Street, Sr. Black.

A sala de Black ficava no 29º andar do edifício principal do Goldman, na Broad Street, nº 85, a poucas quadras da Bolsa de Valores de Nova York. Pendurado na parede de sua sala, perto da sala de negociações do banco, se encontrava o pôster de um homem correndo em uma estrada de terra com os dizeres: "A corrida nem sempre é ganha pelos mais rápidos, mas por aqueles que continuam correndo." Frequentemente ele podia ser visto digitando num computador Compaq Deskpro 386, obsessivamente inserindo notas em um programa chamado "Think Tank", enquanto esvaziava uma garrafa d'água depois da outra, que ele mantinha num aparador na sala.

O trabalho dele era bem simples: descobrir como transformar suas teorias quantitativas em dinheiro vivo para o Goldman. No entanto, havia um pequeno problema: Black se alinhava com a ideia da Escola de Chicago, de que os mercados eram eficientes e impossíveis de serem vencidos. Numa de suas primeiras tentativas de operar, ele perdeu US$ 500 mil do banco. Mas logo percebeu, vendo os traders do Goldman ganharem milhões de dólares a partir de um ciclo infinito de ineficiências, que o mercado podia não ser bem aquela máquina perfeitamente azeitada que ele achava que era, nas torres de marfim de Cambridge de Chicago.

A Rede do Dinheiro

Devagar, mas em ritmo constante, Black estava se transformando em uma das piranhas de Fama. Sempre antenado no poder do microprocessador, ele virou um inovador ao transformar as negociações numa simbiose extremamente automatizada entre homem e máquina. Ele previu que a vantagem do Goldman seria uma mistura poderosa de teoria financeira e tecnologia computacional.

Esse seria apenas o início de uma mudança dramática em Wall Street, a criação da Rede do Dinheiro, composta de satélites, cabos de fibra óptica e chips de computador, todos alimentados e domados por complexas teorias financeiras e correntes elétricas. Como a aranha em sua teia, Black estava no centro de tudo em seu escritório mal-iluminado no Goldman Sachs, olhando volta e meia para a tela do computador e torturando subordinados como Cliff Asness com silêncios ensurdecedores e comentários oraculares sobre o mercado.

■ ■ ■

Os quants ganham a vida avaliando chances, buscando a certeza e jogando luz sobre probabilidades que parecem sempre recuar para o campo do aleatório. No entanto, para Cliff Asness, parece haver um único fator em seu sucesso, ao qual ele quase sempre volta, de maneira obsessiva: sorte.

Asness confessa imediatamente que a sorte não é o único fator que existe no sucesso ou no fracasso. Estar bem-preparado e trabalhar duro deixam uma pessoa em posição de capitalizar aquele lance de sorte quando ele finalmente aparece. Mas a sorte é, sem dúvida alguma, uma força importante no mundo de Asness.

Depois de acionar o botão de *on* do Global Alpha em 1995, nos escritórios do Goldman no nº 1 da New York Plaza, o fundo prontamente passou a perder dinheiro por oito dias seguidos. Então, a sorte mudou — e muito. Depois da descida inicial, o Global Alpha ficaria muito tempo sem perder dinheiro. Teve um lucro magnífico de 93% no primeiro ano e 35% no segundo. Um começo muito auspicioso e de muita sorte.

Para mostrar seu apreço por todo o dinheiro que o grupo de Asness estava começando a trazer, os graúdos do Goldman marcaram uma reunião com o maior mandachuva de todos, o COO da empresa, Henry Paulson (que depois se tornaria CEO do Goldman e posteriormente secretário do Tesouro no segundo mandado do presidente George W. Bush).

Asness podia pensar em outras maneiras para a chefia do Goldman demonstrar seu apreço, mas não reclamou. Em vez disso, preparou uma apresentação de PowerPoint para explicar a Paulson exatamente o que estava fazendo.

E o grande dia chegou. Enquanto Asness ia se reunir com o COO notoriamente chato e de queixo pronunciado, ele voltou no tempo e pensou no dia em que falara com Fama da pesquisa que ia fazer sobre momento. Asness respeitava Fama muito mais que a Paulson, a quem ele mal conhecia. Então, por que estava tão nervoso?

A apresentação incluía, entre outras coisas, os vários mercados em que o Global Alpha atuava. Asness disparou uma série de países e regiões: América do Norte, Sudeste Asiático, Brasil, Japão...

— Nós operamos em todos os países do índice EAFE — acrescentou Asness.

Paulson se manteve em silêncio durante toda a apresentação. E por isso ele assustou Asness quando, de repente, disparou:

— Espera.

Asness ficou parado.

— Quantos países fazem parte desse índice?

— Bem — disse Asness —, ele compreende a Europa, a Australásia e o Extremo Oriente...

— Não foi isso o que eu perguntei — disse Paulson, bruscamente. — São quantos países?

— Vinte e um, acho.

— Diga quais.

Asness olhou assustado para Paulson. *Dizer quais são? Será que esse cara está fazendo hora com a minha cara?*

A Rede do Dinheiro   183

Mas Paulson não estava sorrindo. Asness engoliu em seco e começou a falar os nomes: França, Alemanha, Dinamarca, Austrália, Japão, Cingapura... Listou todos os países do índice EAFE. Algumas gotículas de suor brotaram em sua testa larga. Paulson ficou ali sentado, frio, olhando para Asness com olhos de aço e trincando sua imensa mandíbula. Seguiu-se um silêncio confuso.

— Até aqui, foram 18 — disse Paulson.

Então, ele tinha contado os nomes. Asness o havia decepcionado — ou então Paul estava de implicância. Não havia muito o que Asness pudesse dizer. Ele continuou com o resto da apresentação aos tropeços e saiu, confuso.

Ótima maneira de mostrar o seu apreço por todo o duro que eu dei, pensou.

■ ■ ■

Enquanto o Global Alpha continuava a apresentar retornos respeitáveis, o Goldman aplicava bilhões nele. No final de 1997, o Grupo de Pesquisas Quantitativas administrava US$ 5 bilhões em uma carteira só de comprados e quase US$ 1 bilhão no Global Alpha (que também podia vender a descoberto). Era raro um mês em que não apresentassem um retorno de arregalar os olhos. Asness continuou atraindo novos talentos, contratando Ray Iwanowski e Mark Carhart, alunos do programa de doutorado em finanças da Universidade de Chicago.

Ele também começou a dar aulas de vez em quando, como palestrante convidado do Instituto Courant da Universidade de Nova York, uma fábrica emergente de quants. Universidades no país inteiro estavam criando cursos de engenharia financeira. A Carnegie Mellon, a Universidade de Colúmbia e Berkeley, além dos baluartes do MIT e da Universidade de Chicago, estavam formando uma nova geração de quants. O Instituto Courant, que ficava em Greenwich Village, bem perto de Wall Street, estava ganhando a reputação de uma fazenda de quants de primeira linha. Foi no Courant que, no final da década de

184 MENTES BRILHANTES, ROMBOS BILIONÁRIOS

1990, Asness conheceu um jovem quant do Morgan Stanley chamado Peter Muller, e também Neil Chriss. Muitos anos mais tarde, ele se tornaria um habitué do pôquer dos quants.

Enquanto isso, o sucesso do Global Alpha estava fazendo de Asness um homem rico, assim como seu time de estrelas de Chicago. Olhando para trás, Asness iria perceber que ele e suas fileiras tinham dado uma sorte especial de começar a investir em uma época muito favorável tanto para a estratégia do valor quanto para a do momento. Porém, naquele tempo, a sorte parecia não ter muito a ver com o sucesso do Global Alpha. Asness ficou arrogante e irrequieto. Quando chegara ao Goldman, em 1994, ele esperava combinar o ambiente intelectual da academia com a perspectiva de ganhar dinheiro em Wall Street, uma espécie de nirvana intelectual em que seria regiamente recompensado por bolar novas ideias. O problema é que ele não tinha tempo suficiente para fazer a quantidade de pesquisa que gostaria. O Goldman simplesmente o enviava mundo afora para conhecer novos clientes na Europa e no Japão ou para orientar os funcionários. E ainda havia todas as panelinhas de escritório e mais alguns malucos como o Paulson. Com isso, ele começou a pensar no impensável: sair da nave-mãe.

Não foi uma decisão fácil. O Goldman tinha dado a Asness o seu ponto de partida, acreditado no seu talento e proporcionado a liberdade para implementar suas ideias e contratar seu pessoal. Parecia uma traição. Quanto mais Asness pensava a respeito, mais a ideia parecia ruim. E foi então que ele conheceu um homem que tinha o conjunto ideal de talentos para ajudá-lo a lançar um fundo de hedge: David Kabiller.

■ ■ ■

David Kabiller fora uma espécie de andarilho nas fileiras do Goldman, desde que se juntara ao banco em um programa de estágios de verão, em 1986. Ele tinha trabalhado com renda fixa, ações e serviços de pensão. Conheceu Asness quando fazia a ponte entre os investidores institucionais e o GSAM, que administrava recursos para clientes de fora, além dos fundos exclusivos do próprio Goldman.

Kabiller, que é algo como uma mistura de financista de Wall Street e vendedor de automóveis, percebeu rápido que o Global Alpha estava cheio da grana. O fundo tinha uma tabulação computadorizada, ao vivo e atualizada, segundo a segundo, de seus lucros e prejuízos. Um dia, Kalliber viu os números dispararem na tela. Assustado, percebeu que os valores estavam aumentado em milhões de dólares *por segundo*.

Ele percebeu que alguma coisa muito especial estava acontecendo com aqueles nerds quantitativos de Chicago. Eles não eram como as outras pessoas do Goldman. Não só eram inteligentes, mas também eram intelectualmente honestos. Eles estavam em uma busca — a busca pela Verdade. Ele não entendia totalmente aquela maçaroca de números, mas sabia que queria fazer parte daquilo.

Asness e um seleto grupo do Global Alpha, além de Kabiller, começaram a se encontrar no Rungsit, um restaurante tailandês no East Side de Manhattan. Sobre tigelas escaldantes de sopa tom yum e frango satay, eles pesaram os prós e os contras de partir para um negócio próprio. O Goldman pagava bem e oferecia segurança de longo prazo. Asness tinha acabado de se tornar sócio. Circulavam rumores de que havia uma abertura de capital no horizonte e todo o dinheiro que isso significaria. Mas, ainda assim, não seria a empresa deles.

No fim do dia, a escolha parecia clara. Boa parte da conversa se concentrou em que nome deveriam dar à nova empresa. De um deus grego? De uma fera mitológica? Porém, fiéis às raízes nerds, eles acabaram se decidindo por um nome mais descritivo do que esfuziante: Applied Quantitative Research Capital Management, ou simplesmente AQR.

Por um breve período Asness recuou. Os mandarins do Goldman pressionavam-no a ficar. O Goldman era a casa dele. Kabiller ficou arrasado, mas não havia nada que ele pudesse fazer para que Asness mudasse de ideia.

E então, numa noite no fim de 1997, Kabiller recebeu um telefonema.

— É o Cliff.

Kabiller sabia que alguma coisa estava acontecendo. Asness nunca dava telefonemas pessoais.

MENTES BRILHANTES, ROMBOS BILIONÁRIOS

— Como vai? — perguntou Kabiller. Ele sorria com tanta força que o rosto chegava a doer. Seguiu-se uma longa pausa. Kabiller podia ouvir Asness respirando do outro lado da linha. — Você está pronto para seguir em frente?

— Estou — respondeu Asness.

E assim foi. Em dezembro de 1997, poucos dias depois de o banco distribuir os bônus, Cliff Asness, Robert Krail, David Kabiller e John Liew entregaram suas cartas de demissão para a administração do Goldman. Asness ouviu a trilha sonora do musical da Broadway *Les Misérables* enquanto se preparava para o momento. Ele não queria mudar de ideia de novo.

Menos de um ano depois, em 3 de agosto de 1998, o AQR estava a todo vapor com US$ 1 bilhão de capital inicial — um dos maiores lançamentos de um fundo de hedge até aquele momento e três vezes mais do que eles haviam projetado inicialmente que conseguiriam levantar. Aliás, Asness e companhia recusaram mais de US$ 1 bilhão em dinheiro *extra*, porque não tinham certeza se as estratégias deles conseguiriam lidar com tanto capital. Os investidores estavam desesperados para entrar. O carismático gestor de fundos francês Arpad "Arki" Busson, futuro namorado da top model Elle Macpherson e da atriz Uma Thurman, ofereceu a eles seu chalé suíço em troca de uma posição. Mas o AQR o rejeitou inapelavelmente.

E, a propósito, o AQR tinha o pedigree ideal de um fundo de hedge: gênios quantitativos da Universidade de Chicago, um leque de clientes de fundos de pensão e *endowment* conseguidos por Kabiller, reluzentes credenciais do Goldman Sachs, retornos de virar o cérebro...

— Foi uma verdadeira obra de amor — lembra Kabiller. — Nós conhecíamos nosso trabalho. Estávamos todos preparados. Tínhamos a mistura certa de talentos. Éramos os melhores.

No primeiro mês, o AQR Capital, que chegara a ser descrito como uma mistura dos sonhos do Long-Term Capital Management e do Tiger Management de Julian Robertson, deu um pequeno retorno. Daí em diante, ele despencou no abismo. Foi um desastre. O motivo da queda do

A Rede do Dinheiro

AQR era, de várias maneiras, mais improvável do que a série de acontecimentos que destruiu o LTCM.

Ao que parecia, a sorte havia abandonado Cliff Asness.

◼ WEINSTEIN ◼

Duas limusines pretas saíram correndo de Las Vegas para a noite do deserto. Era outono de 2003, e os traders de crédito de Boaz Weinstein estavam em uma comemoração fora de casa. O plano era debater a mudança no panorama dos mercados de crédito, mas ali era Las Vegas. Os traders de Weinstein estavam se coçando para se divertir.

— Eram muitas apostas, muita bebida e muito vinte e um — declarou um ex-trader do Deutsche Bank, subordinado de Weinstein.

Após irem para as mesas de vinte e um, nas quais Weinstein não parou de ganhar utilizando as técnicas de contagem de cartas que ele tinha aprendido no livro *Beat the Dealer* e depois de jogar uma mão depois da outra de roleta e pôquer de grandes apostas, eles encheram as limusines alugadas, abriram garrafas de champanhe e mandaram os motoristas pisarem fundo. Destino? O passatempo clássico dos quants, o paintball.

No campo de paintball fora da cidade, os times se dividiram. Os corretores de "mão na massa", atiradores que passavam o dia inteiro fazendo operações para o banco (e eles mesmos) ganharem dinheiro, enfrentavam os corretores "de fluxo", que tinham a tarefa menos glamourosa de intermediar os clientes do Deutsche Bank, combinando as ordens de compra e de venda que "fluíam" pela empresa. Os corretores de fluxo podiam fazer algumas apostas à parte, o que tornava suas vidas um pouco mais valiosas, mas nunca conseguiam apostar dinheiro de verdade, aquelas posições de tudo ou nada de bilhões de dólares que valiam o lucro ou o prejuízo de um ano inteiro.

Weinstein liderava a equipe da mão na massa. Um de seus principais auxiliares, Chip Stevens, liderava o time do fluxo. Vestidos com camisetas

188 MENTES BRILHANTES, ROMBOS BILIONÁRIOS

com os dizeres "Derivativos de Crédito, Las Vegas 2003", os quants de crédito do Deutsche Bank vestiram seus capacetes e se espalharam pelo campo de obstáculos do paintball.

Evidentemente, os atiradores da mão na massa ganharam. Mas a brincadeira foi muito boa. Todo mundo se enfiou de volta nas limusines, bebeu mais champanhe e se reuniu na suíte de altíssimo luxo de Weinstein no Wynn de Las Vegas, onde as festividades — que incluíam um mágico e um paranormal recomendados pelo presidente do Bear Sterns, Ace Greenberg — começaram para valer. Se havia uma coisa que os traders de crédito de Weinstein sabiam, é que eles entendiam como se jogava aquele jogo — e que eles jogavam melhor do que qualquer outra pessoa. Vinte e um era uma piada. O verdadeiro cassino, o maior do mundo inteiro, era o mercado em ascensão dos derivativos de crédito. E eles o tocavam como um violino. O dinheiro era muito, as mulheres, lindas, todo mundo era brilhante e por dentro daquele segredo. O Deutsche Bank tinha acabado de ser considerado a Derivatives House of the Year pela revista *Risk*, derrotando o campeão anterior, o J.P. Morgan, que começou a se referir ao Deutsche como o "inimigo número um".

Para Weinstein, chegar ao topo não era nenhuma surpresa. Eles haviam desenvolvido uma abordagem agressiva e de arrasa-quarteirão que o resto de Wall Street não conseguia imitar. E esse era o verdadeiro motivo das viagens a Las Vegas, pelo que pensavam alguns dos participantes. No Deutsche Bank, não tinha nada desse negócio de *gerenciar* o risco. Lá, o risco levava um tapa na cara, era subjugado e lhe diziam como se comportar.

E os corretores absorviam tudo isso.

Estava tudo acontecendo. O sonho de Weinstein de se tornar um trader da elite de Wall Street, alimentado desde os tempos em que assistia a Louis Rukeyser na TV quando era um prodígio precoce do xadrez em Upper East Side, estava virando realidade.

E foi tudo tão fácil.

■ ■ ■

A Rede do Dinheiro

Na mesma época em que o AQR estava começando a operar, em 1998, Weinstein montava uma mesa ainda incipiente de derivativos de crédito no Deutsche Bank. Com apenas 24 anos de idade, ele parecia nervoso e um pouco amedrontado pelo ritmo frenético do salão de operações. Mas absorvia os conhecimentos como uma esponja e logo era capaz de passar um monte de informações sobre todo tipo de títulos e ações, quando quisesse, de sua impressionante memória fotográfica.

De seu trabalho anterior, Weinstein trouxera a malícia das notas com taxas flutuantes, que são títulos com taxas de juros variáveis. De lá para os swaps de crédito não era um pulo muito grande, já que eles se parecem muito com títulos com taxas de juros que oscilam para cima e para baixo.

Como Ran Tanemura explicara a Weinstein, os traders podiam utilizar o swap para, basicamente, apostar se uma empresa ia dar calote ou não. E assim, uma dimensão totalmente nova foi apresentada ao amplo mundo do crédito: a possibilidade de se vender um título ou um empréstimo a descoberto. Comprar proteção para um título através de um swap de crédito era, basicamente, uma posição vendida. E com a velocidade de um raio o sonolento mercado de títulos se tornou o cassino mais quente do mundo — e Weinstein se sentia em casa.

Como os derivativos eram uma coisa muito nova, poucos bancos os negociavam em grandes volumes. Para ajudar a aumentar, Weinstein começou a fazer incursões por outros grupos de negociação de Wall Street, como a BlackRock, o gigante da gestão de ativos, alardeando as maravilhosas características dos swaps de crédito.

Em 1998, ele estava, basicamente, vendendo a descoberto no mercado de crédito, comprando seguros sobre todos os tipos de títulos através de swaps. Como ele estava comprando um seguro — que se pagaria caso os investidores começassem a se preocupar com a credibilidade dos emissores dos títulos —, ele estava na posição perfeita de capitalizar com o desespero que atingiu o mercado inteiro depois que a Rússia deu calote no crédito e o LTCM desmoronou. Ele conseguiu um belo lucro para o Deutsche Bank, que impulsionou sua carreira.

MENTES BRILHANTES, ROMBOS BILIONÁRIOS

Em 1999, o Deutsche Bank o promoveu a vice-presidente. Em 2001, com 27 anos, ele foi nomeado diretor administrativo, um dos mais jovens a chegar a esse posto na história do banco alemão.

Weinstein e os demais traders de derivativos também tiveram a ajuda dos reguladores, que estavam rapidamente *des*regulamentando essas negociações. Em novembro de 1999, a Lei Glass-Steagall, de 1933, que partia em dois o setor dos bancos de investimento e dos bancos comerciais — e assim separava o lado de tomada de risco dos bancos do lado dos depósitos —, foi revogada. Bancos gigantes como o Citibank argumentavam que a lei os deixava em desvantagem, comparados a bancos do exterior que não tinham esse tipo de restrição. Para as crescentes legiões de traders de capital próprio de Wall Street, isso significava acesso a mais dinheiro; e, além do mais, esses suculentos depósitos podiam ser utilizados como serragem para as operações com capital próprio. E então, em dezembro do ano 2000, o governo aprovou uma legislação que isentava os derivativos de uma supervisão federal mais intensa. O caminho estava livre para o grande *boom* de derivativos do início do século XXI.

Um grande teste do mercado de swaps de crédito ocorreu em 2000, quando estourou a crise de energia da Califórnia e os preços subiram devido aos crescentes racionamentos. De repente, havia uma possibilidade real de que uma série de grandes empresas de energia elétrica ficassem inadimplentes. A implosão da Enron no ano 2001 foi mais um teste, que demonstrou que o mercado de derivativos de crédito podia resistir até mesmo ao calote de uma grande empresa. O desabamento das empresas de telecomunicações e o colapso da WorldCom foi mais um teste de fogo.

O novo mercado de derivativos de crédito mostrou que podia funcionar adequadamente, mesmo em situações de estresse. As negociações eram fechadas com bastante rapidez. Mostrou-se que os céticos estavam errados. O mercado de swaps de crédito em breve se tornaria um dos mercados mais quentes e de maior crescimento no mundo inteiro. E poucos traders entendiam tanto dele quanto Weinstein, que começara a montar um dos grupos mais poderosos e bem-sucedidos de derivativos de crédito de Wall Street.

A Rede do Dinheiro

Em 2002, a economia estava num fosso. Com ex-companhias *blue chips* como a Enron e a WorldCom desmoronando, o temor era de que qualquer coisa pudesse acontecer. Os investidores começaram a ficar nervosos com a maior empresa de mídia do mundo na época, a AOL Time Warner. Os detentores da dívida estavam especialmente em pânico, enquanto as ações caíam mais de 20%.

Um dia, Weinstein caminhava em frente à sede da AOL, perto do Rockefeller Center. Pensando muito tempo à frente, mais ou menos como um jogador de xadrez que trama sua estratégia com vários movimentos de antecedência, ele percebeu que, apesar de as ações terem caído cerca de 20%, o colapso no preço dos títulos de dívida era muito mais sério, como se a empresa estivesse à beira da falência. Uma catástrofe desse tipo era muito improvável para uma empresa que tinha muitos negócios de longa data e relativamente lucrativos, incluindo as redes de televisão CNN e HBO. Apostando que a companhia tinha uma boa chance de sobreviver ao desastre, Weinstein comprou títulos da AOL, ao mesmo tempo em que vendia as ações a descoberto para fazer um hedge da posição. A aposta se revelou um golaço quando o mercado de títulos e a empresa (hoje apenas Time Warner) se recuperaram.[8]

Jogar virou um meio de vida para a turma de Weinstein. Um de seus primeiros contratados foi Bing Wang, que ficaria em 34º lugar na World Series of Poker de 2005. Weinstein descobriu que vários traders do Deutsche eram membros da equipe secreta de vinte e um do MIT. Logo ele estava se unindo a eles, algumas vezes por ano, para jogar vinte e um nas mesas de Las Vegas, se valendo da técnica que ele aprendeu ao ler *Beat the Dealer*, de Ed Thorp, na faculdade. As pessoas que conhecem Weinstein dizem que seu nome está na lista de banidos de um cassino de Las Vegas, por contar cartas.

Nas horas vagas, os traders de Weinstein apostavam aleatoriamente em qualquer coisa que estivesse à vista: US$ 100 em um cara ou coroa, se ia chover na próxima hora e se o Dow ia subir ou cair. Eles passaram a jogar pôquer semanalmente com cacife de US$ 100 ao lado do salão de operações do Deutsche. Toda sexta, depois que tocava a campainha que anunciava o fim das negociações, os traders de Weinstein se juntavam numa mesa de reunião e se confrontavam por horas.

A alta gerência do Deutsche Bank não sabia do jogo de pôquer, ou simplesmente fazia vista grossa. Pouco importava. Como o Deutsche era uma empresa alemã, a maior parte de sua cúpula ficava baseada em Londres ou em Frankfurt, centro financeiro da Alemanha. Weinstein se tornou o membro mais importante da ala de renda fixa do banco em Nova York. Seus traders dominavam a sede no nº 60 de Wall Street e, segundo muitos relatos, estavam ficando fora de controle. Com um patrão jovem e de rédea solta, jogado, e bilhões de dólares na ponta dos dedos, a corretora do Deutsche Bank em Nova York se tornou uma das mais agressivas de Wall Street, a essência viva do capitalismo mais ousado.

Weinstein também estava aprimorando sua técnica de jogar pôquer. Em 2004, ele participou da segunda Wall Street Poker Night, o evento anual realizado no hotel St. Regis. Ele já tinha ouvido falar de um jogo particular de pôquer, organizado por vários traders quants e gestores de fundos de hedge de primeira linha, incluindo Peter Muller, Cliff Asness e uma estrela em ascensão chamada Neil Chriss. Veterano do Goldman Sachs Asset Management, Chriss então trabalhava no SAC Capital Advisors, um gigantesco fundo de hedge com sede em Stamford, Connecticut.

No St. Regis, Weinstein se aproximou de Chriss. Disse que tinha ouvido falar do jogo e que adoraria poder participar de algumas mãos. Chriss hesitou. Não havia uma "associação" oficial no pôquer dos quants, mas havia poucas dúvidas de que o jogo era altamente exclusivo. Era um jogo de alto risco, com mesas de dezenas de milhares de dólares. Uma das principais características era que perder devia ser financeiramente irrelevante. O ego podia ficar machucado. A autoestima podia descer alguns pontos. Mas o prejuízo à carteira tinha que ser trivial. Isso exigia uma conta bancária monumental, com um mínimo de US$ 10 milhões. Os jogadores tinham que ser capazes de ir embora perdendo 10, 20 mil dólares e não se importar. Será que aquele Weinstein tinha essa grana? Chriss decidiu convidá-lo para fazer um teste — e o gênio dos swaps

A Rede do Dinheiro

de crédito no Deutsche Bank, com sua cara de menino, demonstrou ser um sucesso instantâneo. Ele não só era um ás nas cartas, como também um dos investidores mais astutos que Chriss, Muller e Asness já haviam conhecido. E logo Weinstein se tornava membro permanente do grupo de pôquer dos quants e uma parte do círculo interno.

Toda essa prática acabou se pagando. Em 2005, o chefe de Weinstein, Anshu Jain, pegou o avião para se encontrar com o presidente do Berkshire Hathaway, Warren Buffett, em Omaha, Nebraska, para discutir uma série de operações de alto nível, incluindo a de Weinstein. Os dois titãs conversavam sobre um de seus passatempos favoritos, o bridge, e a conversa acabou se desviando para o pôquer. Jain disse que Weinstein era o ás do pôquer do Deutsche Bank. Intrigado, Buffett convidou Weinstein para um torneio de pôquer que se aproximava, em Las Vegas, organizado pela NetJets, a empresa de jatos executivos de propriedade da Berkshire.

Weinstein deixou seu chefe orgulhoso, ganhando o primeiro prêmio do torneio: uma Maserati tinindo de nova. Mesmo assim, jogar era só um passatempo, uma curiosidade mental ou um aquecimento para o jogo que realmente importava. O principal foco de Weinstein, sua obsessão, continuava sendo os negócios — vencer, destruir seus oponentes e ganhar dinheiro, muito dinheiro. Isso, ele adorava. Ele logo começou a ampliar suas operações para todo tipo de mercado, inclusive ações, câmbio e commodities — do mesmo jeito que Ken Griffin estava criando um fundo diversificado e de múltiplas estratégias no Citadel (no mesmo formato em que Weinstein parecia estar moldando seu grupo). Sua marca registrada era uma estratégia chamada "arbitragem da estrutura de capital", baseada nos intervalos de preço entre os valores mobiliários de uma mesma companhia. Por exemplo, se ele achasse que os títulos estivessem subvalorizados em relação às ações, poderia assumir posições que favorecessem uma ascensão e ao mesmo tempo apostar contra a ação, à espera que a disparidade diminuísse ou desaparecesse. Se sua aposta de compra de títulos da dívida desabasse, ele seria compensado do outro lado, quando a ação caísse também.

Weinstein procurava ineficiências na estrutura de capital das empresas, que era a mistura de dívida e capital próprio, e utilizava os swaps de crédito de maneiras criativas para arbitrar essas ineficiências. Era a velha arbitragem do valor relativo, muito parecida com a que fora desenhada por Ed Thorp na década de 1960, só que paramentada com a nova roupagem de derivativos. Funcionava como um relógio.

Então, tudo isso quase degringolou em 2005, quando o mercado não se comportou exatamente da maneira como os modelos de Weinstein haviam previsto.

■ ■ ■

Era maio de 2005. Weinstein ficou olhando atônito e espantado para uma das várias telas de computador de sua sala no $3^{\underline{o}}$ andar. Uma operação estava se voltando contra ele, e a situação era séria.

Weinstein tinha há pouco tempo iniciado uma operação de arbitragem da estrutura de capital, sua marca registrada, com a General Motors. As ações da GM haviam sofrido uma queda no final de 2004 e no começo de 2005, enquanto investidores se preocupavam com uma possível falência e a gigante automobilística sangrava dinheiro. A dívida da GM também estava sendo atacada — até demais, pelo que Weinstein pensava. O valor dos títulos da dívida tinham caído tanto que parecia até que os investidores acreditavam que a montadora iria mesmo à falência. Weinstein sabia que, mesmo que a empresa pedisse falência, os detentores dos títulos da dívida receberiam, assim mesmo, pelo menos 40% do valor dos títulos, talvez até muito mais. Já as ações não teriam valor algum.

E, assim, ele decidiu vender proteção para a dívida da GM através de um swap de crédito, ganhando uma taxa fixa para segurar os títulos. Se a empresa pedisse falência, o Deutsche Bank teria que honrar todos os compromissos assumidos. Para se hedgear contra esse tipo de possibilidade, Weinstein vendeu ações da GM a descoberto, negociadas na época entre US$ 25 a US$ 30 por unidade.

A Rede do Dinheiro   195

Mas agora, como um relâmpago, a operação parecia ser um desastre. O motivo: um investidor bilionário chamado Kirk Kerkorian tinha feito uma surpreendente oferta hostil por 28 milhões de ações da GM através de sua companhia de investimentos, a Tracinda Corp., fazendo com que as ações disparassem — e esmagando os que venderam a descoberto, como Weinstein.

Como se isso não bastasse, dias mais tarde as agências de rating Standard & Poor's e Moody's rebaixaram a dívida da GM à classificação de *junk*, obrigando uma série de investidores a se desfazer dela.

Isso significava que os dois lados da operação de Weinstein estavam se voltando contra ele, e o baque era duro. A dívida estava afundando e as ações estavam disparando. Era incrível, e não era assim que o mercado devia funcionar. Havia pouca coisa a fazer, a não ser esperar. *O mercado está sendo irracional*, pensou, *e Kerkorian está maluco. Com o tempo, tudo vai voltar a se alinhar. A Verdade vai ser restaurada.* Mas nesse meio-tempo, Weinstein precisava pensar no que fazer.

Weinstein e seus traders se enfurnaram no apartamento nova-iorquino de um de seus principais auxiliares. Na mesa, a questão do que fazer com a operação da GM. Algumas pessoas achavam que era muito arriscada e deveriam realizar o prejuízo e cair fora. Se a posição continuasse se movendo contra eles, os prejuízos poderiam se tornar insustentáveis. Os gestores de risco do banco apenas permitiriam que as coisas chegassem até certo ponto.

Outros defenderam a posição contrária. Bing Wang, o especialista em pôquer, disse que a operação estava mais atraente do que nunca.

— Pode encher o barco — disse Wang, no jargão dos traders que significava dobrar a aposta.

No começo, Weinstein decidiu jogar com segurança, mas nos meses seguintes ele aumentou a operação da GM, esperando que as coisas acabassem voltando aos seus lugares.

E voltaram. No final de 2005, a operação de Weinstein com a GM havia se pagado. Ela saiu melhor ainda em 2006. As ações da GM voltaram à terra e a dívida recuperou boa parte do terreno que havia perdido no calor da diminuição do rating das agências.

Foi uma lição da qual Weinstein não se esqueceria tão cedo. Apesar de suas operações de arbitragem serem extremamente inteligentes, elas podiam fugir do controle por conta de acontecimentos fortuitos vindos de fora. Mas, se ele se segurasse por tempo suficiente, elas acabariam se pagando. O mercado não podia fugir da Verdade.

Pelo menos, era isso o que ele pensava.

·8·

Vivendo
o sonho

No começo do século XXI, o setor de fundos de hedge estava posicionado para uma disparada fenomenal que mudaria radicalmente o panorama dos investimentos em todo o mundo. Os fundos de pensão e de doações estavam mergulhando neles, e os bancos de investimento ampliavam suas operações com capital próprio, como o Global Alpha do Goldman Sachs, o PDT do Morgan Stanley e as operações de crédito de Boaz Weinstein no Deutsche Bank. Centenas de bilhões de dólares caíam nas operações agressivas que se beneficiavam de uma época de dinheiro fácil, mercados interconectados globalmente pela Rede do Dinheiro e complexas estratégias quantitativas que tinham sido criadas por inovadores como Ed Thorp, mais de trinta anos antes.

Thorp, no entanto, via a explosão dos fundos de hedge como um mau presságio. Era tanto dinheiro inundando as mesas de negociação que estava se tornando impossível obter retornos sustentáveis sem correr risco demais. Os imitadores estavam operando por toda parte em um campo que um dia ele dominara. Em outubro de 2002 ele fechou as portas, encerrando a atividade de seu fundo de arbitragem estatística, o Ridgeline Partners.

Outros traders não tinham essa mesma inclinação — especialmente Ken Griffin, cujo Citadel Investment Group, o fundo que Thorp havia ajudado a lançar mais de dez anos antes, estava rapidamente se transformando em um dos mais poderosos e temidos fundos de hedge do mundo.

■ GRIFFIN ■

Enquanto Ken Griffin se acostumava à vida de casado, o Citadel continuava crescendo como uma hera muito complexa e digitalizada. O fundo de hedge de Chicago tinha se tornado uma das máquinas de negociações mais tecnologicamente avançadas da praça, plugada à Rede do Dinheiro como se fosse um viciado em heroína, com escritórios em Chicago, São Francisco, Nova York, Londres, Tóquio e Hong Kong, e mais de mil funcionários. Ele contava com o seu próprio gerador no teto da South Dearborn Street, nº 131, o arranha-céu em que estava instalado, para garantir que seus sistemas computacionais continuariam funcionando mesmo no caso de um blecaute. A principal sala de computadores era equipada com um sistema que poderia tirar todo o oxigênio do ambiente em caso de incêndio. A uns 50 quilômetros de distância, em um lugar secreto na cidade de Downers Grove, um sistema extra de informática funcionava silenciosamente. Todo computador pessoal do escritório — todos top de linha — era parcialmente bloqueado, de modo que fossem acessíveis a um programa que englobava o sistema inteiro, que tabulava os números das imensas posições de hipotecas mantidas pelo fundo, criando praticamente um computador "em nuvem", que operava no ciberespaço 24 horas por dia.

Sem fazer alarde, Griffin estava construindo uma máquina de negociações de alta frequência que um dia viraria uma das joias da coroa

Vivendo o sonho

do Citadel e um rival do PDT e do fundo Medallion, do Renaissance. Em 2003, ele havia contratado um russo gênio da matemática chamado Misha Malyshev para trabalhar em um projeto secreto de arbitragens estatísticas. No começo, o caminho foi bem acidentado e era difícil se obter lucro. Mas no dia 25 de julho de 2004, a operação, que veio a ser chamada de Tactical Trading, pegou o embalo, apresentando lucros que aumentavam a cada dia. Depois disso, ela praticamente não parou mais de subir, apresentando retornos consistentes com muito pouca volatilidade. Malyshev focou na velocidade, alavancando a força sem igual do computador do Citadel para ganhar sem parar de seus concorrentes na corrida para capturar as breves oportunidades de arbitragem que surgissem na bolsa.[1]

No mesmo ano em que o Tactical começou a dar lucro, Griffin contratou Matthew Andresen, um menino prodígio que havia lançado uma plataforma de negociações eletrônicas, chamada Island ECN, para turbinar a tecnologia e os sistemas de negociação do Citadel. Com Andresen, o negócio de *market making* de opções do fundo de hedge, conhecido como Citadel Derivatives Group Investors, logo se transformaria em uma vaca leiteira, o maior dealer mundial de opções com registro na bolsa.

Griffin estava constantemente transformando o Citadel em muito mais do que um fundo de hedge — ele o estava transformando em um encouraçado financeiro cada vez maior, que controlava o fluxo de bilhões de dólares em valores mobiliários. As ambições de Griffin cresciam no mesmo ritmo dos ativos do Citadel, que se aproximavam dos US$ 15 bilhões.

Como qualquer corretor poderoso, Griffin estava fazendo sua cota de inimigos. O Citadel estava recrutando traders e pesquisadores cada vez mais talentosos de outros fundos de hedge. Isso enfureceu um concorrente notoriamente desbocado e irascível, Daniel Loeb, gestor do Third Point Partners, um fundo de hedge nova-iorquino. Em 2005, o Citadel contratou Andrew Rechtschaffen, pesquisador de ponta do Greenlight Capital, o fundo de rápido crescimento administrado por

David Einhorn, um dos participantes regulares, como Griffin, da Wall Street Poker Night. Loeb, que era amigo de Einhorn, disparou um e-mail para Griffin espumando de raiva, indicando que havia algo mais do que a mera contratação de uma estrela da pesquisa.

"Eu vejo a desconexão entre sua organização autoproclamada de 'empresa feita para vencer', à la Jim Collins, e a realidade do gulag que você criou como algo risível", escreveu Loeb, referindo-se ao popular guru da administração. "Você está cercado de puxa-sacos, mas até você deve saber que seus funcionários o desprezam e se ressentem de você. Eu presumo que saiba disso, porque li os contratos de trabalho que faz seus funcionários assinarem."

Griffin nem se fez de rogado. Grandes homens estavam fadados a ter inimigos. Por que ligar para isso?

Mas havia uma verdade dolorosa no ataque de Loeb. A rotatividade no Citadel era muito grande. Griffin estava moendo seus funcionários e dispensando, como se fossem carne empacotada. A pressão pelo sucesso era imensa; as humilhações em caso de fracasso, dramáticas. As saídas do fundo normalmente eram amarguradas e cheias de inimizades.

O pior é que os retornos do fundo não eram mais o que costumavam ser. Em 2002, o carro-chefe do Citadel, o fundo Kensington, ganhou 13%, e os lucros anuais cairiam para menos de 10% nos três anos seguintes. Griffin desconfiava que, em parte, o motivo estava na explosão de dinheiro fluindo para as estratégias adotadas pelos fundos de hedge — as mesmas que o Citadel utilizava. A propósito, tinha sido exatamente esse fator que influenciara Ed Thorp a decidir encerrar suas atividades. A cópia pode ser a forma mais sincera de elogio, mas não ajuda em nada a última linha do balanço na terra dos fundos de hedge.

Isso não quer dizer que o trabalho no Citadel tenha se transformado em uma prisão perpétua num gulag, como Loeb teria dito (embora alguns funcionários possam discordar disso). O fundo dava festas magníficas. Fã de cinema, Griffin frequentemente alugava lugares no AMC River 24 de Chicago para estreias de filmes como *Batman: O Cavaleiro das Trevas* ou *Guerra nas estrelas — Episódio III: A vingança dos Sith*.

Vivendo o sonho

O dinheiro era de fundir a cuca. Os funcionários podiam até sair amargurados do Citadel. Mas também saíam ricos.

Havia uma preocupação crescente sobre uma questão muito mais séria do que as brigas internas da indústria: se o Citadel representava um risco para o sistema financeiro. Pesquisadores de uma empresa chamada Dresdner Kleinwort escreveram um relatório que levantava perguntas sobre o crescimento do elefante Citadel e argumentava que o uso maciço que ele fazia da alavancagem poderia desestabilizar o sistema. "Olhando de fora e sem poder examinar a caixa-preta, os balanços dos fundos de hedge do Citadel hoje se parecem muito com os do LTCM", afirmava o sinistro relatório.

No entanto, a alavancagem do Citadel, que em 2006 estava em 8:1 — embora algumas estimativas digam que ela chegou a 16:1 —, não chegava nem perto da do LTCM, que pairava perto de 30:1 e chegou a 100:1 quando desmoronou. Mas o Citadel estava muito rapidamente ficando muito maior que o infeliz fundo de hedge de Greenwich em questão de ativos administrados, transformando-o num leviatã do dinheiro de muitas cabeças, quase que totalmente fora da regulamentação do mercado — exatamente como Griffin gostava.

Em março de 2006, Griffin compareceu à Wall Street Poker Night, vaiando Peter Muller enquanto o quant do Morgan Stanley se digladiava com Cliff Asness. Vários meses depois, em setembro, ele daria uma de suas maiores tacadas até então.

Um fundo de hedge de US$ 10 bilhões chamado Amaranth Advisors estava à beira do colapso após fazer uma aposta monumentalmente ruim no preço do gás natural.[2] Brian Hunter, um canadense franzino de 32 anos de idade, trader de energia e cria do Deutsche Bank, perdeu simplesmente US$ 5 bilhões no decorrer de uma única semana, acionando a maior explosão de um fundo de hedge em todos os tempos, maior até do que o desabamento do LTCM.

O Amaranth, que no início havia se especializado em títulos conversíveis, tinha investido em sua mesa de operações de energia depois do colapso da Enron, em 2001. Ele contratou Hunter pouco depois de o corretor ter saído do Deutsche Bank, em meio a uma disputa sobre seu pacote de salário. Hunter demonstrou ser tão bem-sucedido nos negócios com gás natural que o fundo permitiu que ele operasse desde Calgary, de onde ia e voltava do trabalho em uma Ferrari prata. Hunter tinha a reputação de ser um trader agressivo, que dobrava as apostas caso elas se voltassem contra ele. Ele tinha uma confiança absoluta de que acabaria ganhando dinheiro no longo prazo, então, por que não tentar?

Mas seu hábito de negociar alegremente o deixou em apuros quando o preço do gás natural passou a oscilar muito no final do verão de 2006, depois que o furacão Katrina entrou na costa do golfo, uma área muito rica em matéria de energia. Hunter articulava negociações complexas com spreads, aproveitando a diferença entre os preços dos contratos para entrega futura. Ele também estava comprando opções de preços de gás que estavam bastante *out of the money*, mas que se pagariam em caso de grandes movimentos. No início de setembro, as negociações de Hunter começaram a enfraquecer depois que os relatórios mostraram que os estoques de gás natural haviam aumentado. Hunter acreditou que os preços fossem se recuperar e aumentou suas posições. Mas enquanto ele fazia isso, os preços continuavam a cair, e os prejuízos aumentavam — a ponto de chegar a vários bilhões de dólares. Em determinado momento a dor começou a ficar forte demais, e o Amaranth começou a implodir.

Griffin sentiu o cheiro de uma oportunidade. Os especialistas em energia do Citadel, incluindo alguns de seus próprios aprendizes de feiticeiro da Enron, começaram a se debruçar sobre a contabilidade do Amaranth. Eles procuravam ver se havia uma chance de as apostas de Hunter passarem a valer a pena em algum momento. Apesar de os prejuízos de curto prazo serem dolorosos, as amplas reservas do Citadel permitiriam que ele atravessasse a tempestade. Griffin chamou o COO do Amaranth, Charlie Winkler, e começou a negociar um contrato. Dias mais tarde, o Citadel concordou em assumir metade das posições de energia do Amaranth. O J.P. Morgan ficou com a outra metade.

Os críticos zombaram, dizendo que o Citadel tinha feito um movimento idiota. Estavam errados. O fundo ganhou 30% naquele ano.

Vivendo o sonho

Aquele movimento ousado cimentou ainda mais a reputação do Citadel como um dos fundos de hedge mais agressivos e poderosos do mundo. A rapidez e o tamanho do negócio e a maneira decidida com que ele foi realizado, para não falar do sucesso, lembravam os especialistas de ações rápidas semelhantes perpetradas por ninguém menos que Warren Buffett, o "Oráculo de Omaha". Buffett estava sempre no alto da lista dos investidores de bolsos cheios para quem os corretores desesperados ligavam na mesma hora, quando as coisas apontavam para baixo. E agora Ken Griffin, o titã dos fundos de hedge com rosto de menino de Chicago, se juntava a essa lista.

Ele continuou a colecionar obras de arte, a preços de fazer cair o queixo. Em outubro de 2006, ele comprou *False Start*, de Jasper Johns, um pastiche de óleos multicoloridos, com os nomes de várias cores — vermelho, laranja, cinza, amarelo etc. — escritos na tela. O vendedor foi David Geffen o magnata de Hollywood. O preço: US$ 80 milhões, fazendo desse o mais caro quadro de artista vivo já vendido. Isso também era um indicador do *boom* nos preços das obras de arte — abastecido, em grande parte, pelos bilionários dos fundos de hedge —, já que havia sido vendido ao magnata do mundo editorial S. I. Newhouse, menos de 20 anos antes, por US$ 17 milhões. (Newhouse o vendeu a Geffen na década de 1990 por um valor não revelado.) Pouco antes de comprar a pintura, Griffin e sua esposa doaram US$ 19 milhões para financiar uma ala de 24.500m^2 para abrigar a obra no Art Institute of Chicago.

Os Griffin comiam bem, jantando regularmente na luxuosa meca de comida japonesa NoMi, situada no edifício do Park Hyatt em Chicago, onde moravam, e que exibia pratos de sushi ao preço de US$ 50. Griffin também era famoso por sua obsessão por junk food, devorando pipocas amanteigadas na sala de negociações ou pedindo Big Macs do McDonald's local quando viajava a negócios.

Ele também tinha paixão por carros. A garagem do Citadel normalmente continha cerca de meia dúzia de Ferraris de Griffin, cada uma monitorada permanentemente por câmeras no interior da sala do fundo de hedge.

As ambições napoleônicas de Griffin se tornavam dolorosamente evidentes para todos à sua volta. Ele era conhecido por dizer que queria transformar o Citadel no próximo Goldman Sachs, uma meta impressionante para um fundo de hedge. Havia uma frase que ele gostava de repetir: o Citadel se tornaria uma "instituição financeira duradoura", que poderia sobreviver até seu líder mercurial. Boatos davam conta de que o Citadel estava planejando uma oferta pública inicial de ações, um negócio que traria bilhões de dólares ao patrimônio pessoal de Griffin. Como marca de suas aspirações em que o céu é o limite, o Citadel vendeu US$ 2 bilhões em títulos de primeira linha no final de 2006, tornando-se o primeiro fundo de hedge a captar dinheiro no mercado de títulos de dívida. Isso foi amplamente visto como um movimento para traçar as bases de um IPO.

Alguns outros fundos chegaram mais rápido ao pote de IPOs no início de 2007. Primeiro foi o Fortress Investment Group, um trader de fundos de hedge e de *private equity* de Nova York com US$ 30 bilhões de ativos sob administração. O Fortress, cujo nome lembrava muito Citadel, deixou Wall Street impressionada em fevereiro de 2007, quando suas ações flutuaram em torno de US$ 18,50 cada. No primeiro dia de negócios, elas dispararam para US$ 35 e fecharam o dia a US$ 31. Os cinco veteranos de Wall Street que criaram o Fortress tiveram um lucro instantâneo de mais de US$ 10 bilhões com esse negócio.

As empresas de *private equity* são parecidas com os fundos de hedge, no sentido de que elas são muito pouco reguladas e atendem a investidores ricos e grandes instituições. Elas têm enormes reservas de dinheiro, captados com investidores de bolsos cheios, para pegar empresas em dificuldades, que ressuscitam, enxugam e vendem de volta ao público conseguindo um belíssimo lucro.

E essas empresas também gostam de uma festa. Na terça-feira depois do IPO do Fortress, Stephen Schwarzman, cofundador e CEO da potência dos *private equities* Blackstone Group, se presenteou com uma magnífica festa de 60 anos no centro da cidade de Manhattan.[3] Blackstone tinha acabado de concluir sua aquisição da Equity Office Properties,

Vivendo o sonho

por US$ 39 bilhões, a maior aquisição alavancada em todos os tempos, e Schwarzman estava com um astral muito festivo. A festa de arromba, repleta de celebridades e infestada de paparazzi, se parecia com as dos excessos grandiosos de um larápio barão da Era de Ouro e marcou o ápice de um *boom* de várias décadas de enorme riqueza em Wall Street — embora, na época, pouca gente soubesse disso.

O local era o Seventh Regiment Armory [Arsenal do Sétimo Regimento], em Park Avenue. A polícia fechou parte do famoso boulevard para o evento. Schwarzman, com seu 1,67m de altura, não precisou andar muito para chegar à festa. A reunião de bacanas ficava perto de seu apartamento de 35 quartos em Park Avenue, que um dia pertencera ao magnata do petróleo John D. Rockefeller. Dizem que ele pagou US$ 37 milhões pelo espaçoso imóvel em maio de 2000. (Schwarzman também comprou uma casa nos Hamptons, em Long Island, que antes pertencera aos Vanderbilts, por US$ 34 milhões, e uma mansão de 1.200m² chamada Four Winds na Flórida, que fora construída originariamente para o consultor financeiro E. F. Hutton em 1937, e que valia US$ 21 milhões. Mais tarde ele decidiu que a casa era pequena demais, a demoliu e reconstruiu tudo do zero.)

A lista de convidados para o festão de Schwarzman incluiu Colin Powell e o prefeito de Nova York, Michael Bloomberg, além de Barbara Walters e Donald Trump. Ao entrar pelo arsenal paramentado de orquídeas, ao som de uma marcha tocada por uma banda de metais, e conduzidos por crianças sorridentes de uniforme militar, os visitantes eram apresentados a um retrato de corpo inteiro do anfitrião pintado pelo inglês Andrew Festing, presidente da Royal Society of Portrait Painters. O jantar incluía lagosta, filé-mignon e torta de sorvete, tudo isso coroado com bebidas como um Louis Jadot Chassagne-Montrachet de 2004. O comediante Martin Short foi o mestre de cerimônias da noite. Rod Stewart fez uma apresentação. Patti LaBelle e o coral da Igreja Batista Abissínia cantaram em homenagem a Schwarzman, e também o "Parabéns pra você". Na capa, a revista *Fortune* declarou que Schwarzman era o "homem do momento em Wall Street".

MENTES BRILHANTES, ROMBOS BILIONÁRIOS

Alguns meses depois, as línguas da alta sociedade continuavam comentando sobre a festa, quando Schwarzman se deu mais um presente de arregalar os olhos. Em junho, a Blackstone captou US$ 4,6 bilhões numa IPO [oferta pública inicial] que avaliava as ações da companhia a US$ 31 cada uma. Schwarzman, conhecido por gastar US$ 3 mil em refeições, por fim de semana — incluindo US$ 400 em caranguejos de pedra (US$ 40 por pata) —, embolsou pessoalmente quase US$ 1 bilhão. Na época da oferta, sua parte na empresa era avaliada em US$ 7,8 bilhões.

Nada disso passou batido por Griffin. Ele estava esperando sua vez, esperando o momento certo para fazer sua própria IPO e dar vazão a seu sonho de desafiar o Goldman Sachs.

Quando a primavera deu lugar ao verão, a crise do subprime estava começando a se aquecer. Griffin esperava por esse momento há anos, tendo preparado o Citadel para tempos bicudos com cláusulas como longos períodos de trancamento para os investidores, a fim de impedir que eles saíssem correndo até as portas de saída durante os momentos de pânico no mercado. Com bilhões de dólares nas mãos, Griffin podia sentir que uma oportunidade de ouro estava se apresentando. Quem tivesse uma mão fraca seria expulso do mercado, deixando a colheita para potências musculosas como o Citadel. Ele tinha cerca de 1.300 empregados se esforçando pela empresa em escritórios no mundo inteiro. Só para comparar, o AQR tinha cerca de duzentos funcionários e o Renaissance uns noventa, quase todos Ph.Ds.

■ ■ ■

Em julho de 2007, Griffin teve a primeira chance de atacar. O Sowood Capital Management, um fundo de hedge com sede em Boston, administrado por Jeffrey Larson, uma antiga estrela da gestão de *endowment* da Universidade de Harvard, estava preso nas cordas. Mais cedo naquele ano, Larson começara a se preocupar com a situação da economia e percebera que boa parte das dívidas mais arriscadas ia perder valor. Para se aproveitar dessas perdas ele vendeu a descoberto uma série de dívidas

Vivendo o sonho

subordinadas que seriam as primeiras a sentir o baque quando os investidores ficassem nervosos. Para hedgear essas posições ele comprou boa quantidade de dívidas mais bem-avaliadas. Para turbinar essas apostas, Larson pegou emprestadas enormes somas de dinheiro, alavancando o fundo para maximizar o retorno.

As primeiras perdas atingiram o Sowood em junho, quando ele perdeu 5% dos investimentos. Larson fincou o pé e até investiu US$ 5,7 milhões de seu próprio bolso no fundo. Esperando que as posições se recuperassem, mandou que os traders aumentassem ainda mais a alavancagem das apostas, ampliando o nível de alavancagem do fundo a 12 vezes o seu capital (ele tinha US$ 12 emprestados para cada dólar de capital próprio).

Sem perceber, Larson havia pisado em um vespeiro de risco no pior momento possível. O mercado de hipotecas subprime estava desabando, disparando ondas de choque por todo o sistema financeiro. Em junho, a agência de rating Moody's diminuiu a classificação de US$ 5 bilhões em títulos de hipotecas subprime. Em 10 de julho, a Standard & Poor's, outra grande agência classificadora de risco, avisou que poderia diminuir a classificação de US$ 12 bilhões de títulos de hipotecas lastreadas em devedores subprime, fazendo com que muitos detentores desses títulos se livrassem deles o mais rápido possível. Uma série dos títulos que a S&P estava reavaliando tinham sido emitidos pela New Century Financial, uma gigante das hipotecas subprime com sede no sul da Califórnia que havia pedido falência em abril. O castelo de cartas do subprime estava desmoronando rapidamente.

Outros fundos de hedge que fizeram apostas parecidas com as do Sowood também estavam sendo atacados e começaram a desovar tudo o que tinham no mercado, inclusive títulos de alto nível que supostamente eram seguros e que também eram mantidos na carteira do Sowood. O problema era que poucos investidores queriam comprar. O mercado de crédito estava emperrado.

— As ações da S&P vão obrigar muito mais gente a pedir socorro — declarou Christopher Whalen, analista da Institutional Risk Analytics, à Bloomberg News. — Esse pode ser o sinal que estávamos esperando.

Foi a primeira deixa para uma grande desmontagem de posições que quase destruiria o sistema financeiro global no ano seguinte. O valor dos investimentos do Sowood desceu ao mínimo, e Larson começou a vender ativos para fazer caixa enquanto seus credores exigiam mais garantias, aumentando ainda mais o estresse que tomava conta do mercado. Larson apelou para os executivos do endowment de Harvard para receber mais dinheiro que lhe permitisse atravessar o que acreditava ser apenas um soluço irracional e temporário do mercado. Sabiamente, Harvard recusou seu pedido.

A rapidez do desmoronamento do Sowood foi assustadora. Na sexta-feira, 27 de julho, o fundo caiu 10%. Depois do fim de semana, já tinha caído 40%. Larson pegou o telefone e ligou para o único investidor que poderia socorrê-lo: Ken Griffin.

Griffin, que estava de férias na França, ligou para uma equipe de trinta traders do Citadel e ordenou que fossem para o escritório e começassem a examinar a contabilidade do Sowood, para ver se farejavam algo de valor. E eles gostaram do que viram. Na segunda, o Citadel comprou a maioria das posições que tinha sobrado do Sowood por US$ 1,4 bilhão, mais da metade do que o fundo tinha de patrimônio alguns meses antes. Em um e-mail enviado aos clientes na semana anterior, Griffin manifestara a opinião de que os mercados estavam agindo de maneira irracional e que a fortíssima economia americana logo alcançaria novas alturas. Isso significava que estava na hora de fazer alguns negócios para ganhar dinheiro em cima de todos aqueles investidores idiotas que não enxergavam a recuperação chegando. E o Sowood se encaixava nesse perfil.

Citadel avançou sobre o fundo em dificuldades e apanhou tudo, obtendo lucro na hora que muitas posições do fundo se recuperaram, exatamente como Larson previra. Da mesma maneira que fizera com o Amaranth, Griffin tinha surpreendido Wall Street de novo, com sua capacidade de fazer julgamentos rápidos e manobrar bilhões de dólares num piscar de olhos. No começo de agosto de 2007, o Citadel parecia bem-posicionado para triunfos ainda maiores. Ele tinha US$ 15,8 bilhões em ativos, muito distantes dos US$ 4,6 milhões com que Griffin havia começado em 1990.

Vivendo o sonho 209

Mal sabia ele que, um ano depois, o próprio Citadel estaria balançando à beira de um colapso.

■ MULLER ■

Peter Muller, suando muito, olhou para baixo, onde se estendia o imenso oceano Pacífico. Palmeiras balançavam com a brisa quente. Estava no alto da sinuosa trilha de Kalalau, uma jornada acidentada de 18Km na costa oeste da exuberante ilha de Kauai, no Havaí.

Wall Street parecia muito longe. No final dos anos 1990, Muller estava fugindo de lá. A trilha Kalalau, lugar que ele tinha visitado várias vezes desde que trabalhou na BARRA, anos antes, era o mais longe que ele podia ir.

Muller estava fazendo o que ele mais gostava: trilhas. E não uma qualquer — ele adorava estar em Kalalau, um caminho antigo que passa por cinco vales e imensas cachoeiras verdes e enormes terraços com plantações de inhame nas encostas íngremes dos penhascos de Na Pali, na ilha mais antiga do Havaí, e terminando na praia de Kalalau, um isolado ponto de encontro de hippies e viajantes sem destino, mas não um refúgio de traders megamilionários de Wall Street.

A trilha inteira, ida e volta, costumava ser feita em dois ou três dias. Uma vez, Muller e alguns amigos fizeram a trilha, do começo ao fim, em um único dia.

Ele desviou o olhar do oceano e voltou a atenção para a trilha, enxugando o suor da testa, e foi em frente, saindo rapidamente do vale de Hanakoa para um trecho seco e aberto de terra, já meio cansado, mas seduzido por uma visão panorâmica dos penhascos estriados e do litoral do vale do Kalalau, mais além.

Muller levava uma vida que poucas pessoas poderiam imaginar. Com pouca necessidade de trabalhar, enquanto sua máquina quant gerava lucros aos borbotões em Nova York, ele ficava à vontade para viajar pelo mundo. Tinha se interessado por esqui lançado de helicóptero, saltando deles em lugares altos e remotos. Entre seus locais favoritos estavam as estonteantes descidas na vertical das montanhas Rochosas, perto de Jackson Hole, Wyoming, onde ele se hospedava no imenso rancho de Justin Adams, amigo de Ken Griffin e investidor de longa data. Muller fez viagens para praticar canoagem em recônditos distantes da Nova Zelândia e passeios de rio no Arizona e em Idaho.

Ao mesmo tempo, preparava um cd. Em 2004, ele mesmo produziu *More Than This*, uma coletânea de baladas românticas e açucaradas, como "In This World", que parecia uma mistura de Barry Manilow com Bruce Hornsby. Ele também começou a organizar um "círculo de compositores" nas noites de terça-feira em seu apartamento em Tribeca, onde havia um piano de cauda. Também mantinha um site pessoal, petemuller.com, com fotos dele ao piano e com seu golden retriever, Mele. Um release do disco diz: "Pete Muller acordou há mais de seis anos e percebeu que não podia mais encontrar a felicidade no mundo empresarial. Apesar de se sentir realizado e satisfeito, não conseguia encontrar um novo desafio, uma meta a conquistar e voltou sua atenção inteiramente para a música."

Enquanto isso, o PDT continuava a desovar centenas de milhões de dólares de lucro para o Morgan Stanley. No início do século XXI, ele tinha se tornado tão bem-sucedido que dominava o maior portfólio de negociação de capital próprio da gigantesca divisão de ações do Morgan Stanley. Os traders eram tratados como plantinhas em uma estufa, com permissão para dispensar o uniforme padrão dos banqueiros de investimento — ternos sob medida, sapatos de couro italianos e relógios mais caros que um furgão. Os banqueiros tradicionais do Morgan começaram a dividir o elevador com nerds desleixados, de calças jeans, camisetas rasgadas e tênis. *Quem diabo são esses caras?* Quando alguém perguntava, a turma do PDT respondia vagamente, dando de ombros. *Nós fazemos trabalhos técnicos, sabe, com computadores. Uns troços quantitativos.*

— Ah, sei — dizia o banqueiro, ajustando sua gravata Hermès. O banqueiro mal sabia que aquele nerd desleixado tinha ganho um bônus dez vezes maior que o dele no ano anterior.

Vivendo o sonho

Apesar do sucesso fenomenal de Muller, ele tinha mantido o PDT tão secreto que poucos funcionários do Morgan sequer sabiam da existência daquele grupo. Para Muller, isso era ótimo, já que ele ficava paranoico com a possibilidade de alguém de fora copiar as estratégias do PDT.

À medida que o PDT decolava para o sucesso no final da década de 1990, a vida particular de Muller começou a ficar mais complicada. Elsesser o apresentara a uma amiga chamada Katie, uma morena esbelta que desenhava catálogos para uma loja de restauração de antiguidades chamada Urban Archaeology. Os dois se deram bem. Katie era o tipo de pessoa que se entranhava na vida de quem quer que estivesse namorando, e Muller adorava essa atenção. Ela o ajudou a decorar o apartamento de Tribeca, assim como a nova casa de praia que ele comprou em Westport.

Mas Muller parecia distraído. Às vezes, no trabalho, ele desaparecia por vários dias e não parecia ser muito dedicado ao relacionamento. Com o PDT crescendo e gerando lucros enormes, a pressão dos mandachuvas do Morgan para manter o mesmo desempenho começou a aumentar. E Muller começou a sentir o calor.

Do nada, Katie largou Muller para ficar com um amigo comum, que tinha acabado de sair de um divórcio difícil. Pior ainda: os dois ficaram juntos no sítio de Muller em Westport.

Muller ficou emocionalmente destruído. Às vezes o encontravam chorando na mesa. Ele já tinha falado com os colegas de escritório em terminar o relacionamento, mas pareceu ficar fora de si com a ideia de que *ela* pudesse abandoná-lo. Parecia uma questão de controle, e ele havia perdido.

Ele se atirou de cabeça na música, especialmente nas baladas sentimentais, e distribuiu as canções em uma firma conhecida por sua cultura áspera de negociação. Por trás, os traders faziam chacota com suas músicas. Os colegas do PDT ficaram horrorizados. Uma das músicas se chamava "Plug and Play Girl", algo que só um quant de coração partido poderia sonhar:

*I miss my plug and play, plug and play, plug and play girl
Plug and play, plug and play, didn't have to end that way girl.*

No final dos anos 1990, Muller foi para um congresso sobre derivativos em Barcelona, do qual participaram convidados importantes como Myron Scholes, do LTCM. Depois de dar sua palestra, Muller pegou seu teclado, de 2 kg, e foi de táxi até La Rambla, a divertida avenida de pedestres que desce até a beira do mar Mediterrâneo. Ele instalou o teclado no meio da multidão e começou a tocar. Era a primeira vez que cantava em público.

Seria apenas um aquecimento para o próximo local: as estações de metrô de Nova York.

■ ■ ■

Pouco depois de sua aventura em Barcelona, Muller empacotou o teclado e saiu de seu apartamento em Nova York.

Ele estava nervoso. Ainda preocupado com o fato de cantar em público, tentava controlar a tremedeira. Ele foi até uma entrada do metrô ali perto e desceu rapidamente os degraus até a estação no subsolo, colocando uma ficha e passando pela roleta, carregando a maleta com o teclado atrás de si.

O ar era seco e fedido. Alguns transeuntes perambulavam na plataforma, olhando nervosos para o relógio, lendo livros e jornais. Muller respirou fundo e colocou a maleta no chão, abriu os fechos, montou o teclado rapidamente e ligou. Suando, ensaiou algumas notas. Os transeuntes olharam em sua direção, sem prestar muita atenção. Os artistas de metrô eram comuns em Nova York, um pequeno espetáculo no enérgico turbilhão da cidade. E era exatamente isso que Muller esperava.

Ele fechou os olhos e começou a tocar uma música de um de seus letristas favoritos, Harry Chapin, "Cat's in the Cradle".

*My child arrived just the other day
He came to the world in the usual way*

Vivendo o sonho

Alguns passantes jogaram uns trocados na caixa do instrumento aberta ao lado — sem fazer a menor ideia de que o cantor de cabelos cor de areia era um trader de mão cheia de um dos bancos de investimento mais poderosos do mundo.

Muller, que nunca sequer *andou* de metrô, não viu muitos de seus amigos de banco ali embaixo. Mas uma noite um companheiro de Morgan passou por lá e olhou para Muller debruçado sobre o teclado.[4] Decidiu jogar uma no cravo e outra na ferradura.

— Pete, o que você está fazendo aqui? — perguntou, assustado, olhando Muller de alto a baixo. Recuperando-se levemente, acrescentou: — Bom, eu acho que você já está muito bem de vida. Pode fazer o que quiser mesmo.

Mas não jogou nenhum trocado na caixa do teclado.

Todo mundo achava que Muller estava afundando. Um cara que ganhava dinheiro controlando o caótico fluxo do mercado através de fórmulas matemáticas de derreter os neurônios parecia estar perdendo o controle da própria vida. As pessoas levantavam as sobrancelhas, mas quem dava bola para isso? A equipe de Muller ganhava dinheiro aos pontapés. Isso era tudo o que importava. *Ele que desmorone. Ele merece.*

Todo esse sucesso parecia pesar nos ombros de Muller, que se via como um garoto despreocupado, filho do sol da Califórnia, colecionador de cristais, cantor, amante das mulheres e de algoritmos complexos, e não um banqueiro implacável, que só pensava em si mesmo. Ele começou a desaparecer do banco por semanas a fio, que depois passaram a ser meses, só para aparecer um dia com uma crítica avassaladora das operações do PDT, e então voltar a sumir da mesma maneira abrupta. Um trader do PDT rotulou isso de administração ao estilo gaivota: mergulha de vez em quando, faz a maior merda e voa para longe.

Por volta do ano 2000, Shakil Ahmed assumiu o comando. Muller se tornou um consultor remunerado, embora continuasse sócio do Morgan. Ele viajava o mundo visitando os lugares mais exóticos que pudesse alcançar: Butão, Nova Zelândia, Havaí. Cantava em apresentações regulares nos cabarés de Greenwich Village e em lugares decadentes, como

214 MENTES BRILHANTES, ROMBOS BILIONÁRIOS

o Cutting Room e o Makor Cafe. Velhos companheiros do PDT, às vezes apareciam nas apresentações e se perguntavam: *Que diabo aconteceu com o Pete?*

■ ■ ■

Muller manteve contato com seus amigos quants e dava palestras com frequência nos eventos do setor. Em maio de 2002, ele compareceu ao casamento de Neil Chriss, um dos amigos de pôquer que ele conheceu no Morgan Stanley, na década de 1990.[5] Uma das mentes matemáticas mais respeitadas no mundo dos quants, Chriss se casou com uma loura alta espetacular chamada Natasha Herron, que estava prestes a se formar em psicologia pela Universidade de Cornell. O casamento foi realizado em Troutbeck, um resort antigo e cheio de estilo, ao pé dos morros de Berkshire, que no auge da glória recebia hóspedes que iam de Ernest Hemingway a Teddy Roosevelt.

Na recepção, os amigos quants de Chriss se sentaram juntos. Entre eles estavam John Liew, do AQR, que Chriss conhecia de seu tempo em Chicago, Muller e Nassim Nicholas Taleb, um professor da Universidade de Nova York e administrador de fundo de hedge que tinha acabado de publicar um livro, *Iludido pelo acaso*, que sustentava que quase todos os investidores de sucesso tinham mais sorte do que talento.

Atarracado, meio careca e com uma barba grisalha, Taleb tinha pouca paciência com os quants e seus modelos sofisticados. Sua vida de andarilho tinha lhe mostrado que pouquíssimas coisas são permanentes nas questões humanas.[6] Nascido em 1960 em Amioun, no Líbano, uma cidade grega ortodoxa ao norte de Beirute, a primeira vez que Taleb deparou com um evento de extrema aleatoriedade foi em meados da década de 1970, com a erupção da guerra civil libanesa, que duraria 15 anos. Para fugir da violência, ele saiu do Líbano e foi estudar na Universidade de Paris, onde cursou matemática e economia. Depois, se mudou para os Estados Unidos, onde fez um MBA em Wharton.

Vivendo o sonho

Aos 28 anos, foi trabalhar no banco de investimentos First Boston, nos escritórios da Park Avenue, em Nova York. Começou a acumular uma grande posição em contratos futuros de eurodólar *out of money*, um dos maiores e mais líquidos mercados do mundo. No dia 19 de outubro de 1987, a Segunda-Feira Negra, as ações despencaram. Investidores em pânico correram na direção dos ativos mais líquidos que pudessem encontrar, como os eurodólares de Taleb. O valor de sua posição explodiu, dando a ele um lucro estimado de US$ 40 milhões em um único dia. Ele sabia muito bem que esse resultado não tinha nada a ver com o motivo pelo qual ele vinha investindo em eurodólares. O que ele teve foi muita, mas muita sorte mesmo, e ele sabia disso.

Nos dez anos seguintes Taleb, mais rico do que jamais imaginara, passou de uma empresa para outra, ao mesmo tempo em que concluía um Ph.D. na Universidade de Paris Dauphine, escrevia um livro didático sobre negociação de opções e trabalhava no pit da Bolsa Mercantil de Chicago. Em 1999 ele começou a dar aulas na pós-graduação em finanças na Universidade de Nova York, enquanto lançava um fundo de hedge chamado Empirica, devido ao seu foco no conhecimento empírico.

Na época do casamento de Chriss, Taleb já tinha a reputação de aporrinhador dos quants, questionando regularmente a capacidade que eles tinham de ganhar do mercado. Taleb não acreditava na Verdade. E, certamente, não acreditava que ela pudesse ser quantificada.

Devido, em parte, à sua experiência na Segunda-Feira Negra, Taleb acreditava que os mercados tendiam a fazer movimentos muito mais extremos do que os que vinham embutidos nos modelos quantitativos. Como professor de engenharia financeira da Universidade de Nova York, ele conhecia bem a proliferação de modelos que tentavam levar em conta os movimentos extremos — o modelo da "difusão de saltos", que considerava saltos bruscos de preços; um com o nome de trava-línguas "*generalized autoregressive conditional heteroscedasticity model*" [modelo de heterocedasticidade condicional autorregressiva generalizada], ou GARCH, que não vê os preços como se eles fossem o resultado de um cara ou coroa, mas leva em consideração o passado recente e dá margem para processos de feedback que podem resultar em saltos repentinos que seguram caudas grossas (uma espécie de modelo browniano com sal), e vários outros. Taleb argumentava que, independentemente do modelo adotado pelos quants — mesmo aqueles que embutiam os processos de caudas longas desenvolvidos por Mandelbrot a partir da distribuição de Lévy —, a volatilidade dos acontecimentos do mercado podia ser tão extremada e imprevisível que não se poderia capturá-la.

No começo, a conversa na mesa estava sendo cordial. Então as pessoas começaram a perceber que Taleb estava ficando irritado. Ele erguia a voz e batia na mesa.

— É impossível — gritou para Muller. — Vocês vão ser varridos do mapa, juro que vão!

— Eu acho que não — retrucou Muller. Normalmente calmo e recolhido, Muller estava suando, com o rosto todo vermelho. — Nós já provamos que conseguimos ganhar do mercado, ano após ano.

— Não existe almoço grátis — agourou Taleb, com seu forte sotaque do Levante, o indicador balançando na cara de Muller. — Se 10 mil pessoas tirarem cara ou coroa, existe uma chance de que, depois de dez lançamentos, alguém vá ter tirado cara todas as vezes. As pessoas vão dizer que esse cara é um gênio, com um talento natural para o cara ou coroa. Alguns idiotas vão chegar ao ponto de lhe dar dinheiro. Foi exatamente isso o que aconteceu com o LTCM. Mas é óbvio que o LTCM não sabia porra nenhuma de controle de risco. Eram todos uns charlatões.

Muller sabia quando estava sendo ofendido. LTCM? Jamais. O PDT *jamais* iria desmoronar. Esse Taleb não sabia o que estava falando.

No fim do dia, ele nem se importava mais com Taleb. Ele sabia que tinha alfa. Ele sabia a Verdade, ou pelo menos parte considerável dela. Mas ele continuava não querendo operar diariamente. Havia outras coisas na vida além de ganhar dinheiro, e ele já tinha conseguido provar que era capaz de fazer isso aos pontapés. Passou a levar a música e o pôquer mais a sério.

Em 2004, Muller embolsou US$ 98 mil em um torneio do World Poker Tour, geralmente levando seu golden retriever para a mesa como

Vivendo o sonho

um amuleto da sorte que abanava o rabo. Quando ganhou o desafio da Wall Street Poker Night, em 2006, batendo Cliff Asness na rodada final, não recebeu dinheiro algum, mas conseguiu uma dose considerável de direito de se gabar sobre os outros quants que jogavam pôquer.

Uma ou duas vezes por mês, Muller, Weinstein, Asness e Chriss, além de outros administradores de fundos de hedge e quants de primeira linha, se encontravam em hotéis de luxo de Nova York para jogar pôquer.[7] O cacife era de US$ 10 mil e as apostas, geralmente, muito mais altas.

O valor era um trocado para todos eles. O que valia mesmo era o jogo: quem sabia a hora de aumentar a aposta, cair fora e blefar como se não houvesse amanhã. Asness adorava jogar, e odiava isso. Ele não conseguia ficar de fora e aceitar as pequenas perdas ocasionais que são tão importantes para se dar bem no pôquer. Era competitivo demais, agressivo demais. Mas sabia que a única maneira de ganhar era cair fora até que tivesse uma mão em que ele realmente pudesse acreditar, até que o vento soprasse a seu favor. Mas parecia que ele nunca recebia uma mão como essa.

Muller, entretanto, havia dominado a arte de saber exatamente a hora de cair fora, a hora de aumentar a aposta e a de arriscar tudo. Ele nunca perdia a calma, mesmo quando estava por baixo. Sabia que era só uma questão de tempo até voltar ao topo. O pôquer dos quants ia até tarde da noite, às vezes se estendendo até a manhã seguinte.

Em 2006, Muller levou sua turma do PDT para uma viagem a um resort de esqui exclusivo no oeste, em um jatinho executivo da NetJets. Por sua conta. Seria uma das últimas viagens desse tipo que eles fariam em anos. Uma crise de crédito que começava a borbulhar em Wall Street poria um fim nessas excursões despreocupadas. Mas isso era assunto para outro dia.

Enquanto isso, Muller estava ficando irriquieto. Jogar infindáveis rodadas de pôquer, fazer trilhas em lugares exóticos do Havaí, navegar de caiaque no Peru, ir ao Caribe de jatinho, namorar modelos — tudo isso era divertido, mas estava faltando uma coisa: operar, ganhar milhões num piscar de olhos, ver os ganhos subirem como um foguete. Ele tinha que confessar que estava com saudade disso.

218 MENTES BRILHANTES, ROMBOS BILIONÁRIOS

Muller decidiu que queria voltar para o jogo. Estava namorando sério e pensava em se acomodar. Além do mais, os retornos do PDT não eram mais o que eram antes. O fundo tinha subido menos de 10% em 2006 e um monte de imitadores se lançou às estratégias de arbitragem estatística, tornando mais difícil de descobrir oportunidades inexploradas. Os mandarins do Morgan queriam mais, e Muller disse que podia proporcionar isso.

Seguiu-se um jogo de poder pelo controle do PDT. Shakil Ahmed, que administrara o PDT pelos sete anos anteriores, saiu do banco, furioso pelo fato de Morgan entregar o reino ao líder ausente. Ele logo assumiu o posto de chefe de estratégias quantitativas e negociações eletrônicas do Citigroup. Vikram Pandit, seu ex-chefe, tinha acabado de assumir o Citi depois que Chuck Prince saiu desmoralizado em meio a perdas maciças no mercado de subprime. Pandit logo contratou Ahmed, que há muito tempo era considerado um dos gênios secretos por trás do PDT.

No Morgan, Muller estava de volta ao topo de sua antiga operação. Ele tinha planos ousados para ampliá-la e aumentar os lucros. Parte do plano incluía apimentar os retornos assumindo posições maiores. Uma carteira do PDT que tinha maior capacidade de suportar riscos era a das operações fundamentais dos quants: negócios de prazo mais longo baseados no valor das ações, no momento — o pão com manteiga do AQR —, ou em outras métricas para julgar se uma ação vai subir ou descer. Tais posições normalmente eram mantidas por várias semanas ou meses, em vez das transações super-rápidas do Midas, que geralmente duravam um dia ou menos.

— Eles penderam as operações muito mais para os fundamentos dos quants — disse um ex-profissional do PDT. — Basicamente, transformaram grande parte do PDT no AQR. — O volume das posições aumentou de US$ 2 bilhões para mais de US$ 5 bilhões, segundo traders que conheciam os valores.

Ken Griffin, que adotava estratégias semelhantes às do PDT, não ficou nem um pouco feliz com o retorno de Muller. Sem querer, foi ouvido dizendo a Muller que lamentava saber que ele havia voltado — uma pro-

Vivendo o sonho

vocação de duplo sentido, típica de Griffin. Muller tomou isso como um elogio. Estava ansioso para voltar ao centro dos acontecimentos, ansioso por voltar a ganhar dinheiro. Muito dinheiro.

Mas não teria muito tempo para se divertir. Meses depois de ele ter voltado Muller enfrentaria o maior teste de toda a sua carreira: um terremoto brutal que quase destruiu o PDT.

■ ASNESS ■

Em 13 de novembro de 1998, as ações de uma pequena empresa chamada Theglobe.com Inc. fizeram sua estreia na bolsa eletrônica Nasdaq, a US$ 9 cada. Os fundadores da rede de relacionamentos sociais pela internet esperavam forte reação.

O oba-oba que antecedera o IPO desafiava todas as expectativas e o senso comum.[8] A ação arremeteu como um trem-bala, atingindo US$ 97 em determinado momento do dia. Theglobe.com, formada pelos estudantes de Cornell, Stephan Paternot e Todd Krizelman, foi, por um breve momento, o IPO mais bem-sucedido de todos os tempos.

Alguns dias antes, a EarthWeb Inc., talvez sentindo a força da gravidade, quase triplicou de valor na oferta inicial. Os investidores engoliram as ações da EarthWeb apesar de seu prospecto vir com a seguinte advertência: "A empresa prevê que continuará tendo prejuízo nos próximos anos."

Alguns anos antes do frenesi dos IPOs de internet começar, o LTCM havia desabado. Alan Greenspan e o Federal Reserve entraram em campo, orquestrando uma operação de socorro. Greenspan também cortou as taxas de juros para curar as feridas deixadas pela implosão do LTCM no sistema financeiro e inundar de liquidez o sistema. O dinheiro fácil acrescentou combustível ao crescente fogo da internet, que logo subia a toda velocidade e empurrava o índice Nasdaq, entupido de ações de tecnologia, a novos recordes, quase que diariamente.

MENTES BRILHANTES, ROMBOS BILIONÁRIOS

Apesar de fabricar milionários instantâneos entre os pioneiros da internet, essa série de acontecimentos improváveis se revelou um desastre para o AQR, que começara suas operações em agosto de 1998. A estratégia de Asness envolvia investir em companhias baratas, com baixa relação preço/valor contábil, enquanto apostava contra empresas que seus modelos consideravam caras. Em 1999, essa era a pior estratégia possível no mundo. Ações caras — bebezinhos da internet sem lucro algum e muito ar quente — disparavam de maneira fora do comum. E as ações baratas, empresas monótonas como o Bank of America e montadoras que seguiam um ritmo seguro, como a Ford e a GM, ficavam paradas, abandonadas no alvorecer radiante de seus pares mais preparados para a Nova Economia.

O AQR e os meninos de ouro do Goldman foram maltratados sem dó nem piedade, perdendo 35% nos primeiros vinte meses. Em agosto de 1999, no meio da queda livre, Asness se casou com Laurel Fraser, a quem conhecera no Goldman, onde ela era assistente administrativa na divisão de títulos de dívida. Enquanto a sorte do AQR desandava ladeira abaixo, ele se queixava com ela, amargurado, sobre a loucura dos mercados. *O que há de errado com essas pessoas? Elas são tão burras. E a burrice delas está me matando.*

Asness acreditava que sua estratégia dava certo porque as pessoas cometiam erros sobre valor e momento. Mas acabavam caindo na real e empurravam os mercados de volta para o equilíbrio — ou seja, a Verdade era restaurada. Ele ganhava dinheiro com a diferença entre a irracionalidade delas e o tempo que demorava para caírem em si.

Mas, agora, os investidores estavam se comportando de maneira muito mais idiota e autodestrutiva do que ele poderia ter imaginado. Sua mulher ralhou:

— Eu achava que você ganhasse dinheiro porque as pessoas cometiam erros. Mas quando os erros são grandes demais, sua estratégia simplesmente não funciona. Você quer um mundo cor-de-rosa, com a irracionalidade na dose certa.

Asness percebeu que ela tinha razão. Sua formação na Universidade de Chicago sobre a eficiência dos mercados o havia deixado cego para o lado mais selvagem do comportamento humano. Era uma lição da qual ele se lembraria no futuro: as pessoas podiam se comportar com uma irracionalidade muito maior do que a que ele havia imaginado, e era melhor que ele estivesse pronto para isso. É claro que era impossível se preparar para toda e qualquer irracionalidade, e é sempre aquela que você não percebe que está chegando que acaba pegando você.

No início do ano 2000, o AQR estava na UTI. Era só uma questão de meses até ele se ver obrigado a encerrar as atividades. Asness e companhia tinham torrado US$ 600 milhões do US$ 1 bilhão que receberam em capital inicial, em parte porque os investidores estavam saindo do fundo. Só alguns poucos investidores muito leais continuavam. Foi uma experiência brutalmente humilhante para o quant prodígio do Goldman.

E para aumentar a infelicidade dos líderes do AQR ainda havia a oferta pública inicial de ações do Goldman, que fora extremamente lucrativa. Para Asness, era muito fácil calcular de cabeça. Ao sair na hora em que saiu, ele tinha perdido uma fortuna. Seu fundo de hedge estava à beira de um desastre. Empresas de internet sem valor algum sugavam quantidades de dinheiro obscenas. O mundo inteiro havia enlouquecido.

E qual foi a resposta que ele deu? Como todo bom acadêmico, escreveu um artigo.

■ ■ ■

"Bubble Logic: Or, How to Learn to Stop Worrying and Love the Bull" [A lógica da bolha: Ou como parar de se preocupar e passar a amar a alta do mercado] é um grito do fundo da alma de um quant, o protesto de Asness contra a insanidade dos preços atingidos pelas ações da internet, como Theglobe.com.

A relação preço/rendimento do mercado acionário bateu em 44, em junho de 2000 — mais que o dobro da situação de cinco anos antes e o triplo da média de longo prazo. O título, uma alusão a *Dr. Strangelove*, *or How I Learned to Stop Worrying and Love the Bomb,** a sátira de humor negro de Stanley Kubrick, dá uma pista do humor sombrio de Asness enquanto ele produzia "Bubble Logic", de madrugada, enfurnado nos escritórios do AQR perto do Rockefeller Center (mais tarde, o fundo se mudaria para Greenwich, Connecticut). Para Asness, a bolha era tão bem-vinda quanto uma bomba atômica. O AQR "nos entregou seus ativos", escreveu na introdução. "Tenham piedade de um urso parcialmente infeliz."

"Bubble Logic" começava fazendo uma afirmação um tanto assustadora: o mercado do início do século XXI não era igual ao mercado de antes. É claro que isso era exatamente o que os propagandistas da internet sustentavam. A economia agora era diferente. A inflação estava baixa. A produtividade havia aumentado muito, graças aos novos avanços na tecnologia, como laptops, telefones celulares e internet. As ações deveriam receber um valor mais alto num ambiente como esse, porque as empresas iam soltar mais dinheiro.

Asness, no entanto, estava virando esse argumento de cabeça para baixo. Sim, é verdade que dessa vez as coisas eram diferentes, só que de um jeito muito pior. A história já mostrou que o mercado acionário quase sempre se revelou um bom investimento a longo prazo. Asness citou números que mostravam que as ações ganhavam da inflação em todos os períodos de 20 anos desde 1926. As ações ganhavam dos títulos da dívida e do dinheiro em caixa. Isso quer dizer que os investidores deveriam sempre investir em ações, certo?

Errado. As ações, geralmente, se saíam melhor do que todos os outros investimentos "não por causa de uma mágica, mas principalmente porque durante todo o período estudado recebiam os preços mais sensatos, ou até mais baratos, considerando-se suas perspectivas de lucros e dividendos", escreveu Asness. "Mas esse não é mais necessariamente o caso."

---

* No Brasil, simplesmente *Dr. Fantástico*. (*N. do T.*)

Vivendo o sonho

Como exemplo, Asness examinou a queridinha da Nova Economia, a Cisco Systems, que fabrica roteadores de internet. Ele passou a esmiuçar sistematicamente o motivo de investir na Cisco, demonstrando que não havia jeito possível das perspectivas de lucros da empresa baterem com o preço pelo que ela vinha sendo avaliada. E, mesmo assim, apesar da obviedade do caso, observou: "a Cisco está em quase todas as listas de recomendação de 'ter em carteira' que eu leio. Vai entender uma coisa dessas."

Na conclusão do artigo, o agitado administrador do fundo de hedge argumenta que bateu de frente com a hipótese dos mercados eficientes de Fama. Segundo a HME, é impossível saber quando está acontecendo uma bolha, já que os preços correntes refletem todas as informações disponíveis e conhecidas publicamente. Só ao olhar para trás, depois que a bolha explodiu (com novas informações sobre o quanto essas empresas eram ruins, ou quão pouco os donos das casas eram capazes de pagar), fica claro que os preços estavam inflacionados. Asness, entretanto, escreveu que nesse caso já era claro que o mercado estava no meio de uma bolha. "A não ser que nós vejamos o crescimento dos próximos vinte anos do S&P 500 em um ritmo muito, mas muito maior que qualquer coisa vista nos últimos 125 anos, partindo de uma época tão boa quanto a atual, os retornos do S&P 500 podem ficar bem feios", escreveu.

Um resultado tão negativo quanto esse parecia impossível para os investidores que experimentavam a festa da internet na virada de 1999 para o ano 2000. Evidentemente, Asness estivera certo o tempo todo.

"Bubble Logic" nunca chegou a ser publicado. No momento em que Asness terminava de escrever, em meados do ano 2000, a bolha da internet implodia de uma maneira horrorosa e espetacular. O Nasdaq atingira o auge em março de 2000, com mais de 5 mil pontos. Em outubro de 2002, o índice havia caído para 1.114.

O tempo e a realidade tinham dado cabo da estupidez. E o AQR se recuperou magnificamente. Os investidores que atravessaram a tempestade foram recompensados pela paciência enquanto as *value stocks* ganhavam um pouco mais de vida. O carro-chefe do AQR, o fundo

Absolute Return, ganharia cerca de 180% de lucro nos três anos seguintes ao de seu nível mais baixo.[9]

Asness exibiria a performance tenebrosa do AQR durante a bolha da internet como uma camisa ensanguentada que provava sua coragem, um sinal claro da afirmação do fundo de que ele é completamente "neutro em relação ao mercado". Quando a bolsa desabou, o AQR continuou de pé. Já os fundos de hedge que apostaram pesado nas ações da internet desmoronaram e viraram pó.

Mesmo assim, outros fundos quantitativos como o Renaissance Technologies, o D.E. Shaw e o PDT foram às alturas com a bolha da internet e saíram dela sem maiores arranhões. Seus modelos não eram tão expostos à destruição das ações pouco valorizadas quanto o AQR. Mais ainda, suas estratégias de operação se baseavam em capturar mudanças de curtíssimo prazo nos preços de mercado e se beneficiavam da volatilidade enquanto a bolha crescia, e também depois, quando ela estourou. Os prejuízos podiam ser limitados, já que esses chamados fundos de "alta frequência" podiam se livrar de ativos que se movessem contra eles, a toque de caixa. As estratégias do AQR eram focadas em mudanças de preço que aconteciam ao longo de semanas e até de meses, em vez de no decorrer de uma tarde. Isso significava que, quando os modelos do fundo se mostravam errados, a intensidade da dor era maior. Evidentemente, quando os modelos estavam certos, os ganhos eram colossais.

O desmoronamento das ações da internet foi um divisor de águas para a indústria dos fundos de hedge. Investidores sofisticados começaram a adotar a posição defendida por Asness em "Bubble Logic" — a de que as ações não eram uma via de mão única para a riqueza. Taxas de juros muito baixas obrigavam os fundos de pensão e de doações a encontrar novas áreas para investir. Os ativos sob administração dos fundos de hedge foram à estratosfera, chegando a US$ 2 trilhões no início de 2007, em comparação com os cerca de US$ 100 bilhões de vinte anos antes.

Na liderança da turma estavam os quants. Parecia tudo muito perfeito. Seus modelos quantitativos funcionavam. As teorias que descreviam como o mercado se comportava tinham sido testadas e pareciam acuradas.

Vivendo o sonho

Eles conheciam a Verdade! Os computadores eram mais poderosos e mais velozes do que nunca. Um rio de dinheiro fluía por ali até se tornar uma torrente, fazendo com que qualquer um que se banhasse nele ficasse rico além dos sonhos mais loucos. Em 2002, Asness ganhou sozinho US$ 37 milhões. No ano seguinte, seus ganhos seriam de US$ 50 milhões.

Ajudando a gerar os retornos dos fundos quantitativos como o AQR havia uma tática extremamente lucrativa conhecida como *carry trade*. A operação tinha raízes no Japão, onde as taxas de juros haviam ficado abaixo de 1%, para ajudar a tirar o país de uma espiral inflacionária debilitante. Uma conta bancária no Japão rendia cerca de 0,5% ao ano, comparada com cerca de 5% nos Estados Unidos, ou 10% ou mais em outros países.

Essa dinâmica significava que as empresas com know-how e destreza financeira podiam pegar ienes emprestados no Japão — praticamente de graça — e investir em outros ativos com rendimentos mais altos, como títulos de dívida, commodities ou moedas. E o dinheiro extra que dali saía podia ser aplicado em ainda mais investimentos, como commodities ou hipotecas subprime. Adicione uma dose saudável de alavancagem e você tem a receita perfeita para um porre especulativo de âmbito global.

Aliás, no início de 2007, cerca de US$ 1 trilhão era apostado na *carry trade*, segundo a revista *The Economist*. A tática era especialmente popular na antiga operação quantitativa de Asness, o fundo Global Alpha do Goldman Sachs.

O problema é que quase todos os investidores desse negócio, principalmente os fundos de hedge, mas também os bancos e alguns fundos mútuos, estavam aplicando o dinheiro em lugares parecidos do mercado, inclusive em moedas que rendiam muito, como os dólares australianos ou neozelandeses. Os traders não paravam de falar sobre as "ondas gigantescas de liquidez mundial", que empurravam para cima os preços das ações, do ouro, dos imóveis e do petróleo.

Mas quem se importava? A operação era tão perfeita, tão incrivelmente lucrativa — o mais próximo possível de um almoço grátis no mercado — que não havia maneira de interrompê-la.

226 MENTES BRILHANTES, ROMBOS BILIONÁRIOS

Enquanto isso, Asness vinha administrando o AQR de um escritório entulhado de coisas em Manhattan, cheio de caixas de arquivos e equipamentos de informática que transbordavam das salas e se enfileiravam nos corredores. À medida que a firma crescia, e os sócios se casavam e começavam a constituir famílias, ele decidiu que estava na hora de se mudar. Pesquisou vários lugares em Greenwich e terminou optando pelo nº 2 do Greenwich Plaza, um pequeno prédio comercial ao lado da estação ferroviária, que garantia fácil acesso a Nova York para a crescente legião de quants de vinte e poucos anos que trabalhavam no fundo.

Um dia em 2004, ele alugou um carro na ferroviária Metro North e levou o pessoal do AQR para uma viagem à nova sede. Mais tarde no mesmo ano, a transição estava completa. Cheio da grana que ganhou com o fundo de hedge, Asness comprou uma mansão de 1.130m² na North Street de Greenwich por US$ 9,6 milhões. Em 2005, ele foi tema de um longo artigo da revista do *New York Times*. Quando o autor da reportagem perguntou como ele se sentia sendo incrivelmente rico, Asness citou uma frase do personagem de Dudley Moore no filme *Arthur, o milionário sedutor*:

— Não é nada mal.

Enquanto suas ambições imperiais atingiam a estratosfera, o mesmo acontecia com seu estilo de vida. A empresa comprou uma cota de avião da NetJets, dando aos sócios acesso a uma frota de jatinhos particulares na hora que quisessem. Asness decidiu que a mansão da North Street era muito pequena e comprou um terreno de 90.000m² na elegante comunidade de Conyers Farm, em Greenwich. Uma equipe de arquitetos visitava Asness na sede do AQR e mostrava seus planos para uma nova mansão magnífica. As estimativas do custo do projeto chegavam aos US$ 30 milhões.

Asness e companhia começaram a pensar em qual seria o próximo grande passo do AQR. As aberturas de capital do Fortress e do Blackstone não passaram despercebidas no Greenwich Plaza, nº 2. O amigo de Asness, Ken Griffin, também pensava em abrir o capital do Citadel.

Vivendo o sonho

O mesmo acontecia com o AQR. No final de julho de 2007, a documentação já havia sido redigida. A abertura do capital era dada como praticamente acertada. Tudo o que o AQR tinha a fazer era mandar os documentos para a SEC e esperar o dinheiro entrar.

Bilhões de dólares.

▪ WEINSTEIN ▪

Em um dia de 2005, Boaz Weinstein estava patrulhando as tabelas intermináveis e computadorizadas da mesa de fluxo de renda fixa do Deutsche Bank. Um trader russo da mesa tinha ouvido falar que Weinstein era conhecido pelo seu talento no xadrez. Quando Weinstein parou ao lado do terminal, o russo disse:

— Ouvi dizer que você joga xadrez bem pra cacete.[10]

— Acho que sim.

O russo sorriu.

— Eu também jogo. Vamos jogar? Nós dois?

— Vamos lá — respondeu Weinstein, sem hesitar.

Talvez assustado com a resposta tranquila de Weisntein, o trader russo fez uma exigência esquisita: ele só jogaria se Weinstein fosse "vendado". Weinstein sabia o que ele queria dizer com aquilo. Ele teria que jogar de costas para o tabuleiro. Weinstein concordou.

Depois que a campainha anunciou o fim dos negócios, eles se encontraram em uma sala de reuniões. Os boatos sobre o jogo tinham começado a se espalhar e alguns traders se aproximaram para ver. Enquanto o jogo seguia, cada vez mais funcionários do Deutsche iam aparecendo. Logo eles eram centenas, vibrando com cada lance do jogo, enquanto Weinstein e o russo partiam para o confronto direto — e fazendo algumas apostas à parte, em quem iria ganhar. O jogo durou duas horas. Quando terminou, Weinstein era o vencedor.

Aqueles eram dias de festa para Weinstein. O dinheiro estava entrando adoidado. Ele namorava mulheres bonitas. E isso era só o começo.

228   MENTES BRILHANTES, ROMBOS BILIONÁRIOS

Enquanto seu sucesso aumentava no Deutsche Bank, ele pensava em dar o mesmo passo dado por Cliff Asness no Goldman Sachs em 1998: sair da nave-mãe e montar seu próprio fundo de hedge.

A operação de negócios de crédito que ele havia criado no Deutsche tinha se transformado num dos grupos de negociação de elite de Wall Street. Os grandes grupos telefonavam para Weinstein a fim de saber o que ele pensava das últimas novidades de swaps de crédito, títulos, ações, qualquer coisa. Sua equipe tinha se tornado verdadeiramente um fundo de hedge multiestratégico dentro do banco, negociando qualquer tipo imaginável de valor mobiliário e lidando com posições de mais de US$ 30 bilhões.

Weinstein estava ganhando uma reputação de sábio de múltiplos talentos, um homem da Renascença em Wall Street. Sua equipe de traders de capital próprio também era uma força a ser considerada. Como o PDT, eles também estavam desenvolvendo seus próprios rituais estranhos, testando a capacidade mental uns dos outros de maneiras que só um grupo de nerds quantitativos do primeiro escalão poderia imaginar.

Pegue, por exemplo, o ritual do Maptest. O site do Maptest mostra um desenho dos cinquenta estados americanos. O detalhe é que eles não têm nome. Colunas exibidas debaixo do mapa trazem uma lista com os nomes. A missão é arrastar os nomes para os estados apropriados dentro de um determinado espaço de tempo. Os jogadores obtêm um resultado de acordo com a rapidez com que a tarefa foi cumprida. Para apimentar um pouco mais as coisas, veteranos como Weinstein apostavam nos resultados dos mais jovens.

— Olha o tamanho do crânio dele — gozava um trader do Deutsche, enquanto um novo recruta arrastava fervorosamente os nomes pela tela do computador. — Aposto cenzinho que ele não sabe onde fica Wyoming.

— Tá apostado.

Weinstein tentou minimizar as maneiras abertamente nerds do grupo e costumava afirmar não ser um quant *de verdade*, atenuando a complexidade das negociações que fazia. Seus e-mails vinham com a frase

Vivendo o sonho

"Isso não é uma cirurgia dificílima", fazendo uma troça deliberada dos clichês do quant que fazia cálculos dificílimos, como se estivesse fazendo uma operação de cérebro com derivativos complexos.

Os quants também eram muito cuidadosos e preocupados com a gestão do risco: não tinham nenhuma pena do mercado. Se não houvesse risco, não haveria recompensa. Mas uma abordagem muito agressiva também tinha seus perigos. O Deutsche Bank tinha seu próprio exemplo a não ser seguido na pessoa de Brian Hunter, que trabalhara na mesa de energia do Deutsche antes de ir para o Amaranth. Hunter tinha gerado milhões de dólares para o banco negociando gás natural no início do século XXI, até perder US$ 51 milhões em uma única semana em 2003. Hunter culpou as falhas do software do Deutsche. O banco pôs a culpa em Hunter e os dois lados se afastaram.

Algumas pessoas temiam que Weinstein estivesse abusando do poder. Ele também ajudava a administrar a mesa de "fluxo" do Deutsche Bank, que facilitava os negócios com clientes como os fundos de hedge ou o Pimco, o gigante da renda fixa. Esse trabalho colocava Weinstein em cima da "muralha da China" que separa as negociações do banco do atendimento aos clientes. Nunca houve qualquer acusação de que Weinstein tivesse abusado da situação, mas o fato de o Deutsche ter lhe dado tamanho poder era um testemunho do desespero deles em mantê-lo no comando, gerando centenas de milhões de dólares em lucros. A corrida de grandes apostas em busca do lucro estava transformando bancos antes estáveis em fundos de hedge de motor envenenado abastecidos por alavancagem, derivativos e traders jovens dispostos a apostar tudo para fazer suas fortunas. E Weinstein estava no centro dessa mudança.

Ele não decepcionou o Deutsche Bank. Weinsten e seus traders de mão na massa continuavam a fazer a caixa registradora tilintar. O grupo fez o banco lucrar US$ 900 milhões em 2006, o que deu a Weinstein um cheque de aproximadamente US$ 30 milhões.

A maior parte de sua atenção era voltada para a mesa de traders de capital próprio. No entanto, isso irritou o pessoal do fluxo, que achava que não estava recebendo o devido reconhecimento. Em 2005, ele havia contratado Derek Smith, um trader de primeira linha do Goldman Sachs, para administrar a mesa de fluxo, deixando com raiva diversos traders que acreditavam que mereciam ser chefe. O número de inimigos de Weinstein dentro do Deutsche estava começando a crescer.

— Por que nós precisamos de alguém de fora? — resmungavam.

Os incentivos financeiros de Weinstein pendiam fortemente para a mesa de traders de mão na massa. Enquanto a remuneração da mesa de fluxo era um bônus que ficava a critério do banco, a outra o recompensava com uma bela porcentagem dos lucros.

Havia uma razão para a visão estreita de Weinstein: seus olhos estavam direcionados para o lançamento do seu próprio fundo de hedge no ano seguinte, na mesma tradição inaugurada por Cliff Asness alguns anos antes, quando saiu do Goldman Sachs para montar o AQR. No início de 2007, Weinstein rebatizou seu grupo de traders de Saba. Englobava umas 60 pessoas que trabalhavam em escritórios em Nova York, Londres e Hong Kong.

O nome seria a marca do grupo em Wall Street, tornando-o imediatamente reconhecido quando se separou do Deutsche Bank. Saba era cada vez mais conhecido e temido como uma grande força de munição financeira, um player importante quase do mesmo nível de potências de negociação de títulos como o Citadel e o Goldman Sachs.

Weinstein se refestelava no sucesso. Agora que era um playboy rico, todo verão ele alugava uma casa diferente no Hamptons. Ele continuou a jogar, participando de mesas de altas apostas com celebridades como Matt Damon.

E continuou jogando com seus amigos quants em Nova York. O jogo, claro, era pôquer.

■ ■ ■

Boaz Weinstein deu as cartas rapidamente, falando sem parar. Não havia um fio de fumaça no ambiente enquanto as cartas corriam pela mesa.[11] Peter Muller, o fanático compulsivo por saúde que quase desistira de

Vivendo o sonho

trabalhar na BARRA por ter visto uma única guimba de cigarro no toalete da empresa, não permitia que fumassem.

Essa regra de Muller não incomodava os outros quants. Nem Cliff Asness nem Weinsten fumavam. Mas, de vez em quando, um veterano profissional do pôquer, que não podia conceber um jogo sem a companhia de um cigarro sendo aceso atrás do outro, tinha que passar o jogo inteiro dos quants aguentando uma noite terrível de altas apostas e zero de nicotina.

Nessa noite específica de 2006, eram só os quants se confrontando diretamente. Weinstein presenteava a mesa com histórias de "correlação", um termo técnico das operações de crédito que ele explicava em detalhes aos companheiros de jogo.

— As premissas são doidas — disse ele, colocando o baralho na mesa e vendo as suas cartas. — As correlações são ridículas.

Tudo isso tinha a ver com a explosão de preço dos imóveis. O mercado imobiliário já vinha crescendo há vários anos e a velocidade parecia estar diminuindo em regiões superaquecidas como a Flórida e o sul da Califórnia. Os preços das casas tinham mais do que dobrado no país inteiro numa questão de cinco anos, ajudando a agitar a economia, mas levando a uma bolha insustentável. Um número cada vez maior de investidores, inclusive Weinstein, pensava que ela explodiria como uma pústula inflamada.

Weinstein tinha uma vista única do fim da bolha em Wall Street. O Deutsche Bank estava fortemente envolvido em hipotecas — algumas delas do tipo subprime. Em 2006, ele havia comprado a Chapel Funding, um originador de hipotecas, e se juntado à Hispanic National Mortgage Association para fazer empréstimos a devedores hispanos e imigrantes.

O Deutsche Bank também era um player importante no mercado de securitização, comprando empréstimos hipotecários dos credores, empacotando esses empréstimos na forma de valores mobiliários e, então, os fatiando e picando em pedacinhos para jogar a investidores do mundo inteiro.

Um dos motivos pelos quais os bancos fazem a securitização é espalhar o risco como se fosse geleia em cima de uma torrada. Em vez de colocar toda a geleia em um único pedaço de torrada e deixar toda a recompensa (ou o risco, se ela cair da torrada) para uma única mordida, ela é distribuída de maneira mais homogênea, permitindo mordidas bem mais saborosas — e, pela mágica de diversificação dos quants (espalhando a geleia), menos arriscada.

Se um investidor compra uma única hipoteca subprime com um valor de US$ 250 mil, o investidor assume todo o risco caso a hipoteca não venha a ser paga, o que certamente é possível dado o fato de as hipotecas subprime geralmente irem para os devedores menos confiáveis. Mas se mil hipotecas subprime, cada uma valendo US$ 250 mil, forem juntadas em um pool e transformadas num único valor mobiliário com um total de US$ 250 milhões, esse valor poderia ser dividido em várias partes. O prejuízo potencial causado por uma hipoteca que ficasse inadimplente seria compensado pelo fato de ela representar somente uma pequena parcela do valor total do título.

Partes desses valores, em muitos casos os últimos da cadeia alimentar, geralmente eram empacotadas em monstruosidades ainda mais exóticas, chamadas de obrigações de dívida colateralizada (CDOs), que levavam em consideração o fato de que algumas das hipotecas subjacentes eram mais passíveis do que outras de não honrarem seus compromissos. Esses grupos, obviamente, tinham um grau de risco maior, embora isso também viesse com a contrapartida de maior retorno em potencial. Entre 2004 e 2007, bilhões de empréstimos em hipotecas subprime foram enfiados nessas CDOs. Esses títulos eram então fatiados em tranches. Havia tranches de alta qualidade, que ganhavam o selo AAA das agências de classificação de risco como a Standard & Poor's, e havia tranches de má qualidade, algumas das quais eram tão baixas que não conseguiam nem classificação.

Estranhamente, a classificação não se baseava na qualidade relativa dos empréstimos subjacentes. As tranches AAA podiam ter empréstimos do mesmo valor e qualidade das tranches com pior avaliação. Em vez

Vivendo o sonho

disso, a classificação se baseava em quem recebia primeiro o conjunto dos empréstimos. Os detentores das tranches AAA tinham o direito de ser os primeiros a receber. Quando os devedores começavam a não honrar os pagamentos, os detentores das piores tranches recebiam a primeira pancada. Se um número suficientemente grande de devedores não pagasse, as parcelas de classificação mais alta também iriam começar a sofrer.

Um dos problemas dessa prática bizantina de fatiar CDOs em tantas tranches assim era descobrir como se faria para apreçá-las. Em algum momento do ano 2000, os quants arranjaram uma resposta: por correlação. Com o preço de uma pequena parte do pacote de tranches os quants poderiam descobrir o preço "certo" e das outras tranches pela maneira como elas se correlacionassem umas com as outras. Se o conjunto de empréstimos começasse a ter, digamos, um percentual de 5% de inadimplência, os quants poderiam calcular o impacto em cada tranche por meio de seus computadores e descobrir as correlações entre cada fatia do bolo, até a de nível AAA.

A premissa era, evidentemente, de que as tranches de má qualidade e as de nível AAA tinham muito pouco em comum, em termos de possibilidade de inadimplência pelos donos das casas que receberam os empréstimos hipotecários originais. Em outras palavras, a correlação entre eles era extremamente pequena, quase infinitesimal.

Weinstein e vários outros traders do Deutsche Bank (e uma série de fundos de hedge espertos) descobriram que as correlações na maioria dos modelos erravam por muito. Quando examinaram os empréstimos subjacentes das CDOs, descobriram que muitos dos empréstimos eram tão fracos e tão parecidos que, quando uma fatia do bolo começasse a apodrecer, o bolo inteiro iria pelo mesmo caminho. Tantos empréstimos de baixa qualidade tinham sido inseridos nas CDOs que até os detentores de tranches de alta classificação e aparentemente seguras sofreriam o baque. Em outras palavras, as correlações eram muito *altas*. Mas a maioria das pessoas que compravam e vendiam essas tranches pensava que as correlações eram muito *baixas*.

Para Weinstein, isso era sinônimo de negócio. Por uma alquimia quantitativa ainda mais esotérica, havia maneiras de se vender tranches de CDOs a descoberto pela receita favorita de Weinstein: os swaps de crédito. Ao comprar um swap, ou uma série de swaps em conjunto, Weinstein acabaria fazendo uma apólice de seguro sobre os empréstimos subprime subjacentes. Se esses empréstimos não fossem pagos — o que Weinstein pensava ser o mais provável —, a apólice seria paga. Em termos mais simples, ele estava apostando que o mercado estava subestimando a toxicidade do mercado das hipotecas subprime.

O melhor para Weinstein era que a maioria dos traders estava tão empolgada com o mercado imobiliário, e com as CDOs, que amarravam esses empréstimos cujo custo de vender a descoberto no mercado era extremamente baixo. Weinstein viu isso quase como uma aposta impossível de se perder. Dava para se obter grandes lucros. E se estivesse errado, ele apenas perderia o pouco dinheiro que gastou para fazer a apólice de seguro.

— Estamos montando essa operação no Deutsche — disse Weinstein, olhando para as cartas.

Asness e Muller fizeram que sim com a cabeça. Era um papo típico de quant, um trader descrevendo uma nova aposta inteligente para os colegas, mas o fato é que eles estavam aborrecidos. Estava na hora de se concentrar no que tinham ido fazer ali. No momento, a única aposta na cabeça deles era o monte de fichas que valia milhares de dólares no centro da mesa.

Weinstein olhou para a sua mão e fez uma careta. Não tinha nada, e desistiu.

— Aumento em mil — disse Asness, jogando mais fichas na mesa.

Muller olhou para Asness, que se recostou na cadeira e sorriu nervoso, o rosto todo vermelho. *Coitado do Cliff, é tão fácil de ver quando ele está blefando. O rapaz não sabe nem fazer uma cara de pôquer.*

— Paguei — disse Muller, mostrando mais uma mão vencedora para o gemido agoniado de Asness. Muller estava com tudo em cima e riu, enquanto recolhia as fichas para o monte que aumentava cada vez mais à sua frente.

·9·

"Eu cruzo os dedos pelo futuro"

Boaz Weinstein não era o único que se preocupava com a saúde das CDOs em 2007. Aaron Brown — o quant que havia destruído o jogo da mentira na década de 1980 — entrou de corpo e alma no setor de securitização, praticamente desde sua invenção. Sua carreira havia lhe propiciado um lugar na primeira fila da evolução e do crescimento canceroso desses valores mobiliários por toda a Wall Street. Por vários anos, ele observou, cada vez mais nervoso, o crescimento do setor de CDOs e, ao mesmo tempo, se distanciava mais da realidade. Em 2007, Brown trabalhava para o Morgan Stanley como gerente de risco e estava se sentindo desconfortável com a exposição do banco ao subprime. Estava pronto para sair.

Ele já tinha conversado sobre um emprego num fundo de hedge que se preparava para abrir o capital: o AQR. A firma de Cliff Asness estava em busca de um veterano na gestão de riscos que soubesse lidar com assuntos espinhosos como os regulamentos internacionais de riscos.

MENTES BRILHANTES, ROMBOS BILIONÁRIOS

Brown amou a ideia. Ele nunca tinha trabalhado em um fundo de hedge e estava ansioso para fazer uma experiência. Em junho de 2007, ele assinou contrato como chefe de risco do AQR.

Brown conhecia bem a reputação do fundo como uma operação quantitativa de primeira linha que falava a sua língua. Mas ele mal fazia ideia que o AQR, assim como o Morgan Stanley, estava sentado em cima de um caldeirão borbulhante de risco que estava pronto para explodir de uma maneira espetacular.

■ ■ ■

Criado em Seattle, Brown sempre foi fascinado por números — resultados de beisebol, mapas do tempo, cotações da Bolsa. Ele não dava a mínima para os acontecimentos sobre o que eles versavam — as tacadas espetaculares, os acampamentos destruídos por um furacão ou a fusão de duas empresas rivais. Eram as fileiras de números que atraíam sua atenção, a ideia de que houvesse algum tipo de conhecimento secreto por trás daqueles algarismos. Seu amor pela matemática acabou levando-o a um dos livros mais influentes que ele leria na vida: *Beat the Dealer*, de Ed Thorp.[1]

Brown devorou o livro, impressionado com a ideia de que poderia utilizar a matemática para ganhar dinheiro em um jogo tão simples como o vinte e um. Depois de dominar o método de contagem de cartas de Thorp, ele passou para o pôquer. Aos 14 anos, tornou-se um participante assíduo das salas de jogo clandestinas de Seattle. A cidade era um porto cheio de marinheiros, de pessoas que estavam em uma maré de azar e de gente esperta com vivência de mundo. Brown não podia ganhar deles no nível de testosterona, mas eles também não podiam chegar nem perto de seus conhecimentos matemáticos ou de sua intuição. Brown logo viu que era muito bom. Ele se destacava não apenas em calcular as chances de cada mão, mas em entender as expressões dos adversários. Podia sentir um blefe a quilômetros de distância.

Em 1974, ele se formou no ensino médio com as notas mais altas e gabaritou as provas para a faculdade, indo direto para Harvard. Lá, ele

"Eu cruzo os dedos pelo futuro" 237

foi aluno de Harrison White, um sociólogo que aplicava métodos quantitativos às redes sociais, e também mergulhou nos ativos jogos de pôquer da universidade, que incluíam George W. Bush, membro assíduo das rodas da Harvard Business School. Aliás, a safra de filhinhos de papai ricos de Harvard parecia ansiosa para perder dinheiro para Brown, que ficava feliz de cumprir sua parte na obrigação. Mas as apostas costumavam ser muito baixas para o gosto dele e os jogos muito pouco profissionais. Ele acabou indo parar em uma mesa organizada pelo futuro fundador da Microsoft, Bill Gates, na Currier House da universidade, mas dessa vez Brown achou que era tudo muito preso e certinho. Ele pensou que eles eram um bando de nerds tensos, tentando demonstrar tranquilidade.

Depois de se formar, em 1978, Brown conseguiu um emprego na American Management Systems, uma empresa de consultoria do norte da Virgínia. O emprego era legal, mas o circuito de pôquer do distrito de Colúmbia era mais atraente ainda. Não era nada incomum jogar com algum deputado de vez em quando. Uma vez ele ouviu falar de uma festa que tinha um jogo quente correndo nos bastidores. Ele entrou no apartamento e viu um homem grandão, vestido com uma camiseta apertada e garotas que pareciam secretárias, uma embaixo de cada braço. Era ninguém mais, ninguém menos que o deputado Charlie Wilson, futuro tema do livro *Charlie Wilson's War* e do filme *Jogos do poder*. Brown gostava de Wilson, achava-o engraçado. E o melhor é que Wilson adorava jogar pôquer. E nem jogava mal.

No entanto, Brown não estava satisfeito com o emprego e sentia falta do ambiente acadêmico. Em 1980, ele começou a fazer pós-graduação em economia na Universidade de Chicago. Lá, Brown ficou fascinado com o misterioso mundo das opções de ações. Ele pegou o livro de Ed Thorp e logo dominou a técnica de apreçar os warrants de ações e títulos conversíveis. Em pouco tempo, ele estava se dando tão bem negociando opções que pensou até em trancar a matrícula e se dedicar à carreira de trader em tempo integral. Mas, em vez disso, decidiu terminar o curso em Chicago, operando à parte.

Brown, contudo, não tinha a menor intenção de se tornar professor. Sua experiência negociando opções havia lhe dado uma prova do que

238 MENTES BRILHANTES, ROMBOS BILIONÁRIOS

valia a pena. Depois de anos jogando pôquer e vinte e um em salões clandestinos no país inteiro, Brown ouviu o canto de sereia do maior cassino do mundo: Wall Street. Após se formar em 1982, Brown se mudou para Nova York. Seu primeiro trabalho foi ajudar a administrar os planos de aposentadoria de grandes empresas para a Prudential Insurance Company of America. Alguns anos depois, ele foi trabalhar como chefe de pesquisas de hipotecas na Lepercq, de Neuflize & Co., uma consultoria de investimentos "boutique" em Nova York.

A cada passo, Brown mergulhava cada vez mais no mundo dos quants. Naquela época, os quants eram vistos como cidadãos de segunda classe na maioria das instituições financeiras, nerds de computador que não tinham coragem de assumir o tipo de risco que dava dinheiro de verdade. Brown ficou de saco cheio ao ver os mesmos meninos ricos que ele depenava em Harvard mandando nos quants em joguinhos do salão de operações, como o jogo da mentira. Foi então que ele decidiu acabar com o jogo da mentira, com os cálculos mágicos de um bom quant.

Na Lepercq, ele aprendeu mais uma técnica quantitativa: a arte negra da securitização. Esse era um novo (e quente) negócio em Wall Street, em meados da década de 1980. Os banqueiros compravam empréstimos como hipotecas de cadernetas de poupança ou bancos comerciais e empacotavam tudo em *securities* [valores imobiliários em inglês, daí o nome]. Eles fatiavam esses valores mobiliários em tranches e vendiam os pedaços a investidores como fundos de pensão e companhias de seguro. Brown logo aprendeu a transformar hipotecas em fatias com toda a destreza de um chef de cozinha profissional.

Antes da onda de securitizações, os empréstimos residenciais eram largamente o território de banqueiros de uma comunidade, que viviam pelo velho princípio de tomar empréstimos baratos e emprestar a taxas mais altas. Um empréstimo era feito pelo banco e ficava com o mesmo banco até que ele fosse totalmente pago. Pense em James Stewart e Bailey Building & Loan Association do filme *A felicidade não se compra*, clássico de Frank Capra. Era um negócio tão previsível que os banqueiros locais viviam pelo que chamavam de a "regra dos três": pegue emprestado

"Eu cruzo os dedos pelo futuro" 239

a 3%, empreste aos compradores dos imóveis por 3% a mais e esteja no campo de golfe às 15h.

Mas quando os baby boomers começaram a comprar novos imóveis na década de 1970, Wall Street farejou uma oportunidade. Muitas associações de empréstimos e poupança não tinham capital suficiente para satisfazer a demanda por novos empréstimos, especialmente em estados ensolarados como a Califórnia e a Flórida. As caixas econômicas do Rust Belt,* por sua vez, tinham muito capital e pouca demanda. Um trader de títulos do Salomon chamado Bob Dall viu uma abertura para juntar os dois com a alquimia financeira da securitização. O Salomon seria o intermediário, levando ativos estagnados dos estados do Rust Belt para o Sun Belt** e ficando uma parte do dinheiro nesse caminho. Para comercializar esses novos títulos foi escalado Lewis Ranieri, um trader de 30 anos, do Brooklyn que trabalhava na mesa de títulos de companhias de energia elétrica do banco.

Nos anos seguintes, Ranieri e seus companheiros se espalharam pelos Estados Unidos, convencendo banqueiros e legisladores a apoiarem aquela ousada visão. Empréstimos hipotecários feitos por bancos e associações de empréstimo e poupança locais eram comprados pelo Salomon, reempacotados em títulos comercializáveis e vendidos no mundo inteiro. Assim, todo mundo ficava feliz. Os proprietários de imóveis tinham acesso a mais empréstimos, geralmente a uma taxa de juros mais baixa, já que havia maior demanda desses empréstimos por Wall Street. As associações de empréstimo e poupança não tinham mais que se preocupar com devedores dando calote, porque esse risco havia sido passado para os investidores. Os bancos engoliam uma bela parcela de comissão pela intermediação. E os investidores podiam receber ativos de risco relativamente baixo e feitos sob medida. Era o paraíso dos quants.

---

* Literalmente "cinturão de ferrugem", área no Nordeste dos EUA, aproximadamente entre Chicago e Nova York, de grande concentração industrial. (*N. do R.T.*)

** "Cinturão do sol", região Sul e Sudoeste dos EUA, caracterizada por uma nova industrialização, como a das empresas de alta tecnologia. (*N. do R.T.*)

Os magos do Salomon não pararam aí. Como vendedores de carros sempre prontos para seduzir compradores e aumentar sua participação com novos carros reluzentes, eles começaram a inventar uma coisa chamada obrigações hipotecárias colateralizadas, ou CMOs, que eram certificados de títulos de dívida, formados por tranches diferentes de um conjunto de valores mobiliários lastreados em hipotecas. (Um valor mobiliário lastreado em hipotecas é um conjunto de empréstimos fatiados em parcelas ou tranches; uma CMO é um monte dessas tranches fatiadas em mais tranches ainda.) O primeiro negócio de CMOs tinha quatro parcelas no valor de aproximadamente US$ 20 milhões. As tranches eram divididas em vários níveis de qualidade e vencimento, com diferentes valores de juros — e, como sempre, um risco maior resultava uma recompensa maior. Um benefício adicional, pelo menos para os bancos, era que os investidores que compravam essas CMOs assumiam o risco se os empréstimos subjacentes não fossem pagos, ou se os devedores refinanciassem os empréstimos, caso as taxas de juros ficassem mais baixas.

E foi aí que os quants como Brown entravam em cena. Como disse Ranieri: hipoteca é uma questão de matemática. Com níveis cada vez mais altos de complexidade, todas essas tranches traiçoeiras (logo haveria CMOs com cem tranches, cada uma com uma mistura ligeiramente diferente de retorno e risco), o problema estava em descobrir como precificar esses ativos. Os quants sacaram suas calculadoras, abriram seus livros de cálculo e começaram a apresentar as soluções.

Com os gênios da matemática no comando, era um negócio relativamente seguro, tirando um ou outro tropeço previsível com intervalo de alguns anos. Brown administrara o negócio de securitização da Lepercq com mão firme. O banco tinha relacionamentos muito sólidos com banqueiros locais no país inteiro. Se ele tivesse alguma dúvida sobre um empréstimo que estivesse empacotando, era só ligar diretamente para o banqueiro e perguntar o que fosse necessário. E o banqueiro poderia dizer:

— Está perfeito. Eu acabei de passar em frente a essa casa um dia desses e ele estava construindo uma garagem nova.

"Eu cruzo os dedos pelo futuro" 241

Mas, no final da década de 1980, a operação de Lepercq ficou assoberbada quando o Salomon aumentou consideravelmente sua operação do securitização de hipotecas. O Salomon despejou bilhões e bilhões de dólares nesse negócio, fazendo ofertas por todos os empréstimos que pudesse pegar. Uma única operação do Salomon podia ser do mesmo tamanho que o faturamento de um ano inteiro da Lepercq. Operações pequenas como a da Lepercq não tinham como competir. O Salomon não oferecia apenas condições melhores para os empréstimos dos banqueiros com os quais Brown lidava — o Salomon comprava o banco. E ele não parou nas hipotecas de casas. A securitização era vista como o futuro das operações financeiras, e o futuro pertenceria a quem estivesse no controle do fornecimento.

Logo o Salomon estava securitizando todo tipo de empréstimo conhecido pela humanidade: cartões de crédito, aquisições de veículos, crédito universitário, junk bonds. À medida que os lucros aumentavam, o mesmo acontecia com seu apetite e capacidade de assumir riscos. Na década de 1990, ele começou a securitizar empréstimos mais arriscados feitos a devedores pouco confiáveis, que, como classe, vieram a ser conhecidos como "subprime".

Os magos da securitização em Wall Street também faziam uso de um truque contábil relativamente novo chamado "contas extrapatrimoniais" (ou "de compensação"). Os bancos criavam trustes ou *shell companies* em paraísos fiscais *off-shore*, como Dublin ou as ilhas Caimã. Esses trustes compravam os empréstimos, colocavam em um "armazém" e os empacotavam como presentes de Natal com uma bela fita (tudo pela mágica cibernética das transferências eletrônicas). O banco não tinha que separar muito capital em seu balanço, já que não era o dono dos empréstimos. Apenas agia como intermediário, levando os ativos dos compradores aos corretores pelo éter sem atrito da securitização.

O sistema era extremamente lucrativo, graças às belíssimas comissões. E gente como Aaron Brown ou entrava nessa ou seguia outro caminho.

242 MENTES BRILHANTES, ROMBOS BILIONÁRIOS

Brown preferiu ir por outro caminho. Vários bancos importantes lhe ofereceram emprego depois que ele saiu da Lepercq, mas ele rejeitou todos, ansioso para se afastar da corrida de ratos de Wall Street. Ele começou a dar cursos de finanças e contabilidade nas Universidades de Fordham e de Yeshiva, em Manhattan, enquanto ainda participava do jogo prestando um ou outro trabalho de consultoria. Ao prestar um desses serviços ao J.P. Morgan, ele ajudou a desenhar um sistema revolucionário de gestão do risco para um grupo que depois se tornaria uma empresa independente chamada RiskMetrics, uma das firmas mais importantes do setor.

Enquanto isso, a securitização decolava como um jato no início da década de 1990, depois da crise das associações de empréstimo e poupança, quando a Resolution Trust Corporation estatal assumiu as associações em dificuldades, que um dia chegaram a ter ativos de US$ 400 bilhões. A RTC empacotou os empréstimos arriscados (que pagavam juros altos) e os vendeu em alguns anos, atiçando o apetite dos investidores.

Em 1998, Brown fez um trabalho de consultoria para o Rabobank, uma sólida instituição holandesa, que começara a lidar com derivativos de crédito. Ele foi apresentado ao fascinante mundo dos swaps de crédito e criou uma série de sistemas de negociação para esses novos derivativos. Esse ainda era o Velho Oeste dos mercados de swaps e havia muitas frutas baixinhas esperando para ser colhidas com negociações criativas.

Os swaps de crédito podem parecer absurdamente complexos, mas na verdade são instrumentos relativamente simples. Imagine uma família — vamos chamá-la de família Bonds — que se muda para uma bela casa nova que vale US$ 1 milhão, recentemente construída no seu bairro. O banco local fez uma hipoteca para eles. O problema é que o banco tem muitos empréstimos em seus ativos e gostaria de tirar alguns de sua contabilidade. O banco chega até você e seus vizinhos e pergunta se estariam interessados em fazer um seguro contra a possibilidade de a família Bonds um dia não honrar o pagamento da dívida.

É claro que o banco vai lhe remunerar por isso, mas não vai ser um valor muito extravagante. O sr. e a sra. Bonds são pessoas trabalhadoras.

"Eu cruzo os dedos pelo futuro" 243

A economia está sólida. Você acha que é uma boa aposta. O banco começa lhe pagando US$ 10 mil por ano. Se o sr. e a sra. Bonds não pagarem, você passa a dever US$ 1 milhão. Mas enquanto o casal pagar a hipoteca, está tudo bem. É quase um dinheiro grátis. Basicamente, você acabou de fazer um swap de crédito com o imóvel do casal Bonds.

Um dia você percebe que o sr. Bonds não foi trabalhar de manhã. Mais tarde, você descobre que ele perdeu o emprego. E assim, de repente, você começa a se preocupar com a possibilidade de ter que pagar uma dívida de US$ 1 milhão. Mas, um momento: outro vizinho, que acha que conhece a família melhor do que você, está confiante de que o sr. Bonds logo vai arranjar um trabalho novo. E está disposto a assumir a responsabilidade por essa dívida — mas é claro que isso tem um preço. Ele quer US$ 20 mil por ano para segurar a hipoteca dos Bonds. Para você, é uma má notícia, já que tem que pagar mais US$ 10 mil por ano — mas você acha que vale a pena porque não tem a menor vontade de pagar uma hipoteca de US$ 1 milhão.

Bem-vindo ao mundo das negociações de swaps de crédito (CDSs).

Muitos traders de CDS, como Weinstein, não estavam realmente no negócio de se proteger contra um prejuízo com uma hipoteca ou algum título de dívida. O mais frequente era que eles nunca fossem donos da dívida, no fim das contas. Em vez disso, eles apostavam na *percepção* de uma empresa dar um calote ou não.

Se tudo isso já não fosse suficientemente esquisito, as coisas passaram a ficar realmente surreais quando o mundo dos swaps de crédito conheceu o mundo da securitização. Brown tinha assistido, um tanto horrorizado, como os bancos começaram a embrulhar os empréstimos securitizados naquilo que eles chamavam de uma obrigação de dívida colateralizada, ou CDO, que era parecida com as CMOs que Brown havia visto na década de 1980, porém estas eram mais diversificadas e podiam ser utilizadas para empacotar qualquer tipo de dívida, de hipotecas a créditos universitários e até dívidas de cartão de crédito. Algumas CDOs eram feitas de pedaços de outras, uma espécie de monstro Frankenstein chamada de CDO-squared [CDO ao quadrado]. (Posteriormente, também surgiriam as CDOs de CDOs de CDOs.)

No momento em que as coisas não podiam ficar mais estranhas, as CDOs passaram por uma nova transformação, quando uma equipe de quants do J.P. Morgan criou um dos produtos financeiros mais bizarros e, no fim das contas, mais destrutivos já desenhados: as CDOs "sintéticas".

Em Nova York, em meados dos anos 1990, um grupo de engenheiros financeiros do J.P. Morgan começou a pensar em como resolver um problema que atormentava o banco: uma imensa quantidade de empréstimos no balanço do banco estava dando um retorno irrisório. Como o banco tinha uma limitação no número de empréstimos que ele podia fazer devido às exigências de reserva de capital, esses empréstimos o estavam atrasando. E se fosse possível fazer o risco desses empréstimos desaparecer?

Era aí que entrava o swap de crédito. O banco teve a nova ideia de criar uma CDO sintética utilizando swaps.[2] Os swaps eram atrelados aos empréstimos que apareciam no balanço do J.P. Morgan, reempacotados na forma de uma CDO. Os investidores, em vez de comprarem um verdadeiro pacote de títulos — ficando com o retorno dos títulos, mas também assumindo o risco de inadimplência —, concordavam em *segurar* um monte de títulos e recebendo um prêmio por isso.

Em outras palavras, imagine milhares de swaps atrelados a pacotes de hipotecas (ou outros tipos de empréstimo, como crédito corporativo ou dívidas de cartão de crédito) como as que pertenciam ao sr. e à sra. Bonds.

Ao vender fatias de CDOs sintéticas para os investidores, o J.P. Morgan desovava o risco das dívidas que ele carregava no balanço. Como o banco estava, basicamente, segurando os empréstimos, ele não tinha mais que se preocupar com o risco de que algum devedor desse um calote. Com isso — abracadabra —, o banco podia usar mais capital para fazer mais empréstimos... e ganhar mais comissões.

Era brilhante, no papel. Em dezembro de 1997, a mesa de derivativos do J.P. Morgan em Nova York desvelou sua obra-prima em matéria

"Eu cruzo os dedos pelo futuro" 245

de engenharia financeira. Chamava-se Bistro, uma abreviação de Broad Index Secured Trust Offering. O Bistro era um aspirador de pó superpotente para a exposição de crédito de um banco, uma ferramenta industrial de gerenciamento de risco. O primeiro negócio do Bistro permitiu que o J.P. Morgan descarregasse quase US$ 1 bilhão de risco de crédito de seu balanço em uma carteira de empréstimo de US$ 10 bilhões.[3] O banco manteve parte da CDO sintética na forma de uma tranche "supersênior" de alta qualidade, que foi considerada tão segura que praticamente não havia possibilidade de sofrer algum tipo de perda. Essa mistura efervescente exerceria um papel crítico no derretimento do crédito nos anos de 2007 e 2008.

Com o passar do tempo, cada vez mais swaps de crédito, ou parcelas deles, foram se espalhando pelo sistema financeiro. Traders como Boaz Weinstein os colhiam como jogadores em um hipódromo apostando no cavalo que terminaria em último. De certa maneira, essa fantasia de derivativos cada vez mais complexos remontava aos tempos da mesa de negociações em bloco do Morgan Stanley, no começo da década de 1980, quando Gerry Bamberger teve a ideia da arbitragem estatística: uma ideia que começara como uma ferramenta de gestão de risco havia se transformado em um cassino. Mas a criação de Bamberger era brincadeirinha de criança comparada ao pesadelo matemático de proporções industriais inventado no laboratório quantitativo do J.P. Morgan. A complexidade se somava à complexidade. Logo ela assumiu proporções virais.

Em 1998, o governo russo deu um calote na dívida e o Long-Term Capital Management desmoronou. O caos resultante ajudou a turbinar o setor de derivativos de crédito (ajudando a montar o cenário para a ascensão de Boaz Weinstein). Todo mundo queria um pedaço desses swaps misteriosos, já que eles proporcionavam uma espécie de proteção contra o risco de calote. O J.P. Morgan injetou novos produtos no sistema, enquanto passava um Bistro em seu balanço. Outros bancos logo o seguiram. E um robusto mercado secundário para swaps de crédito surgiu, um lugar em que traders como Weinstein apostavam se os preços estariam errados.

246   MENTES BRILHANTES, ROMBOS BILIONÁRIOS

Enquanto isso, Brown voltou a trabalhar em tempo integral no Citigroup, em 2000, em um sistema de gestão de risco para a instituição inteira, um dos maiores bancos do mundo. Ele descobriu que o Citi tinha boa parte de seu risco sob controle. Mas havia um recanto que o incomodava: a securitização. Como esse tipo de atividade do banco acontecia "compensatoriamente" em contas no exterior, havia uma perturbadora falta de transparência. Era difícil saber exatamente o que estava acontecendo e qual o risco que eles estavam correndo. Parecia haver pouco o que ele poderia fazer, além de reclamar periodicamente com a administração. Mas quem iria lhe dar ouvidos? O negócio era um foguete de lucros. Os desconfiados eram ignorados.

Brown ficou olhando enquanto o sistema financeiro relativamente sóbrio no qual ele fora trabalhar na década de 1980 se transformava num monstro que moía dívidas e se sobrecarregava de derivativos. Os bancos se refestelavam nos derivativos mais exóticos possíveis. Os tropeços estavam se tornando mais frequentes, mas eram minimizados pela quantidade maciça de dinheiro que entrava. O cassino estava aberto. Aliás, estava começando a se ramificar, procurando mais maneiras de captar dinheiro com que os traders pudessem brincar um pouco. Por exemplo, as hipotecas subprime.

■ ■ ■

No entanto, como a maioria das pessoas em Wall Street, Aaron Brown estava impressionado com os números e com as engenhosas estratégias de negociação que podiam arbitrar as ineficiências e gerar lucros aparentemente infinitos. A propósito, praticamente toda a comunidade quant, a não ser por uns poucos estraga-prazeres, abraçava a explosão de derivativos de peito aberto. Os níveis cada vez maiores de complexidade não os incomodavam. Eles até gostavam.

Talvez o exemplo mais egrégio de exagero de criatividade quantitativa envolvia as CDOs sintéticas como o Bistro, do J.P. Morgan. Por causa da complexidade de todos aqueles swaps e títulos empacotados

"Eu cruzo os dedos pelo futuro" 247

e fatiados, era muito difícil precificar todos os pedaços. O maior problema era aquele que Weinstein focou anos mais tarde: a correlação. Se os empréstimos de um pedaço de CDO apodreciam, qual era a chance de que as outras partes do empréstimo também fossem enfrentar problemas? É a mesma questão de se perguntar se todas as maçãs em um saco vão começar a apodrecer se algumas estragarem.

Naturalmente, um quant estava esperando ali ao lado com uma solução elegante para tudo aquilo — uma solução que ajudaria a afundar os mercados globais de crédito, alguns anos depois.

A solução veio de um quant chinês chamado David X. Li, um engenheiro financeiro que trabalhava na sede nova-iorquina do Canadian Imperial Bank of Commerce, ou CIBC. Em vez de tentar modelar todos esses fatores absurdamente difíceis que tornam o trabalho de apreçar todas as partes inter-relacionadas tão espinhoso, Li achou uma saída rápida que imediatamente forneceria os dados para apreçar a salada de parcelas das CDOs.[4]

Li discutia esse problema frequentemente com seus colegas da academia que eram especialistas numa ciência atuarial chamada análise de sobrevivência. Um conceito que eles estudavam era que, depois da morte do cônjuge, as pessoas tendiam a morrer mais cedo que as outras na mesma região. Em outras palavras, eles mediam a correlação entre as mortes dos cônjuges.

A ligação entre mortes de cônjuges e swaps de crédito era magia quantitativa da melhor — e da pior — qualidade. Li mostrou como esse modelo podia designar correlações entre as tranches das CDOs, ao medir o preço dos swaps de crédito ligados às dívidas subjacentes. Os swaps de crédito fornecem uma única variável que incorpora a avaliação do mercado de como o empréstimo vai se sair. Afinal de contas, o preço de um CDS é simplesmente o reflexo da visão que os investidores têm sobre se um devedor vai dar calote ou não.

O modelo de Li fornecia um método para embrulhar os preços de vários swaps de crédito numa CDO e emitir números que mostrassem a correlação entre as tranches. Em abril de 2000, depois de se transferir

248 MENTES BRILHANTES, ROMBOS BILIONÁRIOS

para o departamento de crédito do J.P. Morgan, ele publicou os resultados no *Journal of Fixed Income*, em um artigo chamado "On Credit Default Correlation: A Copula Function Approach" [Sobre a correlação da inadimplência de crédito: uma abordagem com função de cópula]. O nome do modelo se baseava, em parte, no método estatístico que ele utilizou para medir a correlação: a função de cópula gaussiana.

Cópulas são funções matemáticas que calculam as conexões entre duas variáveis — em outras palavras, a forma como elas "copulam". Quando X acontece (por exemplo, um devedor que não paga), existe uma chance Y de que Z aconteça (o vizinho também não venha a pagar). As cópulas específicas que Li utilizou receberam esse nome por causa de Carl Friedrich Gauss, o matemático alemão do século XIX conhecido por inventar um método, baseado na curva do sino, para medir o movimento das estrelas.

As correlações entre as fatias de uma CDO se baseavam, portanto, na curva do sino (uma cópula é, em essência, uma curva do sino multidimensional). Não se imaginava que milhares de títulos de dívida (ou de swaps atrelados a eles) dessem grandes saltos repentinos; em vez disso, acreditava-se que eles, geralmente, se movessem de um ponto a outro, para cima ou para baixo, em padrões relativamente previsíveis. Movimentos extremos numa grande quantidade de títulos subjacentes não faziam parte desse modelo. Era, de novo, a velha lei dos grandes números, o mesmo truque matemático que Ed Thorp utilizara para ganhar no vinte e um na década de 1960 e que Black e Scholes usaram para precificar as opções. Agora, no entanto, ele estava sendo aplicado numa escala tão ampla e complexa que beirava o absurdo. Mas os quants o abraçaram, sem perceber.

Enquanto o mercado de CDOs sintéticas florescia, as agências de classificação de crédito de Wall Street adotavam o modelo de Li. "A cópula de Gauss era a fórmula de Black-Scholes dos derivativos de crédito", disse Michel Crouhy, o chefe de Li no CIBC na década de 1990. Os chamados traders de correlação apareceram em bancos como o Goldman Sachs, Morgan Stanley e Deutsche Bank, utilizando o modelo para

"Eu cruzo os dedos pelo futuro"   249

negociar tranches de CDOs, e as correlações subjacentes a elas, como se fossem figurinhas de beisebol. O modelo parecia funcionar relativamente bem, e era fácil de usar.

O crucial — e o desastroso — é que o modelo se baseava na forma como os *outros investidores* viam o mercado pelas lentes dos swaps de crédito. Se os traders de CDS achassem que os proprietários de imóveis fossem dar calote nos empréstimos que receberam, a cópula gaussiana adotada por Li precificava as tranches dessa maneira. E como o *boom* das CDOs estava acontecendo ao mesmo tempo em que uma bolha imobiliária estava se formando — e inclusive ele ajudava a inflar a bolha —, a maioria dos investidores acreditava que havia poucas chances de um grande número de devedores se tornar inadimplente. O resultado foi um terrível ciclo que se autoalimentava — uma câmara de eco, poderíamos dizer —, no qual investidores entusiasmados agarravam tranches de CDOs, criando uma demanda maior ainda por elas — e isso gerava uma demanda para ainda mais empréstimos hipotecários. As CDOs mostravam muito pouco risco pelo modelo de Li. Por alguma razão, quase todo mundo, com exceção de umas poucas pessoas excessivamente céticas, acreditava nisso apesar dos registros históricos sobre como essas hipotecas se comportavam, numa recessão econômica generalizada, fossem quase inexistentes.

E então, em 2004, para atender à demanda insaciável, os bancos começaram a rechear as CDOs com um tipo de empréstimo que Li não havia considerado quando criou seu modelo, no final da década de 1990: as hipotecas subprime. E o mercado de CDOs entrou na velocidade máxima.

Graças a uma alquimia ainda maior dos quants, algumas tranches de CDOs subprime podiam conseguir uma classificação AAA de agências como a Standard & Poor's, um selo de aprovação que permitia que as instituições reguladas como os fundos de pensão pudessem absorvê-las. Funcionava assim: os engenheiros financeiros pegavam as fatias de pior classificação de um título lastreado em hipotecas ou de outro pacote de empréstimos como linhas de cartão de crédito e embrulhava tudo numa CDO. Depois, eles fatiavam a CDO em vários pedaços, baseados em uma lista de prioridades — quais fatias tinham direito ao dinheiro pago pelos devedores em primeiro lugar, em segundo, terceiro e assim por diante. Um produto que começou como a hipoteca de uma casa do devedor de maior risco passava pelas lentes dos quants e saía como um ativo mobiliário de ouro, adequado a alguns dos investidores mais fortemente regulados e monitorados. Na verdade, eles só tinham um risco baixo em relação a outras tranches ainda mais voláteis, quando vistas pelas lentes cor-de-rosa dos investidores empolgados com a alta.

Em 2004, foram emitidos US$ 157 bilhões em CDOs, boa parte das quais continha hipotecas subprime. Essa quantia disparou para US$ 273 bilhões em 2005 e atingiu impressionantes US$ 550 bilhões em 2006.

Olhando para trás, a cópula gaussiana se revelou um verdadeiro desastre. A simplicidade do modelo hipnotizou os traders e os fez pensar que ela fosse um reflexo da realidade. Na verdade, o modelo era uma fórmula marcada pelo mau julgamento, que se baseava na exuberância irracional, em uma sabedoria autoestimulante e, no final, falsa de pessoas que conferiam preços fictícios a um produto inacreditavelmente complexo. Por algum tempo, isso deu certo, e todo mundo participava. Mas quando uma volatilidade mínima se fez presente, no começo de 2007, o edifício inteiro desmoronou. Os preços já não faziam mais sentido. Como quase todos os administradores e traders de CDOs utilizavam a mesma fórmula para precificar aqueles pacotes incendiários — mais um exemplo do pensamento de manada resultado de metodologias quantitativas populares —, todos explodiram ao mesmo tempo.

É muito difícil perceber por quê? A complexidade havia se tornado malévola. Os quants e os traders de correlação modelavam fluxos de caixa para tranches de swaps de crédito ligadas a CDOs que eram pacotes de títulos lastreados em hipotecas, que por sua vez eram pacotes com fatias de empréstimos pouco transparentes feitos a proprietários de imóveis de todos os Estados Unidos. O modelo criava uma ilusão de ordem onde ela não existia.

Um ator fundamental no *boom* das CDOs foi uma cria do Citadel, um fundo de hedge de US$ 5 bilhões chamado Magnetar Capital,

"Eu cruzo os dedos pelo futuro" 251

administrado por um dos principais traders de Griffin, Alec Litowitz. Em 2006, uma newsletter do setor chamada *Total Securitization* chamou Magnetar de o investidor do ano. "O Magnetar comprou operações sob medida em quantidades consideráveis em 2006, investindo numa série de CDOs, cada uma de mais de US$ 1 bilhão", escreveu o boletim em março de 2007.

A presença do Magnetar no mundo das CDOs pode ser vista na aparente fascinação de Litowitz por astronomia.[5] Um grande número de CDOs tóxicas criadas no auge da euforia do subprime tem nomes astronômicos, como Orion, Aquarius, Scorpius, Carina e Sagittarius. O Magnetar era o "investidor-âncora" delas, segundo uma investigação do *Wall Street Journal*. Mas o Magnetar, que ganhou 25% em 2007, também assumia o outro lado dessas CDOs, comprando posições que se pagariam se as fatias de melhor classificação do pacote não fossem pagas.

A negociação do Magnetar era engenhosa e, provavelmente, diabólica. Ela mantinha as fatias mais arriscadas das CDOs, chamadas de "equity", que eram mais vulneráveis aos calotes. Mas também comprava proteção sobre as fatias menos arriscadas da estrutura das CDOs, basicamente apostando numa onda de inadimplência. O rendimento de cerca de 20% das fatias de equity fornecia o caixa para comprar as fatias menos arriscadas. Se a parte de equity implodisse, como aconteceu, as perdas significariam pouco se as fatias de alta qualidade também sofressem perdas significativas, o que também aconteceu.

Olhando para trás, o Magnetar se revelou um facilitador do *boom* das CDOs, porque engolia aquelas fatias de equity quando outros poucos investidores se mostravam dispostos a comprá-las. Sem um comprador ativo das fatias mais podres, os bancos teriam muito mais dificuldade para construir as CDOs cada vez mais arriscadas que tomaram o mercado em 2006 e 2007. Ao todo, o Magnetar era um investidor-chave em cerca de US$ 30 bilhões da constelação de CDOs emitidas entre meados de 2006 e meados de 2007.

Existem indícios muito claros de que a demanda gananciosa de Wall Street por empréstimos e todas as gordas comissões que eles propicia-

MENTES BRILHANTES, ROMBOS BILIONÁRIOS

vam foi um fator-chave que permitiu, e incentivou, os corretores prepararem hipotecas cada vez mais arriscadas com penduricalhos tóxicos como taxas de juros ajustáveis que disparavam alguns anos — ou, em certos casos, alguns meses — depois de o empréstimo ter sido feito. Dos 25 principais emissores de hipotecas subprime, 21 pertenciam ou eram financiados por grandes bancos de Wall Street ou da Europa, segundo relatório do Center for Public Integrity. Sem a demanda dos bancos de investimento, esses maus empréstimos jamais teriam sido feitos.

Enquanto o *boom* das CDOs decolava, o mesmo acontecia com o preço dos imóveis nos Estados Unidos. De janeiro de 2000 a julho de 2006, o auge da bolha imobiliária, o preço médio de uma casa nos Estados Unidos subiu 106%, segundo o S&P/Case-Shiller National Home Price Index [Índice Nacional de Preços de Residência S&P/Case-Shiller]. Para modelos como os da cópula gaussiana, a mensagem era muito clara: o mercado imobiliário era cada vez mais seguro — quando, na verdade, estava ficando muito mais perigoso. No final de 2006, o preço dos índices imobiliários começou a se mover na direção contrária, caindo mais de 30% três anos depois.

Alguns quants, inclusive o próprio Brown, criticavam os modelos que os bancos e as agências de classificação de risco utilizavam para precificar as CDOs. Ele sabia que as correlações dadas pela cópula gaussiana eram fictícias. Mas, enquanto o dinheiro estivesse entrando, ninguém queria ouvir falar nisso — e certamente não os traders de correlação que ganhavam bônus gordos, e de modo algum os CEOs de Wall Street, que ganhavam bônus maiores ainda.

Feito o crack, o sistema era viciante e se revelou destrutivo. Enquanto o *boom* durou, a securitização ajudou Wall Street a se tornar uma força cada vez mais poderosa na economia americana. A participação do setor financeiro no total do lucro das empresas americanas bateu em 35% em 2007, um aumento de dez pontos percentuais desde o início da década de 1980, quando quants como Brown começaram a entrar em cena. As instituições financeiras formavam 25% da capitalização de mercado do índice S&P 500, muito mais do que qualquer outra atividade.

"Eu cruzo os dedos pelo futuro" 253

Ajudando a guiar a subida dos lucros das instituições financeiras estava a tática inteligente favorita de fundos como AQR, Global Alpha, Citadel e Saba: a *carry trade*. No final de 2006, mais dinheiro do que nunca havia sido jogado nesse tipo de operação, na qual os investidores, geralmente bancos e fundos de hedge, pegavam emprestadas moedas que pagavam juros baixos, como o iene, para comprar títulos em moedas que pagavam mais, como o dólar da Nova Zelândia ou a libra esterlina. Era uma máquina registradora sem atrito, da qual bastava apertar um botão, que se baseava nos computadores e na matemática — um verdadeiro mundo da fantasia de riqueza quantitativa.

A carry trade estava abastecendo um *boom* de liquidez mundial, gerando uma festa com ativos que iam de commodities a imóveis — e hipotecas subprime. "Eles podem pegar emprestado pagando uma taxa de juros de quase zero no Japão (...) e reemprestar em qualquer lugar do mundo que ofereça juros mais altos, sejam títulos argentinos ou, nos Estados Unidos, em títulos lastreados em hipotecas", noticiou, na Inglaterra, o jornal *Telegraph*. "Isso tem prolongado as bolhas de ativos no mundo inteiro."[6]

"A carry trade se entranhou em todo tipo de instrumento imaginável, spreads de crédito, spreads de juros — tudo foi contaminado", disse ao jornal o analista de câmbio do HSBC, David Bloom.

No entanto, poucas pessoas pareciam se preocupar com o que aconteceria se essa operação simplesmente deixasse de existir. De vez em quando, um soluço dava uma ideia do tumulto incrível que se seguiria. Em fevereiro de 2007, os traders começaram a ficar preocupados se as ações na China e em outros mercados emergentes não teriam subido muito e rápido demais. Enquanto as ações chinesas começavam a cair, os traders que tinham entrado naquele mercado utilizando combustível de foguete começaram a entrar em pânico, devolvendo os empréstimos que haviam feito em ienes e levando a uma alta da moeda japonesa.

Mais ou menos na mesma época, o Banco do Japão decidiu aumentar a meta da taxa de juros no país, levando o iene a subir ainda mais. Um perigoso ciclo de autoalimentação começou: como o iene subiu ainda mais, outros participantes da carry trade se viam obrigados a comprar ienes para estancar a sangria, uma vez que, quanto mais esperassem, mais dinheiro iriam perder. Isso levou a uma apreciação ainda maior do iene. A bolsa da China começou a despencar, caindo 10% num único dia e levando a uma venda generalizada de ações no mundo inteiro, que fez o índice Dow Jones industrial cair mais de 500 pontos.

Contudo, isso foi apenas um tropeço e o trem-bala global das bolsas de valores voltou a acelerar na primavera. Mas foi um aviso que poucos ouviram. Enquanto a carry trade continuasse a gerar lucros aparentemente sem risco, eles continuariam a tocar a mesma música.

E então, em 2007, a festa acabou. A carry trade implodiu. A máquina de securitização entrou em colapso, à medida que os donos dos imóveis começaram a não honrar mais seus empréstimos, em um nível recorde.

Como gerente de risco, Brown viu tudo desabar no Morgan Stanley, um dos maiores jogadores do cassino das CDOs, para onde ele se transferira depois de sair do Citigroup, em 2004.

■ ■ ■

Brown se juntara à "Mãe Morgan", como o banco era chamado, durante o reinado de Phil Purcell, que tinha assumido o comando anos antes, após uma tenebrosa disputa de poder com John Mack, outro imperador do Morgan. Purcell tinha ido parar no banco como parte de uma fusão de US$ 10 bilhões, em 1997, entre o banco de elite e a corretora Dean Witter Discover & Co., que atendia principalmente a clientes da classe média. Os morganitas de sapato branco ficaram horrorizados, mas Purcell, que se transformara em CEO pelo acordo de fusão, se revelou um rival impressionante para Mack, que estava no Morgan desde 1972, quando começara como trader de títulos. Em 2001, Mack saiu do banco, percebendo que não poderia derrubar Purcell; e foi trabalhar, primeiro, no Credit Suisse First Boston, antes de se juntar a um fundo de hedge.

No entanto, depois da saída de Mack, os lucros do Morgan não acompanharam o ritmo dos bancos rivais, especialmente do Goldman

"Eu cruzo os dedos pelo futuro" 255

Sachs. Entre a saída de Mack e o início de 2005, o valor de mercado do banco caiu quase 40%, para um nível de US$ 57 bilhões. Apesar de o valor dos competidores também ter cedido um pouco, a queda do Morgan fora a maior de Wall Street. Os subordinados começaram a ficar com raiva de Purcell. Diziam que ele era cauteloso demais, que não queria correr riscos, que não tinha coragem suficiente para ganhar dinheiro de verdade — diferente de John Mack.

No entanto, Brown estava se dando muito bem. Ele tinha sido contratado para ajudar o sistema de crédito do banco a se conformar com um antigo conjunto de regulamentações chamado Acordo de Basileia, um padrão internacional que dizia quanto capital os bancos deviam ter para se resguardar contra eventuais prejuízos. O CFO do Morgan, Steve Crawford, protegido de Purcell, tinha contratado Brown. Ele queria que ele realizasse a tarefa — que os bancos comerciais como o Citigroup tinham levado anos para implementar — em 18 meses, no máximo.

— Se você conseguir esse feito, vai poder ter o cargo que quiser aqui no banco — prometeu Crawford.

Brown ficou impressionado com a alta cúpula do Morgan, que parecia apreciar os quants (normalmente ignorados) e incentivava uma série de programas para melhorar a capacidade de gerenciamento de risco do banco. Mas, num golpe de cúpula, Purcell e seus favoritos, incluindo Crawford, o benfeitor de Brown, foram expulsos do banco em junho de 2005 por um grupo de poderosos acionistas. O substituto: John Mack.

Mack, nascido na Califórnia e filho de imigrantes libaneses, prometeu trazer de volta ao Morgan a velha cultura agressiva. Ele achou que o desempenho de seu querido Morgan sob o comando de Purcell era totalmente inaceitável. Em todos os seus anos no banco, ele havia supervisionado a primeira operação de arbitragem estatística de Nunzio Tartaglia nos anos 1980 e também ajudara a administrar o grupo de Peter Muller. Ele gostava de correr riscos, e o Morgan, acreditava ele, tinha perdido esse gosto. Ao voltar, Mack desfilou pelo salão de operações do Morgan como um general em triunfo pelas ruas da Roma antiga. O canal de notícias financeiras CNBC transmitiu o acontecimento ao vivo.

MENTES BRILHANTES, ROMBOS BILIONÁRIOS

Os traders do banco desviaram os olhos dos ubíquos terminais da Bloomberg para saudar estridentemente a segunda vinda de "Mack the Knife", um apelido que ganhou pela sua disposição de meter a faca na folha de salários e cortar custos.

O Morgan tinha sido deixado para trás por seus pares mais rápidos como o Goldman Sachs e o Lehman Brothers, disse Mack, e seus lucros estavam sofrendo. O novo paradigma para os bancos de investimento em Wall Street era correr riscos. O modelo ideal era o Goldman Sachs, de Henry Paulson, com seu fundo Global Alpha, extremamente bem-sucedido, e seus lucros estonteantes em private equity.

O próprio Paulson desenhara esse novo paradigma do banco no relatório anual de 2005. "Outra tendência-chave é o aumento da demanda dos clientes para que os bancos de investimento combinem capital com assessoria", escreveu ele. "Em outras palavras, espera-se que os bancos de investimento comprometam mais de seu próprio capital nas transações que eles executam. (...) Os bancos de investimento estão usando cada vez mais seus próprios balanços para dar crédito aos clientes, a fim de assumir o risco de mercado em nome deles e, às vezes, para ser seus parceiros de investimento."

A estratégia do Goldman refletia as mudanças que vinham acontecendo nos bancos de investimento há mais de uma década. Os bancos estavam em uma luta mortal para impedir que traders talentosos abandonassem o barco e montassem seus fundos de hedge — como Cliff Asness fizera em 1998. Eles estavam em confronto direto com os cowboys ousados de Greenwich e estavam perdendo. E nenhum banco via isso com mais clareza do que o Goldman. Outros, como o Deutsche Bank de Boaz Weinstein e o Morgan Stanley de Peter Muller, vinham logo atrás. A única maneira de competir era oferecendo salários elevadíssimos aos melhores e mais brilhantes do grupo e abrir os portões para a alavancagem e a tomada de riscos. Em pouco tempo os bancos de Wall Street sofreriam uma metamorfose, se transformando em fundos de hedge ávidos de risco, com o Goldman abrindo o caminho e o Morgan logo atrás.

Os reguladores também deram uma mãozinha.[7] Certa tarde de primavera, no final de abril de 2004, cinco membros da Securities and

"Eu cruzo os dedos pelo futuro" 257

Exchange Commission (SEC) se reuniram em uma sala de audiências no subsolo e se encontraram com um grupo de representantes dos grandes bancos de investimento de Wall Street para falar sobre risco. Os bancos tinham pedido uma isenção para as suas corretoras, de cumprir uma regulamentação que limitava o quanto de dívida elas podiam ter no balanço. A regra exigia que os bancos mantivessem uma grande reserva de caixa para se protegerem contra grandes prejuízos nessas posições. Ao afrouxar as chamadas exigências de reservas de capital, os bancos poderiam ser mais agressivos e utilizar o dinheiro extra em áreas mais lucrativas, como títulos e derivativos lastreados em hipotecas.

A SEC aceitou. Ela também decidiu confiar nos próprios modelos quantitativos dos bancos para determinar o quanto seus investimentos poderiam ser arriscados. Basicamente, em um movimento que voltaria para atormentar não apenas a agência como a economia inteira, a SEC terceirizou a supervisão das maiores instituições financeiras do país aos quants dos bancos.

— Fico feliz em dar o meu apoio — disse Roel Campos, comissário da SEC — e cruzo os dedos pelo futuro.

No começo, o Morgan não estava muito ansioso em se juntar a essa festa. Um mantra que corria no banco, antes da volta de John Mack, era que o Morgan "não seria outro Goldman", segundo uma pessoa que trabalhava no banco. Ele seria prudente no momento de alta, para estar preparado para o estouro inevitável que aconteceria quando a festa acabasse.

O retorno de Mack mudava tudo isso. A solução para ele era a empresa fazer apostas maiores e mais ousadas, e cada vez mais, exatamente como o Goldman.

Como observador, Brown ficou preocupado, quanto mais o apetite de risco do Morgan aumentava. O novo regime parecia agir como se a gestão de risco fosse apenas uma questão de preencher formulários e colocar os pingos nos is, mas não uma parte central da função de uma empresa, que era fazer a caixa registradora tilintar.

Brown levantou as sobrancelhas diante de uma das propostas feitas por Mack. Numa reunião depois da outra em salas junto à diretoria

258 MENTES BRILHANTES, ROMBOS BILIONÁRIOS

do banco, Mack disse que queria dobrar o faturamento do banco em cinco anos, mantendo os custos no mesmo nível. *Boa ideia,* pensou Brown. *Mas como exatamente vamos conseguir isso?*

A resposta, ele temia, era simplesmente correndo mais riscos.

Entre as ideias que a equipe de Mack preparou para alcançar essa meta estavam aumentar os investimentos nos negócios com derivativos financeiros, mergulhando de cabeça no campo florescente das hipotecas residenciais, e correr mais riscos com o capital próprio do banco nas mesas de negociações com capital próprio, como o PDT de Peter Muller.

O Morgan descobriu rapidamente uma maneira de juntar essas três metas em uma única área: as hipotecas subprime. Em agosto de 2006, o banco pôs em ação um plano para comprar o Saxon Capital, um emissor de hipotecas subprime, por US$ 706 milhões. A máquina infindável de subprimes do banco estava funcionando a todo vapor.

Brown podia ver tudo acontecendo diante de seus olhos. Seu trabalho como gerente de risco da divisão de crédito do banco lhe dava uma visibilidade única das posições de renda fixa no balanço do Morgan. A maior parte parecia sob controle. Mas havia uma área que o incomodava: a securitização e todas aquelas hipotecas subprime.

Essas hipotecas haviam se tornado as novas queridinhas de Wall Street. Quanto mais devedores de risco pudessem ser incentivados a fazer hipotecas de alto risco, mais CDOs (e CDOs sintéticas) de grandes riscos e grandes retornos poderiam ser criadas por e para os investidores de Wall Street. Enquanto esse carrossel continuasse rodando, todo mundo ganharia seu anelzinho.

Brown, entretanto, estava cada vez mais preocupado com a festa das securitizações no Morgan. Assim como acontecia no Citigroup, uma de suas maiores preocupações estava nos enormes "armazéns" de hipotecas subprime que o banco utilizava para guardar esses empréstimos. A maioria dos bancos, inspirada pelo Salomon Brothers, tinha criado veículos que não apareciam nos balanços, que guardariam os empréstimos temporariamente, enquanto eles eram embrulhados, empacotados, fatiados, cortados em cubos e vendidos no mundo inteiro. Esses veículos se financiavam

"Eu cruzo os dedos pelo futuro" 259

utilizando os mercados de *commercial papers* — empréstimos de curto prazo que precisavam ser feitos constantemente. Qualquer falha nessa corrente, percebeu Brown, poderia resultar em um desastre. Ainda assim, ele não achava que isso representasse um risco que pudesse causar danos substanciais ao banco. Os lucros saíam pelo ladrão. Ele também encontrou algum consolo no altíssimo preço que as ações do Morgan estavam alcançando. Se o Morgan sofresse uma perda severa, ele sempre poderia levantar mais dinheiro no mercado aberto com uma oferta pública de ações. Ele não considerou a possibilidade de o preço das ações do Morgan sofrer um colapso quando o setor bancário inteiro desabasse.

No início de 2007 o Morgan Stanley navegava num dos ventos mais favoráveis de sua história. O banco estava tendo o melhor trimestre de todos os tempos e o melhor ano, em matéria de lucratividade. Um dos grandes sucessos, comentou Mack na *conference call* de abril de 2007, era o grupo de valores mobiliários institucionais, administrado pelo ambiciosíssimo copresidente do Morgan, Zoe Cruz. O grupo administrava uma "enorme quantidade de risco de uma maneira disciplinada e muito inteligente", dizia Mack.

O nível de alavancagem, no entanto — a quantidade de dinheiro emprestado que ele utilizava nas operações diárias —, era de impressionantes 32:1. Em outras palavras, o Morgan estava tomando emprestado US$ 32 para cada dólar de capital próprio. Outros bancos de investimento, como Bear Stearns, Lehman Brothers e Goldman Sachs, também estavam com o grau de alavancagem nas alturas. Medidas internas em alguns desses bancos mostravam que a alavancagem estava maior até do que nos números oficiais enviados à SEC.

Uma das mesas de Cruz era um grupo de operações de crédito de capital próprio montado em abril de 2006. O responsável era Howard Hubler, um diretor administrativo com anos de experiência em negociação de valores mobiliários complexos no J.P. Morgan. Era uma operação muito semelhante a um fundo de hedge, que apostava o próprio dinheiro do Morgan nos mercados de crédito, uma espécie de espelho do PDT negociando títulos de dívida.

No começo, o grupo de Hubler teve um sucesso estrondoso, proporcionando ao banco um lucro de US$ 1 bilhão no início de 2007. Hubler fazia parte da nova turma de traders de Wall Street que lidavam com as correlações utilizando a cópula gaussiana de David Li para medir o risco de inadimplência entre as várias tranches das CDOs. Sua estratégia era a de vender a descoberto os níveis mais baixos das CDOs subprime (ou dos derivativos ligados a elas), enquanto mantinha em carteira as tranches das CDOs de classificação mais alta. Pelos cálculos dos quants, essas fatias de CDO de maior qualidade tinham pouca chance de perderem valor.

Como mostraram os acontecimentos futuros, a operação com correlações se revelou um vespeiro de risco. Hubler achou que estava vendendo subprimes a descoberto. Mas, em uma reviravolta cruel, Hubler acabou comprado em hipotecas subprime. Ele inverteu a mão na correlação.

Enquanto isso, Brown ficava cada vez mais alarmado com os riscos que o banco corria no mercado de hipotecas subprime. Os empréstimos eram inseridos em um lado da máquina de securitização do Morgan por emprestadores subprime como a Countrywide e a New Century Financial e expelidos do outro para investidores do mundo inteiro. Aliás, apesar de poucos perceberem isso na época, o Morgan era um dos atores mais importantes durante os anos de pico do subprime (2005 e 2006), subscrevendo US$ 74,3 bilhões em hipotecas subprime, segundo o boletim *Inside Mortgage Finance* (o primeiro lugar era o Lehman, com US$ 106 bilhões em hipotecas subscritas).

O Morgan também estava emprestando agressivamente em outros lugares, apoiando volumes maciços de dívidas de cartão de crédito e empréstimos corporativos. Brown percebeu que se tratava de um processo insustentável, condenado a desmoronar.

— Tudo aquilo só fazia sentido se as pessoas a quem nós estávamos emprestando pudessem pagar — lembra-se Brown. — Mas ficou claro que o único jeito que elas tinham de quitar era tomando mais dinheiro emprestado. Nós fazíamos todo tipo de negócio que fizesse sentido se

"Eu cruzo os dedos pelo futuro" 261

o crédito fosse bom. Nós sabíamos que, em algum momento, a música da dança das cadeiras iria parar, e íamos ser donos de muita merda sem ter capital para pagar por isso.

Brown acreditava que os quants que bolavam os modelos das CDOs se prendiam muito aos detalhes menores dos negócios, enquanto raramente avaliavam o quadro geral — como a bolha que crescia no mercado imobiliário.

— Eles mostravam risco zero — lembra-se Brown. — Era o mesmo erro que todos cometiam, das agências de classificação de risco aos bancos, dos incorporadores imobiliários às pessoas que compravam as casas, que esperavam refinanciar a hipoteca assim que o preço das parcelas subisse. Superficialmente, havia poucas razões para se pensar de outra maneira. Os preços das residências nunca haviam caído em âmbito nacional desde a Grande Depressão. E, além do mais, todo mundo estava satisfeito. Tinha gente ficando podre de rica.

Apesar das preocupações, Brown não disparou nenhum alarme sonoro no Morgan. Ele sabia que o banco ia ter prejuízo, e até dos grandes, quando o ciclo de crédito acabasse — mas não seria fatal. E, também, havia aquele fantástico preço das ações do banco.

Aliás, praticamente ninguém em Wall Street fazia ideia da implosão colossal que estava a caminho. O setor alimentado por feitos cada vez maiores de engenharia financeira parecia estar navegando a todo vapor. Lucros altíssimos estavam certamente acontecendo no Morgan Stanley. A aposta de Hubler no subprime, que teve início em dezembro de 2006, contribuiu significativamente para o aumento de 70% no lucro líquido do banco, para uma cifra recorde de US$ 2,7 bilhões, no primeiro trimestre fiscal de 2007.

Mas problemas com essas apostas complexas começaram a aparecer na primavera do mesmo ano, quando grandes quantidades de proprietários de imóveis começaram a não honrar seus compromissos, em estados que viram enormes aumentos de preço, inclusive a Califórnia, Nevada e Flórida. As tranches das CDOs subprime melhor avaliadas também começaram a balançar.

As primeiras rachaduras tinham começado a aparecer em fevereiro de 2007, quando o HSBC Holdings, o terceiro maior banco do mundo, aumentou as expectativas de prejuízos com as hipotecas subprime em 20%, para um total de US$ 10,6 bilhões. Apenas quatro anos antes, o HSBC tinha enchido a carteira de hipotecas subprime americanas quando abocanhou a Household International Inc., que seria a HSBC Finance Corp. Depois da concretização do negócio, o executivo-chefe da Household na época, William Aldinger, havia se gabado de que a instituição empregava 150 quants que eram verdadeiros magos da modelagem de risco de crédito. Outras empresas, que iam do gigante bancário Washington Mutual, de Seattle, a emissores de hipotecas como a New Century e a IndyMac Bancorp, também anunciaram a possibilidade de grandes prejuízos por conta das hipotecas subprime que eles detinham.

Brown começou a pensar em abandonar o navio exatamente quando iniciou a conversa com o AQR.

O timing parecia muito propício. Esse novo Morgan, esse carrão envenenado, ultra-alavancado e movido a hipotecas subprime, não era um lugar do qual ele quisesse continuar a fazer parte. No final de 2006, ele atendera um telefonema de Michael Mendelson, um dos principais pesquisadores do AQR. Pouco antes, Brown publicara um livro chamado *The Poker Face of Wall Street*, que era uma mistura de reflexões biográficas e elucubrações filosóficas sobre jogos de azar e finanças. Os quants do AQR adoraram o livro e acharam que Brown se encaixaria bem no fundo.

O mais importante era que o AQR estava pensando em fazer uma IPO e precisava de alguém que conhecesse os detalhes mais básicos que acompanhavam uma empresa de capital aberto. Desiludido com o Morgan e decepcionado com o bônus menos que espetacular, que mostrava o pouco apreço que o banco tinha por seu talento, Brown ficou intrigado. Ele fez várias entrevistas com o pessoal do AQR e se encontrou com Asness, que parecia falar sua língua e entendia perfeitamente a administração quantitativa de riscos (embora, no primeiro encontro, eles tenham comparado anotações sobre uma paixão comum de ambos: filmes anti-

"Eu cruzo os dedos pelo futuro" 263

gos). Em junho de 2007, Brown ia diariamente da ferrovia Metro-North para a sede do AQR em Greenwich.

A essa altura, problemas sérios aconteciam no subprime. No mesmo mês em que Brown foi trabalhar no AQR, saiu a notícia de que dois fundos do Bear Stearns que operavam fortemente com CDOs subprime — o Bear Stearns High Grade Structured Credit Strategies Master e o Bear Stearns High Grade Structured Credit Strategies Enhanced Leverage Master Fund, dois nomes de fundir a cuca — estavam sofrendo perdas severas e inesperadas. Administrados por Ralph Cioffi, um gestor de fundos de hedge do Bear Stearns, os fundos tinham investido pesado em CDOs subprime.[8]

De uma maneira mais ampla, o Bear Stearns estava otimista de que, apesar de o mercado imobiliário estar meio estremecido, ele estivesse protegido de sofrimentos maiores. Um relatório enviado no dia 12 de fevereiro de 2007 por Gyan Sinha, pesquisador do Bear, alegava que a fraqueza de certos derivativos ligados a hipotecas subprime representava, na verdade, uma oportunidade de compra. "Embora o setor subprime ainda vá passar por alguns momentos difíceis na hora de retirar um pouco da cobertura gerada pelos excessos", escreveu ele, "uma reação excessiva ao risco em questão irá criar oportunidades para os investidores mais ágeis."

Esse tipo de mentalidade era a receita para a explosão. O fundo Enhanced, de Cioffi, tinha começado a perder dinheiro no mesmo mês em que Sinha escrevera seu relatório. O fundo High Grade, mais sóbrio, que tivera retornos positivos por mais de três anos consecutivos, caiu 4% em março. O fundo alavancado estava prestes a implodir. Em abril, um relatório interno do Bear Stearns sobre o mercado de CDOs revelou que grandes perdas poderiam acontecer. Mesmo aqueles belos títulos com classificação AAA podiam se ver em apuros. Um dos gestores de fundos do Bear, Matthew Tannin, escreveu em um e-mail interno que o relatório estava certo: "todo o mercado subprime está frito. (...) Se os títulos AAA tiverem a classificação rebaixada sistematicamente, então não vai haver maneira de nós termos lucro — em momento algum."

264 MENTES BRILHANTES, ROMBOS BILIONÁRIOS

Investidores assustados começaram a pedir seu dinheiro de volta. O Goldman Sachs, que atuava como parceiro de operações dos fundos do Bear, disse que a marcação que eles faziam dos ativos que estavam em seus fundos era muito pior que a marcação feita por Cioffi. A partir daí, era apenas uma questão de tempo. No dia 15 de junho, Merrill Lynch, que era credora dos fundos, agarrou US$ 800 milhões de seus ativos. Na semana seguinte, Merrill começou a vender esses ativos numa série de leilões, gerando um verdadeiro abalo no mercado de CDOs. A liquidação obrigou os detentores de CDOs semelhantes a remarcar para baixo os preços de seus próprios títulos.

Já no Morgan Stanley, Howie Hubler estava começando a suar. O colapso das tranches de CDOs de baixo nível de crédito era exatamente o que ele havia apostado. Mas a fraqueza das tranches mais altas, com classificação AAA, não estava nos seus planos. Hubler tinha vendido a descoberto US$ 2 bilhões de CDOs de baixa qualidade. E, de uma maneira desastrosa, ele mantinha em carteira US$ 14 bilhões de CDOs "supersênior", de alta qualidade — do tipo que, teoricamente, *nunca* poderia dar prejuízo.

Em julho, o pânico tomou conta. Os mercados de crédito começaram a estremecer à medida que todos os investidores em CDOs subprime tentavam cair fora ao mesmo tempo. O mercado de *commercial papers*, que vinha sendo utilizado para financiar os veículos "extrapatrimoniais", que eram o motor da máquina de securitização de Wall Street, começou a secar. Com todas as vendas forçadas e pouca gente para comprar, os prejuízos se revelaram muito maiores do que qualquer um poderia ter imaginado.

As más notícias se sucediam a todo momento. Era uma catástrofe depois da outra. Primeiro, foi o colapso dos fundos de hedge de Ralph Cioffi no Bear Stearns. No dia 30 de julho, os fundos foram instruídos a pedir falência. Pouco depois, Cioffi e Tanin foram despedidos. Em junho de 2008, os dois foram indiciados por conspiração para ludibriar os investidores sobre a saúde financeira dos fundos.

Para ilustrar a natureza internacional da crise, um fundo de hedge australiano, Basis Capital Fund Management, que havia investido pesado

"Eu cruzo os dedos pelo futuro" 265

em valores mobiliários subprime, entrou em colapso. A partir daí, o efeito dominó se multiplicou. O Sowood, fundo de hedge que Ken Griffin havia incorporado, caiu mais de 50% em semanas. O American Home Mortgage Investment, um dos maiores emissores de hipotecas do país, viu suas ações caírem quase 90% depois de advertir que estava tendo dificuldades para ter acesso ao dinheiro do mercado de capitais e que talvez tivesse que fechar as portas. Uma semana mais tarde, a American Home pediu concordata pelo capítulo 11 da lei de falências americana.

No início de agosto, a Countrywide Financial, a maior emissora de hipotecas dos Estados Unidos, pôs um aviso de "rupturas sem precedentes" no mercado de crédito. A empresa disse que, apesar de ter "um financiamento adequado de liquidez (...), a situação estava piorando rapidamente e o impacto na companhia é desconhecido".

Todas essas más notícias deixavam claro que muitas CDOs valiam muito menos do que a maioria das pessoas imaginava. Os prejuízos se revelaram imensos, coisa de cair o queixo. Mais tarde naquele ano, o Morgan lançou na contabilidade um prejuízo de US$ 7,8 bilhões, boa parte do qual oriundo da mesa de Hubler.

As perdas com as tranches de CDOs de melhor classificação — as superseniores — devastaram os balanços dos bancos nos Estados Unidos e no exterior e foram a causa principal do derretimento do crédito que varreu todo o sistema financeiro a partir daquele verão. A máquina de CDOs, e o castelo de cartas extremamente alavancado que fora erguido sobre ela, afundou num buraco negro. As operações secaram e a precificação das CDOs se tornou praticamente impossível, graças a modelos complexos e mal-utilizados, como a cópula gaussiana.

Enquanto o mercado de hipotecas implodia, fundos quantitativos como o AQR, Renaissance, PDT, Saba e Citadel acreditavam ser imunes a esses problemas. O Renaissance e o PDT, por exemplo, não se metiam em hipotecas subprime ou em swap de crédito. Eles negociavam principalmente ações, opções e contratos futuros, que tinham pouco a ver com o subprime. O Citadel, o AQR e o Saba acreditavam que eram os caras mais inteligentes do salão e tinham feito um hedge dos prejuízos, ou estavam do lado certo da operação e bem-posicionados para ganhar dinheiro.

O Deutsche Bank, por exemplo, estava colhendo os lucros da aposta que Weinstein fizera na baixa, que acabaria rendendo US$ 250 milhões ao banco. Um companheiro dele, de 36 anos, chamado Greg Lippmann também tinha apostado contra o subprime e ganharia quase US$ 1 bilhão. Os colegas de Lippmann podiam ser vistos vestindo camisetas cinzas na sala de negociações dizendo "Eu vendi sua casa a descoberto" em letras pretas e grossas.

Weinstein, preparado para colher os lucros, deu uma festa em sua casa em Southampton no dia 28 de julho, uma noite quente de sábado. Uma fila de tochas decorativas de um metro e meio de altura iluminava a frente despretensiosa do sítio de dois andares. Os convidados ficavam embaixo de uma tenda branca no amplo jardim, enquanto bebiam vinho branco em copos de coquetel que se iluminavam quando tocados. Weinstein, vestido com uma camisa preta, abotoada de cima a baixo, o cabelo castanho-escuro penteado para trás revelando sua testa ampla e muito branca, estava tranquilo e confiante, enquanto circulava entre os convidados bem de vida.

Dois dias depois, a crise de crédito que vinha se formando há anos explodiria com toda a força. Com Muller de volta de seu exílio autoimposto, Asness posicionado para ganhar inúmeros milhões com o IPO do AQR, Weinstein planejando sair do Deutsche para lançar sua própria potência dos fundos de hedge e Griffin pronto para entrar no panteão mais alto do universo dos investimentos, as apostas eram as mais altas da vida desse pequeno grupo de quants.

·10·

O fator agosto

No começo de agosto de 2007, os Estados Unidos passavam pela tradicional falta de notícias que marca o meio do verão. O então senador de Illinois, Barack Obama, em seu primeiro mandato, fez um discurso em Washington declarando que os Estados Unidos deveriam mudar o foco militar da guerra no Iraque e passar a lutar contra os extremistas muçulmanos. Mais de uma dúzia de pessoas morreram afogadas em Minneapolis, devido à enchente do rio Mississippi. A Starbucks disse que seus lucros trimestrais aumentaram em 9% e que planejava abrir mais 2.600 lojas no ano fiscal de 2008. A Mattel, empresa fabricante da boneca Barbie e dos carrinhos Hot Wheels, disse que estava fazendo um recall de 1 milhão de brinquedos feitos na China, inclusive o Elmo Tub Sub e Dora the Explorer, por conterem chumbo.

Mas por baixo dessa superfície plácida, um cataclismo estava se formando, como a lava que borbulha até chegar à superfície do vulcão. Toda a alavancagem, todos os trilhões de dólares em derivativos e fundos de hedge, os coquetéis de carry trade e outros truques esotéricos dos quants — tudo estava prestes a explodir. Os que estavam bem perto da ação sentiam o tecido do sistema financeiro se esgarçando.

Na tarde de 3 de agosto, uma sexta-feira, uma chuva torrencial caiu como uma pancada sobre Nova York. Enquanto isso, Jim Cramer, apresentador de talk show da CNBC e ex-defensor dos fundos de hedge, teve um ataque histérico enquanto acusava o Federal Reserve de estar dormindo no controle do avião.

— Esses bancos vão todos falir! Eles estão malucos! Malucos! Eles não sabem de nada! — gritou, diante do rosto assustado de sua colega Erin Burnett. Cramer começou a falar das ligações que vinha recebendo de CEOs em pânico. Instituições financeiras iriam à falência, ele previa. — Estamos diante do Juízo Final dos mercados de renda fixa!

Os espectadores ficaram assustados e desesperados, embora a maioria nem pudesse imaginar sobre o que ele estava falando. Um dos CEOs com quem Cramer havia falado era Angelo Mozilo, da gigante das hipotecas Countrywide Financial. O índice Dow Jones industrial recuou 281 pontos, a maior parte depois do desabafo de Cramer. Em um fim de semana extremamente tenso de agosto, as legiões de traders, banqueiros e titãs dos fundos de hedge de Wall Street tentaram relaxar, pegando seus Bentleys e BMWs, suas Maseratis e Mercedes e indo para as areias macias das praias dos Hamptons, ou pegando o avião para uma rápida escapada para qualquer lugar que não fosse Greenwich ou Nova York. Eles sabiam que estava vindo encrenca. E ela veio na segunda-feira, forte como uma marretada.

■ ■ ■

Cliff Asness andou até a divisória de vidro da sua sala de canto e franziu a testa para as filas de cubículos que formavam o grupo de Alocação Global de Ativos do AQR.[1]

A AGA estava cheia de traders e pesquisadores bambambãs que vasculhavam o mundo inteiro em busca de riquezas quantitativas, em tudo

O fator agosto 269

que fosse de futuros de commodities a derivativos de câmbio. Do outro lado do edifício, separada por uma parede que cortava o meio da sala, a equipe de Seleção Global de Ações do AQR continuava trabalhando. Um emprego na SGA podia ser difícil. Envolvia o trabalho enjoado de passar o pente fino em milhares de informações sobre retornos de ações e a tarefa indigesta de esperar encontrar algum padrão que outros milhares de quants criados na escola de Fama ainda não haviam encontrado.

Naquela tarde de segunda-feira, 6 de agosto de 2007, alguma coisa estava errada na SGA. As ações que os modelos estavam escolhendo comprar e vender se moviam em direções estranhas — que significavam sérios prejuízos para o AQR.

Asness fechou bem as persianas da divisória de vidro e voltou à sua mesa. Esticou o braço e deu um clique no mouse, acendendo a tela do computador. E lá estava, em números vermelhos bem nítidos. Os números para "lucros e perdas" do Absolute Return Fund do AQR — afundando como uma pedra.

Por todo o AQR, as legiões de quants do fundo de hedge também estavam horrorizadas com aqueles números em queda livre. Era como ver um trem sofrer um acidente em câmera lenta. O trabalho havia parado de manhã, enquanto todos procuravam tomar pé da situação. Muitos funcionários do fundo perambulavam pelo escritório como se estivessem tontos e confusos, virando-se uns para os outros em busca de respostas.

— Você sabe o que está acontecendo?

A resposta era sempre a mesma:

— Não. E você?

Boatos de falências de empresas surgiam de todos os lados. Os bancos e os fundos de hedge estavam penando devido à exposição às tóxicas hipotecas subprime. Alguns diziam que a Countrywide Financial estava implodindo e procurando desesperadamente um salvador como o Bank of America ou a Berkshire Hathaway, de Warren Buffett. Mas ninguém queria ter qualquer ligação com aquela emissora de hipotecas que passava por dificuldades.

MENTES BRILHANTES, ROMBOS BILIONÁRIOS

Dentro de sua sala, Asness voltou a olhar triste para o computador. Os números vermelhos enchiam a tela inteira e ele não sabia o que fazer. Seu maior medo era de que ele não pudesse fazer nada.

Do lado de fora, as pessoas perceberam as persianas fechadas na sala do chefe. Era incomum e um tanto medonho. Asness sempre tinha uma política de portas abertas, mesmo que poucas pessoas a utilizassem. Os funcionários imaginaram que ele não aguentaria a ideia de ver os empregados olhando para dentro da janela para ver como o figurão estava enfrentando aquilo tudo.

Os documentos de registro para a oferta pública inicial de ações do AQR já estavam prontos e esperando para serem enviados à SEC. Aliás, esperava-se que Asness fizesse o grande anúncio de seus planos perto do fim do mês, ganhando as manchetes de todos os jornais importantes. Mas, agora, o IPO e todo o dinheiro que traria pareciam ficar mais longe a cada segundo, uma distância medida pela queda, tique a tique, do Absolute Return, assim como uma série de outros fundos do AQR que levavam uma surra com aquela misteriosa mudança de vento.

A vários quarteirões do escritório do AQR, Michael Mendelson, chefe das operações globais, esperava na fila da lanchonete Subway, em Greenwich. Ele olhou em seu BlackBerry, que vinha equipado com um leitor em tempo real de todos os fundos do AQR. E seu queixo caiu. Alguma coisa muita feia estava acontecendo. Um verdadeiro horror.

Veterano de longa data do Goldman Sachs e idealizador das operações de elite e alta frequência do banco, Mendelson era um dos pensadores mais inteligentes do AQR e uma das primeiras pessoas para quem Asness ligava quando precisava de respostas sobre uma operação que dera errado. Ele soube na mesma hora que alguma coisa tinha que ser feita, e rápido, para estancar a sangria.

Ele correu para a sede do AQR e se reuniu com vários traders e pesquisadores do fundo, incluindo Jacques Friedman, Ronen Israel e Lars Neilson. Depois de estabelecer que uma enorme desalavancagem estava acontecendo, causando um impacto direto nos fundos do AQR, eles se encaminharam para a sala de Asness.

O fator agosto 271

— A coisa é feia, Cliff — disse Mendelson, entrando na sala. Friedman, Israel e Neilson entraram logo atrás. — Tem toda a pinta de uma liquidação de ativos.

— E quem seria? — perguntou Asness.

— A gente não tem certeza. Talvez o Global Alpha.

— Ai, meu Deus. Não.

Desde que Asness saiu do Goldman, em 1998, o Global Alpha passara a ser administrado por Mark Carhart e Ray Iwanowski; alunos, como Asness, do programa de finanças da Universidade de Chicago e protegidos de Fama. Sob a orientação deles, o Global Alpha tinha aumentado sua reputação como um dos melhores fundos de investimento de Wall Street. Até 2005, ele nunca tivera um ano de prejuízo, quando deu um retorno espetacular de 40%.

Mas o Global Alpha andou escorregando e perdeu dinheiro em 2006 e no primeiro semestre de 2007. A preocupação era que, para reverter a situação, ele estivesse aumentando a alavancagem. E quanto maior a alavancagem, maior o risco. Muita gente temia que o Global Alpha e seu coirmão, o fundo Global Equity Opportunity — que se concentrava em ações —, estivessem dobrando a aposta em operações ruins, usando cada vez mais dinheiro emprestado.

Mendelson deixou cair os ombros, frustrado.

— Eles são um dos poucos fundos de tamanho suficiente para fazer um estrago desses.

— Você conversou com alguém de lá?

— Não — disse Mendelson. — Eu ia pedir para você fazer isso.

— Vou tentar.

O rancor não tinha sido pouco entre Asness e seus antigos colegas do Goldman, que ficaram com raiva depois de se sentirem abandonados por ele e pelos outros que também saíram. Asness sentia-se mal quanto a isso, mas não quis entrar em choque com os principais figurões do Goldman liderando um êxodo em massa. Ele esperava que ter deixado Cargart e Iwanowski para administrar o Global Alpha era uma oferta de paz ao banco que havia apostado nele, quando tinha acabado de sair de Chicago. Mas Carhart e Iwanowski não ficaram radiantes de felicidade por terem sido os cordeiros oferecidos para o sacrifício.

As tensões arrefeceram com o passar dos anos. O Global Alpha se transformou numa operação de elite, com US$ 12 bilhões em ativos sob administração e um histórico sólido — a não ser por um grave passo em falso em 2006 —, comparável aos melhores fundos de hedge da praça, inclusive o próprio AQR.

Asness fez algumas ligações para o Goldman, mas ninguém atendeu o telefone. Isso o deixou ainda mais preocupado.

■ ■ ■

Boaz Weinstein estava tranquilo naquela segunda-feira, depois da festa que deu em sua casa nos Southamptons. Mas logo depois do almoço, ele começou a ficar nervoso. Alguma coisa estava errada com a mesa de ações do Saba, que ele havia acrescentado à operação para complementar o grupo que negociava títulos de dívida. A notícia veio bater aproximadamente às 14h, quando Alan Benson, o trader que administrava a mesa, mandou seu segundo e-mail do dia com o resultado de "lucros e perdas" da equipe.

O primeiro e-mail, mandado às 10h, mostrava os sinais dos primeiros prejuízos. Mas Weinstein não tinha dado atenção. A mesa de Benson, que administrava US$ 2 bilhões em posições em ações e em fundos negociados na bolsa, podia ser mesmo muito volátil. Um prejuízo pela manhã podia muito bem se transformar em lucro na parte da tarde.

O update das 14h mostrava que as perdas não tinham se revertido e virado lucro. Aliás, ficaram bem piores. Benson tinha perdido dezenas de milhões de dólares. Weinstein se levantou e desceu um andar para a mesa de operações do Saba, no segundo andar. Benson parecia nervoso e estava suando.

— O que há, Alan? — perguntou Weinstein, externamente calmo, como sempre. Mas havia uma tensão na voz, causada pela visão assus-

O fator agosto   273

tadora de ver milhões de dólares virando pó, como na operação com a GM em 2005.

— É estranho — respondeu Benson. — As ações contra as quais nós apostamos estão subindo, e muito. Parece que alguém está tentando cobrir uma venda de ações a descoberto, de uma escala imensa, em muitos ramos de atividade.

Numa venda a descoberto, um investidor pega uma ação emprestada e a vende, esperando comprá-la de volta em algum momento futuro. Digamos que a IBM esteja sendo negociada a US$ 100 e você espera que ela caia a US$ 90. Você pega emprestadas cem ações de outro investidor através de um *prime broker* e as vende a outro investidor por US$ 10 mil. Se a sua bola de cristal estiver certa e a IBM de fato cair para US$ 90, você compra as ações de novo por US$ 9 mil, devolve as ações à corretora e embolsa os US$ 1.000 de lucro.

Mas e se, por exemplo, a IBM começar a subir ainda mais? Agora, você é responsável por essas ações e cada dólar que elas subirem é uma perda de US$ 100 para você. Para minimizar o prejuízo, você recompra as ações. Mas isso pode ter o efeito de fazer as ações subirem ainda mais. Se centenas ou milhares de pessoas que venderam a descoberto estiverem fazendo a mesma coisa, ao mesmo tempo, isso se transforma no que se chama de *short squeeze*. E aquela segunda-feira dia 6 de agosto, estava começando a parecer, provavelmente, o maior *short squeeze* de todos os tempos.

— Tem pinta de ser um gorila enorme querendo se livrar rapidinho de muitas posições — acrescentou Benson.

— E tem alguma coisa que a gente possa fazer quanto a isso?

— Apenas ficar de olho. Duvido que vá durar muito mais tempo. Do jeito que esse cara está desmontando as posições, não pode demorar muito mais. Por que se demorar...

— Vai acontecer o quê?

— A gente vai ter que se desfazer também.

■ ■ ■

274   MENTES BRILHANTES, ROMBOS BILIONÁRIOS

No PDT, naquela mesma segunda, Peter Muller estava "ausente sem permissão", visitando um amigo perto de Boston. Mike Reed e Amy Wong estavam no manche, veteranos da velha-guarda do PDT, de quando o grupo não era mais do que uma experiência da imaginação e os traders um pequeno bando de jovens crânios da matemática, mexendo nos computadores como adolescentes inteligentes numa garagem cheia de coisas.

Hoje, o PDT era uma potência global, com escritórios em Londres e Tóquio, e cerca de US$ 6 bilhões em ativos (a quantia podia mudar diariamente, dependendo de quanto dinheiro o Morgan encaminhasse para eles). Era uma máquina muito bem-azeitada que praticamente imprimia dinheiro, diariamente. No entanto, naquela semana, o PDT não iria imprimir dinheiro — iria até destruí-lo, como se fosse uma trituradora de papéis.

O comportamento incomum das ações que o PDT monitorava tinha começado a acontecer em algum momento do meio de julho e piorado nos primeiros dias de agosto. Na sexta-feira anterior, cinco das ações de melhor desempenho na Nasdaq eram ações que o PDT tinha vendido a descoberto, esperando que caíssem, e as cinco maiores quedas eram ações que o PDT havia comprado, na expectativa de que subissem. Era um mundo bizarro para os quants. O que era para subir estava caindo e o que deveria cair estava subindo. Os modelos estavam funcionando com sinais trocados. A Verdade não era mais a Verdade. Era a antítese da Verdade.

Os prejuízos estavam se acelerando naquela segunda-feira e eram particularmente sérios, nos quase US$ 5 bilhões que havia na carteira fundamental dos quants — a que o PDT tinha feito crescer, depois da volta de Muller no final de 2006.

Wong e Reed sabiam que se os prejuízos ficassem muito piores eles teriam que começar a liquidar posições da carteira fundamental para diminuir a alavancagem do PDT. Já na semana anterior, o grupo tinha tirado o pé do acelerador do Midas, quando a volatilidade descontrolada dos mercados começara a ganhar velocidade.

Mas o Midas era uma coisa: uma operação de alta frequência que comprava e vendia ações em alta velocidade, o tempo todo; e a carteira

O fator agosto

fundamental era outra, completamente diferente: as ações que ela mantinha, geralmente de empresas de baixa capitalização que não eram muito negociadas, não eram fáceis de se livrar, especialmente se uma série de outros traders também quisesse se livrar delas ao mesmo tempo. As posições teriam que ser examinadas com lupa e desmontadas uma a uma, bloco a bloco, daquelas ações indesejadas. Seria difícil, levaria tempo e seria muito caro.

Os movimentos do mercado que o PDT e os outros fundos quantitativos tinham começado a ver no início daquela semana desafiavam a lógica. Os modelos muito bem-sintonizados, as curvas do sino e os passeios aleatórios, as correlações calibradas — toda a ciência e a matemática que impulsionara os quants para o topo de Wall Street — não conseguiam capturar o que estava se passando. Era o mais absoluto caos, gerado unicamente pelo medo do ser humano, o tipo que não pode ser capturado num modelo de computador ou num algoritmo complexo. Os movimentos selvagens e de caudas grossas descobertos por Benoit Mandelbrot, na década de 1950, pareciam estar acontecendo a cada hora. Nunca se tinha visto nada parecido com aquilo. *Não podia estar acontecendo!*

Os quants fizeram o melhor que puderam para conter os estragos, mas eram como bombeiros tentando apagar com gasolina um incêndio infernal — quanto mais eles tentavam apagar o fogo vendendo, piores se tornavam as vendas. A força da desalavancagem, que empurrava tudo para baixo, parecia irrefreável.

Wong e Reed puseram Muller a par da situação com e-mails e telefonemas. Ele iria decidir se eles deveriam vender em um mercado em queda para desalavancar o fundo, e a que preço. A volatilidade nas bolsas estava indo às alturas, confundindo os modelos de risco do PDT. Agora, Muller tinha que decidir se eles deveriam desalavancar a carteira fundamental, que estava ficando com o grosso dos estragos. Se os prejuízos daquela lista de ações continuassem por mais tempo, o PDT não teria escolha se não começar a vender. Era uma questão de podar alguns galhos na esperança de salvar a árvore.

MENTES BRILHANTES, ROMBOS BILIONÁRIOS

Por toda parte, os fundos quantitativos estavam lutando para saber o que estava acontecendo. De férias na França, Ken Griffin se mantinha em contato com os traders na sede do Citadel em Chicago. O Renaissance também estava apanhando feio, assim como o D.E. Shaw, o Barclays Global Investors, em São Francisco; o Highbridge Capital Management, uma potência dos quants no J.P. Morgan; e quase todo fundo quantitativo do mundo, incluindo operações distantes, em Londres, Paris e Tóquio.

Na terça-feira, a queda arrefeceu. O AQR reservou quartos no Delamar, um hotel de luxo em Greenwich Harbor, ali perto, para que pudessem estar 24 horas à disposição de quants estressados e insones. Griffin pegou seu avião particular e voltou para Chicago a fim de conter a crise e juntar os fios soltos do negócio com o Sowood.

As autoridades faziam muito pouca ideia das perdas maciças que aconteciam por toda Wall Street. Naquela terça-feira à tarde, o Federal Reserve disse que tinha decidido deixar a taxa de juros de curto prazo estacionada em 5,25%. "Os mercados financeiros atravessaram um período de volatilidade nas últimas semanas e as condições de crédito ficaram mais apertadas para algumas famílias e empresas, e a correção do preço dos imóveis continua", disse o Fed em sua declaração oficial. "Entretanto, a economia parece demonstrar que vai continuar a se expandir em ritmo moderado nos próximos trimestres, apoiada no crescimento sólido do emprego e da renda e numa robusta economia global."

A crise estava crescendo, e os banqueiros centrais em Washington estavam completamente por fora dessa realidade. Os prejuízos de segunda e terça-feira estavam entre os piores já vistos pelos fundos de hedge, com bilhões de dólares evaporando. Na quarta-feira, as perdas ficariam bem piores.

■ ■ ■

Na sede do Goldman Sachs Asset Management, no centro de Nova York, todo mundo estava no vermelho.[2] Um dos maiores administradores de fundos de hedge do mundo, com US$ 30 bilhões em ativos, o GSAM

O fator agosto 277

estava apanhando de todos os lados. Estava vendo grandes perdas nas ações com baixo crescimento, alto crescimento, pequena capitalização, média capitalização, no câmbio, nas commodities, *em tudo*. O Global Alpha, o fundo Global Equity Opportunity... todas as estratégias estavam sendo destroçadas. E como todos os outros fundos dos quants, os capitães do navio, Carhart e Iwanowski, não faziam a menor ideia por quê.

Os modelos de risco do GSAM, com suas medições de volatilidade altamente sofisticadas, tinham oscilado muito durante todo o mês de julho. Era uma visão diferente, porque a volatilidade passara anos em declínio. E com a maneira como os modelos de risco funcionavam, a queda na volatilidade significava que ele tinha que correr mais riscos, e utilizar mais alavancagem, para ganhar a mesma quantidade de dinheiro. Outros fundos quantitativos tinham seguido pelo mesmo caminho. Mas, agora, a volatilidade não estava mais se comportando. Ela estava sendo... *volátil*.

Outra tendência perturbadora percebida pelos quants do Goldman consistia em uma rápida desmontagem da carry trade global. Fundos como Global Alpha, AQR, Citadel e outros haviam pego dinheiro emprestado em ienes, a juros baixos, e investido em ativos de maior retorno, gerando com isso grandes lucros. A trade tinha sido muito bem-sucedida por vários anos, ajudando a alimentar todo tipo de aposta especulativa, mas ela dependia de continuar existindo uma tendência: o iene barato.

No início de agosto de 2007, o iene começou a subir. Fundos que haviam feito empréstimos naquela moeda, esperando pagá-los em uma data futura, estavam lutando para pagar logo tudo de uma vez, enquanto o iene se valorizava diante das outras moedas. Isso disparou um loop de retroalimentação: enquanto o iene aumentava, cada vez mais fundos precisavam devolver seus empréstimos, jogando a moeda para cima.

No GSAM, essa desmontagem repentina era sinônimo de uma catástrofe em potencial. Muitas de suas posições — títulos de dívida, câmbio e até mesmo ações — se ancoravam na carry trade do iene.

O desabamento da carry trade e o aumento da volatilidade eram potencialmente desastrosos. O primeiro grande deslocamento do mercado, que não era visto há anos, tinha acontecido na sexta-feira anterior,

MENTES BRILHANTES, ROMBOS BILIONÁRIOS

dia 3 de agosto. O deslocamento havia se transformado em terremoto na segunda-feira. Na terça, a situação já estava crítica, e o GSAM tinha que começar a vender logo.

■ ■ ■

Caminhando pela Broadway em direção à sede do Morgan Stanley, no centro, no meio de uma multidão imensa e suada, Peter Muller estava perdendo a paciência. Era quarta-feira, 8 de agosto, e o trânsito no meio da ilha de Manhattan estava engarrafado de um jeito que ele nunca tinha visto. As pessoas inundavam as calçadas, não só os turistas de sempre, mas homens de terno, quase todos digitando freneticamente os números nos telefones celulares.

Ele tinha acabado de sair de seu espaçoso apartamento no Time-Warner Center, em Columbus Circle, na esquina sudoeste do Central Park e a 14 quadras da sede do Morgan. Não havia tempo a perder. Ele olhou para o relógio pela vigésima vez. O mercado abriria logo. E ele estava preocupado, temendo que o colapso fosse continuar. Checou o BlackBerry em busca de notícias. O Japão tinha desandado mais uma vez. Meu Deus! Muller não sabia por que o desmoronamento havia começado. E o pior é que ele não sabia quando iria parar. Mas tinha que parar. Senão...

Muller foi abrindo caminho, frustrado, por entre o monte de buzinas na frente do velho teatro Ed Sullivan. Até a natureza parecia estar conspirando contra ele. Mais cedo naquela manhã, um tornado havia atingido a cidade, chegando à terra pouco antes de a massa de pessoas sair de casa para o trabalho, em Nova York. Com ventos de 215km/h, o ciclone foi bater, primeiro, em Staten Island e, então, passou pela baía de Nova York até o Brooklyn, derrubando árvores, arrancando tetos e destruindo carros e edifícios no Sunset Park e na Bay Ridge. Era o primeiro tornado a atingir o Brooklyn em mais de cinquenta anos e o sexto a atingir Nova York desde 1950.

O fator agosto 279

Grandes avenidas ficaram inundadas e os túneis do metrô, cheios de água, interrompendo o serviço por toda a cidade e paralisando o trânsito. O caos que se seguiu, enquanto passageiros ilhados corriam às ruas, trouxe à mente de várias pessoas as cenas de horror de seis anos antes, quando terroristas atacaram as torres gêmeas do World Trade Center, no dia 11 de setembro.

Com a mesma velocidade que a tempestade veio, ela se foi, rodopiando em direção ao Atlântico. Um sol forte de agosto apareceu, cozinhando a cidade em uma sopa úmida e vaporosa. O exército de traders de Wall Street lutava para chegar ao escritório antes do início dos negócios às 9h30. Muitos estavam com os nervos em frangalhos, e isso não tinha nada a ver com o tempo. A tempestade que se formava nos mercados financeiros do mundo estava se desenhando de uma maneira que nunca ninguém havia imaginado. Os primeiros ventos da tempestade já tinham se revelado, e Muller estava bem no meio deles.

Fora um percurso longo e acidentado para Muller. O PDT era uma silenciosa máquina eletrônica, de tamanho industrial, que cuspia rios infinitos de dinheiro. Mas agora as coisas haviam mudado. Tudo era muito mais organizado, regulamentado e controlado. Não tinha nada dos velhos dias de glória do grupo, dez anos antes, quando o dinheiro parecia cair do céu como um maná, surpreendendo a todos.

Teve até uma tarde — quando, mesmo? 1996? 1997? —, quando uma turma de pedetistas descansava numa praia em Granada, a ilha da aventura. Foi uma das muitas viagens a portos exóticos do mundo que aquele grupo aventureiro de gênios da matemática fez, quando estava no auge. Enquanto o sol tropical baixava e a brisa quente voltava para as águas azuis do mar das Antilhas, Muller decidiu conferir como iam as coisas com a equipe que ficou em Nova York. Ele tirou o celular do bolso e fez a discagem rápida para a mesa de negociações do PDT, chamando um dos poucos traders que ficara na sede para controlar os computadores.

— Como foi o resultado? — perguntou, querendo saber se ocorrera lucro ou prejuízo no dia. Muller estava acostumado a ouvir muito lucro e pouco prejuízo.

MENTES BRILHANTES, ROMBOS BILIONÁRIOS

— Deixa eu ver — disse uma voz calma do outro lado da linha. — Dezessete. — Ou seja, US$ 17 milhões.

— Que lindo — disse Muller, e era isso mesmo que ele queria dizer. Tudo era lindo. Ele sorriu e tirou uma mecha de cabelos louros de cima dos olhos, erguendo um brinde a mais um dia de lucros para o grupo de quants ao seu redor, naquele pôr do sol dourado de Granada. Nada mau para mais um dia na praia.

Muller foi abrindo caminho com pressa, em direção à sede do Morgan Stanley, em meio ao nó caótico da Times Square. Ele levantou o queixo e olhou para cima. A tempestade havia passado e o sol estava brilhando. O impressionante perfil do banco de investimento se silhuetava no céu azul-ardósia.

Lá estava ele: Broadway, nº 1.585, sede mundial do Morgan Stanley. O arranha-céu se erguia sobre a Duffy Square, no coração do centro de Manhattan. Concluído no início do oba-oba dos anos 1990, o edifício tinha quase 82 mil m² de área útil em 42 pavimentos. Vários andares acima das lojas, três fileiras inteiras de dados voavam ao longo da parte leste da torre. Preços de ações, moedas, notícias do mundo inteiro. O arranha-céu parecia mesmo um trader meio pesado, querendo intimidar as torres de neon da Times Square, que tremiam sob os seus pés de concreto.

Ao ver o edifício, Muller ainda sentia a velha emoção. Ele conhecia mais do que qualquer um que trabalhasse lá a potência dos negócios que se alojava naquela estrutura intimidatória. Através de quilômetros de cabos de fibra ótica infinitamente ramificados e uma série de antenas de satélite espalhadas pelo edifício, a torre de vidro ficava plugada nos mercados financeiros do mundo inteiro, ligada à Rede do Dinheiro.

Traders nas entranhas do edifício na Broadway compravam e vendiam opções sobre títulos de dívida das empresas japonesas, derivativos ligados a imóveis europeus e do petróleo cru do oeste do Texas, bilhões em moedas do Canadá até o Peru e Zimbábue, assim como aquelas fatias estranhas de hipotecas subprime e os derivativos lançados sobre elas. E, é claro, ações. Bilhões de dólares em ações.

O fator agosto 281

Muller entrou rápido no lobby espaçoso e com ar-condicionado e, fugindo do inferno lá fora, passou o crachá pela roleta eletrônica e pulou para dentro do elevador que o levaria ao centro de negociações hightech do PDT.

O elevador parou no 6º andar e Muller voou para o lobby, passando seu cartão de segurança diante das portas fechadas dos escritórios do PDT. Passou pelo pôster do *Alphaville* que estava pendurado na sala do fundo há mais de dez anos e entrou em sua própria sala. Ligou a fila de computadores e terminais da Bloomberg, que davam acesso aos dados de quase todo ativo financeiro negociado no mundo. Depois de uma breve olhada no tom do mercado, ele viu a linha de resultado do PDT.

Péssima.

Essa era uma das quedas mais brutais que Muller já tinha visto. Fundos quantitativos estavam sendo esmagados por toda parte como insetos por uma escavadeira. Muller vinha trocando ideias com outros gestores sobre o que estava acontecendo, telefonando para Asness e o enchendo de perguntas sobre o que estava acontecendo no AQR, tentando descobrir se alguém sabia o que se passava no Goldman Sachs. Cada um tinha sua teoria. Ninguém sabia a resposta certa. Todos temiam que seria fatal se a desmontagem de posições continuasse por mais tempo.

Os boatos sobre um desastre proliferavam. O mercado imobiliário americano estava derretendo, levando grandes perdas a bancos como o Bear Stearns e o UBS e a fundos de hedge do mundo inteiro. As bolsas de valores estavam em polvorosa. O pânico se espalhava. A catástrofe do subprime estava sofrendo mutações através da Rede do Dinheiro, como um estranho vírus eletrônico. Todo o sistema estava entrando em colapso, enquanto as criações delicadas e lindamente arquitetadas dos quants fugiam de controle.

Enquanto os prejuízos iam se empilhando uns sobre os outros, a raiz do desabamento continuava a ser um mistério. Por mais estranho que isso possa parecer, por mais que o furor abalasse o mundo das finanças, ele era amplamente ignorado no mundo lá fora. Aliás, os que investiam no mundo real nem faziam ideia da implosão histórica que estava

282 MENTES BRILHANTES, ROMBOS BILIONÁRIOS

acontecendo em Wall Street. No AQR, Aaron Brown riu ao ver os comentaristas da CNBC discutirem, assustados, os movimentos estranhos que estavam acontecendo com as ações, sem a mais remota ideia do que estava por trás daquela volatilidade. A verdade, percebeu Brown, é que os próprios quants ainda estavam tentando descobrir o que era.

Brown tinha passado todo o seu tempo tentando se inteirar sobre os sistemas do AQR, para ajudar a controlar o risco do fundo. Ele tinha decidido ficar no escritório naquela noite de terça-feira e dormir em um sofá que havia ao lado de sua mesa. Ele não era o único. Perto da meia-noite ele saiu da sala, com os olhos vermelhos de tanto acompanhar os números na tela do computador nas últimas vinte horas. O escritório estava um turbilhão de atividade, com dezenas de quants descabelados engolindo café, com os fones dos iPods enfiados nas orelhas enquanto digitavam freneticamente nos teclados, desfazendo as posições do fundo nos mercados do mundo inteiro. Era uma visão estranha. O escritório estava tão movimentado quanto de dia, mas era noite fechada lá fora.

E, ainda assim, o mundo exterior não tinha ideia que um desabamento dessas proporções estava acontecendo. Um dos primeiros a dar a notícia às massas foi um desconhecido pesquisador quantitativo que trabalhava no Lehman Brothers.

■ ■ ■

Matthew Rothman ainda estava grogue do corujão que pegara para São Francisco na noite anterior, quando entrou no escritório de um cliente em potencial na manhã da terça-feira, dia 7 de agosto.[3] O estrategista quantitativo, chefe do Lehman Brothers, estava em uma viagem de apresentações na Costa Oeste, mostrando o modelo em que vinha trabalhando até tarde nesse último ano, no escritório e em tediosos fins de semana. Agora, estava na hora de receber sua recompensa.

Enquanto Rothman, um homem pesado e de meia-idade, com o rosto bem redondo e cabelos castanhos cacheados, se sentava na sala de espera do cliente com seu laptop e sua bagagem — ele não tivera tempo

O fator agosto

de passar no Four Seasons, onde estava hospedado —, ficou se perguntando sobre a atividade estranha que tinha visto nos mercados no dia anterior. Seus modelos quantitativos tinham levado uma surra imensa e ele não sabia por quê.

Ele se pôs de pé, assustado. O trader que estava esperando para ver veio correndo em sua direção, com a fisionomia transtornada:

— Meu Deus, Matthew — disse, arrastando-o para a sua sala. — Você viu o que aconteceu?

Mostrou seu portfólio a Rothman. Tinha despencado. Alguma coisa terrível estava acontecendo, algo nunca visto antes. Rothman não tinha resposta para aquilo.

A apresentação tinha ido para o espaço. Ninguém queria mais ouvir sobre modelos mágicos. Rothman visitou vários outros fundos quantitativos naquele dia. Era uma carnificina.

E não fazia sentido. Verdadeiro adepto dos mercados eficientes que tinha estudado com Eugene Fama em Chicago, Rothman esperava que o mercado se comportasse segundo os estritos padrões quantitativos que vivia monitorando. Mas o mercado estava se comportando de uma maneira que desafiava todos os padrões que Rothman — ou qualquer outro quant — tivesse visto. Todas as estratégias estavam indo por água abaixo. Era inimaginável, para não dizer uma loucura total.

Naquela noite, Rothman jantou com seu amigo Asriel Levin em um restaurante de sushis, no centro de São Francisco. Levin já administrara um fundo quantitativo importante, o 32 Capital, no Barclays Global Investors, em São Francisco, o maior gestor de ativos de risco do mundo. No final de 2006, ele montara seu próprio fundo de hedge, o Menta Capital. "Uzi", como era chamado, era um dos quants mais inteligentes que Rothman conhecia. E ele se sentia sortudo de poder extrair um pouco do cérebro de Levin num momento tão crítico como aquele. Comendo sushi e bebendo vinho, os dois começaram a trocar ideias sobre o que teria disparado aquele terremoto. Na hora em que terminaram — quando o restaurante estava fechando —, eles tinham uma hipótese de trabalho que se revelaria profética.

Pela teoria, um único gestor de ativos, muito grande, havia levado um baque enorme com as hipotecas subprime. E isso, por sua vez, teria disparado uma chamada de margem por parte de seu *prime broker*.

Chamada de margem: três das palavras mais assustadoras do mundo das finanças. Os investidores frequentemente tomam dinheiro emprestado com uma corretora preferencial para comprar um ativo, como por exemplo uma tonelada de hipotecas subprime. Eles fazem isso através de contas de margem. Quando o valor desse ativo cai, a corretora liga para o investidor e pede mais dinheiro, para a conta de margem. Se o investidor não tiver, vai ter que vender alguma coisa para levantar a tal quantia, algum ativo líquido do qual possa se livrar rapidamente.

Os ativos mais líquidos costumam ser as ações. Rothman e Levin imaginaram que o gestor de recursos encrencado teria que ser um fundo de hedge de múltiplas estratégias, do tipo que se metia em toda espécie de investimento conhecida na face da Terra, de contratos futuros até câmbio e hipotecas subprime.

O gatilho, perceberam, tinha que ser o colapso das hipotecas subprime. Quando os fundos de hedge que Ralph Cioffi administrava no Bear Stearns começaram a derreter, o valor de todas as CDOs subprime começou a cair na mesma hora. Agências de classificação de risco como a Moody's e a Standard & Poor's também tinham rebaixado vários pacotes de CDOs, diminuindo ainda mais o valor delas e gerando mais vendas forçadas. Chamadas de margem a fundos com carteiras significativas de hipotecas subprime rolavam por toda Wall Street.

Os fundos que tinham as hipotecas como seu principal ativo estavam paralisados, já que a única maneira de eles levantarem dinheiro seria se livrando exatamente dos ativos cujo valor estava despencando. No entanto, os fundos de múltiplas estratégias tinham mais opções. E pelo menos um desses fundos — e poderiam ser vários — tinha uma carteira quantitativa muito grande e extremamente líquida, pelo que os dois raciocinaram. O administrador do fundo deve ter procurado ativos que pudesse vender a toque de caixa para levantar dinheiro para a chamada de margem e logo pôs as mãos no livro de ações dos quants.

O fator agosto 285

Os efeitos dessa desova seriam repassados a outros fundos que tivessem posições semelhantes. E, assim, o que havia sido vendido a descoberto de repente estava subindo, e as posições compradas estavam caindo de preço.

Em outras palavras, um grande fundo de hedge — e possivelmente vários grandes fundos de hedge — estava implodindo sob o peso dos ativos tóxicos subprime e arrastando outros nesse processo, como uma enorme avalanche detonada por uma única rocha solta. Toda a alavancagem erguida por anos a fio, enquanto os gestores quantitativos se jogavam sobre operações que davam um retorno cada vez menor — exigindo cada vez mais alavancagem — estava agora cobrando o seu preço.

Era impossível saber o valor envolvido nessas operações, mas qualquer estimativa diria que o número era alto. Desde 2003 os ativos em fundos de hedge neutros de mercado que faziam apostas long/short, como o AQR, tinham quase que triplicado, para US\$ 225 bilhões em agosto de 2007, de acordo com o banco de dados Lipper TASS dos fundos de hedge, que era amplamente acompanhado. Ao mesmo tempo, os lucros com as estratégias vinham minguando, à medida que cada vez mais fundos as adotavam. Vários fundos quantitativos se encaminhavam para o gigantismo, jogando mais dinheiro nesse setor. O fundo RIEF, do Renaissance, tinha acrescentado mais US\$ 12 bilhões só no último ano, levando os ativos sob sua administração para US\$ 26 bilhões. O AQR atingira a marca de US\$ 40 bilhões. Outros traders de Wall Street também tinham pulado naquele trem alegre dos quants. Entre as estratégias de operação mais populares da época estavam os chamados fundos 130/30, que usavam a fumaça e os espelhos mágicos dos quants para aumentar suas posições compradas para 130% do capital administrado, enquanto vendiam ações a descoberto sobre outros 30% do capital (o RIEF era um fundo 170/70, o que indicava um uso ainda maior de alavancagem). No verão do ano 2007 cerca de US\$ 100 bilhões tinham sido colocados em tais estratégias, muitas das quais se baseavam em métricas quantitativas, como os fatores de valor e crescimento defendidos por Fama.

O massacre também revelou uma perigosa falta de transparência no mercado. Ninguém — nem Rothman, nem Muller, nem Asness — sabia qual fundo estava por trás daquele desmoronamento. Administradores nervosos trocavam boatos por telefone e por e-mail, em uma busca frenética pelo paciente zero, o fundo de hedge doente que contagiara todos os outros. Muitos apontavam para o Global Alpha do Goldman Sachs. Outros diziam que era o Caxton Associates, um grande fundo de hedge nova-iorquino que vinha sofrendo perdas desde julho. O mais importante era que o Caxton tinha uma grande carteira quantitativa de ações chamada ART, administrada por um gestor extremamente recluso, Aaron Sosnick.

Por trás de tudo estava a alavancagem. Nos anos anteriores a 2007, fundos quantitativos por toda Wall Street tinham aumentado a alavancagem, em busca de retornos mais altos. Estes vinham diminuindo em todas as estratégias, à medida que cada vez mais dinheiro era investido nesse grupo. As rápidas ineficiências que eram o próprio ar que os quants respiravam — aquelas oportunidades de ouro que as piranhas de Fama engoliam — passaram a ficar microscopicamente pequenas, à medida que os discípulos de Fama e French espalhavam o evangelho sobre ações de crescimento e ações pouco valorizadas e que as arbitragens estatísticas se tornavam uma operação de rotina, que qualquer sujeito com um Mac potente podia reproduzir na garagem de casa.

A única maneira de se espremer mais dinheiro dos spreads cada vez mais estreitos era aumentar a alavancagem — exatamente o que tinha acontecido na década de 1990 com o Long-Term Capital Management. Em 1998, quase todas as mesas de arbitragem de títulos e fundos de hedge de renda fixa de Wall Street haviam copiado as operações do LTCM. Os resultados catastróficos dos fundos quantitativos na década seguinte eram incrivelmente parecidos.

A propósito, a situação era a mesma em todo o sistema financeiro. Bancos, fundos de hedge, consumidores e até países vinham se alavancando e dobrando as apostas ano após ano. Em agosto de 2007, a chamada de margem no mundo inteiro começou. Todo mundo se viu obrigado a vender, até que isso se transformasse em uma devastadora espiral negativa.

Perto de meia-noite, Rothman, ainda com a bagagem na mão, entrou em um táxi e pediu ao motorista que o levasse ao Four Seasons. Enquanto se recostava no banco, exausto, ficou pensando em qual seria o seu próximo movimento. Pela agenda, ele deveria pegar o avião para Los Angeles no dia seguinte e visitar mais investidores. Mas para quê? Os modelos tinham ido para o espaço. *Pode esquecer*, pensou, ao decidir cancelar a viagem para Los Angeles. *Eu preciso dar um telefonema.*

■ ■ ■

Enquanto os prejuízos se acumulavam no AQR, Asness continuou a fazer ligações febris para o Goldman Sachs Asset Management. Mas o GSAM se fechava em copas. No auge das convulsões, Robert Jones, que administrava a equipe quantitativa de ações do Goldman, enviou um e-mail com três palavras sucintas para Asness: "Não sou eu."

Mas Asness não estava tão certo disso. Fora do Goldman, ele talvez fosse a pessoa que melhor conhecesse o GSAM, tendo lançado o Global Alpha mais de dez anos antes. E ele sabia que o Global Alpha tinha aumentado a alavancagem. Ficou olhando horrorizado o quanto sua criatura havia crescido, se transformando em um monstro de alavancagem. Asness sabia que se o GSAM implodisse, seria um desastre.

Os traders do AQR estavam ficando com pouca gasolina e muita adrenalina. Era mais ou menos como a energia de um bombeiro, cheio de medo e de uma excitação meio mórbida, como se a história estivesse sendo feita.

Asness decidiu fazer uma preleção à sua turma de quants atordoados. Os rumores de que o AQR estava prestes a degringolar estavam se espalhando. Não havia uma área de reunião central no escritório, por isso os funcionários tiveram que se espremer em diversas salas de reunião, enquanto Asness se dirigia às tropas por alto-falantes, de sua sala. Alguns traders achavam a situação muito estranha. Por que Cliff não

MENTES BRILHANTES, ROMBOS BILIONÁRIOS

falava com eles cara a cara? Em vez disso, ele era apenas uma voz, como o Mágico de Oz por trás da cortina. Ao lado deles estavam sócios como John Liew e David Kabiller, além de Aaron Brown.

Ele reconheceu que o fundo estava sofrendo perdas sem precedentes, mas pediu a equipe que não entrasse em pânico.

— Nós não estamos em crise — ele disse. — Temos dinheiro suficiente para manter a operação em andamento e podemos dar um jeito nessa situação.

Ele terminou a conversa em um tom otimista, fazendo referência à bolha da internet, que quase destruiu o AQR.

— Os sócios já estiveram em uma situação como essa. O sistema funciona. Isso é uma coisa pela qual nós vamos passar, apesar de eu entender que ela seja difícil.

Mas havia um fato cruel do qual Asness não tinha como escapar: o IPO do AQR teria que ser suspenso, disse ele.

— Talvez para sempre.

■ ■ ■

No Saba, Alan Benson, o trader encarregado da carteira quantitativa fundamental, estava à beira de um colapso. Ele estava trabalhando 18 horas por dia, operando como um rato preso em um labirinto que parecia nunca ter fim. Ele e uns poucos traders administravam bilhões de dólares em ativos e era impossível monitorar todos eles. O fundo tinha perdido algo como US$ 50 ou 60 bilhões em apenas dois dias, e Weinstein não estava contente. Ele ficava pressionando Benson a vender e diminuir o prejuízo o mais rapidamente possível.

As perdas eram brutais por todo o reino dos quants. O Tykhe Capital, um fundo quantitativo de Nova York, batizado em homenagem à deusa grega da sorte, estava aos pedaços, com queda de mais de 20%. Em East Setauket o fundo Medallion do Renaissance estava sendo castigado, assim como o Renaissance Institutional Equity Fund, o enorme fundo fundamental quantitativo que Jim Simons um dia tinha dito que poderia administrar US$ 100 bilhões em ativos.

O fator agosto

Contudo, eram as perdas do Medallion que deixavam os administradores mais perplexos. Simons nunca havia visto nada parecido. A estratégia de operações super-rápidas do fundo, que atuava como um fornecedor de liquidez para o resto do mercado, estava comprando os ativos dos fundos quantitativos que procuravam febrilmente se desfazer de suas posições. Os modelos do Medallion previam que essas posições voltariam ao ponto de equilíbrio. Mas isso não acontecia. As posições continuavam caindo. Simplesmente, não havia equilíbrio. O Medallion continuou comprando até sua carteira se transformar na imagem inversa dos fundos que desalavancavam maciçamente. Era a própria receita do desastre.

Os prejuízos se amontoavam com tanta rapidez que era impossível monitorá-los. A Rede do Dinheiro estava à beira do precipício, e ninguém sabia quando iria parar.

No PDT, Muller continuava a telefonar para os administradores, tentando aferir quem estava vendendo e quem não estava. Mas pouca gente falava. De certa maneira, pensou Muller, era como o pôquer. Ninguém sabia as cartas que os outros tinham na mão. Alguns podiam estar blefando, exibindo uma cara dura enquanto se desfaziam vigorosamente das posições. Alguns podiam estar na moita, esperando atravessar a tempestade. E a decisão que Peter Muller defrontava era a mesma que ele sempre encontrara na mesa de pôquer, só que numa magnitude muito maior: se devia apostar mais fichas e torcer pelo melhor, ou se devia cair fora.

Os outros gestores se viam diante do mesmo problema.

— Todos nós estávamos apavorados — lembrou John Liew, cofundador do AQR. — Os gestores quants tendem a ser meio misteriosos. Eles não pedem ajuda uns dos outros. Era mais ou menos como um jogo de pôquer. Quando você pensa no universo dos grandes gestores quantitativos, ele não é muito grande. Todos nós nos conhecemos. Nós telefonávamos uns para os outros e perguntávamos: "Você está vendendo?" "E você, está?"

À medida que a situação fugia de controle, Muller atualizava a cúpula do Morgan, inclusive Zoe Cruz e John Mack. Queria saber qual o tamanho do estrago que seria aceitável. Mas os chefões não lhe deram um número. Eles não compreendiam todos os detalhes do funcionamento do PDT. Muller tinha mantido suas posições e sua estratégia tão secretas através dos anos que poucas pessoas no banco faziam a mais remota ideia de como o fundo ganhava dinheiro. Cruz e Mack sabiam que ele dava lucro quase o tempo todo. E para eles isso é o que importava.

E isso queria dizer que a bola estava com Muller. Na manhã de quarta-feira, dia 8 de agosto, ele já havia decidido. No dia anterior, ele voou de Boston, quando estava claro que algo de muito sério havia acontecido. No aeroporto de La Guardia, seu motorista o esperava, um policial aposentado. Indo para a cidade no banco de trás da BMW 750Li, Muller fez uma ligação para o escritório para verificar o estrago.

As perdas haviam sido severas, duas vezes pior do que na segunda. Ele sabia que alguma coisa tinha que ser feita, e rápido. Não havia muito tempo. Já era bem tarde, e ele tinha que tomar uma decisão.

Depois de passar em seu apartamento no Time-Warner, ele foi até o banco. Eram 19h. Ele entrou no escritório do Morgan e encontrou Amy Wong, a trader encarregada da carteira quantitativa fundamental, que vinha sendo castigada. Eles se enfiaram numa sala de reunião ao lado do pequeno salão de operações do PDT, junto com os outros membros da cúpula da equipe. Wong deu os números do prejuízo. O livro fundamental quantitativo tinha sofrido perdas de US$ 100 milhões.

— O que a gente deve fazer? — perguntou Wong.

Muller deu de ombros e ordenou: vender.

Na quarta-feira de manhã, o PDT estava executando a ordem de Muller, se desfazendo agressivamente das posições. Mas continuava sendo massacrado. Todos os outros fundos quantitativos estavam vendendo, numa fuga em pânico para as portas de saída.

Naquela quarta-feira, o que começara como uma série de falhas bizarras e inexplicáveis nos modelos dos quants se transformou em um desmoronamento monumental, de uma forma que nunca se viu na história dos mercados financeiros. Quase todas as estratégias quantitativas, que se acreditava serem os investimentos mais sofisticados do mundo,

O fator agosto

foram despedaçados, levando a bilhões de dólares em prejuízos. Era uma desalavancagem astronômica.

Incrivelmente, o mundo bizarro das operações quantitativas conseguiu, no início, mascarar em larga medida as perdas para o mundo exterior. Como as ações que eles venderam a descoberto estavam subindo rapidamente, levando à aparência de ganhos para a bolsa como um todo, isso contrabalançava as ações em queda livre que os quants imaginavam que subiriam. Na segunda-feira o Dow Jones acabou subindo 287 pontos. Ganhou mais 36 na terça e outros 154 na quarta. Os investidores comuns do dia a dia não faziam a menor ideia da carnificina que acontecia por baixo da superfície, os bilhões de dólares dos fundos de hedge que estavam evaporando.

Evidentemente, havia muitos indícios de que algo muito sério estava fora de prumo. Ações que haviam sido fortemente vendidas a descoberto estavam vendo seus preços dispararem, sem nenhuma razão lógica. A Vonage Holdings, uma companhia de telecomunicações que vira suas ações despencarem 85% no ano anterior, subiu 10% em um único dia, sem qualquer novidade. A varejista on-line Overstock.com; a Taser International, que fazia armas não letais; a gigante da construção Beazer Homes USA e a Krispy Kreme Doughnuts — todas favoritas de quem queria vender a descoberto — subiram fortemente, mesmo enquanto o resto do mercado despencava. De uma perspectiva fundamentalista, isso não fazia sentido. Em uma recessão econômica, ações arriscadas como as da Taser e da Krispy Kreme certamente haveriam de sofrer. A Beazer estava, obviamente, nas cordas, devido à derrocada do mercado imobiliário. Mas um terrível *short squeeze* de todo o mercado estava levando essas ações a dispararem.

Os grandes ganhos com essas ações vendidas a descoberto criaram uma ilusão de ótica: o mercado parecia estar em alta, mesmo que os pilares por baixo dele estivessem se partindo. As queridas ações pouco valorizadas de Asness estavam se desvalorizando ainda mais. Ações com baixa relação de preço/valor contábil, como a Disney e a Alcoa, estavam sendo castigadas.

MENTES BRILHANTES, ROMBOS BILIONÁRIOS

"Uma desmontagem maciça de posições está acontecendo", disse Tim Krochuk, diretor administrativo do GRT Capital Partners, uma administradora de recursos de Boston, ao *Wall Street Journal*.[4] Investidores comuns, irritados, verbalizaram sua ira contra os quants enquanto viam suas carteiras de investimento desmoronarem. Uma reclamação que Muller ouviu foi:

— Vocês não conseguiam namorar na escola e agora estão destruindo o meu mês.

No meio de todo esse massacre, Mike Reed teve uma ideia: parar de vender por uma hora, para ver se o PDT era quem estava puxando a fila — uma indicação clara do quanto o mercado tinha se tornado caótico. Ninguém sabia quem estava causando o quê. Mas essa medida desesperada não funcionou. O PDT continuou a apanhar. Depois do almoço, chegou a se sentir um falso alívio. Mas à medida que se aproximava o fim dos negócios, na parte da tarde, a carnificina voltou. Investidores pequenos que observavam o mercado oscilando fortemente se perguntavam o que estava acontecendo. Eles não tinham como saber da imensa força dos computadores e das estratégias quantitativas que estavam por trás daquele caos, fazendo uma verdadeira paçoca de seus fundos mútuos e de seus planos privados de aposentadoria.

A intuição de Reed, de que a decisão do PDT de sair vendendo estava machucando o mercado, não era totalmente descabida. Uma das fontes do grande estrago ocorrido na quarta-feira e no dia seguinte era a falta dos traders de arbitragens estatísticas de alta frequência que agiam como provedores de liquidez aos mercados. Entre os maiores desses fundos estavam o Medaillon do Renaissance e o D.E. Shaw. O PDT já tinha desalavancado significativamente o Midas, seu fundo de *stat arb*, na semana anterior. Outros fundos desse tipo seguiam pelo mesmo caminho. Enquanto os investidores procuravam se desfazer de suas posições, os fundos de alta frequência não estavam lá para comprá-las — eles também estavam vendendo. O resultado era um buraco negro de absoluta falta de liquidez. Os preços despencaram.

O fator agosto 293

No fim daquela quarta-feira, o PDT tinha perdido quase US$ 300 milhões *só naquele dia.* O fundo estava virando fumaça. Outros fundos estavam tendo prejuízos ainda maiores. O Global Alpha do Goldman caíra 16% naquele mês, um prejuízo de US$ 1,5 bilhão. O AQR tinha perdido US$ 500 milhões só naquela quarta-feira, sua maior perda de todos os tempos num único dia. Foi o desmoronamento mais rápido que Asness vira na vida. E ele tinha total consciência de que, se aquilo continuasse por mais tempo, o AQR seria liquidado.

E não havia nada que ele pudesse fazer para conter a situação. A não ser continuar liquidando, liquidando e liquidando as posições.

■ ■ ■

Dentro do GSAM, chegaram à triste conclusão de que um derretimento catastrófico ocorreria se toda aquela furiosa liquidação de posições não fosse interrompida de alguma forma. Os traders de elite do Goldman estavam desesperados, passando de 15 a 20 horas na empresa — alguns sequer saíam.

Carhart e Iwanowski, como todos os outros administradores quants, procuravam febrilmente desalavancar seus fundos, tentando levar seus modelos de risco baseados na volatilidade de volta a um alinhamento. Só tinha um pequeno problema: toda vez que o GSAM vendia suas posições, a volatilidade voltava a subir — o que significava que tinha que continuar vendendo. Quando o computador lia que a volatilidade havia se acentuado, ele automaticamente direcionava o fundo a vender mais posições e levantar dinheiro.

A consequência disso era aterrorizante: o GSAM estava preso em um ciclo que se autoalimentava e se reforçava. Quanto mais vendia, mais aumentava a volatilidade, que levava a mais vendas, que geravam mais volatilidade. Era uma armadilha que também havia agarrado todos os outros fundos quantitativos.

Eles estavam tentando assegurar a liquidez das posições, para que pudessem cair fora sempre que necessário, sem maiores perdas. Mas,

MENTES BRILHANTES, ROMBOS BILIONÁRIOS

toda vez que desalavancavam as posições, voltavam à estaca zero. A equipe do GSAM percebeu, horrorizada, que ela podia estar presa em uma espiral fatal. Rumores de que eles estivessem diante de um desabamento como o do LTCM, que havia levado à lona não apenas um, mas dezenas de fundos, começavam a circular.

— Havia uma sensação de que isso poderia ser o fim — disse um trader do GSAM.

E, se continuasse por muito mais tempo, faria o colapso do LTCM parecer um domingo no parque.

O que fazer?

■ ■ ■

Matthew Rothman acordou cedo na quarta-feira, dia 8 de agosto, e foi a pé até o escritório do Lehman Brothers em São Francisco, na California Street, na esquina do hotel Four Seasons. Ele enviou diversos e-mails para a equipe de pesquisas quantitativas em Nova York com uma ordem muito simples: fazer um relatório imediatamente que explicasse o derretimento das operações quantitativas.

Mas muitos membros de sua equipe estavam com dificuldades para chegar à sede do Lehman, no centro de Manhattan, na Sétima Avenida. A fortíssima tempestade paralisara o sistema de metrô da cidade e ninguém conseguia encontrar um táxi vago. Rothman disse que tinham que dar um jeito de chegar ao escritório — andando, correndo, cavalgando, pouco importava o modo. Eles tinham que cumprir essa missão.

Rothman, que se mantinha em contato permanente com a equipe de pesquisa em Nova York, passou o dia inteiro juntando dados, falando com toda Wall Street em busca de informações, escrevendo e traçando gráficos complicados. Na hora que o relatório terminou, era meia-noite pela hora local e 3h da madrugada na Costa Leste. Rothman voltou tropeçando para o Four Seasons, exausto.

"Nos últimos dias, a maioria dos gestores de fundos quantitativos experimentaram um desempenho extremamente anormal no retorno de suas carteiras", escreveu, com os clássicos panos quentes de um analista de Wall Street. "Não é só uma questão de a maioria dos fatores não estarem funcionando, mas de, em nossa opinião, eles estarem agindo de maneira perversa."

O relatório continuava descrevendo o cenário que Rothman havia elaborado, ao comer sushi com Levin:

"É impossível saber com certeza quem foi o catalisador dessa situação. Em nossa opinião, o cenário mais razoável é que alguns grandes administradores quantitativos, de fundos de múltiplas estratégias, podem ter sofrido perdas significativas em suas carteiras de crédito ou de renda fixa. Numa tentativa de tentar diminuir os riscos de suas carteiras e com medo de serem 'marcados a mercado' em suas ilíquidas carteiras de crédito, esses gestores provavelmente procuraram levantar capital e desalavancar suas posições no mercado mais líquido que pudessem encontrar — a bolsa de valores americana."

Nas páginas seguintes do relatório vinha um exame detalhado das operações específicas que estavam implodindo. A parte mais estranha, no entanto, foi a conclusão, uma reiteração firme da crença dos quants de que, no fim das contas, as pessoas — e os investidores — geralmente se comportavam de maneira racional. A Verdade, afinal de contas, continuava a ser a Verdade. Certo?

"Nós gostamos de acreditar na racionalidade dos seres humanos (e especialmente na dos quants) e de depositar nossa fé nas forças potentes e nos incentivos mútuos que todos nós temos num funcionamento ordeiro dos mercados de capital", escreveu Rothman. "Como motoristas que dirigem seus carros à noite em uma estrada escura, nós aprendemos a acreditar que o motorista que se aproxima do outro lado da estrada não vai entrar em nossa pista e nos atingir. Inclusive, ele tem o mesmo medo de que nós possamos invadir a pista dele. Nós dois suspiramos com alívio quando passamos um pelo outro, continuando noite adentro, cada um na respectiva direção, evitando com sucesso a destruição mútua."

O relatório, intitulado "Turbulent Times in Quant Land", foi postado nos servidores do Lehman de manhã bem cedo. Ele logo se transformou em um dos boletins mais distribuídos da história do Lehman Brothers.

À medida que a notícia sobre esse relatório se espalhava, ele recebeu uma ligação de Kaja Whitehouse, repórter do *Wall Street Journal*. Quando ela lhe pediu para descrever a gravidade do desabamento, ele não economizou palavras.

— A quarta-feira foi o tipo de dia que, na terra dos quants, vai ser lembrado por muito tempo — disse Rothman. — Acontecimentos que os modelos previam que só poderiam acontecer uma vez em 10 mil anos aconteceram diariamente, nos últimos três dias.

Ele falava como se o pior já tivesse passado. Mas não foi bem assim.

■ ■ ■

Na quinta-feira, 9 de agosto, bem cedo, o PDT fez uma série de reuniões de emergência na sala de Peter Muller. A situação era muito feia. Se o fundo perdesse mais dinheiro, ele corria o risco de ser fechado pelos gerentes de risco do Morgan — um desastre que significaria que o grupo ia ter que liquidar a carteira toda. Reed defendia uma venda ainda mais agressiva. Muller concordava, mas queria esperar mais um dia, antes de jogar a toalha. Enquanto isso, os prejuízos iam aumentando.

Àquela altura o desmoronamento dos quants afetava os mercados do mundo inteiro. O índice Dow Jones industrial despencou 387 pontos na quinta-feira.

O iene japonês, que os fundos quantitativos gostavam de vender a descoberto, devido às taxas de juros extremamente baixas no Japão, subiu em relação ao dólar e ao euro — um exemplo de mais vendas descobertas sendo desmontadas, à medida que a *carry trade* ia deixando de existir. Mas o dólar subiu diante da maioria das outras moedas, enquanto os investidores o agarravam em pânico, na fuga para ativos líquidos e seguros, como havia acontecido na Segunda-Feira Negra em outubro de 1987, e em agosto de 1998, quando o LTCM implodiu.

O fator agosto 297

Na sexta-feira de manhã, Muller chegou bem cedo ao escritório. O plano era desalavancar a pontapés, antes que tudo fosse riscado do mapa. Mas, antes de dar o sinal verde para o plano, Muller queria ver o que aconteceria quando os mercados abrissem. *Nunca se sabe*, pensou. *Talvez a gente ainda tenha uma chance.* Mas ele não contava com isso.

Havia diversas más notícias para piorar o astral. O maior banco negociado em bolsa da França, o BNP Paribas, congelou os ativos de três de seus fundos, num total conjunto de US$ 2,2 bilhões. Em um refrão que ecoaria nos mercados financeiros repetidas vezes no ano seguinte, o BNP culpou a "completa evaporação da liquidez" nos mercados de securitização, em relação aos empréstimos hipotecários americanos, o que tornou "impossível de se avaliar certos ativos, independentemente de sua qualidade e classificação de risco".

No fim da quinta-feira, Jim Simons tinha enviado um raro update quinzenal da situação de seus fundos. O Renaissance Institutional Equities Fund, que administrava cerca de US$ 26 bilhões em ativos, tinha caído 8,7% desde o fim de julho — uma perda de quase US$ 2 bilhões.

Em uma carta aos investidores, Simons tentou explicar o que saíra errado.

"Apesar de acreditarmos ter um excelente conjunto de indicadores que nos permitem fazer uma previsão, alguns deles, sem dúvida alguma, também são utilizados por uma série de fundos de hedge long/short", escreveu o mago de barba grisalha de East Setauket. "Por um ou outro motivo, muitos desses fundos não tiveram um bom desempenho, e certos fatores os levaram a liquidar suas posições. Além do mau desempenho, entre os fatores podem estar incluídos prejuízos com valores mobiliários de crédito, risco em excesso, chamadas de margem e outros."

Entretanto, o fundo Medallion estava tendo um desempenho até pior do que o RIEF. Ele tinha caído assustadores 17% no mês, uma perda de quase US$ 1 bilhão. Como Muhammad Ali sendo golpeado por Joe Frazier no Madison Square Garden em 1971, o maior fundo de todos os tempos estava nas cordas e parecia correr o risco de ser nocauteado.

No AQR, o clima era pior ainda. Os traders estavam cansados e tensos. O trabalho duro, de 24 horas por dia, era completamente atípico para os quants, acostumados ao fluxo previsível, rígido e estruturado dos mercados. O caos absoluto não devia fazer parte do pacote.

O divertimento tinha acabado. O AQR havia reservado um cinema naquela noite de quinta-feira para uma exibição do filme dos Simpsons para os funcionários. A reserva foi cancelada.

■ ■ ■

Enquanto isso, Ken Griffin sentia o cheiro de sangue na água. Apesar do fundo quantitativo Tactical Trading, administrado por Misha Malyshev, estar sendo castigado, ele representava apenas uma pequena parte do imenso conjunto de ativos do Citadel.

No fim da noite de quinta-feira, Griffin pegou o telefone e ligou para Cliff Asness. Ele não estava telefonando como amigo. Queria saber se o AQR estava precisando de ajuda.

Asness sabia o que aquilo significava. Ele estava recebendo uma ligação de Griffin, o que dançava à beira dos túmulos, o *vulture investor** que havia feito fama com a aquisição do Amaranth e do Sowood. Isso o fez lembrar do tamanho da encrenca em que estava metido. Apesar de a ligação ser amistosa, havia um ar de tensão entre os dois administradores.

— Eu olhei para o céu e vi as Valkírias chegando, e vi a máscara da Morte e sua foice batendo na minha porta — lembraria Asness depois, fazendo uma piada. Mas, naquela hora, ele não achou nada engraçado.

■ ■ ■

---

* Investidor urubu, numa tradução literal. Tipo de investidor que adquire empresas à beira da falência, quase a preço de banana, para reerguê-las e revendê-las. (*N. do T.*)

O fator agosto

Manhã de sexta-feira, 10 de agosto, no AQR. Asness olhou pensativo para uma série de bonequinhos de super-heróis da Marvel, alinhados na sua janela com vista para o leste: Homem Aranha, Capitão América, o Incrível Hulk, o Homem de Ferro. Heróis das histórias em quadrinhos de seu tempo de criança em Long Island.

O gestor de fundos desejava ter um pouco de força sobre-humana para agir sobre os mercados e fazer aquilo tudo parar. *Estanque essa sangria.* O fundo Absolute Return do AQR tinha caído 13% naquele mês, sua maior perda num espaço tão curto de tempo, em toda a sua história. *Isso não faz sentido... é uma perversidade.* Ele andou até a mesa e olhou para a linha de resultados na tela do computador, um flash vermelho de números negativos. As perdas eram astronômicas. Bilhões haviam evaporado.

Pela janela leste de sua sala, Asness podia ver o brilho azul da ocupada marina da cidade, além da Steamboat Road. Dez anos antes, alguns minutos de carro pela Steamboat levavam direto à sede do Long-Term Capital Management.

Se as perdas continuassem, o AQR seria visto apenas como mais um LTCM, um desastre provocado por quants que gerou pânico no sistema financeiro, uns idiotas de Wall Street descontrolados com suas caixas-pretas de truques mágicos que se transformaram em bolas de canhão, destruindo tudo o que estivesse pela frente.

E ele não queria deixar que isso acontecesse. E pensou: *Talvez haja uma saída.*

Asness andara trocando ideias com seus principais braços-direitos no escritório, inclusive Mendelson, John Liew e David Kabiller. Eles estavam prontos para tomar uma decisão portentosa. Não era fácil. O destino do fundo de hedge estava em jogo.

Durante toda aquela semana, o AQR, como todos os fundos quantitativos, tentou encontrar uma maneira de saber o que estava acontecendo, procurando o desconhecido paciente zero. No final da quinta-feira, eles haviam percebido que quase todos os grandes fundos de hedge quantitativos haviam diminuído sua alavancagem significativamente. Todos, menos um: o GSAM.

O AQR tentou de todas as maneiras conseguir alguma informação sobre o que estava acontecendo no GSAM. Mas o Goldman não falava. Através de uma cuidadosa análise da situação, o AQR estabelecera que o Global Equity Opportunities, do GSAM, não havia se desalavancado completamente. Isso significava uma dessas duas alternativas: ou o Goldman iria injetar uma grande quantidade de dinheiro para manter o fundo vivo ou ele iria implodir em uma ruidosa liquidação de ativos, levando o mercado a fugir ainda mais do controle.

Se a alternativa fosse a última, o desastre seria um fato consumado para o AQR e todos os outros fundos quantitativos, assim como para o mercado como um todo. O fundo GEO do Goldman era enorme, com quase US$ 10 bilhões em ativos. Se ele ainda fosse sair vendendo depois de todos os prejuízos que os outros fundos quantitativos já haviam suportado, um derretimento de proporções monstruosas iria se seguir, abalando os investidores do mundo inteiro.

Como o PDT, a equipe do AQR tinha planejado diminuir suas posições ainda mais naquele dia. Mas Asness tomou uma decisão instintiva, uma das mais importantes de toda a sua carreira no mercado: *Está na hora de comprar.*

Se não for agora, vai ser quando?, pensou. O Goldman não iria deixar o sistema desabar se tivesse os meios para isso. Em vez disso, o banco faria o que era mais inteligente, o que era racional: injetar capital no GEO. Isso permitiria que ele segurasse suas posições, e não teria que se desalavancar.

Isso significava que estava na hora de voltar a comprar, jogar mais fichas na mesa. O AQR espalhou a instrução para os seus traders e mandou que eles comentassem em alto e bom som o que estavam fazendo. Eles queriam que todo mundo soubesse que o AQR, um dos gorilas cambaleantes do mundo dos quants, estava de volta ao jogo. *Talvez isso faça o sangue estancar*, pensou Asness.

Era como um jogo de pôquer, a aposta mais alta que ele já jogara na vida. Dessa vez, não era só o espertinho do Peter Muller que podia expor o seu blefe. O mercado inteiro poderia arruiná-lo. Asness tinha apostado tudo, e sabia disso.

O fator agosto 301

■ ■ ■

De volta a Nova York, Muller se sentava pensativo e com a cara dura de pôquer, enquanto as estratégias para lidar com aquele caos corriam pela sua cabeça. Enquanto ele esperava pela abertura do mercado na sexta-feira, ele sabia que o PDT estava na beira do abismo. O grupo tinha perdido a inconcebível quantia de US$ 600 milhões. Se as perdas se intensificassem ainda mais, o Morgan poderia tomar a decisão de encerrá-lo. O brilhante histórico do grupo, que durara 14 anos, e, provavelmente, a carreira de Muller, que ele só retomara há alguns meses, estariam terminados.

As coisas não pareciam bem. Os mercados europeus continuavam capengas. O mesmo acontecia com a Ásia. A tensão se acumulava à medida que se aproximavam as 9h30, hora em que começavam as operações normais da bolsa nos Estados Unidos. Muller, Simons, Asness, Weinstein, Griffin e quase todos os outros gestores quants do mundo estavam colados às telas, enquanto os minutos iam se passando, suando, nervosos, com um nó no estômago.

E, então, uma espécie de milagre aconteceu. Quando começaram os negócios nos Estados Unidos, as estratégias dos quants começaram a dar certo rapidamente. Muller deu ordem de não vender. Os outros quants seguiram pelo mesmo caminho. Houve um momento inicial de perplexidade, mas aí as posições decolaram, como um foguete a toda velocidade. No fim do dia, os lucros tinham sido tão altos que muitos gerentes quantitativos disseram que foi um dos melhores dias de todos os tempos. Se esse repique foi resultado da decisão de Asness de mergulhar de volta no mercado, é impossível ter certeza. Mas restam poucas dúvidas de que ele ajudou a mudar a maré.

Dentro do Goldman, os esforços de socorro realmente estiveram andando a todo vapor desde quarta-feira — uma infusão de US$ 3 bilhões em dinheiro ajudou a estancar a sangria. O salvamento, do qual cerca de US$ 2 bilhões foi com dinheiro do próprio Goldman, se dirigia ao Global Equity Opportunities do GSAM, que também sofrera um duro

302 MENTES BRILHANTES, ROMBOS BILIONÁRIOS

baque e perdera impressionantes 30%, ou US$ 1,6 bilhão, naquele mês, até o dia 9 de agosto. A defesa dos fundos Global Alpha e do North American Equity Opportunities ficou por conta deles mesmos. No final de agosto, os ativos do Global Alpha tinham caído para US$ 6 bilhões, em comparação com os US$ 10 bilhões do ano anterior, um enorme declínio de 40% para uma das operações de elite de Wall Street.

"Existe mais dinheiro aplicado nas estratégias quantitativas do que nós e muitos outros avaliamos", escreveram os gestores do Global Alpha num relatório para investidores desolados, mais à frente naquele mês. Uma quantidade incrível de dinheiro estava estacionada no Goldman Sachs Asset Management. Incluindo o GEO e o Global Alpha, o GSAM tinha cerca de US$ 250 bilhões em fundos administrados por ele, sendo que uns US$ 150 bilhões estavam em fundos de hedge.

Numa carta separada, os gestores do Global Alpha explicaram que um importante fator para as perdas foi a *carry trade*. "Em especial", escreveram, "observamos um desempenho muito ruim da nossa estratégia de escolhas de câmbio, tanto as já desenvolvidas como as emergentes, na medida em que posições nossas que estavam alinhadas com as demais *carry traders* foram fortemente punidas na desmontagem maciça da *carry trade* mundial."

Eles podem ter sido castigados, mas continuavam acreditando no sistema. Reconhecendo que uma queda de 23% naquele mês havia sido "um período de grandes desafios para os nossos investidores", eles disseram que iam "continuar se atendo às nossas crenças fundamentais de investimento: que princípios econômicos bem testados, aliados a uma disciplinada abordagem quantitativa, podem gerar retornos fortes e não correlacionados ao longo do tempo".

Asness escreveu sua própria carta no final da sexta-feira — e apontou para os macacos de imitação que queriam montar em suas costas. "Nosso processo de seleção de ações para investimento, uma estratégia que tem se mostrado vencedora há muito tempo, nesse período recente se revelou terrivelmente negativa para nós e para todos os que implementaram estratégias semelhantes", escreveu ele. "Acreditamos que isso

O fator agosto

tenha acontecido em decorrência exatamente do sucesso que essa estratégia teve ao longo do tempo, tendo atraído investidores demais."

Quando todos esses macacos de imitação saíram correndo para a porta de saída ao mesmo tempo, aconteceu uma "desalavancagem de proporções históricas".

Era um cisne negro, algo para o qual nem o AQR nem qualquer um dos outros quants havia se preparado.

■ ■ ■

Enquanto isso, Matthew Rothman se sentia esfrangalhado até os ossos. Tinha passado a maior parte da quinta e da sexta-feira explicando a situação aos investidores, clientes do Lehman, e a CEOs confusos das companhias que estavam sendo esmagadas pelo derretimento dos quants ("Vocês costumam fazer *o que* com as ações? Por quê?"). Ele mal havia dormido nos últimos dois dias.

Matthew ligou para um amigo que morava no Napa Valley, a uma hora de carro de São Francisco.

— Eu tive uma semana maluca — disse ele. — Você se importaria se eu ficasse na sua casa esse fim de semana?

Rothman passou os dois dias visitando vinhedos e relaxando. Esse seria um dos últimos momentos que teria de descanso por um bom tempo.

■ ■ ■

No fim de semana, Alan Benson foi até a sede do Saba para rever as posições do fundo e deu de cara com Weinstein, que tentava se manter no ritmo do caos que havia engolfado os mercados. A mesa quantitativa de ações do Saba tinha perdido quase US$ 200 milhões. Weinstein estava visivelmente aborrecido e disse a Benson para continuar vendendo. Quando Benson terminou, suas posições haviam se reduzido pela metade.

Na segunda-feira, o Goldman Sachs fez uma conferência para discutir o desmoronamento e a infusão de US$ 3 bilhões no fundo GEO.

— A evolução dos últimos dias foi sem precedentes e se caracterizara por uma enorme velocidade e intensidade em todos os mercados globais — disse David Viniar, CFO do Goldman. — Estamos diante de coisas com 25 desvios padrão, acontecendo por vários dias seguidos.

Era a mesma linguagem de uma "coisa de outro mundo" que os quants utilizaram para descrever a Segunda-Feira Negra. De acordo com os modelos dos quants, o desmoronamento de agosto de 2007 era tão improvável que nunca poderia ter acontecido na história da humanidade.

■ ■ ■

O desabamento dos fundos quantitativos havia terminado, pelo menos por enquanto. Mas ele seria apenas o primeiro round de um colapso que deixaria o sistema financeiro de joelhos. Na semana seguinte o tumulto nos mercados financeiros só iria piorar. Uma chamada de margem global estava acontecendo e se ampliando.

Na manhã de quinta-feira, 16 de agosto, a Countrywide Financial disse que precisaria utilizar US$ 11,5 bilhões em linhas de crédito bancárias, um sinal de que ela não conseguia captar dinheiro no mercado aberto. Mais ou menos na mesma hora, em Londres, cerca de US$ 46 bilhões em dívidas de curto prazo emitidas fora dos Estados Unidos estavam se aproximando da data de vencimento e tinham que ser rolados com novas dívidas. Normalmente, isso acontece de uma maneira quase automática. Mas, naquela manhã, ninguém estava comprando. Só metade da dívida havia sido rolada no final do dia. A Rede do Dinheiro estava se partindo.

O iene continuava a se valorizar, subindo cerca de 2% em minutos, por volta do meio-dia de Nova York, naquela quinta-feira, um movimento que poderia destruir um trader de câmbio que tivesse apostado na direção contrária. Os títulos do Tesouro também estavam disparando, enquanto investidores em pânico continuavam na corrida para comprar ativos líquidos, uma guinada que um trader na ocasião chamou de "um movimento extraordinariamente violento".

O fator agosto

Um artigo de primeira página do *Wall Street Journal* declarou:

"Esses choques refletiram um dos dias mais perigosos na história dos mercados financeiros globais, o sistema circulatório da economia internacional, desde a crise de 1997-98, que começou na Ásia, se alastrou para a Rússia e o Brasil e acabou chegando ao Long-Term Capital Management, fundo de hedge com sede nos Estados Unidos."[5]

Investidores em ações foram punidos com oscilações bruscas que viram o índice industrial Dow Jones cair e subir centenas de pontos no espaço de alguns minutos. Era estonteante. O derretimento que havia começado com as hipotecas subprime e se alastrado para os fundos de hedge dos quants agora era visível para todo mundo — até mesmo para o Federal Reserve.

No começo daquela sexta-feira, as bolsas de valores estavam em queda livre. Num determinado momento, os contratos futuros atrelados ao índice Dow Jones indicavam que o mercado iria abrir com uma queda de mais de 500 pontos.

E, então, pouco depois das 8h na Costa Leste, o Fed reduziu as taxas de juros na chamada janela de redesconto, através da qual ele empresta diretamente aos bancos, de 6,25 para 5,75%. O Fed acreditava que cortando suas taxas por essa janela incentivaria os bancos a fazerem empréstimos para os clientes que antes tiveram seus pedidos negados. Os bancos andaram cortando alguns clientes, como os fundos de hedge, que eles temiam que tivessem grandes carteiras de hipotecas subprime. O temor sobre quem teria esses ativos tóxicos em carteira estava se alastrando. O Fed também sinalizou que provavelmente baixaria a taxa de fundos federais, a mais importante, que cobra dos bancos para empréstimos overnight, quando ele voltasse a se reunir em setembro.

Era um movimento extremamente incomum, e deu certo. Os futuros de ações subiram dramaticamente e os mercados abriram numa alta pronunciada.

No momento, a desalavancagem parecia ter terminado. Os quants tinham olhado para o abismo. Se as vendas tivessem continuado — o que provavelmente aconteceria se o Goldman Sachs não tivesse resgatado o fundo GEO —, os resultados teriam sido catastróficos, não só para os quants, mas também para os investidores comuns, à medida que as vendas indiscriminadas se espalhassem para outros setores do mercado. Assim como a implosão dos mercados de hipotecas disparou um desmoronamento em cascata nos fundos quantitativos, as perdas ocasionadas pela implosão desses fundos poderiam ter causado uma hemorragia em outras classes de ativos, em uma corrida maluca para zerar posições que poderiam ter posto todo o sistema financeiro em perigo.

O aspecto mais apavorante do desabamento, todavia, foi que ele revelou ligações ocultas na Rede do Dinheiro das quais ninguém nunca havia se dado conta. Um colapso do mercado de hipotecas subprime havia disparado chamadas de margem nos fundos de hedge, obrigando-os a desmontar suas posições em bolsas. As pedras do dominó começaram a cair, atingindo outros fundos de hedge quantitativos e forçando-os a se desfazer de posições em absolutamente tudo, do câmbio aos contratos futuros e de opções nos mercados do mundo inteiro. À medida que a *carry trade* ia sendo desmontada, os ativos que sempre haviam se beneficiado da liquidez barata que ela ocasionara começaram a ficar sem âncora.

Seguiu-se um tenebroso efeito autoalimentante, fazendo com que bilhões de dólares evaporassem em questão de dias. O ciclo de vendas parou antes que um estrago maior acontecesse — mas não havia maneira de se dizer o que iria acontecer da próxima vez, ou que defeito oculto continuava a existir no encanamento do sistema, que na maior parte era invisível.

O desmonte de posições que ocorrera naquela semana havia sido tão incomum, e tão inesperado, que vários dos cientistas espetaculares do Renaissance Technologies deram um nome próprio para ele: o fator agosto. O fator agosto representava uma reversão completa das estratégias dos quants, um mundo bizarro em que o que deveria subir, caíra, e o que deveria cair, subira, maus ativos aumentaram de preço e bons ativos caíram, disparado por um turbilhão de desalavancagem de fundos com estratégias semelhantes. Era um fator inteiramente novo, com pro-

O fator agosto

priedades estatísticas muito fortes, diferentes de tudo que fora visto no passado — e que, esperava-se, nunca mais voltaria a acontecer.

Mas havia novos terremotos a caminho, e muito mais destrutivos. Aliás, um temporal financeiro de uma fúria sem precedentes já estava a caminho. Nos dois anos seguintes a desalavancagem impiedosa que atingira, primeiro, lugares desconhecidos como o escritório do PDT em Nova York e a sede do AQR em Greenwich iria se espalhar pelo sistema financeiro como um vírus em mutação, levando-o para a beira de um precipício. Trilhões de dólares foram perdidos, e bancos gigantes tombaram.

No entanto, olhando para trás, muitos quants veriam o desabamento dramático de agosto de 2007, que os derrubou como peças de um dominó e que dera um nó nos mais sofisticados modelos do mundo, como o acontecimento mais estranho e mais inexplicável de toda a crise de crédito.

— Daqui a dez anos, as pessoas devem se lembrar mais do mês de agosto de 2007 do que da crise do subprime — observou Aaron Brown. — Ela deu início a uma reação em cadeia. Foi muito interessante ter ocorrido esse evento incrivelmente anômalo antes da grande crise.

·11·

O relógio do Juízo Final

Cliff Asness andava sozinho de um lado para o outro em sua sala no canto do AQR, esfregando as mãos. Era o final de novembro de 2007, e o AQR estava virado de cabeça para baixo outra vez, sofrendo enormes prejuízos.

O que aconteceu? O fundo tinha crescido ainda mais depois do desmoronamento de agosto, recuperando quase todas as perdas daquela semana maluca. Tudo parecia ir bem. Por um momento ele chegou até a pensar que o IPO voltaria a entrar em pauta. Setembro foi um mês razoável, e outubro também.

Em novembro, o pesadelo recomeçou. O AQR estava sendo castigado enquanto várias de suas estratégias quantitativas levavam uma surra. A chamada de margem global continuava a machucar o sistema financeiro. As CDOs subprime continuavam a desabar e os investidores a perceber que muito mais bancos do que o imaginado detinham esses ativos tóxicos em carteira. O Morgan Stanley teve prejuízos de quase US$ 7,8 bilhões,

MENTES BRILHANTES, ROMBOS BILIONÁRIOS

atribuindo a maior parte da culpa à mesa de Howie Hubler. A gigante das hipotecas Freddie Mac revelou um prejuízo de US$ 2 bilhões. O HSBC, um dos maiores bancos da Europa, retirou US$ 41 bilhões em ativos que ele mantinha em veículos especiais de investimento — aquelas entidades fora do balanço que transportavam as hipotecas subprime pelos canos que iam dar na securitização — e os aportou no balanço, um sintoma da paralisia dos mercados de crédito. O Citigroup, o Merrill Lynch, o Bear Stearns e o Lehman Brothers começavam a mostrar rachaduras maiores em decorrência da crise.

O AQR apanhava de todos os lados. As preciosas ações pouco valorizadas de Asness estavam despencando. Moedas e taxas de juros não se comportavam. Uma grande aposta que havia feito em imóveis comerciais deu errado de uma maneira dramática, perdendo centenas de milhões de dólares num intervalo de poucas semanas.

Menos de três anos antes, na era de ouro da Wall Street Poker Night no hotel St. Regis, os quants eram uma das forças mais poderosas do mercado, os reis nerds de Wall Street. Asness e Muller tinham ficado lado a lado com os troféus do pôquer nas mãos, como se fossem símbolos de seu talento comum de fazer os cálculos certos e colher rios de dinheiro. Agora, isso parecia ter sido apenas o segundo ato dos três de uma tragédia grega sobre a arrogância. Eles estavam sendo estropiados por um mercado que havia enlouquecido. Isso não era correto. Não era justo.

Asness se sentou à mesa e olhou para a tela do computador. *Mais números no vermelho.* Ele se curvou para trás e soltou um urro do fundo do pulmão, dando um soco no monitor. A tela quebrou e caiu da mesa, no chão, destruída.

O quant balançou a cabeça, olhando pela janela para as folhas marrons de Greenwich à sua frente. Ele sabia que não era o único fundo de hedge que estava apanhando no final daquele ano de 2007. A crise financeira global estava sofrendo metástases como se fosse um câncer. Uma reavaliação daquele setor de grandes números estava em andamento, puxando para baixo até os traders mais inteligentes. O AQR há muito

O relógio do Juízo Final

tempo era considerado um dos fundos mais avançados e inteligentes do mundo. Mas, desde agosto daquele ano tudo parecia que ia por água abaixo. Toda a matemática, toda a teoria — nada dava certo. Qualquer movimento que o AQR tentasse fazer para endireitar o navio se revelava o caminho errado, à medida que uma onda de desalavancagem depois da outra irrompia pelo sistema.

Uma parte do problema estava no centro do *modus operandi* do AQR. Investidores em busca de ações menos valorizadas abocanham essas ações quando elas não são amadas, na expectativa de que elas avancem na direção de seu real valor — uma vez que a Verdade seja reconhecida pelo sr. Mercado, aquele senhor que sabe tudo e cuja forma de tratamento fora dada por Benjamin Graham, o rei das ações menos valorizadas — e tutor de Warren Buffett. Mas, na grande desmontagem que começara em 2007, os investidores que compraram essas ações pouco valorizadas se queimaram regularmente, quando compravam ações muito desvalorizadas, só para vê-las se desvalorizar ainda mais. O sr. Mercado, ao que parece, tinha saído em férias prolongadas.

Muitas dessas ações que levavam no lombo eram bancos como o Bear Stearns e o Lehman Brothers, cujo valor seguia em acentuada queda livre, acentuada, enquanto eles diminuíam em vários bilhões de dólares o valor de seus ativos tóxicos. Os modelos que funcionaram tão bem no passado agora tinham se transformado em algo praticamente inútil, em um ambiente sem precedentes.

Em toda parte, quants acelerados se viam repentinamente dedicados a uma prolongada busca espiritual, questionando se todas as suas brilhantes estratégias não passavam de ilusão, nada mais do que pura sorte que acontecera de dar certo durante um período de crescimento dramático, prosperidade econômica e alavancagem excessiva que sustentaram o barco em que todos estavam.

O maior medo de quants como Asness era de que seu guru da Escola de Chicago, Eugene Fama, estivesse certo o tempo todo: o mercado é eficiente, de uma maneira brutal. Acostumado a engolir as ineficiências de curto prazo como piranhas famintas, eles tiveram um bom pedaço da própria carne arrancado por forças que eles não conseguiam entender nem controlar.

Era uma sensação horrível. Mas Asness continuava confiante, continuava de cabeça erguida. *Tudo vai voltar.* Todos aqueles anos de dados, os modelos, a lógica por trás deles — momento, valor x crescimento, os fatores cruciais —, tudo iria voltar.

Ele sabia.

■ ■ ■

Era uma manhã anormalmente quente em Chicago, em novembro de 2007, quando Ken Griffin caminhou com passos firmes para o seu jato particular, já a postos para a viagem de duas horas até Nova York. Enquanto embarcava no avião, ele recebeu uma chamada urgente de Joe Russell, chefe de operação de investimentos de crédito do Citadel.

Russell disse que uma empresa importante que o Citadel mantinha em carteira, a corretora on-line E*Trade Financial, estava sendo esmagada pelo mercado. As ações, que já tinham caído quase 80% naquele ano, haviam caído pela metade só naquela manhã de segunda-feira.

— A gente precisa se concentrar nisso rápido — disse Russell. Uma caderneta de poupança que pertencia à E*Trade estava inundada de hipotecas subprime e agora estava pagando o preço.[1] Havia rumores de falência da antiga queridinha da internet. Russell falou que o Citadel devia começar a comprar ações da E*Trade para estabilizar o mercado.

— Vamos nessa — disse Griffin, dando sinal verde para o plano.

Dias depois, Griffin, junto com uma equipe de craques de 60 analistas e consultores do Citadel, se metiam na sede da E*Trade em Nova York, a poucas quadras da sede nova-iorquina do próprio Citadel, para examinar a contabilidade. Griffin viajou milhares de quilômetros em seu Global Explorer, indo a Nova York de manhã e voltando à noite para Chicago três vezes durante as conversações.

No dia 29 de novembro, semanas depois da primeira ligação de Russell, o negócio estava concluído. O Citadel concordava em investir

O relógio do Juízo Final

aproximadamente US$ 2,6 bilhões na empresa. Ele comprou US$ 1,75 bilhão de ações da E*Trade e títulos com uma gorda taxa de juros de 12,5%. Ele também abocanhou uma carteira de hipotecas de US$ 3 bilhões e outros valores mobiliários da corretora on-line pelo que parecia ser um preço na bacia das almas de US$ 800 milhões. O investimento representava cerca de 2,5% da carteira do Citadel.

Griffin tinha certeza de que o mercado estava excessivamente pessimista e pressentiu uma fantástica oportunidade de compra. Ele já tinha visto os mercados se comportarem dessa maneira quando corretores em pânico desovavam ativos bons e investidores inteligentes se recostavam e os colhiam. Como o AQR, o Citadel era, de muitas maneiras, um investidor em busca de ações pouco valorizadas abocanhando ativos castigados, na expectativa de que eles voltassem a subir depois que a fumaça tivesse desaparecido — uma vez que a Verdade fosse reconhecida pelas massas.

— O mercado está precificando os ativos como se as coisas fossem ficar muito ruins — afirmou Griffin ao *Wall Street Journal*, pouco depois da conclusão do negócio. — Mas o resultado mais provável é que a economia desacelere por uns dois ou três trimestres e depois se fortaleça novamente.

A E*Trade foi o maior negócio da carreira de Griffin, mais uma tacada que rendeu manchetes, se sobrepondo ao negócio com o Amaranth de 2006 e do socorro do Sowood em julho. Para aumentar a pressão, sua esposa, Anne Dias Griffin, ia dar à luz o primeiro herdeiro da dinastia Griffin em dezembro.

No entanto, Griffin não apresentava muitos sinais de estresse. O bilionário de olhos azuis parecia estar acelerando a todo vapor. A velocidade com que ele completou o negócio do E*Trade despertou a inveja de competidores sem a mesma coragem, nem a mesma musculatura mental — para não dizer o dinheiro — para concluí-lo. Griffin havia passado àquela altura rarefeita dos grandes administradores de recursos capazes de mover bilhões de dólares como se estivessem tirando o chapéu, e que conseguiam se aproveitar de empresas em dificuldades dispostas a fazer qualquer coisa e vender a qualquer preço, só para sobreviver.

314 MENTES BRILHANTES, ROMBOS BILIONÁRIOS

Enquanto isso, a potência das transações ultrarrápidas que era a Tactical Trading do Citadel, administrada pelo gênio russo da matemática Misha Malyshev, continuava a render lucros, apesar do terremoto de agosto na terra dos quants. Ele estava posicionado para dar um lucro de US$ 892 milhões em 2007 e mais ainda no ano seguinte. A operação de negociação de opções, o Citadel Derivatives Group, administrado por Matthew Andresen, também estava preocupado, depois de crescer e se tornar o maior market maker de opções do mundo. Griffin, que, pessoalmente, era dono de uma larga fatia de cada um desses negócios, decidiu separar tanto a Tactical como o negócio de opções das operações dos fundos de hedge. A ação ajudava a diversificar as linhas de negócio do Citadel, antes do planejado IPO.

Isso também permitiu a Griffin ficar com uma parte maior da Tactical, que estava se tornando uma das linhas de negócios mais consistentes do fundo, para não falar do mundo. Os investidores do fundo de hedge receberam a chance de colocar dinheiro na Tactical, mas isso tinha que ser um adicional aos investimentos que eles já possuíam. Cerca de 60% dos investidores aceitaram a oferta de Griffin. O resto da capacidade do fundo foi preenchido pelos figurões do Citadel, principalmente Griffin.

No encontro anual do fundo para a equipe do Citadel na Orquestra Sinfônica de Chicago naquele mês de novembro, Griffin estava nas alturas. O Citadel estava administrando cerca de US$ 20 bilhões em ativos. Ele tinha dominado seus concorrentes em 2007, com lucro de 32%, apesar do desastre por que passaram os quants no mês de agosto. A empresa tinha concluído o negócio da E*Trade uma semana antes e o negócio com o Sowood estava caminhando magnificamente. O negócio de market maker eletrônico de opções do Citadel tinha se transformado no maior do mundo.

Falando para seus soldados, uns 400 ao todo, Griffin parecia um empolgado técnico de futebol, preparando a equipe para o maior jogo da vida deles. Depois de enumerar todas as realizações do Citadel, Griffin adotou uma atitude mais padrão de um líder de empresa.

O relógio do Juízo Final   315

— O sucesso nunca foi medido em tacadas perfeitas — declarou.
— São aquelas que nos fazem avançar uma ou duas bases que nos trouxeram até aqui e vão nos levar mais adiante. O melhor ainda está por vir. Sim, encontraremos obstáculos, mas os obstáculos são oportunidades para pessoas que sabem dar conta do recado. Se você for assim, então está no lugar certo.

A multidão de afortunados bateu palmas e deu vivas. Griffin podia ser muito exigente, e até mesmo um implacável megalomaníaco, mas na verdade era um vencedor e tinha feito todo mundo naquele salão ficar incrivelmente rico. O Citadel parecia estar no ápice da grandeza. A recessão que a economia estava sofrendo com o colapso do mercado imobiliário seria de curta duração, acreditava Griffin — uma pequena pedra no meio do caminho do ciclo de crescimento irrefreável da economia global. Aliás, ele achava até que já podia ver a luz no fim do túnel. Dias melhores já estavam por vir.

Existe um velho provérbio em Wall Street sobre esse tipo de pensamento oportunista: a luz no fim do túnel é a luz de um trem vindo em sua direção. E Ken Griffin estava se posicionando bem diante dele.

■ ■ ■

— Aaargh!
Cliff Asness deu um pulo da mesa de jogo, pegou o primeiro abajur à mão e o arremessou contra a parede.[2] Ficou salivando diante da janela do hotel. Era o fim de 2007 e uma neve suave caía sobre Nova York. As luzes de Natal enfeitavam várias janelas dos apartamentos nos arranha-céus de luxo da cidade, que ele via da janela.

— O que há de errado com você? — perguntou Peter Muller, erguendo os olhos, espantado, de seu lugar na mesa.

Aconteceu de novo. Asness tinha perdido no jogo. Faltou sorte. Mas por que ele estava tão preocupado? Por que esses ataques temperamentais? O fundo de hedge de Asness ganhava dinheiro baseado na matemática, numa racionalidade fria e passando por cima dos elementos humanos e irracionais nas negociações. Mas quando as fichas estavam na mesa de jogo, Asness perdia a calma.

MENTES BRILHANTES, ROMBOS BILIONÁRIOS

Neil Chriss balançou a cabeça.

— Cliff, você ganha o dinheiro que perdeu em alguns minutos todos os dias — disse ele. — Faria bem em colocar as coisas em perspectiva.

Por que Asness considerava perder uma coisa tão pessoal? Por que ele ficava com tanta raiva? Ele sempre fora temperamental, detestava perder, especialmente para outros quants.

— Dane-se — disse Asness, respirando fundo enquanto voltava para a mesa de jogo.

No ano anterior, Asness se revelara cada vez mais suscetível a ataques temperamentais. As apostas pareciam estar sempre subindo, facilmente ultrapassando os US$ 10 mil, às vezes mais. Não que Asness não pudesse pagar. Ele era o cara mais rico daquela sala. Mas sua fortuna parecia estar minguando a cada dia, à medida que o AQR sangrava dinheiro. E o talento de Asness na mesa de pôquer parecia seguir os passos dos "lucros e perdas" do AQR — eles desapareciam ao mesmo tempo em que o fundo parecia derrapar. É só uma questão de sorte, ele pensava. Ou de falta de sorte. Uma loucura.

Os jogos de pôquer dos quants eram maratonas brutais, que iam até 3h ou 4h. Não que Asness fosse ficar até o fim. Tinha duas duplas de gêmeos, nascidas uma depois da outra, em 2003 e 2004, esperando por ele na mansão de Greenwich. Ele gostava de chamar os nascimentos consecutivos dos gêmeos de "um erro grosseiro de administração de risco", referindo-se a um excesso de indulgência em tratamentos de fertilidade.

A administração de risco também deve ter sido jogada pela janela na mesa de pôquer, ou pelo menos era o que parecia para alguém de fora. O cacife era de US$ 10 mil. Para alguns jogos, dos quais só participavam os jogadores mais sérios do grupo, como Muller e Chriss, o cacife podia chegar a cerca de US$ 50 mil.

Os jogadores não apostavam tudo logo na primeira mão, é claro. Eles podiam colocar as fichas no bolso e mantê-las lá a noite inteira, pelo menos até a sorte acabar, se era assim que eles queriam jogar. Mas quem se importava com aquilo? Cinquenta mil dólares era dinheiro

O relógio do Juízo Final

de brincadeira para eles. Tudo era uma questão de saber quem ganhava e quem perdia. E embora os vencedores, às vezes, pudessem levar para casa ganhos de mais de US$ 100 mil, isso não ia mudar a vida deles.

Mas Asness não estava ganhando. Estava perdendo — como o AQR.

— Vamos aumentar a aposta — disse Muller, jogando outra mão.

Asness tirou algumas fichas do bolso e as lançou no monte. Ficou vendo as cartas enquanto elas corriam pela mesa. Olhou para Muller, que estudava as cartas com uma expressão impassível. Ele não sabia como é que Muller podia se manter tão calmo. Ele havia perdido mais de meio bilhão de dólares em alguns dias em agosto e, no entanto, se comportava como se fosse mais um dia de praia no Havaí. Mas o AQR tinha perdido mais, muito mais. É verdade que depois as coisas se recuperaram — e bem —, mas a velocidade do desmoronamento foi de fundir os nervos. E, agora, com a crise de crédito se mantendo no final de 2007, o AQR se confrontava com mais prejuízos ainda.

Pegando as cartas, Asness fez uma careta. Nada.

Mas ele não estava pronto para desistir — longe disso. O AQR fazia sua tradicional festa de Natal no Nobu 57, um elegante restaurante japonês no centro de Manhattan. Porém, havia sinais de que o botão tinha caído da rosa. Ao contrário dos anos anteriores, esposas e convidados não seriam permitidos. Os estressados quants de Greenwich ficaram mais à vontade assim, entornando saquê e cerveja japonesa.

— Virou uma imensa bebedeira — disse um dos presentes.

Os quants também estavam sendo atormentados por outro medo: o risco sistêmico. O derretimento de agosto de 2007 revelou que a presença dos quants no mercado não era tão benigna quanto eles acreditavam. Como uma delicada teia de aranha, um rombo numa parte do mercado financeiro, no caso as hipotecas subprime, podia disparar um rombo em outra parte — e até destruir a própria teia. Aparentemente, o mercado era muito mais interligado do que eles haviam percebido.

Andrew Lo, professor de finanças do MIT, e seu aluno, Amir Khandani, publicaram um estudo definitivo do desabamento em outubro

318 MENTES BRILHANTES, ROMBOS BILIONÁRIOS

de 2007 chamado "What Happened to the Quants?" De uma maneira um tanto sinistra, eles bolaram um relógio do Juízo Final para o sistema financeiro global. Em agosto de 2007, o relógio chegara muito perto da meia-noite, talvez o ponto mais próximo que tenha chegado do Apocalipse financeiro desde a implosão do Long-Term Capital Management, em 1998.

"Se nós fôssemos criar um relógio do Juízo Final para o impacto do setor de fundos de hedge no sistema financeiro global", escreveram, "que tivesse marcado cinco para a meia-noite em agosto de 1998 e quinze para a meia-noite em janeiro de 1999, então nossa visão atual para o estado do risco sistêmico no setor de fundos de hedge é de cerca de 23h51. No momento, os mercados parecem estáveis, mas o relógio continua funcionando."

Uma das preocupações centrais, explicaram Lo e Khandani, era com as interconexões do sistema, como se fossem uma teia. "O fato de que as origens centrais do deslocamento se encontravam aparentemente fora do setor de *long-short equities* — mais provavelmente numa série de mercados e instrumentos não relacionados a ele — sugere que o risco sistêmico no setor de fundos de hedge aumentou significativamente nos últimos anos."

Também havia uma preocupação sobre o que aconteceria se os fundos quantitativos de alta frequência, que se tornaram uma engrenagem central do mercado, ajudando a transferir riscos com a velocidade de um raio, se vissem obrigados a encerrar as atividades por causa da extrema volatilidade do mercado. "Os fundos de hedge podem optar em retirar a liquidez em pouquíssimo tempo", escreveram, "e embora isso seja bom se acontecer rara e aleatoriamente, uma retirada coordenada da liquidez de todo o setor dos fundos de hedge pode ter consequências desastrosas para a viabilidade do sistema financeiro, se isso acontecer na hora errada ou no setor errado."

Não devia ser assim. Os quants sempre se viram como ajudantes do setor financeiro, que passavam graxa nas engrenagens da Rede do Dinheiro. Agora, parecia que eles apresentavam um risco sistêmico significativo

O relógio do Juízo Final

— empurrando o mundo para mais perto do Juízo Final. Sentado na mesa de pôquer, olhando para mais outra mão horrível, Asness fechou os olhos e pensou nos dias em que era o aluno mais brilhante da Universidade de Chicago.

Onde tudo tinha dado errado?

■ ■ ■

Um mosquito na terra dos quants já vinha prevendo o desmoronamento do sistema financeiro há vários anos: Nassim Nicholas Taleb, o ex-trader de fundo de hedge e escritor que havia se indisposto com Peter Muller no casamento de Neil Chriss, vários anos antes.[3] Em janeiro de 2008 Taleb chegava à sede do AQR em Greenwich para dar uma palestra. Aaron Brown havia pedido que ele explicasse sua teoria de que os modelos quantitativos funcionavam bem no mundo físico, mas eram uma mágica perigosa no mundo das finanças (um ponto de vista com o qual Brown não compactuava, necessariamente).

A plateia de Taleb era pequena. Asness estava passado, esgotado. Aaron Brown era amigo de Taleb há anos — Taleb fizera um elogio para ser publicado no livro de Brown, *The Poker Face of Wall Street* — e estava interessado no que ele tinha a dizer, mesmo que não concordasse.

— Oi, Nassim. Como é que vai?

— Nada mal, meu amigo — respondeu Taleb, cofiando a barba. — Ouvi dizer que vocês estão passando por maus bocados.

— Você não vai acreditar — respondeu Brown. — Ou talvez acredite não sei. Eu diria que nós realmente vimos um dos cisnes mais negros de todos os tempos. Mas as coisas parecem estar amenizando um pouco.

Taleb montou rapidamente sua apresentação de PowerPoint e começou a falar. Um dos primeiros slides da palestra mostrava um recorte do *Wall Street Journal* do dia 11 de agosto com a descrição que Matthew Rothman fez do desmoronamento das técnicas quantitativas.

"Matthew Rothman está acostumado a trabalhar com pessoas que se orgulham de sua própria racionalidade", dizia o artigo. "Afinal, ele é

MENTES BRILHANTES, ROMBOS BILIONÁRIOS

um 'quant', de uma legião de Ph.Ds. que existe em Wall Street que adotam as regras sem emoção da matemática para escolher suas posições. Mas esta semana ele passou por uma espécie de pânico."

O slide de Taleb levava o título de "A Falácia das Probabilidades". Rothman tinha descrito o desmoronamento como uma coisa que os modelos previam que só poderia acontecer uma vez em 10 mil anos — mas que acontecera por vários dias seguidos. Para Taleb significava que havia alguma coisa errada com os modelos.

— Esses autoproclamados engenheiros financeiros passam por acontecimentos que, pelas leis da probabilidade, só poderiam acontecer uma vez na história da humanidade, num intervalo de poucos anos — disse ele para o salão (que, evidentemente, estava cheio de engenheiros financeiros). — Tem alguma coisa errada com esse quadro. Estão vendo onde eu quero chegar?

Outro slide mostrou um gigante do lado direito de uma balança, inclinando-a fortemente, enquanto um grupo de pessoas pequeninas se espalhava e caía no prato da esquerda. O slide dizia: "Dois Domínios: Tipo 1 — o 'Mediocristão' Tranquilo (Gauss etc.); Tipo 2 — o 'Extremistão' Selvagem."

O slide era a chave para a visão de Taleb sobre os acontecimentos extremos do mercado e por que a matemática que se usava no mundo físico — a ciência utilizada para levar o homem à Lua, fazer um avião atravessar os oceanos ou aquecer um sanduíche no micro-ondas — não se aplicava ao mundo das finanças. O mundo físico, dizia ele, era o "Mediocristão". As curvas do sino são perfeitas para se medir a altura ou o peso das pessoas. Se você medir a altura de mil pessoas, a medida seguinte dificilmente irá mudar a média.

No entanto, no mundo das finanças, uma mudança brusca dos preços pode mudar tudo. Para Taleb, esse era o mundo do "Extremistão". As distribuições de renda, por exemplo, exibiam sinais de Extremistão, uma descoberta que Benoit Mandelbrot já fizera mais de cinquenta anos antes. Meça a riqueza de mil pessoas pegas a esmo na rua. Num dia típico,

O relógio do Juízo Final

as distribuições vão ser normais. Mas... e se você escolher Bill Gates, o homem mais rico do mundo? Nesse caso, a distribuição ficará total e enormemente distorcida. Os preços de mercado também podem mudar rápida, inesperada e enormemente.

Taleb continuou a se dirigir para a sua pequena plateia por mais trinta minutos. Falou sobre caudas grossas. Incerteza. Aleatoriedade. Mas dava para ver que a plateia estava horrorizada. Ninguém precisava falar de um cisne negro para aquelas pessoas. Elas tinham acabado de ver um — e haviam ficado apavoradas.

Mesmo assim, poucas pessoas podiam acreditar que a recessão ficaria muito pior. Um ano de volatilidade inimaginável tinha acabado de começar. Mais tarde, em janeiro, foi noticiado que um trader de 31 anos, que fazia práticas espúrias no Société Générale, um grande banco francês, perdera US$ 7,2 bilhões em operações complexas de derivativos. O trader Jérôme Kerviel, usava contratos futuros atrelados aos índices de bolsa franceses para montar posições impressionantes, num total de US$ 73 bilhões, que eram basicamente apostas de mão única de que as bolsas iriam subir. Depois que o banco descobriu as operações, que Kerviel havia acobertado manipulando o software de controle de risco, ele decidiu se desfazer delas, iniciando uma liquidação impressionante nos mercados globais. Em resposta a essa volatilidade, o Federal Reserve, que não conhecia as operações do SocGen, cortou as taxas de juros em 0,75%, um movimento ousado que espantou os investidores, que viram nisso sinais de pânico.

Mesmo assim, com o sistema cambaleando à beira do precipício, muitos dos investidores mais inteligentes do mundo não conseguiram ver o tsunami destrutivo que vinha diretamente na direção deles. A implosão do Bear Stearns em março seria o toque do despertador.

No relógio do Juízo Final, os segundos iam passando.

■ ■ ■

MENTES BRILHANTES, ROMBOS BILIONÁRIOS

Por volta das 13h do dia 13 de março de 2008, Jimmy Cayne se sentou a uma mesa de jogo em Detroit e começou a preparar sua estratégia. Aos 74 anos, o presidente do Bear Stearns, em quarto lugar entre 130 ranqueados na categoria IMP Paris do Campeonato Norte-americano de Bridge, estava totalmente concentrado nas cartas que tinha na mão.

O bridge era uma obsessão para Cayne, um egresso da dura South Side de Chicago, e ele não ia permitir que os problemas do seu banco o atrapalhassem em uma das competições mais importantes do ano.

Ao mesmo tempo, na sede do Bear na Madison Avenue, em Nova York, cerca de quarenta dos principais executivos do banco haviam se reunido no refeitório do 12º andar para traçar uma estratégia. Todo mundo sabia que os problemas estavam aumentando. O preço anêmico das ações do Bear contava uma história muito clara. Mas ninguém sabia exatamente o quanto as coisas estavam mal. Por volta de 12h45 o executivo-chefe Alan Schwartz apareceu para assegurar ao grupo de que tudo estava indo bem.

Mas ninguém estava entrando nessa. Fundado em 1923, o Bear Stearns estava cambaleando à beira de um colapso, enquanto seus clientes sacavam bilhões de dólares do banco num pânico louco. Quem conhecia a empresa por dentro percebeu que a coisa estava séria quando um de seus clientes preferenciais sacou mais de US$ 5 bilhões na primeira quinzena de março. O cliente era o Renaissance Technologies. Então, outro cliente de primeira linha correu para a porta de saída com mais US$ 5 bilhões na mão: o D. E. Shaw.

Os quants estavam matando o Bear Stearns.

Até hoje, os ex-funcionários do Bear Stearns acreditam que o banco sofreu um assalto implacável. Em sua última semana como empresa negociada em bolsa, ele tinha reservas de dinheiro da ordem de US$ 18 bilhões na mão. Mas, uma vez que o sangue do Bear espirrou na água, clientes amedrontados que negociavam com o Bear não se mostraram mais dispostos a esperar o que iria acontecer. O temor era de que o banco implodisse antes que eles pudessem sacar o dinheiro. Não valia a pena o risco. Havia outros bancos de investimentos mais do que dispostos a se apropriar de seus fundos, como, por exemplo, o Lehman Brothers.

O relógio do Juízo Final   323

No dia 15 de março de 2008, um sábado, o Bear Stearns estava quase acabado. Funcionários do Federal Reserve e do Departamento do Tesouro e banqueiros do J.P. Morgan entravam pelas salas do arranha-céu no centro de Manhattan como abutres em cima de um cadáver. Os executivos do Bear estavam alucinados, preocupados com um casamento forçado e lotavam os telefones em busca de um socorro de último segundo. Mas nada dava certo. No domingo, Cayne e o restante da diretoria do Bear concordaram em vender a instituição de 85 anos para o J.P. Morgan por US$ 2 a ação. Uma semana mais tarde, o valor da operação foi aumentado para US$ 10 a ação.

Por algum tempo, os otimistas acreditaram que a morte do Bear marcava o que seria o auge da crise de crédito. A bolsa de valores subiu fortemente. O sistema havia tido o seu momento de crise e saíra, em sua maioria, sem muitos arranhões. Ou, pelo menos, era isso o que parecia.

■ ■ ■

Dick Fuld estava dando um show. O CEO do Lehman Brothers, chamado de "Gorila" por conta do olhar pesado e fixo de um Cro-Magnon, seus grunhidos monossílabicos e pelos ataques explosivos, se lamentava há meia hora numa sala cheia de diretores administrativos.[4]

Fuld gritava. Pulava para cima e para baixo. Brandia os punhos em desafio.

Era o mês de junho de 2008. As ações do Lehman vinham levando uma surra, enquanto os investidores se roíam diante do débil balanço do banco. Agora, estava piorando. O banco tinha acabado de declarar um prejuízo trimestral de US$ 2,8 bilhões, incluindo US$ 3,7 bilhões de diminuição no valor de ativos tóxicos como investimentos em hipotecas e em imóveis comerciais. Era o primeiro prejuízo trimestral do banco desde 1994, quando fora separado do American Express. Apesar dos prejuízos, Fuld e os diretores tinham mantido a cara dura em público, insistindo que tudo estava bem. Mas não estava.

MENTES BRILHANTES, ROMBOS BILIONÁRIOS

Fuld havia convocado uma reunião com os diretores administrativos do banco para afastar boatos e esclarecer a situação. Ele começou fazendo um anúncio:

— Eu conversei com o Conselho este fim de semana — falou. Algumas pessoas na sala imaginaram se ele havia apresentado uma carta de demissão. Há apenas uma semana o CEO de 62 anos assumira o principal posto do banco, substituindo o presidente Joe Gregory, junto com seu sócio de longa data Herbert "Bart" McDade. Será que já estava na hora de Fuld passar pelo fio da espada? Muitos na sala torciam para que sim.

— Eu falei que não vou receber meu bônus este ano.

O salão pareceu soltar um nítido suspiro de desespero. Fuld rapidamente passou para os cálculos, mostrando o quanto o Lehman era forte e o quanto o balanço continuava sólido. Contou como o banco esmagaria os que estavam vendendo a descoberto, os que tinham se juntado para transformar as ações do Lehman em pó.

Alguém levantou a mão.

— Nós ouvimos tudo o que você disse, Dick. Mas falar é fácil. Uma ação vale mais que mil palavras. Quando você vai comprar 1 milhão de ações?

Fuld não perdeu um segundo.

— Quando Kathy vender uma obra de arte.

Fuld se referia à sua mulher, Kathy Fuld, famosa por ser dona de uma valiosa coleção de arte. Alguns se perguntaram se ele estava brincando. Mas Fuld não estava sorrindo. Estava com seu clássico olhar fixo para a frente. Foi uma hora em que alguns dos mais altos diretores do Lehman começaram a pensar seriamente se o Lehman estaria, de fato, condenado. O CEO parecia desligado da realidade.

Quando Kathy vender uma obra de arte?

■ ■ ■

Ouviu-se um grito, um soco e o barulho de vidro se partindo e caindo no chão. Os pesquisadores e os traders do AQR pularam nas cadeiras,

O relógio do Juízo Final   325

olhando assustados das telas do computador na direção da sala de John Liew, de onde viera o barulho do vidro que interrompeu a calma do escritório, tipificada pelo constante burburinho dos quants teclando furiosamente em seus computadores.[5]

Pela janela, eles puderam ver o chefe, Cliff Asness, olhando para eles, sorrindo como um carneirinho. Ele abriu a porta.

— Está tudo bem aqui dentro. Acalmem-se.

Era mais um destempero. Asness tinha jogado um objeto pesado contra a parede, acertando em cheio um retrato emoldurado na sala de Liew e estilhaçando o vidro. Asness já havia destruído várias telas de computador, assim como uma cadeira do escritório, à medida que a sorte do AQR desandava. Era o final do verão de 2008. O astral no escritório tinha ficado tenso. Os dias despreocupados de um ano atrás tinham se evaporado há muito tempo, substituídos por paranoia, medo e preocupação. Alguns acreditavam que a empresa estava perdendo o rumo, mas ninguém se atrevia a contestar o chefe mercurial. Asness havia se cercado de puxa-sacos, reclamavam alguns, e não aceitava qualquer desvio dos modelos cuidadosamente talhados que o haviam deixado extremamente rico.

— Tudo vai voltar — repetia ele, como se fosse um mantra. — Quando toda essa loucura passar.

Outras pessoas não tinham tanta certeza assim, e alguns funcionários ficavam cada vez mais alarmados com os acessos do gestor do fundo.

— Ele estava se perdendo um pouco mais a cada dia — contou um ex-funcionário. — Estava completamente enlouquecido. As coisas estavam fugindo do controle.

Um jogador-chave havia abandonado o navio. Mais cedo naquele ano, Mani Mahjouri, um dos geniozinhos do AQR que estava na empresa desde 2000, havia se desligado. Ficara cansado das agressões verbais de Asness e dos e-mails rascantes. Manjouri fora um ídolo dos quants mais jovens do AQR. Aluno de Ken French no MIT na década de 1990, formado em matemática, física e finanças, ele estava prestes a virar sócio, uma prova viva de que um novato com garra podia subir ao topo em

MENTES BRILHANTES, ROMBOS BILIONÁRIOS

uma cultura dominada por veteranos do Goldman. Ele também era o palhaço do fundo, transformando sua sala numa casa mal-assombrada no dia de Halloween, decorando com balões e chapéus de festa o cubículo de um pesquisador no dia do aniversário dele ou dela (sem que o pesquisador soubesse disso) e entrando no e-mail do alvo e escrevendo: "Hoje é o meu aniversário. Por favor, venham comemorar comigo no meu cubículo." E mandava a mensagem para a firma inteira, o que era altamente constrangedor para alguns quants mais antissociais.

Mas agora os jogos e as brincadeirinhas haviam acabado. O IPO tinha virado história e uma má recordação de dias melhores. Quando o verão de 2008 se aproximava do final, poucos quants no AQR podiam imaginar — e provavelmente Asness menos que todos os outros — que a dor ficaria ainda pior.

■ ■ ■

Em 9 de setembro, a confiança de Dick Fuld no Lehman Brothers estava visivelmente abalada. Em sua sala no 31º andar da sede do banco em Manhattan, equipada com um chuveiro, uma biblioteca e uma ampla vista do rio Hudson, o figurão de Wall Street brigava com as pessoas que o atormentavam como o capitão Ahab a bordo do *Pequod*, em *Moby Dick*. Naquela manhã, vinha a notícia de que o *White Knight* do Lehman, o Korea Development Bank, decidira não comprar uma parte do banco. Para piorar as coisas (para não dizer que elas estavam catastróficas), o cochefe de bancos de investimentos do J.P. Morgan, Steven Black, ligou para Fuld e disse que o Morgan precisava de mais US$ 5 bilhões em dinheiro e em garantias extras. O Lehman recebera uma chamada de margem. Era uma faca no pescoço. As ações do banco estavam em queda livre, tendo despencado mais de 40%.

— Temos que agir rápido para que esse tsunami financeiro não nos arraste — disse Fuld aos subordinados, com um tom meio louco na voz.

Mas já era tarde demais. O banco em que Fuld fora trabalhar em 1969 estava numa espiral de morte. No fim de semana de 13 de setembro

O relógio do Juízo Final

de 2008, o destino do Lehman foi decidido entre um seleto grupo de indivíduos na fortaleza de concreto do Federal Reserve em Liberty Street, no centro de Manhattan. Fuld não estivera nem presente. Em vez disso, Hubert McDade e Alex Kirk, um especialista em renda fixa, se sentavam à mesa com o secretário do Tesouro, Paulson, e o presidente do Fed de Nova York, Tim Geithner, que seria o futuro secretário do Tesouro do governo Barack Obama.

Fuld metralhou uma série de telefonemas para a reunião, fazendo ofertas frenéticas, tentando costurar novos acordos.

— Que tal isso? E se for assim?

Mas nada dava certo. O gigante bancário de Londres, o Barclays, administrado por Bob Diamond, considerou, por um breve momento, injetar um pouco de dinheiro no Lehman, desde que o Fed apoiasse o negócio, como fizera com o Bear. Mas Paulson se recusou.

Os traders de derivativos, apavorados com a falência de um dos maiores bancos do mundo, se reuniram no salão do Fed em Nova York, no sábado à noite. O objetivo era criar um plano de ação para encerrar as operações caso o Lehman implodisse. Entre os traders estava Boaz Weinstein. O Deutsche Bank conduzia parte significativa de seus negócios através do Lehman, e Weinstein estava preocupado com o impacto que a queda do Lehman causaria nas suas posições. Ele parecia calmo e relaxado, com a mesma cara de pôquer de sempre. Mas por baixo dessa aparência tranquila Weinstein estava nervoso, percebendo estar diante do maior teste da sua carreira de trader.

Domingo de manhã, um consórcio de bancos chegou a se reunir para traçar um plano para apoiar uma compra feita pelo Barclays, mas o plano não vingou. Os reguladores na Inglaterra sentiram calafrios nos pés e não iriam apoiar. Era o sinal de desgraça para o Lehman. No domingo à noite, McDade voltou para a sede do Lehman na Midtown e deu a má notícia a Fuld. O Lehman teria que pedir falência.

— Eu tenho que vomitar — gemeu Fuld.[6]

■ ■ ■

MENTES BRILHANTES, ROMBOS BILIONÁRIOS

Naquele domingo, Matthew Rothman, o quant do Lehman, estava furioso. Seu banco estava estremecendo. E mesmo assim seus chefes queriam que ele pegasse um avião para a Europa para uma série de conferências quantitativas em Londres, Paris, Milão, Frankfurt e Zurique. *Que idiotas!*

Ele conferiu a agenda. Estava na hora de partir para fazer uma das palestras principais da conferência quantitativa de Londres no dia seguinte. Na semana anterior, ele havia mandado um e-mail para a equipe na Europa que organizava a conferência: "Pode ser que nós venhamos a pedir falência. Existe uma boa chance de, a essa altura, nós nem mais existirmos." E a resposta: *Você está maluco.*

O chefe de Rothman, Ravi Mattu, era bombardeado de reclamações sobre ele. *O Rothman não está jogando para a equipe. É um psicopata. É claro que o Lehman Brothers não vai pedir falência!*

Rothman estava incrédulo. Ele queria estar disponível para a equipe, caso alguma coisa acontecesse. Como o sargento de um pelotão encurralado num buraco, ele não queria abandonar seus soldados no meio da derrota. E dava para ver que o desastre se aproximava. Por isso, ele chegou a um meio-termo: ele pegaria o voo noturno para a conferência de Londres, na segunda-feira, e então retornaria direto para Heathrow e pegaria o voo noturno de volta para Nova York. Seria uma idiotice, mas pelo menos ele estaria por perto, se alguma coisa acontecesse.

No domingo à tarde, ele pegou um táxi de sua casa em Montclair, Nova Jersey, para o aeroporto Kennedy. Por todo o caminho ele checou o BlackBerry, procurando notícias e e-mails de seus colegas no Lehman. No aeroporto, quando ele estava entrando no terminal, mandou um último e-mail para Ravi: "Você quer que eu vá mesmo para essa conferência?"

Quando Rothman estava prestes a passar pelo controle de segurança, recebeu a resposta: "Cancele a viagem."

A primeira emoção de Rothman foi de alívio. E, então, a verdade bateu nele: o Lehman estava morrendo. Tonto com a percepção do que tinha acabado de acontecer, ele pegou um táxi de volta para sua casa em Montclair e imediatamente entrou no furgão da esposa, deixando seu Honda Civic 96 para trás. Ia precisar do espaço extra, pensou. Para as caixas.

O relógio do Juízo Final

Quase todos os empregados do Lehman que conseguiram chegar lá afluíram para a sede do banco naquela noite. Filas de câmeras e de equipes de jornalistas se apinhavam na Sétima Avenida. Boatos circulavam de que o banco fecharia as portas à meia-noite. Não havia tempo a perder.

Dentro do banco, a calma era relativa. Os funcionários estavam ocupados empacotando seus pertences. A cena era surreal, como uma onda. Surgiu outro boato: o de que os sistemas de computadores seriam desligados. Todo mundo começou a mandar e-mails, dando adeus e adicionando um endereço de e-mail onde pudessem ser encontrados no futuro. "Foi muito bom trabalhar com você" etc. Rothman mandou seu e-mail, recolheu as coisas e as levou para o furgão da mulher.

■ ■ ■

Segunda de manhã, o caos tomou conta de Wall Street. O Lehman pedira falência. O Merrill Lynch tinha desaparecido e sido incorporado pelo Bank of America. E a American International Group (AIG), a maior seguradora do mundo, estava à beira do desmoronamento.

Do lado de fora da sede do Lehman, hordas de câmeras se posicionavam como urubus, apontando as máquinas para qualquer funcionário do banco, derrotado e carregado de caixas, que saía apressado do prédio. Antenas de satélite em cima de vans faziam fila no lado oeste da Sétima Avenida, aos pés do arranha-céu iluminado do Lehman. Píxeis mutantes de imagens e cores deslizavam roboticamente do outro lado da fachada do banco, do século XXI, uma fila tripla de telas digitais. Um homem enorme de terno azul e gravata colorida, careca e com um bigode branco e espesso — um policial de ronda que parecia vestido para um enterro — protegia as portas do edifício sitiado.

Um homem de terno branco todo amarrotado e boné verde andava de um lado para o outro na frente da entrada do prédio, os olhos fixos nas roletas.

— O sistema capitalista desabou — gritou ele, erguendo um punho enquanto as câmeras batiam a foto. — Toda essa fraude está desmoronando.

MENTES BRILHANTES, ROMBOS BILIONÁRIOS

O pessoal da segurança o afastou rapidamente.

Na suíte executiva do 31º andar, Dick Fuld olhou para o espetáculo lá embaixo. Seu império bancário global jazia em ruínas, a seus pés. Para se proteger da ira dos funcionários, Fuld, que levara para casa um pagamento de US$ 71 milhões em 2007, contratara seguranças extras. Um retrato exuberante de Fuld, depositado na calçada ao lado do prédio, estava coberto de mensagens raivosas, escritas a lápis e canetas. "A ganância fez com que tudo desabasse", dizia uma delas. E outra: "Dick, meus filhos te agradecem."

Os mercados de crédito estavam paralisados quando as bolsas abriram. Os investidores lutavam para entender o colapso do Lehman e a nuvem negra que pairava sobre a AIG. Mais tarde naquela segunda-feira, as agências de rating detonaram a nota de crédito da AIG. Como a seguradora dependia de manter o nível AAA para segurar uma série de ativos financeiros, inclusive bilhões de dólares em hipotecas subprime, a mudança a empurrou para a beira da falência. Em vez de deixar a AIG quebrar, o governo americano intercedeu com um resgate colossal.

Uma unidade da AIG, a AIG Financial Products, estava por trás do desastre. Conhecida como AIG-FP, a unidade tinha engolido US$ 400 bilhões em swaps de crédito, muitos dos quais ligados a empréstimos subprime. A sede da AIG-FP ficava em Londres, onde ela poderia driblar algumas espinhosas leis bancárias americanas. Ela tinha uma classificação AAA, o que tornava seu negócio atraente para quase todos os investidores imagináveis, dos fundos de hedge a fundos de pensão altamente regulados. A magnífica classificação também permitia que ela vendesse seus produtos mais barato do que muitos concorrentes.

A AIG-FP tinha vendido bilhões de dólares em títulos de dívida atrelados a CDOs lastreadas em ativos, que tinham tudo no pacote, desde dívida de empresas até hipotecas subprime, de empréstimos para aquisição de carros até faturas de cartões de crédito a receber. Como a AIG-FP tinha uma classificação de risco tão elevada, ela não tinha que depositar um tostão de garantia para esses negócios. Podia simplesmente se recostar na cadeira e recolher seus prêmios. Era uma forma de

O relógio do Juízo Final   331

alavancagem infinita, baseada no bom nome da AIG. As garantias eram o corpo e a alma da própria AIG.

Os modelos que aferiam o risco dessas posições foram construídos por Gary Gorton, um quant que também lecionava na Universidade de Yale.[7] Os modelos eram repletos de estimativas sobre a probabilidade de que os títulos que a AIG assegurava fossem dar calote. Mas não foi a inadimplência que pôs fogo no balanço da AIG-FP. A AIG-FP foi morta pelas chamadas de margem. Se o valor do ativo subjacente segurado pelos swaps cair por qualquer razão que seja, o fornecedor da proteção — a AIG-FP — teria que dar mais garantias, já que o risco de inadimplência havia aumentado. Essas chamadas por garantias começaram a subir no verão de 2007. O Goldman Sachs, por exemplo, exigira de US$ 8 bilhões a US$ 9 bilhões em garantias extras da AIG-FP.

Era um caso de falha do modelo em uma escala colossal. A AIG apostara a sorte em seu modelo, e havia perdido.

Enquanto isso, o êxodo apressado dos funcionários do Lehman na noite de domingo se revelaria prematuro. Uma semana depois, o Barclays comprou as unidades de banco de investimento e de mercados de capitais do Lehman, que incluíam a equipe de Rothman. Mas o estrago já estava feito e os reguladores lutavam para contê-lo.

Na quinta-feira, dia 18 de setembro, o presidente do Fed, Ben Bernanke, o secretário do Tesouro, Hank Paulson, e um seleto grupo de 16 legisladores de primeira linha, que incluíam o senador Chuck Schumer, de Nova York, o senador Harry Reid, do Arizona, e o senador Chris Dodd, de Connecticut, se reuniram em torno de uma reluzente mesa de reunião no gabinete da presidente da Câmara, Nancy Pelosi. Bernanke começou a falar. Os mercados de crédito estavam paralisados, explicou, deixando o sistema financeiro parecido com as artérias de um paciente cujo sangue tinha parado de correr.

— O paciente teve um ataque cardíaco e pode morrer — disse Bernanke, num tom de voz sombrio na sala absolutamente silenciosa. — Nós podemos ter uma depressão se não agirmos de uma maneira rápida e decisiva.[8]

MENTES BRILHANTES, ROMBOS BILIONÁRIOS

Bernanke falou por cerca de 15 minutos, desenhando um Apocalipse financeiro que poderia destruir a economia global. A Rede do Dinheiro estava desabando. Os congressistas eleitos, que já tinham de lidar com ataques terroristas e com a guerra, estavam embasbacados. O falante Chuck Schumer estava mudo. Chris Dodd, cujo estado ganhava bilhões com impostos sobre os fundos de hedge, estava branco como um giz.

A infusão de dinheiro veio rápida. O governo entrou com US$ 85 bilhões para resgatar a AIG, valor que se elevaria para US$ 175 bilhões em seis meses. Nas semanas seguintes o departamento do Tesouro, comandado por Hank Paulson, ex-CEO do Goldman Sachs, anunciou um plano para injetar US$ 700 bilhões no sistema financeiro, para trazer o paciente moribundo de volta à vida. Mas ninguém sabia se isso seria suficiente.

E o relógio do Juízo Final, concebido por Lo, se aproximava da meia-noite.

·12·

Uma falha

Alan Greenspan estava sentado, suando, sob os refletores quentes de várias fileiras de câmeras de TV em Capitol Hill. No dia 23 de outubro de 2008, o ex-presidente do Federal Reserve se defrontava com várias filas de congressistas raivosos, que exigiam respostas sobre as causas da crise de crédito que estava destroçando a economia americana. Por mais de um ano, Greenspan havia argumentado, inúmeras vezes, que a culpa pelo desmoronamento não podia ser atribuída a ele. Semanas antes, o presidente George W. Bush assinara um plano de salvamento governamental de US$ 700 bilhões para o setor financeiro, devastado pelo colapso do mercado imobiliário.

Em julho, Bush fizera um diagnóstico sem meias-palavras dos problemas do sistema financeiro.

— Wall Street se embebedou — disse ele em Houston, em um evento de captação de recursos para o Partido Republicano. — Ela se embebedou e agora está de ressaca. A pergunta é: quanto tempo vai demorar até ela ficar sóbria e não voltar a usar todos esses instrumentos financeiros esquisitos?

O derretimento do crédito do final de 2008 havia assustado o mundo inteiro pela sua intensidade. O medo se alastrou além de Wall Street, disparando uma queda brusca no comércio mundial e batendo firme no motor da economia mundial. No Capitólio, a máquina de acusações do governo disparara a todo vapor. Entre os primeiros chamados a responder estava Greenspan.

O ex-presidente, pelo que muita gente no Congresso acreditava, fora o principal viabilizador da montanha-russa de Wall Street, lento demais para tirar da sala o ponche das taxas de juros baixas no começo da década.

— Nós estamos no meio de um tsunami de crédito que acontece uma vez por século — disse Greenspan ao Congresso, com sua característica voz roufenha. A seu lado sentava, impassível, Christopher Cox, presidente da SEC, que seria interrogado mais tarde.

O deputado democrata Henry Waxman, da Califórnia, que supervisionava os depoimentos, se mexeu na cadeira e ajeitou os óculos. Uma camada de suor brilhava em sua cabeça ovalada. Greenspan continuou falando das causas da crise, da securitização das hipotecas residenciais por bancos irresponsáveis de Wall Street, o mau gerenciamento do risco. Não era nada de novo. Waxman já tinha ouvido tudo aquilo da parte de inúmeros economistas que haviam testemunhado diante daquele comitê, durante o ano. Foi então que Greenspan disse algo realmente estranho para os espectadores que não estavam acostumados com os quants e seus adeptos:

— Nas últimas décadas, vimos a evolução de um amplo sistema de precificação e gerenciamento de risco, que combinava os melhores insights de matemáticos e de especialistas em finanças, apoiados em grandes avanços da informática e da tecnologia de comunicação — disse ele. — Um prêmio Nobel foi concedido para a descoberta do modelo de precificação que é a base de muitos dos avanços nos mercados de derivativos — acrescentou ele, se referindo ao modelo de opções de Black e Scholes.

Uma falha

Greenspan manteve os olhos grudados no discurso em cima da mesa de madeira à sua frente.

— O paradigma moderno de gerenciamento de risco se manteve por décadas — disse ele. — No entanto, todo esse edifício intelectual desabou no verão do ano passado.

Waxman quis saber mais sobre esse edifício intelectual.

— O senhor acredita que sua ideologia o levou a tomar decisões que preferia não ter tomado? — perguntou, indignado.

— Para existir, é necessário ter uma ideologia — respondeu Greenspan, em seu tradicional monocordismo. — A pergunta é se ela é exata ou não. E o que eu estou lhe dizendo é que, sim, eu descobri uma falha. Eu não sei o quanto ela é permanente ou significativa. Mas fiquei muito perturbado com esse fato.

— O senhor descobriu uma falha na realidade? — perguntou Waxman, mostrando um espanto aparentemente genuíno.

— Encontrei uma falha no modelo que eu via como a estrutura crítica que define como o mundo funciona, por assim dizer.

O modelo a que Greenspan se referia era a crença de que as economias e os mercados financeiros se corrigem sozinhos — uma ideia tão antiga quanto a misteriosa "mão invisível" de Adam Smith, em que os preços guiam os recursos em direção aos resultados mais eficientes, através das leis da oferta e da demanda. Os agentes econômicos (traders, emprestadores, proprietários de residências, consumidores etc.), agindo em interesse próprio, criam o melhor de todos os mundos — guiando-os inexoravelmente à Verdade, a máquina dos mercados eficientes na qual os quants depositavam sua fé. A intervenção do governo, como regra geral, só atrapalha esse processo. Assim, Greenspan passara vários anos advogando uma agressiva política de desregulamentação diante desses mesmos congressistas, um discurso depois do outro. Bancos de investimento, fundos de hedge e o setor de derivativos — os elementos centrais de um sistema financeiro que surgia às sombras e se ampliava cada vez mais —, entregues à própria sorte (era no que ele acreditava), criariam um sistema financeiro mais barato e eficiente.

Mas, como o colapso dos bancos em 2008 demonstrou, bancos e fundos de hedge sem regulamentação, com traders jovens e rápidos com bilhões de dólares à disposição e grandes incentivos para pular a cerca, nem sempre funcionam da forma mais eficiente possível. Eles podem até fazer tantos negócios ruins que ameacem desestabilizar o próprio sistema. Greenspan não tinha certeza de como o sistema poderia ser consertado, além de obrigar os bancos a manter um percentual dos empréstimos que eles fazem nos próprios balanços, lhes dando assim o incentivo de realmente se importar com a possibilidade de inadimplência dos mesmos. (É claro que os bancos sempre poderiam hedgear esses empréstimos com swaps de crédito.)

A confissão de Greenspan era assustadora. Ela marcava uma mudança dramática do banqueiro de 82 anos de idade que por tanto tempo fora alardeado como o homem mais poderoso do mundo e um sábio presidente do Fed, até mesmo com toque de Midas. Em maio de 2005 ele fizera um discurso em que defendia o mesmo sistema de que agora ele duvidava. "O leque crescente de derivativos, e a correspondente aplicação de métodos sofisticados para medir e gerenciar riscos foram fatores-chave por baixo da impressionante resiliência do sistema bancário, que recentemente conseguiu afastar vários choques sofridos pela economia e pelo sistema financeiro."[1]

E, agora, Greenspan estava dando as costas para o sistema que ele apadrinhara por várias décadas. Em depoimento no Congresso no ano 2000 o deputado por Vermont, Bernie Sanders, perguntara a Greenspan:

— O senhor não se preocupa com essa concentração cada vez maior de riqueza, de um modo que, se uma dessas instituições falir, ela vá ter um impacto terrível sobre a economia do país e do mundo?

Greenspan não piscou o olho.

— Não, eu não me preocupo — respondeu. — Eu acredito que o crescimento generalizado das grandes instituições tem ocorrido no contexto de uma estrutura subjacente dos mercados, em que muitos dos riscos são dramaticamente, e eu deveria dizer totalmente, hedgeados.

Mas os tempos agora eram outros. Greenspan parecia aturdido com o desabamento, sem ter dado a devida importância ao crescimento de elefante de todo um aparato de tomada de riscos que tomara conta de Wall Street, bem debaixo de seu nariz. E, segundo muitos relatos, ele havia incentivado essas políticas.

Depois que terminou seu depoimento, Greenspan se levantou e caminhou, curvado, para longe do brilho quente das luzes da televisão. Ele parecia abalado e estava dolorosamente claro que Greenspan, uma vez alçado ao posto de salvador do sistema financeiro depois de orquestrar o resgate do Long-Term Capital Management em 1998, era um homem velho e frágil, cujos dias melhores já tinham ficado para trás há muito tempo.

■ ■ ■

Assistindo pela televisão ao depoimento no Congresso da sede de seu fundo de hedge em Greenwich, Cliff Asness não podia acreditar no que estava ouvindo. Se havia alguém que personificava o sistema que Greenspan agora colocava em dúvida, esse alguém era Asness. Produto da escola de finanças da Universidade de Chicago, que pregava o dogma libertário do livre mercado como se fosse uma nova religião, Asness acreditava com todas as fibras de seu corpo e de seu cérebro no modelo econômico que Greenspan parecia agora rejeitar. *Não tem defeito algum.*

— Traidor — sussurrou para a televisão. Greenspan estava virando as costas para uma teoria sobre a eficiência dos livres mercados apenas para salvar sua reputação, pensava Asness. — Agora é tarde, meu velho.

Da forma como Asness via, Greenspan estivera certo sobre os livres mercados; seu erro fora manter as taxas de juros baixas demais por tempo demais, ajudando a inflar a bolha imobiliária que alimentou toda essa bagunça, em primeiro lugar. Era por isso que Greenspan deveria ter pedido desculpas, e não por acreditar no livre mercado.

Tudo aquilo em que Asness acreditava estava sendo atacado. Greenspan estava virando as costas para um movimento que, em sua

338 MENTES BRILHANTES, ROMBOS BILIONÁRIOS

opinião, havia gerado uma riqueza e uma prosperidade sem precedentes para os Estados Unidos e para boa parte do mundo. O capitalismo funcionava. O livre mercado funcionava. É verdade que houve excessos, mas a economia agora estava passando por um processo de expurgar esses excessos do sistema. *É assim que funciona.* Ver Greenspan perder a fé e trair o credo nesse momento de fraqueza parecia a forma mais extrema de cretinismo.

Mas o que era muito pior para Asness é que o próprio AQR estava sitiado. Ele perdera bilhões com o desmoronamento do mercado. E começavam a crescer os boatos de que o AQR estava prestes a fechar as portas.

O AQR não era o único fundo que padecia desses boatos em outubro de 2008. Outro grande fundo de hedge também estava preso na ponta de uma espiral de morte: o Citadel.

■ ■ ■

Ken Griffin entrou em uma sala de reunião intensamente iluminada no 37º andar do Citadel Center em South Dearborn Street, sentou-se diante de uma mesa de madeira envernizada e colocou um fone de ouvido. A seu lado estava Gerald Beeson, o COO de olhos verdes e cabelos ruivos do Citadel, filho de um policial que fora criado na perigosa South Side de Chicago. Beeson era um dos diretores em que Griffin mais confiava, um veterano da empresa desde 1993. Era a tarde de sexta-feira, 24 de outubro, um dia depois do depoimento de Greenspan no Capitólio. Mais de mil ouvintes esperavam na linha que Griffin e Beeson explicassem o que acontecera com o Citadel.

Os rumores de um colapso do Citadel estavam se espalhando velozmente, chegando até mesmo aos canais de notícias financeiras como a CNBC. O Citadel, diziam os traders, estava escorrendo pelo ralo. O tumulto do mercado depois da queda do Lehman Brothers tinha levado a prejuízos consideráveis em sua carteira gigantesca de títulos conversíveis. Se o Citadel afundasse, temiam muitos, os efeitos colaterais pode-

Uma falha 339

riam ser catastróficos, levando muitos fundos com posições semelhantes a cair como se fossem peças de dominó.

De acordo com ex-executivos do Citadel, Griffin tinha começado a expulsar os funcionários no mesmo ritmo em que sua sorte ia ficando mais precária. Joe Russell, chefe do grupo de operações de crédito do Citadel e homem-chave no negócio da E*Trade, pedia mais poder. Griffin não aceitara lhe conceder isso e seu lado mais violento viera à tona. No Citadel, o que se dizia é que Griffin e Russell tiveram um furioso embate verbal, que deixava poucas dúvidas sobre os dois voltarem a trabalhar juntos.

— Podem jogar ele debaixo de um ônibus — teria dito Griffin, forçando a saída de Russell no início de setembro.

Mas Griffin continuava confiante de que o Citadel aguentaria a pressão. Uma importante variável continuava deixando Griffin sem dormir: o Goldman Sachs. As ações do Goldman estavam despencando e algumas pessoas temiam que ele também poderia seguir o mesmo caminho do Bear Stearns e do Lehman Brothers. O Goldman era uma contraparte importante do Citadel em inúmeras transações e também concedia crédito ao fundo. Durante toda a crise Griffin e o CEO do Goldman, Lloyd Blankfein, tiveram inúmeras discussões sobre a situação dos mercados. À medida que o sistema parecia fugir totalmente de controle, o impossível de repente parecia até possível demais. Se o Goldman naufragasse, Griffin acreditava, o Citadel logo seguiria o mesmo caminho.

A ideia de o Goldman Sachs desabar parecia incrível. Impossível. Mas o Bear havia desmoronado. E o Lehman também. O Morgan Stanley estava nas cordas. AIG, Fannie Mae, Washington Mutual. Até a fortaleza de dinheiro de Ken Griffin estava dobrando os joelhos. Ele faria tudo que estivesse a seu alcance para impedir que isso acontecesse. Até o impensável: participar de uma conferência aberta para a imprensa.

Mais cedo naquele dia, James Forese, chefe dos mercados de capitais do Citigroup, tinha ligado para Griffin com uma advertência.

— Ken, vocês estão sendo assassinados no festival de boatos. A maioria das coisas que estão dizendo é a mais pura mentira. Se você disser que está tudo bem, vai significar muito para o mercado no momento.[2]

340   MENTES BRILHANTES, ROMBOS BILIONÁRIOS

E, assim, deixando de lado sua inclinação pelo sigilo, Griffin limpou a garganta e se preparou para explicar o que tinha acontecido com o Citadel.

O problema é que não estava tudo bem.

■ ■ ■

Durante quase duas décadas Griffin só havia perdido dinheiro num único ano, 1994. Agora, seu fundo estava à beira de um colapso. A maneira repentina como isso havia acontecido era de virar a cabeça e mostrava a severidade da turbulência dos mercados depois da queda do Lehman Brothers.

O Citadel tinha sido levado para a frente dos olhos do público, no calor dos dramáticos acontecimentos. A implosão do Lehman e o pânico lançado pelo quase colapso da AIG eram como terremotos de grandes proporções se espalhando pelo sistema financeiro global. No começo, os tremores pareciam administráveis. Os mercados estavam estremecidos nos dias que se seguiram à falência do Lehman, no dia 15 de setembro, mas não tão dramaticamente que fizesse o Citadel se sentir ameaçado. Griffin mais tarde descreveria isso como uma imensa onda que passava, sem ser sentida, por baixo de um navio, em seu caminho traiçoeiro para a costa.

Entre os primeiros a sentir o impacto esmagador da onda na hora que ela bateu na costa foram as duas potências das operações de crédito, o Citadel e o Saba, de Boaz Weinstein, que atuavam fortemente com dívidas de empresas e *credit default swaps*. O carro-chefe dos fundos do Citadel, o Kensington, perdeu inacreditáveis 20% em setembro. Em outubro já havia caído 35%, desde o início do ano. O Saba também estava gravemente ferido, perdendo centenas de milhões de dólares em posições de empresas como a General Motors e o Washington Mutual, a associação de empréstimo e poupança de Seattle e gigante das hipotecas subprime que foi tomada pelos reguladores federais e entregue ao J.P. Morgan, num casamento sob a mira de um revólver, por US$ 1,9 bilhão no final de setembro. Weinstein vinha fazendo apostas de que as instituições financeiras que fossem consideradas importantes para o sistema sobreviveriam à crise, mas a violência sem trégua do derretimento do crédito esmagara suas previsões otimistas.

Agora, o Citadel e o Saba estavam na beira do abismo. Os boatos da falência do Citadel estavam se somando à volatilidade do mercado, que já era vulcânica, disparando altos e baixos muito pronunciados. Um dos boatos que causaram maior estrago, que aparecia nos fóruns de debates e nos blogs financeiros, era o de que funcionários do Banco Central americano tinham entrado na sede do Citadel em Chicago e estavam passando um pente fino em suas posições para saber se um resgate se faria necessário — uma lembrança ruim que permanecia do resgate do LTCM, em 1998, entre muitos veteranos de Wall Street.

O Citadel negou que estivesse com problemas, mas os boatos do Fed em parte eram verdade. Funcionários do Banco Central americano se mostravam preocupados, internamente, com a perspectiva de uma queda do Citadel. O fundo estava sentado em quase US$ 15 bilhões em títulos de dívidas corporativas na carteira de arbitragem de títulos conversíveis, que era a parte mais alavancada do fundo, segundo pessoas que o conheciam. Embora o grau de alavancagem fosse um segredo muito bem-guardado, a estimativa de um banco o colocava acima de 30 para 1 em 2007, embora esse nível tivesse sido reduzido para 18 para 1 no verão de 2008.

A carteira de arbitragem de títulos conversíveis, cujas raízes remontavam aos insights revolucionários de Ed Thorp na década de 1960, era o ponto forte do Citadel. Se o fundo falhasse e começasse a desovar os títulos no mercado, o sistema passaria por mais um choque brutal. Ele já estava à beira do abismo. Para aferir o risco, os reguladores da sede nova-iorquina do Fed questionavam as principais contrapartes do fundo, como o Deutsche Bank e o Goldman Sachs, sobre suas exposições ao Citadel, temendo que um colapso deste pudesse ameaçar a integridade de mais um banco.

MENTES BRILHANTES, ROMBOS BILIONÁRIOS

Na sede do Citadel em Chicago, o astral estava ruim, mas o profissionalismo era mantido. Os traders iam trabalhar todo dia como sempre, chegando cedo e ficando até tarde — geralmente muito mais tarde do que o normal. Lá dentro, muitos ficavam silenciosamente apavorados pelos grandes prejuízos que viam nas telas.

Griffin sabia que tinha que estancar a hemorragia. Instado por banqueiros de Wall Street como Forese, ele tomou uma decisão repentina naquela sexta-feira no final de outubro para fazer uma conferência com os detentores dos títulos do Citadel para afastar os boatos. A hora marcada para começar foi 15h30, na Costa Leste. Dentro do clima de explodir os nervos daquele momento nada funcionava como devia. As linhas eram uma mercadoria tão quente que muita gente não conseguiu ligar. Uma falha técnica ocasionada pela demanda levou a um atraso de 25 minutos, uma gafe constrangedora para um fundo que se orgulhava de sua precisão militar.

Quando começou, Beeson pareceu se intimidar diante do enorme número de interessados e tropeçou em seu discurso de abertura.

— Hoje nós gostaríamos de lhes agradecer por ter... — Depois recomeçou, sem mudar a voz: — Hoje nós gostaríamos de lhes agradecer por terem se disposto a ouvir a nossa conferência, anunciada com tão pouca antecedência.

Griffin também entrou, agradecendo sucintamente à equipe pelo trabalho duro de todos, e então devolveu a palavra a Beeson, que parecia quase respeitoso diante do poder destrutivo do derretimento dos mercados.

— Chamar a isso de um deslocamento não chega nem perto da enormidade do que nós vimos — disse ele. — E o que nós vimos? O quase colapso do sistema bancário mundial.

Beeson descreveu o impacto que a portentosa desalavancagem estava tendo nas posições do Citadel. Da mesma maneira que os investidores correram para dinheiro vivo ou títulos do Tesouro americano na Segunda-Feira Negra de 1987 e no colapso do Long-Term Capital Management em 1998, uma torrente de dinheiro fluiu para os ativos extremamente

Uma falha 343

líquidos depois do colapso do Lehman. Ao mesmo tempo, os investidores se desfizeram de ativos menos seguros, como títulos corporativos, como uma multidão em pânico fugindo de um edifício em chamas.

Em circunstâncias normais, o Citadel não teria sido muito afetado por um movimento como esse. Como qualquer bom fundo quant, ele havia hedgeado suas apostas com swaps de crédito. Esses swaps deveriam subir de valor se o preço dos títulos caísse. Se um título da GM caísse 10%, o swap de crédito que o segurava subiria 10%. Simples assim. Como Boaz Weinstein gostava de dizer, não era nada do outro mundo.

Mas, diante do tsunami financeiro do final de 2008, os swaps não estavam funcionando como deveriam. A desalavancagem tinha ficado tão grande que a maioria dos bancos e fundos de hedge não estava mais disposta a comprar o seguro de ninguém. Isso significava que os swaps que deveriam proteger os investidores não estavam funcionando conforme o prometido. Muitos temiam que o corretor do seguro não existisse por tempo suficiente para pagar a todo mundo, se o emissor do título subjacente desse o cano. Os bancos, basicamente, haviam parado de emprestar, ou exigiam termos de empréstimo mais amarrados do que um nó de marinheiro, tornando extremamente difícil para muitos investidores, inclusive fundos de hedge como o Citadel, financiarem suas operações — quase todas conduzidas com alavancagem. Sem alavancagem não havia operações nem lucros.

Era o mesmo problema que sempre acontecia durante as crises financeiras: quando a merda era jogada no ventilador, os modelos quantitativos muito bem-sintonizados não funcionavam, enquanto investidores em pânico partiam correndo para a porta de saída. A liquidez evaporava e bilhões de dólares se perdiam. Como crianças espantadas em uma casa mal-assombrada, os investidores tinham ficado tão medrosos que fugiam até da própria sombra. Todo o mercado global de crédito tinha sofrido um ataque de pânico, que ameaçava derrubar até as potências desse negócio, como o Saba e o Citadel.

Outro golpe surgira com a proibição do governo federal de vendas a descoberto nas semanas que se seguiram à queda do Lehman e da AIG.

MENTES BRILHANTES, ROMBOS BILIONÁRIOS

Ações de instituições financeiras no país inteiro — inclusive pilares de força como o Goldman Sachs e o Morgan Stanley — estavam despencando. Para impedir que a situação fugisse de controle, a SEC instituiu em setembro uma proibição temporária nas vendas a descoberto de cerca de 800 ações financeiras. O Citadel, como se veria, tinha posições a descoberto em algumas dessas empresas, como parte de sua estratégia de arbitragem de títulos conversíveis. Assim como Ed Thorp fizera na década de 1960, o Citadel comprava títulos de dívida das empresas e hedgeava a posição vendendo a ação a descoberto. Com essa proibição, essas ações subiram violentamente num tenebroso short squeeze que gerou graves prejuízos para os fundos de hedge. As ações do Morgan Stanley, um banco que havia sido muito atacado pelas vendas a descoberto, subiram mais de 100% numa questão de dias, de US$ 9 para US$ 21 por ação, no início de outubro, quando a proibição foi instituída.

Antes que a proibição fosse efetivada, Griffin falou com o presidente da SEC, Christopher Cox, por telefone.

— Isso pode ser uma catástrofe para nós e para muitos outros fundos iguais a nós — disse Griffin. — Essa proibição também pode jogar mais risco e incerteza no mercado.

O presidente não se tocou.

— O sistema financeiro está em crise, Ken. E as pessoas precisam ser protegidas de um colapso.

Era um pesadelo para os quants. Os mercados estavam à mercê de forças desordenadas como investidores em pânico e reguladores do governo. À medida que a conferência prosseguia, Beeson ficava repetindo uma única expressão: *sem precedentes*. As perdas do Citadel, dizia ele, se deviam à "desalavancagem sem precedentes que vinha acontecendo no mundo inteiro nas últimas semanas".

Para os quants, *sem precedentes* [*unprecedented*] talvez seja o maior palavrão da língua inglesa. Por necessidade, seus modelos olham sempre para trás, baseados em décadas de dados sobre como os mercados funcionam, em todo tipo de situação. Quando alguma coisa não tem precedentes, ela fica fora dos parâmetros dos modelos. Em outras palavras:

os modelos não funcionam mais. É como se uma pessoa tirasse cara ou coroa cem vezes, esperando que mais ou menos metade desse cara e o resto, coroa. E, de repente, ele passasse pela experiência de tirar cara ou coroa 12 vezes seguidas, com a moeda caindo e ficando de pé.

Finalmente, Griffin assumiu a ligação.

— Mais uma vez, boa tarde — disse ele, rapidamente lembrando que, apesar de ser um sujeitinho presunçoso de 40 anos, ele já estava nesse jogo há muito tempo, vira o crash de 1987, o pânico da dívida em 1998 e o estouro da bolha da internet. Mas o mercado de agora estava diferente. Era totalmente sem precedentes.

— Eu nunca vi o mercado tão em pânico como nas últimas sete ou oito semanas — falou. — Daqui em diante, o mundo vai ser diferente.

E, então, o estresse se fez notar. A voz de Griffin falhou. Ele parecia à beira das lágrimas.

— Eu não podia ter uma equipe melhor para enfrentar a tempestade que estamos atravessando — disse ele, com um floreio sentimental. — Eles vão se sair vencedores, se olharmos para a frente — falou, quase como em um desejo infantil, antes de adotar uma linguagem corporativa mais genérica.

Depois de apenas 12 minutos, a conferência terminou. Os boatos sobre a derrocada do Citadel foram silenciados, mas não por muito tempo.

Griffin estava ficando paranoico, convicto de que fundos de hedge rivais e traders de bancos de investimento, desses que saem atropelando o que veem pela frente, estavam dando as suas mordidas no fundo, como tubarões sentindo o cheiro de sangue na água e tentando abocanhar o Citadel inteiro. Na sede do fundo, ele ficava irritado com traders de títulos amedrontados que se recusavam a aumentar as posições no meio da loucura do mercado. Ele brigou com seu braço direito, James Yeh, um quant recluso que estava no banco desde o início da década de 1990. Yeh achava que o chefe estava tomando a decisão errada. Depois da derrocada do Bear Stearns, quando a crise estava engrossando, o Citadel tinha comprado grandes lotes de títulos conversíveis. Griffin já estava de olho em pedaços do Lehman Brothers, antes de o banco desabar. No entanto, Yeh e vários outros integrantes do Citadel apostavam muito mais numa baixa do que Griffin e achavam que o melhor caminho seria baixar as velas e esperar a tempestade passar.

Mas não era assim que Griffin jogava. Nas crises anteriores, quando todo mundo saíra correndo em busca de abrigo, Griffin sempre conseguira ganhar dinheiro entrando no mercado e colhendo as pechinchas — na queda do LTCM em 1998, no derretimento das empresas de internet, na implosão da Enron, do Amaranth, do Sowood, da E*Trade. O Citadel sempre tinha bala na agulha para fazer onda, enquanto os outros se acovardavam. Quando o sistema todo desabou em 2008, o instinto de Griffin era o de dobrar a aposta.

Mas dessa vez a marca registrada de Griffin se voltava contra ele. O mercado não estava se estabilizando. Os preços continuavam caindo, e arrastando o Citadel com eles.

Enquanto o desmoronamento prosseguia, Griffin começou a pessoalmente comprar e vender valores mobiliários. Ele, que não operava em grandes quantidades como pessoa física há muitos anos, parecia estar lutando desesperadamente para salvar sua empresa de uma catástrofe, usando seu próprio conhecimento do mercado. Só havia um problema, diziam os traders as posições eram geralmente perdedoras, à medida que o mercado continuava afundando.

Mas Griffin, assim como Asness, estava convicto de que a situação iria se estabilizar. E quando isso acontecesse, o Citadel, como sempre, sairia por cima.

Já os credores do Citadel, os grandes bancos de Wall Street, não tinham tanta confiança assim. O Citadel dependia dos bancos para financiar suas operações. Na primavera de 2008 seus fundos de hedge detinham cerca de US$ 140 bilhões em ativos brutos, sobre US$ 15 bilhões de capital, que era o que realmente lhes pertencia. Isso se traduzia numa alavancagem de 9 para 1. A maioria das posições extras vinha na forma de linhas de crédito ou de outros acertos com os bancos.

Uma falha 347

Preocupado com o impacto que um colapso do Citadel teria em seus balanços, vários bancos organizaram comitês de emergência para traçar uma estratégia para essa eventualidade. O J.P. Morgan jogava duro com os traders do Citadel, em relação ao financiamento de certas posições, segundo diziam os traders do fundo. Enquanto isso, os reguladores pressionavam os bancos a não fazer mudanças dramáticas em seus negócios com o Citadel, temendo que, se um emprestador piscasse, os outros também fossem bater em retirada, disparando outro terremoto financeiro com o sistema ainda à beira do abismo.

Os investidores estavam nitidamente preocupados.

— Todo dia surge um boato de como o Citadel vai fechar as portas — disse Mark Yusko, gerente do Morgan Creek Capital Management, na Carolina do Norte, a seus clientes numa conferência. (O Morgan Creek era investidor do Citadel.)

Na empresa, enquanto a carnificina ia em frente, os funcionários estavam se desfigurando. Os visitantes percebiam as olheiras escuras em volta dos olhos vermelhos dos traders. Barbas de três dias, gravatas frouxas e com manchas de café. À medida que os boatos sobre a situação do Citadel se espalhavam, os traders eram inundados com telefonemas de fora, perguntando se os peritos do Federal Reserve estavam vasculhando o fundo. Em determinado momento um trader exasperado se levantou e gritou no telefone:

— Desculpe, mas eu não estou vendo ninguém do Fed aqui.

Outro apartou:

— Acabei de olhar embaixo da mesa e também não vi ninguém do Fed.

Enquanto isso, Beeson ficava na linha de frente do Citadel, enquanto o fundo sofria mais perdas. Ele passou a adotar uma atitude de controle de danos, viajando sem parar entre Chicago e Nova York para se encontrar com contrapartes receosas, tentando assegurá-las de que o Citadel tinha capital suficiente para atravessar a tempestade. Os traders procuravam freneticamente vender os ativos para fazer caixa e diminuir a alavancagem da empresa. Num determinado momento, quando o patrimônio do Kensington, o carro-chefe dos fundos, continuava a despencar, o Citadel arranjou um empréstimo com um de seus próprios fundos, a máquina de alta frequência Tactical Trading, administrada por Misha Malyshev e que fora desmembrada do fundo principal no final de 2007, segundo pessoas que conheciam o fundo. Os investidores que souberam desse acerto incomum consideraram um sinal de desespero e perceberam que isso significava que o fundo estava realmente à beira do abismo — se ele estava emprestando o próprio dinheiro a si mesmo, isso só podia querer dizer que ele estava com problemas para conseguir um empréstimo decente em qualquer outro lugar.

Dias depois da conferência com os detentores de títulos, Griffin distribuiu um e-mail para os funcionários do Citadel no mundo inteiro. O banco iria sobreviver e prosperar, disse ele, sempre otimista. A situação do fundo o fazia lembrar de Cristóvão Colombo atravessando o Atlântico em 1492, explicou. Quando não dava para se ver a terra firme e a situação parecia desesperadora, Colombo escreveu duas palavras em seu diário: continuar navegando.[3]

Era um grito de incentivo para os derrotados funcionários do Citadel. Um ano antes, o Citadel era uma das maiores forças financeiras do mundo, uma potência de US$ 20 bilhões, à beira de grandes tacadas. Agora, ele se via diante da ruína financeira. Mas embora a situação pudesse parecer feia, dizia Griffin, e uma calamidade iminente, eles acabariam chegando à terra firme.

Algumas pessoas que leram aquele e-mail se viram de volta às aulas de história e se lembraram de que Colombo ficara perdido.

Pouco tempo depois disso Griffin comemorou seu 40º aniversário no Joe's Seafood Prime Steak and Stone Crab no centro de Chicago, a uma dúzia de quadras da sede do Citadel. Os funcionários deram a Griffin uma réplica de uma das caravelas de Colombo do tamanho de um bote salva-vidas. Ele riu e aceitou graciosamente o presente, mas uma sensação de desastre pairava no ar, um frio na espinha que matava qualquer disposição para festas. Todo mundo podia sentir que o Citadel estava afundando.

Uma falha   349

■ ■ ■

No Morgan Stanley, Peter Muller e o PDT estavam numa situação de crise. As ações do banco de investimento estavam degringolando. Muitos temiam que ele seria o próximo Lehman, fadado ao monte de sucata de Wall Street. O mercado estava fazendo movimentos loucos. A volatilidade estava fora de controle, como eles jamais haviam visto antes. Muller decidiu reduzir boa parte das posições do PDT transformando parte dos ativos em dinheiro, antes que alguém mais o fizesse.

— O tipo de volatilidade que nós estávamos vendo não tinha qualquer base histórica — declarou um dos traders do PDT. — Se seu modelo se baseia em padrões históricos e você começa a ver coisas que nunca viu antes, você não pode esperar que o modelo dê bons resultados.

Era um período tumultuado para Muller também em outras frentes. Incansável viajante, ele tinha decidido se recolher. Sua namorada estava grávida e ele queria deitar raízes num lugar que ele realmente amasse. Comprou uma casa luxuosa com piscina e garagem para três carros em Santa Bárbara, na Califórnia. Ainda no comando do PDT, mesmo que de longe, ele viajava a Nova York uma ou duas vezes por mês, onde se encontrava com os parceiros de pôquer.

Enquanto isso, o Morgan Stanley estava sob fogo cerrado. Os fundos de hedge que operavam pelo Morgan tentaram sacar mais de US$ 100 bilhões em ativos. Seu banco de compensações, Bank of New York Mellon, pediu mais US$ 4 bilhões extras em capital. Fora um movimento do mesmo tipo que derrubara o Bear Stearns e o Lehman Brothers.

No final de setembro, o Morgan e o Goldman Sachs desistiram do modelo de negócios de banco de investimento e os converteram em companhias bancárias tradicionais. O fato é que a Wall Street, como há muito tempo era conhecida, deixara de existir. O movimento significava que os bancos ficariam muito mais à mercê dos reguladores e sujeitos a exigências de capital mais restritivas. Os dias de glória de alavancagens maciças, de lucros e de riscos do mesmo nível eram coisa do passado. Pelo menos, era o que parecia.

MENTES BRILHANTES, ROMBOS BILIONÁRIOS

Dias depois, John Mack, CEO do Morgan, orquestrou uma injeção de US$ 9 bilhões em dinheiro do Mitsubishi UFJ Financial Group, do Japão. E o Goldman negociou um investimento de US$ 5 bilhões com a Berkshire Hathaway de Warren Buffett.

A catástrofe parecia ter sido evitada, mas o estrago financeiro continuava a corroer o sistema. O PDT estava se aguentando com um colchão muito menor de dinheiro, enquanto Muller se instalava na ensolarada Califórnia e tocava de vez em quando em Greenwich Village. Aparentemente, pouca coisa havia mudado para Muller, embora nos bastidores ele estivesse esboçando grandes mudanças no PDT que veriam a luz do dia meses mais tarde. O mesmo não se podia dizer de Boaz Weinstein.

■ ■ ■

Julgando pela aparência exterior, Boaz Weinstein estava navegando pelo derretimento do crédito sem se tocar. Mas por dentro, ele estava extremamente preocupado. O Saba estava sendo fortemente atingido no mercado de crédito. O trader do Deutsche Bank olhava, incrédulo, como as operações que ele desenhara com tanto cuidado desmoronavam.[4]

Weinstein tinha entrado em 2008 no auge da forma. Ele e um colega de Londres, Colin Fan supervisionavam todas as operações de crédito global para o Deutsche. O Saba controlava mais de US$ 30 bilhões em ativos, uma quantia monstruosa para aquele trader de 35 anos. O chefe de Weinstein, Anshu Jain, lhe oferecera o poderoso cargo de chefe de todas as operações de crédito globais. Mas Weinstein recusou na mesma hora. Ele já tinha feito planos de sair do Deutsche em 2009 e lançar seu próprio fundo de hedge (que, naturalmente, se chamaria Saba).

Depois do colapso do Bear Stearns em março de 2008, Weinstein acreditava que o pior da crise de crédito já havia ficado para trás. Ele não estava sozinho. Griffin achava que a economia estava se estabilizando. John Mack, do Morgan, disse aos acionistas que a crise do subprime estava no oitavo ou nono *inning*. Lloyd Blankfein, CEO do Goldman Sachs, era um pouco menos otimista e dizia:

Uma falha

— Provavelmente, nós estamos no terceiro ou quarto *inning*.

Para capitalizar sobre os preços depreciados, Weinstein colheu títulos de empresas muito castigadas, como a Ford, a General Motors, a General Electric e a Tribune Co., que publicava o *Chicago Tribune*. E, é claro, ele hedgeou essas apostas com *credit default swaps*. No começo, as apostas se pagaram, enquanto os títulos das dívidas das empresas subiam, garantindo ao Saba um belo lucro. Weinstein continuou a despejar dinheiro em títulos por todo o verão e o Saba entrou no mês de setembro mostrando lucro no ano.

E, então, tudo desabou. O governo assumiu os gigantes das hipotecas Fannie Mae e Freddie Mac. O Lehman pediu falência. E a AIG balançava na beira do precipício, ameaçando arrastar todo o sistema financeiro global consigo.

Como o Citadel, o Saba estava levando uma surra. Enquanto os prejuízos aumentavam, o fluxo de informações entre os traders do Saba era interrompido. Normalmente, os traders juniores das mesas do grupo compilavam os relatórios de lucros e prejuízos, resumindo as atividades do dia. Sem qualquer aviso ou explicação, esses relatórios pararam de circular. Boatos de enormes prejuízos começavam a ser comentados no bebedouro. Alguns temiam que o grupo estivesse para ter suas operações encerradas. Os jogos de pôquer de US$ 100 que aconteciam perto do salão de operações do Saba foram interrompidos.

As mãos de Weinstein estavam atadas. Ele olhava horrorizado enquanto os investidores evitavam títulos corporativos arriscados como se fossem peixes podres, levando os preços a afundarem. Como acontecia no Citadel, suas posições eram hedgeadas com swaps de crédito. Mas os investidores, preocupados se as contrapartes das operações estariam vivas para cumprir suas obrigações, não queriam ter nada com esses swaps. Normalmente, o preço dos swaps, que são negociados todos os dias nos mercados de balcão entre bancos, fundos de hedge e assemelhados, flutuam seguindo condições de mercado. Se o valor dos swaps mantidos pelo Saba subisse, ele poderia marcar essas posições a um preço mais alto na contabilidade, ainda que ele ainda não estivesse negociando os swaps.

352 MENTES BRILHANTES, ROMBOS BILIONÁRIOS

Mas, à medida que os mercados financeiros implodiam e a alavancagem evaporava, o mercado de swaps parou de funcionar adequadamente. As operações que deveriam indicar os novos valores dos swaps simplesmente não estavam acontecendo. Cada vez mais o veículo de investimento favorito de Weinstein, que ele ajudara a espalhar por toda Wall Street desde o fim da década de 1990, era visto como o pavio do barril de pólvora que explodira o sistema financeiro.

Weinstein se mantinha externamente calmo, permanecendo triste e silencioso em sua sala com vista para Wall Street. Mas as perdas estavam subindo rapidamente, e logo chegaram a US$ 1 bilhão. Ele pediu aos gerentes de risco do Deutsche para permitirem que ele comprasse mais swaps para poder hedgear melhor suas posições, mas a ordem tinha vindo de cima: ele não podia comprar, só vender. Perversamente, os modelos de risco do banco, como o famoso VAR utilizado por todos os bancos de Wall Street, instruía os traders a sair das posições descobertas, inclusive dos *credit default swaps*.

Weinstein sabia que aquilo era loucura, mas não podia discutir com os quants que cuidavam do risco.

— Deixa o modelo para lá — ele implorava. — A única maneira de eu sair dessa é vendendo a descoberto. Se o mercado está em queda e você está perdendo dinheiro, isso significa que você está comprando e precisa vender a descoberto, o mais rápido possível.

Ele explicou que a capacidade do banco de ver além do modelo dos subprimes em 2007 os fizera ganhar uma fortuna. Agora, o caminho a se seguir era o mesmo — pensar fora da caixa quantitativa.

Mas não funcionou. O gerenciamento de risco estava em piloto automático. Os prejuízos iam se amontoando, e logo chegariam a US$ 2 bilhões. A mesa de negociação de ações do Saba recebeu instruções para vender quase todas as posições, o que na prática fechava aquela unidade.

Weinstein raramente era visto nos salões de operação do Saba, enquanto os prejuízos não paravam de crescer. O trader se trancava em sua sala por longos períodos de tempo, geralmente até tarde da noite, em reunião com seus homens de confiança para discutir como estancar

Uma falha 353

a hemorragia. Ninguém tinha respostas. Havia muito pouco que eles pudessem fazer.

A paranoia tomou conta. Parecia que a operação podia ser encerrada a qualquer momento. Muitos dos principais traders da equipe, inclusive o que negociava ações, Alan Benson, foram demitidos. No final de novembro, um trader que estava guiando visitantes pela operação do Saba, no segundo andar, disse:

— Se vocês vierem daqui a umas duas semanas, todo esse espaço vai estar vazio.

Ele errou por pouco.

■ ■ ■

Em novembro, um mês depois do testemunho de Greenspan no Congresso, o comitê de Waxman deu um calor em mais um grupo de suspeitos da crise de crédito: os administradores dos fundos de hedge.

E não eram quaisquer administradores. Waxman convocara os cinco maiores salários de 2007 para um depoimento transmitido pela televisão sobre os riscos que essa indústria das sombras representava para a economia. Na fila de suspeitos, homens cujos salários e bonificações em 2007 foram em média de US$ 1 bilhão, incluindo o famoso magnata George Soros. Quem também estava na cadeira elétrica era Philip Falcone, cujo fundo de hedge, o Harbinger Capital, exibia um retorno de 125%, graças a uma grande aposta contra os subprimes. Mas seus ganhos eram pequenos se comparados aos de outra testemunha, John Paulson, cuja empresa, Paulson & Co., dera um retorno de mais de 600% em decorrência de uma aposta colossal contra os subprime, que lhe rendeu uma bonificação anual de mais de US$ 3 bilhões, talvez o maior retorno individual para um investidor em todos os tempos.

Os outros dois gestores levados diante do Comitê do Congresso para Supervisão e Reforma do Governo eram Jim Simons e Ken Griffin. Os quants tinham chegado ao Capitólio.

MENTES BRILHANTES, ROMBOS BILIONÁRIOS

Griffin, por sua vez, havia se preparado para o depoimento com a disciplina típica do Citadel. Tendo voado de Chicago a Washington em seu jatinho particular naquela manhã, ele foi treinado por uma bateria de advogados, assim como por Robert Barnett, um figurão poderoso em Washington. Em 1992, Barnett havia ajudado a preparar Bill Clinton para os debates presidenciais, atuando como substituto do presidente Bush (pai). Ele também fora agente literário de Barack Obama, do ex-primeiro-ministro britânico Tony Blair, do repórter do *Washington Post* Bob Woodward e do secretário de Defesa de George W. Bush, Donald Rumsfeld.

O movimento era típico de Ken Griffin. Dinheiro não era problema. Quando ele, inevitavelmente, se desviou do roteiro durante o testemunho, fazendo uma defesa do valor dos mercados livres e desregulados, isso também era típico de Ken Griffin.

Mas, na maior parte, os figurões dos fundos de hedge fizeram bonito, concordando que o sistema financeiro precisava de uma reforma, mas evitando pedir uma supervisão direta do seu ramo de atividade. Soros demonstrou desprezo abertamente pela indústria dos fundos de hedge, composta de macacos de imitação e seguidores de tendência que estavam fadados à extinção.

— A bolha agora explodiu e os fundos de hedge serão dizimados — disse Soros com seu forte sotaque húngaro, como um tenebroso profeta das trevas. — Eu diria que a quantidade de dinheiro que eles administram vai cair de 50 a 75%.

No início de 2008 os fundos de hedge controlavam ativos da ordem de US$ 2 trilhões. Soros estimava que essa indústria perderia entre US$ 1 trilhão e 1,5 trilhão, seja por perdas incorridas pelos fundos, seja pela fuga de capital em direção a portos mais seguros.

Simons, com a típica cara de um professor desarrumado, careca, de barba grisalha e paletó cinza amarrotado, disse que o Renaissance não se metia na "sopa de letrinhas" de CDOs e CDSs que detonaram aquela calamidade. Seu testemunho forneceu poucos insights sobre os problemas por trás do desabamento, embora ele tivesse apresentado uma visão rara e incomum dos métodos de operação do Renaissance.

Uma falha

— O Renaissance é uma empresa de administração de investimentos um tanto atípica — disse ele. — Nossa abordagem resulta da minha formação de matemático. Nós administramos fundos cujas operações são determinadas por fórmulas matemáticas. (...) Nós só operamos com valores mobiliários extremamente líquidos e negociados em mercado aberto, o que vale dizer que nós não negociamos *credit default swaps* ou *collateralized debt obligations*. Nossos modelos de operação costumam estar sempre na contramão, comprando ações que têm passado por maus momentos e vendendo aquelas que passaram por um bom momento.

De sua parte, Griffin pareceu passar um certo tom de desafio, fixando seus olhos azuis sem piscar na massa de legisladores. Os fundos de hedge não estavam por trás do colapso, disse ele. Quem estava eram os bancos altamente regulamentados.

— Nós não vimos nenhum fundo como ponto central de uma carnificina nesse tsunami financeiro — disse Griffin, vestido com um terno azul-marinho, gravata preta e camisa azul-claro.

Quer ele acreditasse nisso ou não, a afirmação tinha cheiro de uma negação, deixando de lado o fato de que a situação dramaticamente enfraquecida do Citadel no final de 2008 tinha aumentado a turbulência no mercado. Os reguladores estavam profundamente preocupados com o Citadel e se uma derrocada dele dispararia outros turbilhões.

Griffin também se opôs a mais transparência.

— Pedir para revelarmos nossas posições para o mercado seria como pedir à Coca-Cola para revelar a fórmula secreta dela para o mundo.

Apesar das advertências de Griffin, o Congresso parecia se encaminhar em direção a uma maior supervisão dos fundos de hedge, que ele via como parte de um sistema bancário das sombras que causara um colapso no mundo financeiro.

— Quando os fundos de hedge se tornam grandes demais para quebrar, representa um problema para o sistema financeiro — declarou Andrew Lo, do MIT, aquele do relógio do Juízo Final, ao *Wall Street Journal*.

■ ■ ■

O Citadel não desabou, mas chegou perigosamente perto disso. Griffin, que uma vez alimentara grandes ambições de um império financeiro do mesmo nível das maiores potências de Wall Street, fora humilhado. Na primeira metade do ano ele começara a chegar tarde no escritório, geralmente por volta das 10h, em vez de antes do dia nascer, como normalmente acontecia, para poder passar mais tempo com o filho. Ele não podia parar de pensar que estava pagando o preço por ter baixado a guarda.

Mas Griffin sabia que a fantasia dos fundos de hedge de altos retornos dos 20 anos anteriores nunca mais seria a mesma. As alavancagens portentosas e as apostas ousadas de bilhões de dólares em jogadas arriscadas, tudo isso fora relegado a outra era.

Griffin continuou exibindo uma aparência de coragem. Como havia dito na conferência de outubro:

— Nós precisamos encarar o fato de que nós temos que evoluir. Vamos abraçar as mudanças que fazem parte da evolução e vamos prosperar nessa nova era das finanças.

Seus investidores não tinham a mesma certeza. Muitos estavam pedindo o dinheiro de volta. Em dezembro, depois que os pedidos de resgate somavam cerca de US$ 1,2 bilhão, o Citadel impediu que os investidores sacassem mais dinheiro de seus fundos principais. Os ativos administrados pelo Citadel já tinham encolhido de US$ 20 bilhões para US$ 10,5 bilhões. Para honrar mais saques Griffin teria que se desvencilhar de mais posições para levantar os recursos, o que era um comprimido muito amargo de se engolir em um mercado deprimido.

Os investidores não tinham muita escolha se não aceitar. Mas o movimento deixou muita gente com raiva, que via isso como uma tática de jogo duro por parte de uma empresa que já as tinha feito perder inúmeros milhões de dólares naquele ano.

Griffin também estava sofrendo graves perdas em seu enorme patrimônio. Poucos de fora sabiam qual era exatamente a parte de Griffin no Citadel, mas alguns estimavam que ele fosse dono de cerca de 50% dos ativos da empresa no início da crise, o que colocava seu patrimônio

Uma falha

pessoal na casa dos US$ 10 bilhões, muito mais do que a maioria das pessoas acreditava. Assim, a queda de 55% de seus fundos de hedge o machucou, mais do que a qualquer outra pessoa. Para aumentar a dor, ele tinha usado US$ 500 milhões de seu próprio bolso para financiar os fundos e pagar as taxas de administração que costumavam ser pagas pelos investidores. É claro que ele também era o maior investidor da potência de alta velocidade da casa, a Tactical Trading, que ganhara US$ 1 bilhão.

Enquanto isso, o Citadel era castigado severamente. Os ativos totais de seus fundos de hedge tinham despencado fortemente durante o colapso, de US$ 140 bilhões na primavera de 2008 para apenas US$ 52 bilhões no final do mesmo ano. A empresa tinha se desfeito de quase US$ 90 bilhões em ativos, em uma tentativa desesperada de desalavancar seu balanço, uma onda de vendas que aumentara ainda mais a pressão de um mercado em pânico depois da crise do Lehman.

Griffin estava na companhia de muita gente, é claro, no grande abalo dos fundos de hedge de 2008 — inclusive de Cliff Asness.

■ ■ ■

Cliff Asness estava furioso. Os boatos, mentiras e piadinhas infames tinham que terminar.[5]

Era o início de dezembro de 2008. A cidadezinha de Greenwich, em Connecticut, estava em polvorosa. Os iates de luxos e as lanchas enfileiradas permaneciam atracados nos deques gelados do Delamar no porto de Greenwich, um hotel de luxo desenhado ao estilo de uma vila do Mediterrâneo. Caravanas de limusines, Bentleys, Porsches e Beamers ficavam trancadas em suas espaçosas garagens sob medida. Mansões de imensos portões, protegidas do frio de Connecticut atrás de fileiras de folhagens exóticas, sentiam falta de seus enfeites de Natal. Poucos dos poderosos ocupantes dessas mansões tinham vontade de comemorar o que quer que fosse. Era um triste período de festas em Greenwich, a capital mundial dos fundos de hedge.

358 MENTES BRILHANTES, ROMBOS BILIONÁRIOS

Para piorar a situação, uma empresa multibilionária de administração de recursos, gerida por um financista recluso chamado Bernard Madoff se revelara ser um imenso esquema de pirâmide, que Ed Thorp já havia descoberto no início da década de 1990. Os prejuízos se alastraram pela indústria como ondas de choque. Uma nuvem de suspeita se abateu sobre um setor que já tinha a má fama de ser paranoico e obsessivo por sigilo.

O marco zero da cena dos fundos de hedge em Greenwich era o nº 2 de Greenwich Plaza, um edifício comum de quatro andares ao lado da estação ferroviária da cidade que alojava uma salada de empresas de navegação, fábricas e escritórios bem formais de advocacia de família.

Um dos maiores fundos de hedge de todos era, é claro, o AQR. Seu capitão, Cliff Asness, estava fora de si. Ele não chagava a ponto de girar bolas de ferro nas mãos como o capitão Queeg no filme *A Nave da Revolta*, mas não estava muito longe disso. A pilha de monitores de computador estraçalhados pela fúria de Asness estava aumentando. Algumas pessoas achavam que Asness podia estar enlouquecendo. Ele parecia estar entrando em uma espécie de frenesi, que era o oposto completo dos princípios racionais em que ele baseava o seu fundo. Guiando a fúria estava a conversa recorrente de que o AQR estava implodindo, boatos de que ele tinha perdido 40% em um único dia... de que estava prestes a encerrar suas operações para sempre... de que estava derretendo e afundando em direção ao centro da Terra, numa espécie de catástrofe maluca do fundo de hedge, uma espécie de "síndrome da China"...

Muitos dos boatos apareciam em um blog muito popular em Wall Street chamado Dealbreaker. O site estava infestado de comentários desonrosos sobre o AQR. A blogueira linguaruda do Dealbreaker, Bess Levin, tinha escrito recentemente em um post sobre as demissões no AQR, entre as quais se encontrava a secretária que há muito tempo trabalhava com Asness, Adrienne Rieger.

"Há boatos de que tio Cliff acabou de dar o pé na bunda da secretária que trabalha com ele há dez anos e, como todo mundo sabe, são elas que guardam as chaves da sua teia de mentiras, bobagens e trapaças, e

Uma falha

você não se livra delas, a não ser que esteja indo dormir o sono eterno", escreveu ela.

Dezenas de leitores enviaram comentários para a notícia de Levin. Asness, que os leu em sua sala, era capaz de dizer que muitos deles partiram de empregados demitidos, ou, pior, funcionários atuais irritados que se sentavam em cubículos logo ali, perto de sua sala. Alguns dos posts eram meramente desagradáveis. "Acho que a caixa-preta não funcionou", disse um deles. E outro: "O AQR é o mais absoluto desastre."

Na tarde de 4 de dezembro, Asness decidiu responder. Ao contrário de Griffin, que fez uma conferência, Asness iria se confrontar com os espalhadores de boatos em seu próprio covil: a internet. Da sala de canto que ele ocupava no terceiro andar ele se sentou diante do computador, entrou no site do Dealbreaker e começou a digitar.

"Aqui é Cliff Asness", começou ele. Recostou na cadeira, passou a mão na boca e então se debruçou sobre o teclado do computador.

Tantas referências ao que acontece aqui dentro e, mesmo assim, tanta ignorância e/ou mentiras. Obviamente, a maior parte desses posts são reclamações amargas de pessoas que não trabalham mais aqui e, obviamente, alguns são apenas ignorantes e cruéis. Mesmo assim, continuam sendo mentiras. (...) Sobre as pessoas de bem que eu tive que demitir, eu me sinto muito mal. Sobre os investidores que investiram em nossos produtos e estão passando por tempos bicudos, eu me sinto mal, e pretendo consertar tudo. Francamente, por todo mundo que está em uma situação difícil, eu me sinto mal. Mas para os mentirosos e empregados amargurados que foram demitidos porque nós decidimos que precisávamos menos de vocês do que das pessoas sobre as quais vocês agora mentem (...) e aquela gentinha que vive de atitudes anônimas e mordazes na internet, F****-SE vocês e o teclado em que vocês digitaram. Desculpem eu não poder ser mais eloquente, e vocês não vão ouvir mais nada de mim depois desse post. Meu nome é Cliff Asness e eu aprovei esta mensagem.

MENTES BRILHANTES, ROMBOS BILIONÁRIOS

Asness postou seu desabafo no site e logo percebeu que tinha cometido um erro terrível — que depois ele chamaria de uma "burrice". Era uma rara demonstração pública de raiva da parte de um administrador de recursos extremamente respeitado. Logo o post se tornou uma sensação dentro do AQR e em toda a comunidade dos fundos de hedge. O moral do fundo estava em baixa, e ele sofria. Agora, o criador do fundo conhecido pela racionalidade e pelo rigor matemático parecia ter deixado que suas emoções falassem mais alto.

Os investidores não pareciam se incomodar com aquela lavagem de roupa suja. O que os preocupava eram os bilhões de dólares que o AQR havia perdido. Mas Asness estava convicto de que o ano seguinte seria melhor. Os modelos voltariam a funcionar. Décadas de pesquisa não podiam estar erradas. A Verdade levara um tiro na boca, mas ela acabaria se recuperando. E quando isso acontecesse, o AQR estaria a postos, para fazer a colheita.

O calvário do AQR, que antes fora considerado um dos fundos de hedge mais quentes de Wall Street, e as pressões intensas em cima de Asness ilustravam as dificuldades do setor em lidar com o mercado mais tumultuado em várias décadas.

O caos do mercado transformara em poeira os modelos desenhados pelos quants. As perdas do AQR foram especialmente graves no final de 2008, depois que o Lehman Brothers desabou, gerando um pandemônio nos mercados do mundo inteiro. Seu Absolute Return Fund caiu cerca de 46% em 2008, comparado a uma queda de 48% do S&P 500. Em outras palavras, investidores comuns em fundos passivos tinham se saído tão bem (ou tão mal) quanto os investidores que haviam confiado seu dinheiro a um dos mais sofisticados administradores de recursos da praça.

Foi o pior ano nos registros dos fundos de hedge, que perderam 19% segundo a Hedge Fund Research, um grupo de pesquisas de Chicago. Esse era somente o segundo ano desde 1990 em que o setor como um todo tivera prejuízo. (Em 2002, os fundos de hedge perderam 1,5%.)

O fundo Absolute Return tinha perdido mais da metade de seus ativos, contando-se do auge, caindo de US$ 4 bilhões para cerca de US$ 1,5 bilhão em meados de 2007. No total, o AQR tinha cerca de US$ 7 bilhões nos chamados fundos alternativos e cerca de US$ 13 bilhões em fundos só de comprados, uma queda brusca dos US$ 40 bilhões que ele administrava no início de agosto de 2007, época em que planejara fazer um IPO. Em pouco mais de um ano o AQR havia perdido quase a metade da sua armadura de guerra.

O péssimo desempenho do AQR assustou os investidores. Os chamados "fundos de retornos absolutos" deveriam proporcionar retornos positivos, ajustados ao risco, em qualquer situação de mercado — deviam ir para um lado se o mercado fosse para o outro. Mas o Absolute Return parecia grudar no S&P 500 como se fosse um ímã.

Um motivo por trás dessas rotas paralelas era que, no início de 2008, o AQR tinha apostado alto que as ações americanas iriam subir. De acordo com seus modelos baseados nas ações pouco valorizadas, as ações das grandes companhias americanas estavam uma pechincha em comparação com uma série de outros ativos, como os títulos do Tesouro e as bolsas de outros países. Assim, Asness jogou os dados, despejando centenas de milhões de dólares em ativos que pareciam refletir o S&P 500.

A decisão abriu caminho para um dos anos mais frustrantes na carreira de investidor de Asness. O AQR também fez apostas malfeitas na direção das taxas de juros, moedas, imóveis comerciais e títulos conversíveis — quase tudo que havia debaixo do sol.

À medida que os prejuízos iam se somando, os investidores começavam a ficar nervosos. O AQR deveria se sustentar quando o mercado estivesse desfavorável, exatamente como acontecera quando as ações da internet desabaram em 2001 e 2002. Mas, em vez disso, o AQR estava correndo para o fundo do poço, exatamente como o restante da bolsa.

Em outubro e novembro, Asness partiu para uma longa *road trip*, visitando quase todos os investidores do fundo, viajando em seu avião particular para lugares distantes, que iam de Tulsa, no Oklahoma, a Sydney, na Austrália. Nos poucos momentos de descanso, ele pegava o Kindle da Amazon (o leitor eletrônico portátil), que estava carregado de livros que iam de *How Math Explains the World* a *Anna Karenina* e *Mercados em colisão*, de Mohamad El-Erian, um guru financeiro que trabalhava no gigante da renda fixa Pimco.

Mas Asness tinha pouco tempo para ler. Ele estava tentando garantir a sobrevivência de seus fundos. Sua meta era convencer os investidores de que as estratégias do AQR acabariam gerando retornos maiores. Muitos decidiram continuar investindo no fundo, apesar do tenebroso desempenho, uma prova na crença de que Asness, efetivamente, retomaria sua capacidade de fazer mágica.

Em dezembro, enquanto o mercado continuava a despencar, a pressão caía toda em cima de Asness. Ele tinha se tornado obcecado com o monitor que mostrava, segundo a segundo, a desastrosa performance do Absolute Return. O estresse na sede do AQR ficou imenso. A decisão de Asness de demitir vários pesquisadores, assim como sua secretária Rieger, levantou dúvidas sobre a longevidade da empresa.

Conversas sobre o estado precário do AQR se tornavam frequentes no círculo dos fundos de hedge. Asness e Griffin conversavam constantemente sobre os boatos que tinham ouvido sobre o fundo um do outro, chamando a atenção para os últimos comentários difamantes.

Os ex-senhores do universo sabiam que seus dias de glória haviam ficado para trás. Num sinal claro da diminuição de suas expectativas (mas que continuavam a desafiar o mercado), Asness foi coautor de um artigo para a edição de novembro do *Institutional Investor*, junto com o pesquisador do AQR Adam Berger, chamado "We're Not Dead Yet" [Nós ainda não morremos]. O artigo era uma resposta a uma pergunta do *Institutional Investor* se os investimentos com métodos quantitativos teriam futuro.

"O fato de essa pergunta ter sido feita sugere que muita gente acredita que o futuro dos investimentos com métodos quantitativos seja sombrio", escreveram Asness e Berger. "Afinal de contas, ao ver um amigo perfeitamente bem de saúde, ou até mesmo às portas da morte, será que você se aproximaria dessa pessoa e perguntaria: 'Que bom ver você. Você ainda está vivo?' Se você chega a perguntar, provavelmente é porque pensa que os investimentos quantitativos estão mortos."

Asness sabia que os quants não haviam morrido. Mas sabia que eles haviam levado um sério golpe e que poderia levar meses, para não falar anos, até que voltassem a se levantar e estivessem prontos de novo para a luta.

■ ■ ■

Ken Griffin também estava remando contra a maré. Mas o sangramento não estancava. No final de 2008, os principais fundos do Citadel tinham perdido impressionantes 55% de seus ativos numa das maiores derrocadas de fundos de hedge de todos os tempos. No começo de janeiro, a empresa ainda tinha US$ 11 bilhões em posições, uma queda vertiginosa dos US$ 20 bilhões que ela exibia no início de 2008.

O que provavelmente é ainda mais impressionante é que o Citadel tenha conseguido continuar operando. Griffin tivera sua Waterloo, mas sobreviveu. Seu patrimônio pessoal caiu em cerca de US$ 2 bilhões em 2008. Era o maior declínio de qualquer gestor de fundo de hedge naquele ano, marcando uma queda portentosa das alturas de um dos traders de elite do mundo dos fundos de hedge.

Mas nem todos esses fundos perderam dinheiro naquele ano. O fundo Medallion do Renaissance ganhou impressionantes 80% em 2008, capitalizando a extrema volatilidade do mercado e seus computadores ultrarrápidos. Jim Simons foi o maior ganhador entre os fundos de hedge do ano, embolsando US$ 2,5 bilhões para sua conta.

O crescimento fenomenal do Medallion em 2008 impressionou o mundo financeiro. Todas as velhas perguntas voltaram: Como foi que eles fizeram isso? Como em um ano em que todos os outros investidores foram massacrados, o Medallion conseguiu ganhar bilhões?

A resposta, no fim das contas, podia ser tão prosaica quanto essa: as pessoas que mandam aqui são mais inteligentes do que todas as outras. Inúmeros ex-funcionários do Renaissance dizem que não há qualquer fórmula secreta para o sucesso do fundo, nenhum código mágico descoberto décadas atrás por gênios como Elwyn Berlekamp ou James Ax.

364 MENTES BRILHANTES, ROMBOS BILIONÁRIOS

Em vez disso, a equipe do Medallion, composta por uns noventa Ph.D's, fica constantemente trabalhando para melhorar os sistemas do fundo, instados, como no senso de destino de um time vencedor, a continuar ganhando do mercado, semana após semana, ano após ano.

E isso significa trabalho duro. O Renaissance tem um conceito chamado "duas jornadas de 40 horas". Os funcionários têm que trabalhar 40 horas nas tarefas que precisam ser feitas — programação, pesquisa de mercado, aperfeiçoar o sistema de informática. E, então, nas outras 40 horas, eles têm permissão de se aventurar em praticamente qualquer parte do fundo e fazer experiências. A liberdade de fazer isso — quem está lá dentro diz que não existem áreas do fundo que sejam proibidas para os empregados — enseja as oportunidades para os avanços que mantêm os fluidos criativos do Medallion em andamento.

Os insiders também dão crédito ao líder do fundo, Jim Simons. Carismático, extremamente inteligente, fácil de se conviver, Simons criou uma cultura de extrema lealdade e incentivou um desejo intenso entre seus funcionários em busca do sucesso. O fato de pouquíssimos funcionários do Renaissance terem saído da empresa, comparado com o rio de talentos que escorreu do Citadel, é um atestado da capacidade de liderança de Simons.

O Renaissance também era livre da bagagem teórica da moderna teoria das carteiras ou da hipótese dos mercados eficientes ou do CAPM. Em vez disso, o fundo era administrado como uma máquina, uma experiência científica, e a única coisa que importava era se uma estratégia dava resultado ou não — se dava dinheiro. No fundo, a Verdade segundo o Renaissance não era a eficiência do mercado ou se ele estava em equilíbrio. A Verdade era muito simples e tão sem remorso quanto a força motriz de qualquer banqueiro de Wall Street com a faca nos dentes: Você ganhou dinheiro ou não? Nada mais importa.

Enquanto isso, um fundo ligado a Nassim Taleb, o Universa Investments, também estava navegando a todo vapor. Os fundos geridos pelo Universa, administrados e pertencentes a um colaborador de longa data de Taleb chamado Mark Spitznagel, ganhou simplesmente 150% em

Uma falha

2008, apostando que o mercado era muito mais volátil do que a maioria dos modelos dos quants previa.[6] O plano do fundo Black Swan Protocol Protection comprava opções de venda de ações e de índice que estivessem muito fora do dinheiro, que se pagaram em cheio depois que o Lehman Brothers desabou e as bolsas despencaram. Em meados de 2009, o Universa tinha US$ 6 bilhões em ativos administrados, bem mais do que os US$ 300 milhões com que o fundo foi lançado em janeiro de 2007, e estava fazendo uma nova aposta de que a hiperinflação surgiria em decorrência do dinheiro que o Fed e o governo estavam despejando na economia.

O PDT também teve um excelente resultado montado no tigre da volatilidade, obtendo um ganho de 25% para o ano, apesar das liquidações maciças que ocorreram em outubro. O fundo de investimento particular de Muller, o Chalkstream Capital Group, entretanto, teve um ano muito ruim, devido aos altos investimentos em imóveis e em fundos de *private equity*, perdendo cerca de 40%, embora tenha se recuperado solidamente em 2009. Como Muller tinha boa parte de seu patrimônio pessoal no fundo, foi um golpe duplamente forte.

Enquanto isso, Weinstein decidiu que estava na hora de enfrentar o mundo sozinho. Mas estava deixando uma embrulhada imensa atrás dele. No final daquele ano, o Saba tinha perdido US$ 1,8 bilhão. Em janeiro de 2009, o grupo teve suas atividades oficialmente encerradas pelo Deutsche, que, como todos os outros bancos, estava tratando de uma ressaca monumental de suas aventuras nesse tipo de operação e diminuía radicalmente sua exposição a elas.

Weinstein saiu do Deutsche Bank no dia 5 de fevereiro, pouco mais de dez anos depois de ter entrado para o banco como um rapaz de 24 anos, de olhos arregalados e com o sonho de ganhar uma fortuna em Wall Street. Ele ganhara sua fortuna, embora tenha se lanhado e machucado bastante numa das maiores turbulências do mercado de todos os tempos.

·13·

A obra do demônio

Paul Wilmott se sentou diante de uma sala cheia do hotel Renaissance em Manhattan, erguendo uma folha de papel cheia de notações matemáticas estranhas.[1] O fundador do primeiro programa de finanças quantitativas da Universidade de Oxford, assim como o criador do programa do Certificado de Finanças Quantitativas, o primeiro curso internacional de engenharia financeira, torceu o nariz:

— Tem muita gente que faz as coisas serem muito mais complicadas do que deveriam ser — disse ele, agitando o papel quase com raiva. — E essa é uma forma garantida de se perder US$ 2 trilhões. — Ele fez uma pausa de um segundo e deu um risinho, passando a mão pelos cabelos castanhos-claros desgrenhados. — Será que eu posso dizer isso?

Era o início de dezembro de 2008 e a crise do crédito corria solta, cobrando um preço enorme da economia global. Os temores americanos sobre a situação econômica ajudaram a guindar Barack Obama à Casa Branca. O índice Dow Jones industrial desabara mais de 50% do recorde alcançado em 2007, tendo perdido 680 pontos no dia 2 de dezembro, a quarta maior perda em pontos desde o lançamento do índice, em 1896. Os Estados Unidos viram desaparecer meio milhão de empregos no mês de novembro, a maior queda num mês desde 1974, e mais demissões estavam a caminho. Os economistas pararam de especular se a economia estava em recessão. A grande pergunta era se outra depressão estava por vir. A fadiga que corroía as operações de resgate ainda estava presente, à medida que mais revelações sobre os prejuízos de instituições financeiras do Goldman Sachs à AIG enchiam os ares.

Os contribuintes precisavam de alguém para culpar. Mas a crise era tão confusa, tão cheia de expressões técnicas sobre derivativos e outros instrumentos complexos, que poucos dos iniciados sabiam de quem era a culpa.

Cada vez mais dedos apontavam para os quants. O sistema de derivativos complexos, umbilicalmente ligado a fundos de hedge superalavancados e turbinados por computador capazes de transferir bilhões de dólares em um piscar de olhos... tudo isso havia sido criado pelos magos da matemática de Wall Street e tudo isso desmoronara. O sistema que os quants desenharam, os tentáculos de ramificações infinitas na Rede do Dinheiro devia ter feito os mercados ficarem mais eficientes. E, em vez disso, ele havia se tornado mais instável do que em qualquer outro tempo. Ilusões populares como a hipótese dos mercados eficientes haviam deixado o mundo cego à imensa bolha de crédito que vinha se formando há anos.

Jeremy Grantham, o gerente da GMO (um administrador de ativos institucionais com cerca de US$ 100 bilhões sob gestão) que apostara na baixa, escreveu na carta trimestral da empresa a seus clientes (intitulada "A história até aqui: ganância + incompetência + crença nos mercados eficientes = desastre") que a hipótese dos mercados eficientes e os quants estavam no epicentro daquele terremoto.

"Em seu anseio pela ordem matemática e por modelos elegantes", escreveu Graham, "o sistema econômico menosprezou o papel inconvenientemente grande do mau comportamento (...) e dos mais absolutos

A obra do demônio

surtos de irracionalidade." E continuou: "A incrivelmente inexata teoria dos mercados eficientes contava com a crença absoluta de muitos dos nossos líderes financeiros e uma crença parcial de todo mundo. Isso deixava o governo e as instituições econômicas descansando confortavelmente, mesmo enquanto uma combinação mortalmente perigosa de bolhas de ativos, controles frouxos, incentivos perniciosos e instrumentos incrivelmente complicados nos levavam ao calvário onde nos encontramos. 'É claro que nada disso poderia estar acontecendo num mundo eficiente e racional', era o que eles deviam estar pensando. E a parte absolutamente pior desse tipo de crença era que ela levou a uma subestimação crônica dos perigos das rupturas das bolhas de ativos."

Em setembro de 2009 em um artigo intitulado "How Did Economists Get It So Wrong" [Como os economistas entenderam tudo errado], na revista do *New York Times*, o economista Paul Krugman, vencedor do prêmio Nobel desceu o malho na hipótese dos mercados eficientes e na incapacidade crônica de se entender a possibilidade de oscilações consideráveis nos preços e as circunstâncias que Mandelbrot já alertara décadas antes. Krugman culpou "a cegueira da profissão à própria possibilidade de falhas catastróficas numa economia de mercado. (...) Da maneira como eu vejo, a profissão de economista se perdeu porque eles, como um grupo, confundiram a beleza, paramentada com uma matemática impressionante de se ver, com a verdade".

Apesar de a derrocada ter começado no mundo obscuro dos empréstimos subprime, ele se alastrara a quase todos os cantos do universo financeiro, levando a grandes prejuízos em todas as áreas, desde imóveis comerciais até os fundos de investimento, e ameaçando setores importantes da economia, como as seguradoras, atulhadas de dívidas arriscadas.

Mas nem todo quant havia sido pego nessa loucura. Poucos eram mais argutos em suas críticas à profissão do que Paul Wilmott, um dos quants mais completos de todos.

■ ■ ■

370   MENTES BRILHANTES, ROMBOS BILIONÁRIOS

Apesar da temperatura congelante do lado de fora, o matemático inglês de óculos estava vestido com uma camisa havaiana, jeans desbotados e botas de couro. Diante de Wilmott, espalhado por filas de cadeiras de plástico, se sentava um grupo diversificado de cientistas, de campos que iam da física à engenharia elétrica. Os membros dessa equipe tinham uma coisa em comum: eram quants em potencial, participando de uma aula de apresentação do programa de Certificado em Finanças Quantitativas (CFQ), de Wilmott.

Wilmott queria que aquele grupo de olhos brilhantes soubesse que ele não era um quant comum — se eles já não tivessem percebido isso por sua aparência, que parecia mais a de um vagabundo de praia do que a de um figurão de Wall Street. A maioria dos quants, disse ele, eram idiotas que só olhavam para o próprio umbigo, cabeças-duras socialmente maladaptados, fascinados pelo mundo cristalino da matemática, completamente despreparados para o mundo selvagem e caótico das finanças.

— A parte mais difícil é o lado humano — disse ele. — Nós estamos modelando seres humanos e não máquinas.

Essa era uma mensagem que Wilmott já vinha querendo há anos martelar nos cérebros febris de seus colegas destrinchadores de números, quase sempre em vão. Em um post de março de 2008 em seu site, Wilmott.com, ele atacou a cultura míope quantitativa em Wall Street.

"Bancos e fundos de hedge empregam matemáticos sem qualquer experiência no mercado financeiro para construir modelos que ninguém testa cientificamente em situações para as quais eles não foram feitos, por traders que não os compreendem", escreveu ele. "E, depois, as pessoas se surpreendem com os prejuízos!"

Há muito tempo que Wilmott vinha espezinhando os quants. E ele tinha base matemática para sustentar seus ataques. Ele escrevera vários livros sobre finanças quantitativas e publicara uma revista extremamente lida pelos quants em seu próprio nome. Em 1992 ele começou a dar os primeiros cursos de engenharia financeira na Universidade de Oxford. Sozinho, ele fundou o programa de matemática financeira de Oxford em 1999.

A obra do demônio 371

Ele também advertira que um dia os quants poderiam de alguma maneira explodir o sistema financeiro em pequenos pedaços. Em "The Use, Misuse and Abuse of Mathematics in Finance", publicado em 2000 na *Philosophical Transactions of the Royal Society*, o diário oficial da academia nacional de ciências da Inglaterra, ele escreveu: "Fica claro que um grande reexame se faz desesperadamente necessário se o mundo quiser evitar um desmoronamento causado pelos matemáticos." Os mercados financeiros já foram comandados pela "rede da velha-guarda", acrescentou. "Mas, agora, só aqueles que têm Ph.D. em matemática ou física são considerados adequados para entender a complexidade dos mercados."

Isso era um problema. Os Ph.Ds. podiam saber a diferença entre seno e cosseno, mas raramente faziam ideia de como distinguir as realidades fundamentais por trás da maneira como os mercados se comportavam. Eles se refestelavam com os detalhes menores de seus modelos espetaculares. E, pior, acreditavam que seus modelos eram reflexos perfeitos de como os mercados funcionavam. Para quants, os modelos eram a Verdade. Essa fé cega, advertiu ele, era extremamente perigosa.

Em 2003, depois de sair de Oxford, ele lançou o programa CFQ, que treinava engenheiros financeiros em cidades que iam de Londres a Nova York e até Pequim. Ele tinha ficado quase em pânico com os perigos que ele via fermentando dentro do sistema, enquanto engenheiros com a cabeça nas nuvens lançavam trilhões de derivativos complexos no sistema como um veneno de ação retardada. Com o novo programa CFQ ele esperava desafiar a velha-guarda e treinar uma nova safra de quants que efetivamente compreendessem a maneira como os mercados financeiros funcionavam — ou, pelo menos, entendessem o que era e o que não era possível ao se tentar prever o mercado real utilizando fórmulas matemáticas.

Era uma corrida contra o tempo, e ele perdeu. Os cientistas loucos que há dezenas de anos corriam fora de controle no coração do sistema financeiro finalmente haviam conseguido: eles o destruíram.

■ ■ ■

372   MENTES BRILHANTES, ROMBOS BILIONÁRIOS

Em um dia gélido no começo de janeiro de 2009, várias semanas depois de se dirigir ao grupo de ansiosos quants no hotel Renaissance, Wilmott pegou um avião no aeroporto de Heathrow, em Londres, e voltou para Nova York.

Lá ele se encontrou com o über-quant Emanuel Derman. Um sul-africano magrelo e de cabelos brancos, Derman dirigia o programa de engenharia financeira da Universidade de Colúmbia. Era um dos quants originais de Wall Street e passara décadas desenhando derivativos para o Goldman Sachs, trabalhando ao lado de lendas, como Fischer Black.

Wilmott e Derman tinham ficado horrorizados com o estado caótico de sua profissão e pela estonteante destruição que ela ajudara a desfechar. Derman acreditava que muitos quants confundiam seus modelos elegantes com a realidade. No entanto, como era quant até o fundo da alma, ele ainda acreditava sinceramente que havia um lugar central para a profissão em Wall Street.

Wilmott estava convicto de que a profissão saíra da pista e estava ficando meio amargurado com o futuro. Mas, como Derman, ele acreditava que ainda havia um lugar para engenheiros financeiros sábios e bem-treinados.

Juntos, naquele mês de janeiro, eles escreveram "The Financial Modelers' Manifesto" [Manifesto dos modeladores financeiros].[2] Era um meio-termo entre uma chamada às armas e um guia de autoajuda, mas também era, em parte, uma confissão: *Nós encontramos o inimigo, e somos nós mesmos*. Os maus quants eram a fonte do desmoronamento.

"Um espectro anda rondando os mercados — o da falta de liquidez, do crédito paralisado e do fracasso dos modelos financeiros", começaram, ironicamente ecoando as palavras do *Manifesto Comunista*, de 1848, escrito por Marx e Engels.

O que se seguia era uma denúncia aberta da ideia de que os modelos dos quants poderiam se aproximar da Verdade:

A física, devido ao seu espantoso sucesso em prever o comportamento futuro dos objetos materiais a partir do estado atual, inspirou boa parte das modelagens financeiras. Os físicos estudam

A obra do demônio

o mundo repetindo as mesmas experiências inúmeras vezes para descobrir forças e suas leis matemáticas, quase que mágicas. (...) Já com as finanças e a economia a história é um pouco diferente, já que se referem ao mundo mental dos valores monetários. A teoria financeira fez um grande esforço para imitar o estilo e a elegância da física, de modo a descobrir suas próprias leis. (...) A verdade é que não existem leis fundamentais para as finanças.

Em outras palavras, não existe uma verdade única no mundo caótico das finanças, onde euforias, pânicos e o comportamento caótico da multidão podem superar todas as expectativas de racionalidade. Os modelos desenhados sobre a premissa de que o mercado é racional e previsível estão fadados a fracassar. Quando centenas de bilhões de dólares altamente alavancados estão montados nesses modelos, a catástrofe está no ar.

Para se assegurar de que o derretimento causado pelos quants, iniciado em agosto de 2007, nunca mais voltaria a acontecer, os dois superquants desenvolveram uma espécie de "Juramento de Hipócrates para os modeladores":

- Vou me lembrar de que não criei o mundo, e de que ele não se encaixa em minhas equações.
- Embora eu vá utilizar modelos ousados para estimar o valor, não vou me deixar ficar muito impressionado pela matemática.
- Nunca vou sacrificar a realidade em favor da elegância, sem explicar por que eu fiz isso.
- Nem vou dar às pessoas que utilizarem meu modelo uma falsa sensação de conforto sobre a exatidão dele. Em vez disso, vou tornar explícitas suas premissas e o que ele não está levando em consideração.
- Eu compreendo que meu trabalho pode ter enormes efeitos na sociedade e na economia, muitos dos quais estão além da minha compreensão.

374 MENTES BRILHANTES, ROMBOS BILIONÁRIOS

Apesar de o manifesto ter boas intenções, existem poucas razões para se acreditar que ele impediria que os quants, nos anos seguintes, se convencessem de que haviam aperfeiçoado seus modelos e de mais uma vez trazer a destruição do sistema financeiro. Como escreveu Warren Buffett no relatório anual da Berkshire Hathaway no final de fevereiro de 2009, Wall Street precisa andar na ponta dos pés e se desviar dos quants e de seus modelos. "Cuidado com a mistura nerds e números", ele advertiu.

"As pessoas pensam que, por estarem utilizando uma matemática sofisticada e modelos de computador, elas estão fazendo a obra do Senhor", observou o velho sócio de Buffett, o cerebral Charlie Munger. "Mas normalmente estão fazendo a obra do demônio."[3]

Por muitos anos, os críticos que estavam fora do mundo dos quants tinham advertido para os problemas que estavam sendo gerados. Benoit Mandelbrot, por exemplo, o matemático que décadas antes tinha advertido os quants do lado selvagem de seus modelos matemáticos — as sísmicas caudas grossas nas pontas da curva do sino —, viu o pânico financeiro de 2008 com uma triste sensação de reconhecimento.

Mesmo antes de a fúria do desabamento atingir sua força máxima, Mandelbro já podia dizer que a base quantitativa do sistema financeiro estava fazendo água.[4] No verão de 2008 Mandelbrot — um homem visivelmente europeu, com sotaque forte, mechas de cabelos brancos, uma enorme testa e bochechas rosadas — trabalhava com afinco em suas memórias, no apartamento em que morava em Cambridge, Massachusetts, localizado às margens do rio Charles. Enquanto via o desabamento se alastrar pelo sistema financeiro, ele continuava a culpar os quants por não ter ouvido suas advertências, quase cinquenta anos antes.

Seu apartamento tinha estantes inteiras entulhadas com seus próprios artigos, assim como pesados volumes de outros autores. Um dia naquele verão, ele tirou um velho livro da estante e, segurando-o nas mãos, abriu a capa e começou a folheá-lo. O livro, organizado por Paul Cootner, professor de finanças do MIT, se chamava *The Random Charcater of Stock Market Prices*, uma clássica antologia de ensaios sobre a teoria dos mercados, publicada em 1964. Era o mesmo livro que ajudara Ed Thorp a derivar uma fórmula para apreçar os *warrants* de ações na

A obra do demônio

década de 1960 e a primeira coleção a incluir a tese de Bachelier de 1900 sobre o movimento browniano. O livro também continha um ensaio de Mandelbrot detalhando a descoberta de movimentos selvagens e erráticos nos preços do algodão.

As páginas do exemplar que ele segurava nas mãos estavam secas e amareladas pelo tempo. Ele rapidamente encontrou a página que procurava e começou a ler.

"Mandelbrot, assim como o primeiro-ministro Winston Churchill, não nos promete uma utopia, mas sangue, suor, trabalho e lágrimas. Se ele estiver certo, quase todas as nossas ferramentas estatísticas podem ser consideradas obsoletas. (...) Evidentemente, antes de jogarmos séculos de trabalho na fogueira, devemos ter alguma garantia de que o nosso trabalho é realmente inútil."

Esse trecho, escrito pelo próprio Cootner, era uma resposta dura ao ensaio de Mandelbrot, que detalhava algumas características estranhas que ele observara no comportamento dos preços do algodão. Os preços do mercado, descobrira Mandelbrot, estavam sujeitos a saltos violentos, selvagens e repentinos. Pouco importava o que causava esses pulos, se eram ciclos que se reforçavam e se alimentavam, se era a mais absoluta especulação, se era uma desalavancagem em pânico. O fato é que eles existiam e apareciam de tempos em tempos em todo tipo de mercado.

A essência da pesquisa de Mandelbrot era a de que os mercados se comportavam de uma maneira bem mais rebelde do que a teoria financeira padrão sustentava. Lá na terra de ninguém que ficava nas pontas da curva do sino ocultava-se um lado negro dos mercados que atormentava os quants como um pesadelo, um lado que muitos, aparentemente, baniram para o subconsciente. A mensagem de Mandelbrot fora captada anos mais tarde por Nassim Taleb, que advertira os quants repetidas vezes de que seus modelos estavam fadados a fracassar porque cisnes negros não previstos (que teoricamente não existiam) se ergueriam do meio do nada e tumultuariam o sistema. Ideias como essa ameaçavam destruir o elegante mundo matemático de quants como Cootner e Fama. Mandelbrot fora rapidamente atacado, e embora ele tenha continuado

376   MENTES BRILHANTES, ROMBOS BILIONÁRIOS

a ser uma lenda matemática e criado todo um novo campo chamado geometria fractal e feito descobertas pioneiras na ciência do caos — foi logo esquecido no mundo dos quants como pouco mais que uma nota de rodapé em sua longa marcha para a vitória.

Mas as décadas haviam se passado e Mandelbrot nunca mudara de opinião. Ele continuava convicto de que os quants que ignoravam suas advertências estavam condenados ao fracasso — não era uma questão de *se*, mas de *quando*. Enquanto ele olhava os mercados desmoronarem em 2008, viu seus avisos que caíram em ouvidos moucos aparecerem diariamente nas manchetes diárias do desmoronamento financeiro que, em princípio, ninguém — ou quase ninguém — poderia ter previsto.

Se a vingança lhe dava algum prazer, Mandelbrot não demonstrou. Ele não era tão insensível à dor causada pelo desabamento a ponto de se satisfazer com algum tipo de última risada.

— A única crítica séria ao meu trabalho, expressa por Cootner, era a de que, se eu estivesse certo, todo o trabalho anterior estaria errado — disse Mandelbrot, olhando pela janela, para o rio Charles. — Muito bem, todo o trabalho anterior deles *está* errado. Eles partiram de premissas que não eram válidas.

Fez uma pausa e deu de ombros.

— Os modelos que eles usaram eram muito ruins.

■ ■ ■

Em fevereiro de 2008, Ed Thorp olhou pela janela de sua sala de canto no 12º andar da exclusiva cidade de Newport Beach, na Califórnia.[5] A amplitude brilhante do azul e branco do oceano Pacífico se estendia até o horizonte, passando pelo Newport Harbor em direção à joia verde que era a ilha de Catalina.

— Até que é uma vista bonitinha — comentou, sorrindo, com o repórter.

Thorp estava com raiva, apesar de a fúria total da crise ainda não ter batido. Os bancos e os fundos de hedge que estavam explodindo não

A obra do demônio

sabiam como administrar os riscos. Eles fizeram uso da alavancagem para apimentar os retornos num jogo de altas apostas que eles não compreendiam. Foi uma lição que ele aprendera muito antes de montar seu fundo de hedge, sentado nas mesas de vinte e um de Las Vegas e provando que podia ganhar da banca. No fim das contas, gerenciar riscos era evitar o erro de apostar tanto que você poderia perder tudo — um erro cometido por quase todos os bancos e fundos de hedge que enfrentaram problemas em 2007 e 2008. Isso pode ser particularmente perigoso nos mercados financeiros, que podem exibir oscilações selvagens e mandelbrotianas em pouquíssimo tempo. Bancos que administram bilhões de dólares precisam perceber que os mercados podem ser muito mais caóticos, em um curto espaço de tempo, do que refletem os modelos.

Thorp continuava absolutamente ereto, graças ao hábito de se exercitar frequentemente. Até 1998, quando ele lesionou as costas, ele corria algumas maratonas por ano. Ele era magro, tinha 1,82m de altura, com as feições bem-delineadas de um atleta envelhecido. Seu olhar era claro e fixo, atrás de um par de óculos de aros de ouro. Thorp tomava uma série de comprimidos todos os dias, como parte de sua esperança de viver para sempre. Quando ele morrer, seu corpo vai ser congelado criogenicamente. Se a tecnologia algum dia chegar a esse ponto, ele será ressuscitado. Thorp acredita que as chances de se reerguer da morte sejam de 2% (ele é literalmente quantitativo até morrer, e até mais do que isso). É a sua máxima tentativa de ganhar da banca.

Mesmo que a imortalidade do corpo seja improvável, a marca que Thorp vai deixar em Wall Street será ampla e indelével. Uma medida dessa influência estava em um edifício baixo e branco como giz, cuja cobertura parecia um bolo de noiva ao contrário, a pouca distância de seu escritório em Newport Beach.

O edifício é a sede do Pimco, um dos maiores administradores de recursos do mundo, com mais de US$ 1 trilhão à disposição. O Pimco é gerido por Bill Gross, o "Rei dos Títulos de Dívida", provavelmente o mais conhecido e poderoso investidor do mundo, além de Warren Buffett. Uma decisão de Gross de comprar ou vender pode disparar ondas de

378 MENTES BRILHANTES, ROMBOS BILIONÁRIOS

choque pelos mercados globais de renda fixa. Sua capacidade de investimento é lendária, assim como sua capacidade física. Aos 53 anos, ele decidiu correr uma série de cinco maratonas... em cinco dias. No quinto dia, seu rim se rompeu, ele viu o sangue escorrer pelas pernas. Mas Gross não parou. Ele terminou a corrida, despencando em uma ambulância que o esperava depois da linha de chegada.

Gross jamais poderia ter se tornado o Rei dos Títulos de Dívida sem Ed Thorp. Em 1966, enquanto era aluno da Universidade de Duke, Gross se envolveu em um acidente de carro que quase o matou — ele quase ficou sem couro cabeludo, quando uma camada de sua pele foi arrancada do alto de sua cabeça. Ele passou seis meses se recuperando num hospital. Com muito tempo livre à disposição, ele abriu *Beat the Dealer*, testando inúmeras vezes a estratégia em seu quarto.

— A única maneira que eu tinha de saber se Ed estava falando a verdade era jogando — disse Gross mais tarde naquele dia, em uma sala de reunião ao lado do enorme salão de negociações do Pimco. Sua gravata vermelha ficava desamarrada em volta do pescoço, como se fosse um cachecol. Homem alto e magro, com os cabelos pintados de laranja penteados para trás e que medita diariamente, Gross parecia tão relaxado que era como se ele estivesse recebendo uma massagem invisível enquanto se sentava na cadeira. — E não é que funcionou?!

Thorp, sentado à direita de Gross, deu uma risada como quem sabe das coisas.

Depois de se recuperar do acidente, Gross decidiu verificar se podia fazer o sistema dar certo no mundo real, assim como Thorp havia feito no início da década de 1960. Com US$ 200 no bolso ele partiu para Las Vegas e, rapidamente, transformou aquela quantia em US$ 10 mil. Aquele monte de dinheiro o ajudou a pagar a pós-graduação na Universidade da Califórnia, em Los Angeles, onde estudou finanças. Foi lá que ele leu *Beat the Market*. A tese de mestrado de Gross se baseava nas estratégias de investimento de títulos conversíveis descritas no livro — as mesmas que Ken Griffin utilizara para construir o Citadel.

A obra do demônio

Logo depois de ler *Beat the Market* Gross foi entrevistado em uma empresa então chamada Pacific Mutual Life. Ele não tinha experiência como trader e tinha pouca chance de conseguir o emprego. Mas o entrevistador percebera que a tese dele fora sobre títulos conversíveis.

— As pessoas que me contrataram disseram: "Muitos candidatos inteligentes passam por aqui, mas esse cara está interessado no mercado de títulos de dívida." E assim eu consegui o emprego, por causa do Ed — disse Gross.

Enquanto Gross e Thorp estavam na sala de reunião do Pimco, eles começaram a fazer comentários sobre o critério de Kelly, a estratégia de gerenciamento de risco que Thorp começara a utilizar no vinte e um, na década de 1960. O Pimco, observa Gross, utiliza uma versão do Kelly.

— Nossa concentração nos setores se baseia nisso: vinte e um e investimentos — disse ele, fazendo um gesto para o salão de negociações. — Eu detesto chegar a esse ponto, mas o vinte e um é jogado no salão de operações, sob o ponto de vista de gerenciamento de riscos, e, no fim das contas, ele responde por boa parte do nosso sucesso.

Thorp assentiu. O segredo por trás do critério de Kelly é que ele evita que os investidores se atirem de cabeça, explicou Thorp.

— A certeza que você tem que ter é a de não apostar alto demais — disse ele.

A conversa passou para os fundos de hedge e a alavancagem. Um rio de dinheiro tinha corrido para os fundos de hedge nos últimos anos, transformando-o em um setor com menos de US$ 100 bilhões de ativos sob administração, no início dos anos 1990, para uma força da natureza de mais de US$ 2 trilhões. Mas a quantidade de oportunidades reais de investimento não havia se alterado muito, disse Thorp. As possibilidades de se conseguir uma vantagem tinham diminuído, mas o apetite dos gestores de fundo e dos banqueiros por lucros gigantescos só havia se tornado mais voraz, o que levou a um uso maciço de alavancagem — ou, colocando de outra maneira, a apostas altas demais. O resultado final era inevitável: a ruína dos jogadores, numa escala global.

— Um exemplo clássico é o Long-Term Capital Management — disse Thorp. — E agora nós vamos ver isso acontecer mais vezes.

— As vantagens disponíveis ficaram menores — concordou Gross, observando que o Pimco, como a Berkshire Hathaway de Warren Buffett, usava muito pouca alavancagem. — E isso levou a uma alavancagem ainda maior para se chegar aos mesmos resultados. A estabilidade leva à instabilidade, e aqui estamos nós. A suposta estabilidade enganou as pessoas.

— Qualquer bom investimento, se for muito alavancado, pode levar à ruína — disse Thorp.

Depois de cerca de uma hora Gross se levantou, cumprimentou o homem responsável por tê-lo iniciado e se dirigiu para o salão de operações da Pimco, de olho nos ativos de US$ 1 trilhão que ele administrava.

Thorp voltou para seu escritório. Ele revelou que também estava fazendo algumas pequenas apostas.

Farto dos erros cometidos pelos gestores que ele havia contratado para cuidar do seu dinheiro, Thorp decidiu assumir as rédeas de novo. Ele desenvolvera uma estratégia que parecia promissora. (Qual, ele não disse.) No começo de 2008 ele começou a administrar cerca de US$ 36 milhões com essa estratégia.

No final de 2008 a estratégia — que ele chamava de Sistema X ao falar com os outros — tinha proporcionado ganhos de 18%, *sem alavancagem*. Passada a primeira semana, o Sistema X ficaria em território positivo o ano inteiro, mesmo em um dos períodos mais catastróficos da história de Wall Street, um ano que viu a derrocada do Bear Stearns, da AIG, do Lehman Brothers e de uma série de outras instituições, um ano em que o Citadel Investment Group detonou metade do seu dinheiro, um ano em que o AQR caiu mais de 40% e que o Saba teve perdas de quase US$ 2 bilhões.

Ed Thorp estava de volta ao jogo.

·14·

Dark Pools

Numa noite abafada de terça-feira, no final de abril de 2009, os quants se reuniram para a sétima Wall Street Poker Night no Salão Versalhes, no hotel St. Regis, no centro de Manhattan.[1]

Era uma ocasião bem mais discreta do que a grande noite de três anos antes, quando o grupo de elite de traders matemáticos se erguia acima do universo dos investimentos. Muitas das antigas estrelas do espetáculo — Ken Griffin, Cliff Asness e Boaz Weinstein — não haviam comparecido. Eles não tinham mais tempo para jogar pôquer. Na nova paisagem, o dinheiro não caía do céu como antes. Agora eles tinham que ir à luta e batalhar pelos dólares que ganhavam.

Griffin estava em Beverly Hills fazendo uma social com o ex-rei dos junk bonds Michael Milken na Milken Institute Global Conference, onde os ricos se reuniam com o objetivo principal de lembrar uns aos outros o quão inteligentes eles são. Seus sonhos de fazer um IPO tinham desaparecido como uma miragem no deserto e ele procurava furiosamente

382 MENTES BRILHANTES, ROMBOS BILIONÁRIOS

um novo mapa para a glória. Mas o vento estava soprando contra ele no início de 2009. Muitos de seus traders haviam deixado a empresa. E por que não? O principal fundo do Citadel, o Kensington, tinha perdido mais da metade dos seus ativos em 2008. Para ganhar de novo aquelas lucrativas taxas de incentivo — o bolo que os administradores do fundo retêm, quando dão lucro —, o fundo teria mais do que dobrar os ativos administrados só para empatar. E isso poderia levar *anos*. Para administradores de fundos de hedge que queriam uma gratificação imediata, era o mesmo que dizer para sempre. Ou seria melhor dizer nunca?

No entanto, Griffin não ia encerrar as operações do fundo. Em vez disso, estava montando novos fundos, com novas estratégias — e novas taxas de incentivo. Ele também estava se aventurando no mundo dos bancos de investimento, tentando se expandir nesse campo, agora que os concorrentes haviam desaparecido. Era uma ironia imensa. Os bancos de investimento haviam se transformado em bancos comerciais depois de fracassarem na tentativa de se transformarem em fundos de hedge, e um fundo de hedge estava virando banco de investimento.

Alguns viam isso como um movimento desesperado por parte de Griffin. Outros pensaram que podia ser mais um lance de gênio. O destronado rei dos fundos de hedge de Chicago estava se movimentando para abocanhar uma parcela dos negócios de Wall Street, enquanto seus concorrentes estavam amarrados pelos planos de socorro de Washington. Os fundos tinham se recuperado um pouco, subindo na primeira metade do ano, enquanto o caos do ano anterior arrefecia. Qualquer que fosse o caso, Griffin esperava que os investidores vissem a derrocada de 2008 como uma daquelas catástrofes que só acontecem uma vez na história e nunca se repetiriam.

Weinstein, enquanto isso, estava em Chicago, trabalhando para lançar seu fundo de hedge. Ele estava ocupado tentando convencer os investidores de que o US$ 1,8 bilhão que ele tinha perdido no Deutsche Bank era uma fatalidade, uma sandice infeliz que só poderia ter acontecido em um mercado completamente enlouquecido. Em julho, ele havia captado mais de US$ 200 milhões para o seu novo fundo, o Saba Capital

Management, um abismo enorme dos US$ 30 bilhões em posições que ele administrava para o Deutsche Bank. Instalado no Chrysler Building, no centro de Manhattan, o Saba planejava começar a operar em agosto.

Asness ficou em casa com os seus dois gêmeos e viu seu querido New York Rangers perder para o Washington Capitals no sétimo e decisivo jogo da Conferência do Leste da Liga Nacional de Hóquei. Ele também estava ocupado lançando novos fundos — próprios. O AQR havia até se aventurado no mundo dos fundos mútuos comuns e das taxas de administração baixas. Em uma mostra da confiança que depositava em suas estratégias, Asness depositou boa parte do seu dinheiro nos fundos do AQR, aí incluídos US$ 5 milhões no Absolute Return Fund. Ele também colocou outros US$ 5 milhões em um novo produto que o AQR havia lançado em 2008 chamado Delta, um fundo de hedge de taxas baixas que imitava quantitativamente todos os tipos de estratégia dos fundos de hedge, da long/short à "global macro". Muitos dos fundos do AQR tiveram um bom início de ano, especialmente o fundo de títulos conversíveis — a estratégia velha de guerra, mostrada por Ed Thorp em *Beat the Market*, que dera origem ao Citadel e a centenas de outros fundos de hedge na década de 1990. Asness chegara até a pensar que o pior, finalmente, tinha ficado para trás. Ele conseguiu arranjar um pouco de tempo para esfriar a cabeça. Depois de trabalhar meses seguidos sem um único fim de semana, Asness tirou férias em março e foi fazer uma trilha nos morros acidentados da Escócia. Não levou nem o BlackBerry. Mas ele ainda tinha más lembranças daquele ano difícil. Um artigo de jornal sobre o AQR citava a tendência de Asness para quebrar computadores. A bem da verdade, pelo menos agora ele conseguia rir das atitudes que tomara no auge da turbulência, escrevendo uma notinha bem-humorada ao editor, protestando que isso "só aconteceu umas três vezes e, em todas elas, o monitor fez por merecer".

Mas ainda havia Peter Muller, caminhando rapidamente entre a turma do pôquer em um paletó marrom, bem bronzeado e dando tapinhas nas costas dos amigos, abrindo seu sorriso da Califórnia.

384 MENTES BRILHANTES, ROMBOS BILIONÁRIOS

Muller parecia calmo por fora e tinha bons motivos para isso: tendo ganho mais de US$ 20 milhões em 2008, ele tinha sido um dos maiores salários do Morgan naquele ano. Por dentro, no entanto, ele estava morto de raiva. O *Wall Street Journal* havia feito uma matéria uma semana antes dizendo que o PDT poderia se separar do Morgan Stanley, em parte porque seus principais traders temiam que o governo, que concedera ao fundo uma verba de socorro, passasse a faca em seus enormes bônus. Muller vinha trabalhando num novo modelo de negócios para o PDT há mais de um ano, mas estava querendo ganhar tempo antes de tornar públicos seus planos. O artigo do *Journal* o atingiu bem no queixo, ocasionando um número infinito de dores de cabeça burocráticas.[2] O PDT tinha, de repente, se transformado em um peão no meio de um jogo de gigantes — Wall Street x governo. A atitude dava a alguns a impressão de que o Morgan planejava ficar com o bolo e comê-lo — separar o PDT, fazer um grande investimento nele e conseguir o mesmo retorno, sem que nenhum dos traders perdesse um tostão de suas gordas compensações.

Para Muller, era um pesadelo. Ironicamente, gente de dentro do Morgan chegou a acusá-lo de ter vazado a história para a imprensa. É claro que isso não havia acontecido: Peter Muller não falava com a imprensa, a não ser que fosse absolutamente necessário.

Mas tinha uma coisa de que ele gostava: pôquer. E na hora de jogar pôquer não havia espaço para brincadeirinhas.

Jim Simons, aos 71 anos de idade, também havia comparecido, inclinado sobre uma mesa de jantar lotada, vestindo um blazer azul e calças cinzas, cofiando filosoficamente a barba grisalha desgrenhada. Mas nem tudo estava indo bem na terra do Renaissance. Enquanto o fundo Medallion, de US$ 9 bilhões, continuava imprimindo dinheiro e ganhando 12% nos primeiros quatro meses do ano, o fundo RIEF — aquele famoso, que Simons uma vez falou que podia administrar a fabulosa quantia de US$ 100 bilhões em ativos (uma fantasia da qual ele nem conseguiu chegar perto) — já havia perdido 17% em 2009, mesmo enquanto a bolsa subia, maculando a reputação de Simons como um fazedor de chuva que não errava nunca. Os investidores do RIEF estavam ficando nervosos com a disparidade de resultados entre os dois fundos, mesmo que Simons nunca tenha prometido que ele pudesse se aproximar do desempenho do Medallion. Os ativos administrados pelo Renaissance tinham diminuído em US$ 12 bilhões em 2008, até estacionar no patamar de US$ 18 bilhões, tudo isso depois do auge de US$ 35 bilhões que eles tiveram sob sua guarda em meados de 2007, pouco antes do colapso do mês de agosto.

Também houve outras grandes mudanças na vida de Simons, que eram indicações de que ele estava se preparando para sair da empresa que havia formado em 1982. Em 2008, ele havia viajado para a China para propor a venda de parte do Renaissance para a China Investment Corp., um fundo de US$ 200 bilhões pertencente e administrado pelo governo chinês. Não se chegou a nenhum acordo, mas esse era um sinal claro de que o velho gênio da matemática estava pronto para se aposentar. E de fato, mais tarde naquele ano, Simons deixou o cargo de CEO do Renaissance, substituído pelos ex-gurus do reconhecimento de voz da IBM, Peter Brown e Robert Mercer.[3]

E talvez o mais espantoso de tudo seja que Simons, que fumava três maços de cigarro por dia, parou de fumar.

Enquanto isso, outros quants de primeira linha circulavam e se cumprimentavam. Neil Chriss, em cujo casamento se dera a discussão entre Taleb e Muller sobre se era possível ganhar do mercado, dominava a mesa entre vários amigos. Chriss era um quant brilhante em rápida ascensão, um verdadeiro matemático que chegou a lecionar por algum tempo em Harvard. Recentemente, ele tinha lançado o seu fundo de hedge, o Hutchin Hill Capital, que fora financeiramente apoiado pelo Renaissance e que deu uma tacada extraordinária em 2008.

Em uma sala menor, antes de o jogo principal começar, um jogo menor e fechado estava em andamento. Dois jogadores profissionais de pôquer, Clonie Gowen e T. J. Cloutier, estavam olhando e fazendo caretas de vez em quando, ao ver como os jogadores jogavam mal.

386 MENTES BRILHANTES, ROMBOS BILIONÁRIOS

A turma, ainda bem de vida mesmo depois do trauma que atingiu os mercados, jantou costela de cordeiro, folhados e salada de lagosta. Vinho e champanhe eram servidos no bar, mas a maioria bebia devagar. Ainda haveria muito jogo pela frente. E o clima de festa dos anos anteriores havia diminuído.

Uma campainha tocou, chamando os jogadores para o salão principal. Filas de mesas com cartas dispostas em leque se espalhavam pelo salão, e banqueiros imaculadamente vestidos de preto os aguardavam. Simons se dirigiu ao pessoal, comentando como o torneio ficava cada vez melhor a cada ano, contribuindo para o progresso da causa de ensinar matemática aos alunos. Os quants que compareceram não viam qualquer ironia de que a profissão deles não passava de um enorme desperdício de inteligência de pessoas com talento para a matemática, que poderiam estar trabalhando no desenvolvimento de carros mais eficientes, computadores mais rápidos ou melhores ratoeiras, em vez de ficar inventando métodos inteligentes para enriquecer mais os que já eram ricos.

Pouco depois, o jogo começou. Naquela noite, o vencedor foi Chriss, cuja mão cheia na mesa de operações se transferiu para a mesa de pôquer. Muller não chegou às rodadas finais.

■ ■ ■

Foram três anos altamente tumultuados em Wall Street, mudando dramaticamente a vida de todos os traders e administradores de fundos de hedge que compareceram ao torneio de pôquer de 2006. Uma era de ouro viera e passara. Ainda havia dinheiro a se ganhar, mas o dinheiro alto, aquela *loucura* de dinheiro, bilhões e bilhões de dólares... esse trem já havia deixado a estação, levando apenas uns poucos eleitos.

Muller, escondido em seu San Simeon de Santa Bárbara, fazia seus planos para o PDT. A nova direção não era apenas uma mudança para Muller e companhia; ela também marcava uma mudança histórica para o Morgan Stanley, um dos bancos de investimento mais agressivos de Wall Street, adepto da filosofia de matar ou morrer. Em 2009, o PDT, mesmo em seu

Dark Pools

tamanho reduzido, ainda era a maior operação exclusiva que continuava de pé no Morgan. O desligamento do fundo, se acontecesse, acabaria por cimentar a transformação histórica do banco de um carro envenenado aventureiro, faminto de riscos e uma máquina de imprimir dinheiro, na direção de uma instituição bancária sem graça da velha-guarda, que ganhava dinheiro fazendo empréstimos e negócios — e não atirando swaps de crédito como se fossem discos na Rede do Dinheiro e operando bilhões de dólares em derivativos complexos através de computadores ultrarrápidos e modelos complicados construídos por quants.

E, com toda certeza, seria uma grande mudança para o PDT, que um dia fora a máquina de dinheiro sigilosa do Morgan, e para o mercurial capitão do navio.

Griffin, Muller, Asness e Weinstein, todos se dedicavam a ganhar dinheiro de novo, olhando com ousadia para o futuro, um tanto abrandados pelas perdas monstruosas, mas confiantes de terem aprendido suas lições.

Mas ainda há riscos no caminho. Administradores de fundos de hedge que tiveram grandes perdas podem se tornar particularmente perigosos. Os investidores, castigados pelos prejuízos, podem se tornar exigentes e impacientes. Se grandes ganhos não se materializarem rapidamente, eles podem partir correndo para a porta de saída. E se isso acontecer, o jogo termina.

Isso significa que talvez possa haver um incentivo significativo para empurrar os limites da capacidade do fundo para gerar lucros altos e apagar a memória do colapso. Se um grande prejuízo não for pior do que um pequeno prejuízo ou um lucro magro — já que todos podem significar o fim da linha —, a tentação para aumentar a alavancagem e jogar os dados pode ser poderosa.

Um comportamento perverso e potencialmente destrutivo como esse não é contido pelos dogmas das finanças modernas, como a hipótese dos mercados eficientes ou a crença de que os mercados sempre tendem em direção a um ponto de equilíbrio estável. Essas teorias têm sido cada vez mais contestadas, questionadas até por seus ardorosos de-

388 MENTES BRILHANTES, ROMBOS BILIONÁRIOS

fensores como Alan Greenspan, que afirmaram ter descoberto uma falha na ordem racional da economia que por tanto tempo defenderam.

Nos últimos anos, novas teorias que capturam um comportamento mais caótico dos mercados financeiros vieram à tona. Andrew Lo, que fora professor de Cliff Asness em Wharton e autor do relatório do desmoronamento causado pelos quants em agosto de 2007, que falava da existência de um Relógio do Juízo Final em funcionamento, desenvolveu uma nova teoria, chamada "hipótese dos mercados adaptativos". Em vez de uma dança racional em que os preços dos mercados valsam eficientemente no ritmo de uma cantata de Bach bem-afinada, Lo via o mercado muito mais como um show de heavy metal, com baterias pesadas e forças em duelo que competiam pelo poder numa espécie de dança da morte darwiniana. Os participantes do mercado estavam em uma guerra constante, tentando espremer o último centavo das ineficiências, fazendo com que elas desaparecessem (e, nesse momento, os mercados voltavam por pouco tempo a um aparente equilíbrio). Depois disso, ou eles voltavam a correr em busca de carnes novas, ou morreriam, criando um ciclo constante, e muitas vezes caótico, de destruição e inovação.

Embora uma visão como essa seja de embrulhar o estômago, para muitos ela parecia muito mais realista e certamente capturava a natureza da montanha-russa que teve início em agosto de 2007.

Além disso, ainda havia as teorias das finanças comportamentais de Daniel Kahneman, que ganhara o prêmio Nobel de Economia em 2002 (seu colega, Amos Tversk, falecera alguns anos antes). As descobertas das finanças econômicas — geralmente estudos conduzidos com pobres alunos de graduação em laboratórios universitários simples — cansaram de mostrar que as pessoas nem sempre fazem escolhas ótimas com relação a dinheiro.

Uma corrente similar de pensamento, chamada neuroeconomia, estava investigando a fundo a estrutura do cérebro para descobrir por que as pessoas, com tanta frequência, tomam decisões que não são racionais. Alguns investidores, por exemplo, escolhem ações que se parecem com seus nomes, e outros escolhem pelo símbolo de três letras que eles reco-

Dark Pools

nhecem, como HOG (da Harley-Davidson). As provas estavam surgindo de que certas partes do cérebro estão sujeitas a uma "ilusão do dinheiro" que cega as pessoas para o impacto dos eventos futuros, como os efeitos da inflação no valor presente do dinheiro — ou a possibilidade de uma bolha especulativa se romper.

Um pequeno grupo de pesquisadores em um *think tank* de primeira linha chamado Instituto de Santa Fé, comandado por Doyne Farmer (o administrador de fundo de hedge e estudioso da teoria do caos que teve uma rápida reunião com Peter Muller, no início da década de 1990), estava desenvolvendo uma nova forma de se ver os mercados financeiros como uma ecologia de forças interagindo. A esperança era a de que, ao ver os mercados em termos de forças competitivas lutando por recursos limitados, de uma maneira muito parecida com a visão evolucionista de Lo, os economistas, os analistas e até os traders obteriam um entendimento mais completo de como os mercados funcionam — e de como interagir com eles sem destruí-los.

E apesar de os quants estarem sendo amplamente culpados pelo papel que tiveram na crise financeira, poucas pessoas — a não ser alguns fanáticos, como Taleb — pediam que eles fossem banidos de Wall Street. Isso seria como proibir os engenheiros civis de construir pontes depois do desabamento de uma delas. Em vez disso, muitos acreditavam que o objetivo deveria ser construir pontes melhores — ou, no caso dos quants, modelos melhores e mais vigorosos, que pudessem resistir aos tsunamis financeiros, e não criá-los.

Havia alguns sinais promissores. Cada vez mais as instituições financeiras estavam adaptando modelos que incorporavam as oscilações bruscas e de caudas grossas descritas décadas antes por Mandelbrot. O J.P. Morgan, criador do modelo de risco VAR, que se baseava na curva do sino, estava lançando um novo modelo de alocações de ativos que incorporava as distribuições com caudas grossas. O Morningstar, um grupo de pesquisa de investimentos com sede em Chicago, oferecia aos participantes de planos de aposentadoria previsões de carteira baseadas em premissas que incorporavam as caudas grossas. Uma equipe de quants da MSCI BARRA, antiga empresa de Peter Muller, desenvolveu uma estratégia de gerenciamento de risco com tecnologia de ponta, que levava em consideração a existência de potenciais cisnes negros.

Enquanto tudo isso acontecia, os mercados continuavam a se comportar de maneira estranha. Em 2009, as oscilações de mil pontos do final de 2008 eram coisa do passado, mas as ações ainda estavam em um atoleiro, apesar de terem subido no início do ano; o mercado imobiliário parecia que ia continuar afundado até a década seguinte. Os bancos tinham reduzido dramaticamente a alavancagem e prometido ao seu novo investidor, o governo americano, que eles iriam se comportar. Mas havia mais sinais de problemas em ebulição.

Já na primavera de 2009, vários bancos relataram lucros maiores do que a maioria esperava — em parte, devido a inteligentes truques contábeis. Os rumores falavam da volta dos grandes bônus a Wall Street. "Eles estão voltando a pecar", disse Brad Hintz, um respeitado analista do setor bancário, ao *New York Times*.[4]

Os fundos quantitativos também sofriam mais uma onda de volatilidade. Em abril, os índices que monitoravam as estratégias quantitativas tiveram "alguns dos melhores e dos piores dias de toda a sua história, (...) quando medidos em um horizonte de cerca de 15 mil dias", segundo um relatório do pesquisador quantitativo do Barclays, Matthew Rothman (que antes trabalhara no Lehman Brothers).

Muitos dos culpados tóxicos do desabamento estavam morrendo. As CDOs pertenciam ao passado. As operações com swaps de crédito estavam minguando. Mas havia outros artefatos quantitativos potencialmente perigosos sendo forjados nas oficinas obscuras de Wall Street.

Temores sobre veículos de investimentos chamados "exchange-traded funds (ETF)" estavam surgindo. Os investidores pareciam estar botando muito dinheiro em ETFs altamente alavancados, que monitoram várias fatias dos mercados, desde o petróleo até as companhias de mineração e as ações dos bancos. Só em março de 2009, US$ 3,4 bilhões em novos recursos foram parar nesses ETFs alavancados. As mesas de operações quantitativas dos bancos e dos fundos de hedge começaram a monitorar esse comportamento utilizando planilhas de cálculo customizadas, tentando prever se esses fundos iam começar a comprar ou a vender. Se pudessem prever o futuro — se conhecessem a Verdade —, eles poderiam antecipar os movimentos entrando na operação primeiro.

O temor era que, com todos esses fundos despejando dinheiro no mercado ao mesmo tempo — ou retirando, já que muitos ETFs vendiam ações a descoberto —, uma cascata imensa e desestabilizadora poderia acontecer. Num relatório sobre esses produtos, Minder Cheng e Ananth Madhavan, dois pesquisadores de ponta do Barclays Global Investors, disseram que esses veículos poderiam trazer consequências não intencionais e apresentar um risco sistêmico potencial para os mercados. "Existe uma analogia muito próxima com o papel desempenhado pelos seguros de portfólio no crash de 1987", advertiram.

Outra preocupação era com uma explosão no volume de operações de fundos de alta frequência e computadorizados parecidos com o Renaissance e o PDT. Chips, conexões e algoritmos mais rápidos — a corrida por velocidade era uma das mais quentes que se via. Os fundos estavam operando em velocidades que se mediam em microssegundos — ou seja, um milionésimo de segundo. Em Mahwah, Nova Jérsei, a cerca de 50Km do centro de Manhattan, a Bolsa de Valores de Nova York estava construindo um gigantesco centro de dados do tamanho de três campos de futebol e maior do que um porta-aviões da Segunda Guerra Mundial, que não faria nada além de processar as ordens computadorizadas. "Quando as pessoas falam da Bolsa de Valores de Nova York, ela é isso aqui", contou ao *Wall Street Journal* Stanley Young, cochefe de informações da Bolsa. "Esse é o nosso futuro."

Mas os reguladores tinham as suas dúvidas. A SEC estava preocupada com uma tendência crescente de instituições que operavam em alta frequência estarem tendo o chamado *naked access** às Bolsas através de corretoras que emprestavam seus códigos de identificação por computador. Embora as instituições de alta frequência sejam, de muitas manei-

---

* Espécie de acesso privilegiado em que uma grande corretora consegue ter acesso a uma oferta frações de segundo antes de ela se tornar pública. No Brasil, a prática não é permitida. (*N. do T.*)

MENTES BRILHANTES, ROMBOS BILIONÁRIOS

ras, benéficas para o mercado, tornando mais fácil para os investidores comprar e vender ações, já que sempre parecia haver um participante de alta frequência disposto a assumir a parte contrária de uma operação, a preocupação era de que um fundo mal-administrado, e com práticas precárias de gerenciamento de risco, pudesse detonar uma série de vendas desestabilizadoras.

— Nós consideramos isso um perigo — disse um executivo de uma empresa fornecedora de serviços para instituições financeiras de alta frequência. — A minha preocupação é que o próximo caso parecido com o LTCM aconteça em menos de cinco minutos.

O mundo das operações de alta frequência ganhou a atenção da mídia em julho de 2009, quando Sergey Aleynikov, um quant que tinha acabado de sair de um emprego em que escrevia códigos para o Goldman Sachs, desceu de um avião no aeroporto Liberty, em Newark, depois de uma viagem a Chicago. À sua espera no aeroporto estavam dois agentes do FBI. Aleynikov foi preso, acusado de roubar códigos do grupo secreto de operações de alta frequência do Goldman, o que ele contestou em juízo.

Para aumentar ainda mais o mistério, havia uma ligação a um poderoso fundo de hedge quantitativo de Chicago, o Citadel. Aleynikov tinha acabado de obter um emprego na Teza Technologies, que fora fundada recentemente por Misha Malyshev, que fora o responsável pela altamente lucrativa Tactical Trading do Citadel. Seis dias depois da prisão de Aleynikov, o Citadel processou Malyshev e vários de seus colegas, que também eram ex-funcionários do Citadel, alegando que eles haviam violado acordos de não competição e que também podem ter roubado códigos, alegações que foram negadas pelos réus.

O processo dava detalhes antes desconhecidos das operações ultrarrápidas do Citadel. Os escritórios da Tactical Trading, que exigiam códigos especiais para se entrar, eram equipados com fileiras de câmeras e guardas, de modo a garantir que nenhuma informação exclusiva fosse roubada. A empresa gastara centenas de milhões de dólares para desenvolver os códigos através dos anos e alegava que Malyshev e seus companheiros estavam ameaçando o investimento.

Dark Pools

O processo também revelou que a Tactical era uma máquina de fazer dinheiro, tendo ganhado mais de US$ 1 bilhão em 2008, lucrando com a volatilidade dos mercados, mesmo enquanto os fundos de hedge do Citadel perdiam cerca de US$ 8 bilhões. Isso levantou dúvidas sobre a decisão que Griffin tomou no final de 2007 de separar a Tactical das operações do fundo de hedge, um movimento que efetivamente lhe deu um pedaço maior de uma unidade que imprimia dinheiro, numa época em que os investidores estavam sendo massacrados. Os principais diretores do Citadel, especialmente Griffin, eram donos de 60% do fundo de US$ 2 bilhões, segundo pessoas que conheciam as finanças da empresa.

Todas essas polêmicas alarmaram os reguladores e os investidores cotidianos, que em sua maioria nem sabiam das operações rapidíssimas que tinham se tornado um componente central da Rede do Dinheiro, estratégias que tinham sido divisadas pela primeira vez na década de 1980 por inovadores como Gerry Bamberger e Jim Simons e aperfeiçoadas na década seguinte por gente como David Shaw e Peter Muller. Mas havia preocupações legítimas de que, com as operações computadorizadas atingindo velocidades inimagináveis, o perigo estivesse à espreita.

Muitos desses fundos movidos a computadores se encaminhavam agora para um novo tipo de bolsa de valores chamado de "dark pools"[5] — redes secretas de operações que combinam ordens de compra e de venda para lotes de ações no éter sem atrito do ciberespaço. Normalmente, as ações são negociadas em bolsas públicas como a Nasdaq ou a Bolsa de Valores de Nova York, à vista de qualquer um que queira acompanhar. As operações conduzidas pelos *dark pools*, como o próprio nome indica, são anônimas e fora das vistas das pessoas. Esses pools têm nomes como SIGMA X, Liquidnet, POSIT, CrossFinder e NYFIX Millenium HPX. Nesses pools eletrônicos invisíveis, enormes somas de dinheiro mudam de mãos fora das vistas dos reguladores. Enquanto se faziam esforços para trazer o obscuro mundo dos derivativos para a luz do dia, as negociações de ações estavam passando rapidamente para as sombras.

Cada vez mais os fundos de hedge foram elaborando novos sistemas para atuar nesses pools, caçando discrepâncias de preços entre eles na eterna busca por arbitragem ou até mesmo *gerando* mudanças de preços através de táticas dúbias e algoritmos predatórios. Os fundos de hedge estavam "sondando" os *dark pools* com sinais eletrônicos, como submarinos em busca de um alvo, à procura de liquidez. Esse comportamento era quase sempre invisível e a anos-luz dos reguladores.

Os dark pools também estavam se abrindo para as máquinas de operação de alta frequência. O NYFIX Millenium tinha diminuído seu tempo de resposta às ordens dos clientes para três milissegundos. Um folder que o Millenium mandou para clientes em potencial afirmava que traders com "técnicas de ninja obtêm êxito" nos dark pools em "velocidades perigosamente altas para os despreparados".

Portanto, planos de aposentadoria familiares, sintam-se apresentados ao Fundo de Hedge Ninja.

Se evoluções desse tipo apresentam um risco mais amplo para o sistema financeiro, não se sabe. Os usuários dessa tecnologia dizem que operações mais rápidas aumentavam a "liquidez", tornando as operações mais fáceis e baratas. Mas, como mostraram os pânicos financeiros de 2007 e 2008, a liquidez sempre existe quando você não precisa dela — e nunca quando você precisa.

Enquanto isso, os congressistas, o presidente Obama e os reguladores faziam barulho para conter o sistema com novas regras e regulamentos. Houve um progresso ao se estabelecer uma câmara de compensação para os swaps de crédito e para melhor monitorar certos contratos traiçoeiros. Mas, nos bastidores, os engenheiros financeiros davam duro para inventar novos métodos para operar nas sombras.

É só ver: veículos exóticos alavancados, vendidos às pessoas do mundo inteiro, fundos de hedge aumentando seus retornos, computadores robôs operando com a velocidade de um raio, algoritmos ninja predatórios procurando liquidez em dark pools...

Lá vêm os quants outra vez.

Notas

1 ▪ APOSTANDO TUDO

[1] *Alpha*, maio de 2006.

[2] Vários detalhes sobre essa noite de pôquer saíram da *MFA News* 2, 1 (primavera de 2006).

[3] Baseado em dados do Hedge Fund Research, um grupo de pesquisas de Chicago.

2 ▪ O PODEROSO CHEFÃO ED THORP

[1] Fiz inúmeras entrevistas com Ed Thorp e trocamos diversos e-mails. Muitos detalhes sobre a carreira de Ed Thorp como jogador, incluindo uma descrição de suas aventuras no blackjack em 1961, saíram de seu livro *Beat the Dealer: A Winning Strategy for the Game of Twenty-One* (Vintage, 1962).

Outros detalhes saíram do excelente *Fortune's Formula: The Untold Story of the Scientific Betting System That Beat the Casinos and Wall Street*, de William Poundstone (Hill and Wang, 2005). Confirmei os detalhes retirados deste livro com Thorp.

[2] "Getting a Hand: They Wrote the First Blackjack Book but Never Crashed In", de Joseph P. Kahn, *Boston Globe*, 20/fev./2008.

[3] "The Invention of the First Wearable Computer", Edward O. Thorp (http://graphics.cs.columbia.edu/courses/mobwear/resources/thorp-iswc98.pdf.)

[4] *Voice Across the Sea*, de Arthur C. Clarke (HarperCollins, 1975).

396　　MENTES BRILHANTES, ROMBOS BILIONÁRIOS

3 ■ LEVANDO DO MERCADO

[1] Como no relato do vinte e um, muitos detalhes deste capítulo foram retirados de entrevistas com Thorp, do livro *Fortune's Formula*, e do segundo livro de Thorp, *Beat the Market: A Scientific Stock Market System*, que está esgotado, mas Thorp gentilmente me forneceu uma versão disponível na internet.

[2] Por mais de dez anos Nassim Taleb vinha criticando os modelos dos quants por excluírem os eventos extraordinários que acontecem no mercado, ou cisnes negros, e ele merece muito crédito por ter advertido sobre esses defeitos. Tive inúmeras conversas com Taleb enquanto escrevia este livro.

[3] O trecho sobre a descoberta das arbitragens estatísticas é quase inteiramente baseado em entrevistas com Gerry Bamberger, Nunzio Tartaglia e vários outros membros do grupo original do Morgan Stanley que as descobriu e espalhou por toda Wall Street. Uma menção anterior a esse grupo pode ser encontrada em *Demon of Our Own Design*, de Richard Bookstaber. [No Brasil, *Mercado financeiro: a crise anunciada*. Rio de Janeiro: Campus/Elsevier.]

[4] O relato sobre a saída de Shaw do Morgan é baseado em entrevistas com Nunzio Tartaglia e outras pessoas que trabalhavam no APT.

4 ■ O SORRISO DA VOLATILIDADE

[1] Muitos detalhes da Segunda-Feira Negra foram encontrados em diversos artigos do *Wall Street Journal* escritos na época, inclusive "The Crash of '87–Before the Fall: Speculative Fever Ran High in the 10 Months Prior to Black Monday", de James B. Stewart e Daniel Hertzberg, 11 de dezembro de 1987.

Outros detalhes, incluindo a descrição do início do capítulo, saíram de *An Engine, Not a Camera: How Financial Models Shape Markets*, de Donald MacKenzie (MIT Press, 2006), e *The Age of Turbulence: Adventures in a New World*, de Alan Greenspan (Penguin, 2007), p. 105. [No Brasil, *A era da turbulência*. Rio de Janeiro: Campus.]

[2] A melhor descrição da criação do seguro de carteira que eu conheço pode ser encontrada em *Capital Ideas: The Improbable Origins of Modern Wall Street*, de Peter L. Bernstein (John Wiley & Sons, 2005). Outra fonte é "The Evolution of Portfolio Insurance", de Hayne E. Leland e Mark Rubinstein, publicado em *Portfolio Insurance: A Guide to Dynamic Hedging*, organização de Donald Luskin (John Wiley & Sons, 1988).

[3] O universo tem 13,5 bilhões de anos, não 20 bilhões.

[4] Alguns detalhes da vida de Mandelbrot saíram de uma série de entrevistas concedidas por ele, no verão de 2008. Muitos também saíram do livro *The*

Notas 397

(Mis)Behavior of Markets: A Fractal View of Financial Turbulence, de Benoit Mandelbrot e Richard L. Hudson (Basic Books, 2006).

5 *My Life as a Quant*, de Emanuel Derman (John Wiley & Sons, 2004), p. 226.

6 Alguns detalhes saíram de *Den of Thieves*, de James Stewart (Simon & Schuster, 1991). [No Brasil, *Covil de ladrões*. Rio de Janeiro: Bertrand Brasil.]

7 Ouvi a história fascinante da descoberta das fraudes de Madoff por Thorp durante várias entrevistas que fiz com ele em dezembro de 2008, quando isso tudo veio à tona. Confirmei a história com a empresa envolvida e por meio de vários documentos pertinentes.

5 ▪ QUADRA DE ASES

1 Os detalhes da ligação de Thorp com o Citadel me foram relatados pelo próprio Thorp, Frank Meyer, Justin Adams e Ken Griffin.

2 Fiquei sabendo de uma série de detalhes sobre a história de Griffin e do Citadel durante uma única entrevista com Griffin e várias outras com as pessoas que trabalhavam para ele. Outros detalhes saíram dos seguintes artigos: "Citadel's Griffin: Hedge Fund Superstar", de Marcia Vickers, *Fortune*, 3/abr./2007; "Citadel Returns 26 Percent, Breaks Hedge Fund Mold, Sees IPO", de Katherine Burton, Bloomberg News Service, 29/abr./2005; "Will a Hedge Fund Become the Next Goldman Sachs?", de Jenny Anderson, *New York Times*, 4/abr./2007.

3 Soube de uma série de detalhes da vida de Peter Muller em diversas entrevistas com pessoas que o conheciam. Outros detalhes, como a viagem à Europa, foram tirados de um ensaio que ele escreveu para o livro *How I Became a Quant*, organizado por Richard R. Lindsey e Barry Schachter (John Wiley & Sons, 2007).

4 Eu nunca assisti a uma aula de Fama, mas conversei com diversas pessoas que participaram de seus cursos, inclusive Cliff Asness, e fiz várias entrevistas com Fama. Essa é uma descrição de como seria o curso dele e o que ele deve ter dito, baseada nessas entrevistas.

5 Fui informado de uma série de detalhes da vida de Asness numa série de entrevistas com ele e com pessoas que o conheceram. Outros detalhes sobre o início de carreira de Asness saíram de um ensaio que ele escreveu para o livro *How I Became a Quant*.

Fiz inúmeras entrevistas com funcionários e ex-funcionários do AQR. Entre as outras fontes estão "Beta Blocker: Profile of AQR Capital Management", de Hal Lux, *Institutional Investor*, 1º/maio/2001, e "The Quantitative, Data-Based, Risk-Massaging Road to Riches", de Joseph Nocera, *New York Times Magazine*, 5/jun./2005.

MENTES BRILHANTES, ROMBOS BILIONÁRIOS

[6] Entrevista de Fama.

[7] Tirado de *An Engine, Not a Camera: How Financial Models Shape Markets*, p. 63.

[8] O artigo se chamou "The Cross Section of Expected Stock Returns", publicado na edição de junho de 1992 do *Journal of Finance*.

[9] Quase todos os detalhes da vida e carreira de Boaz Weinstein saíram de entrevistas com ele e com conhecidos ou colegas de trabalho.

[10] Uma série de detalhes da derrocada do LTCM saíram de *When Genius Failed*, de Roger Lowenstein (Random House, 2000) [no Brasil, *Quando os gênios falham: a ascensão e a queda do long-term capital management (LTCM)*. São Paulo: Gente] e *Inventing Money: The Story of Long-Term Capital Management and the Legends Behind It*, de Nicholas Dunbar (John Wiley & Sons, 2000).

6 ▪ O LOBO

[1] O relato sobre o Jogo da Mentira saiu de *The Poker Face of Wall Street*, de Aaron Brown (John Wiley & Sons, 2006), assim como de entrevistas e trocas de e-mail com Brown.

[2] "Setauket: Spy Ring Foils the British", de Tom Morris, *Newsday*, 22/fev./1998.

[3] Apesar de inúmeros pedidos, James Simons se recusou a me conceder uma entrevista. Os detalhes sobre o Renaissance Technologies saíram de entrevistas com os ex-funcionários Elwyn Berlekamp, Robert Frey, Nick Patterson, Sandor Straus e outras pessoas que pediram para não serem identificadas. Outras informações foram encontradas em "Simons Doesn't Say", de John Geer, *Financial World*, 21/out./1996, e "Simons at Renaissance Cracks Code, Doubling Assets", de Richard Teitelbaum, Bloomberg News, 27/nov./2007.

[4] "Ex-Simons Employees Say Firm Pursued Illegal Trades", de Katherine Burton e Richard Teitelbaum, Bloomberg News, 30/jun./2007.

7 ▪ A REDE DO DINHEIRO

[1] Uma série de informações sobre a performance do Citadel e seus ativos saíram dos documentos de oferta do banco e de outros documentos da empresa.

[2] Entrevista com Griffin.

[3] Entrevistas com Kim Elsesser.

[4] Entrevistas com Doyne Farmer.

[5] Entrevistas com Jaipal Tuttle.

Notas   399

[6] Relatos da época em que Asness trabalhou no Goldman e da ascensão do AQR foram tirados das matérias de jornal anteriormente listadas, assim como de entrevistas com John Liew, David Kabiller, Cliff Asness e outros que pediram para não serem identificados.

[7] Muitos detalhes da vida de Black saíram de entrevistas com pessoas que o conheceram, incluindo Asness, Emanuel Derman, entre outros, além de sua biografia, *Fischer Black and the Revolutionary Idea of Finance*, de Perry Mehrling (John Wiley & Sons, 2005).

[8] "Young Traders Thrive in Stock, Bond Nexus", de Henny Sender, *Wall Street Journal*, 28/nov./2005.

8 ▪ VIVENDO O SONHO

[1] Algumas informações sobre a performance da Tactical Trading saíram dos depoimentos que constam do processo Citadel x Malyshev, de 2009, e de dois outros ex-funcionários arquivados na Chancery Division of Cook County, Ill., Circuit Court.

[2] "How Giant Bets on Natural Gas Sank Brash Hedge-Fund Trader", de Ann Davis, *Wall Street Journal*, 19/set./2006.

[3] "The Birthday Party", de James B. Stewart, *New Yorker*, 11/fev./2008.

[4] "Going Under, Happily", de Pete Muller, relatado a Loch Adamson, *New York Times*, 8/jun./2003.

[5] O relato sobre o dia do casamento se baseia em entrevistas com Nassim Taleb, John Liew e Neil Chriss.

[6] Esse rápido resumo sobre a vida de Taleb se baseia em inúmeras entrevistas com ele e seu parceiro de negócios de longa data Mark Spitznagel, assim como nos artigos "Blowing Up: How Nassim Taleb Turned the Inevitability of Disaster into an Investment Strategy", de Malcolm Gladwell, *New Yorker*, 22 e 29/abr./2002, e "Flight of the Black Swan", de Stephanie Baker-Said, *Bloomberg Markets*, maio/2008.

[7] Os personagens deste livro não quiseram falar sobre esse jogo *com frequência*. Uma série de detalhes foram dados por pessoas que conheciam o jogo.

[8] "Newest Hot Internet Issue Raises Question: How to Price It Fairly?", de Dunstan Prial, *Wall Street Journal*, 30/nov./1998.

[9] "The Geeks' Revenge", de Josh Friedlander, *Absolute Return*, jul./ago., 2006.

[10] O relato do jogo de xadrez se baseia em várias entrevistas com os funcionários do Deutsche Bank, que foram testemunhas da partida. Weinstein confirmou o relato.

[11] O relato desse jogo se baseia em entrevistas com pessoas que participaram dele. Alguns detalhes incidentais, como a vitória de Muller e as quantias

400 MENTES BRILHANTES, ROMBOS BILIONÁRIOS

apostadas, foram criados e acrescentados para dar verossimilhança à história. Sabe-se que Muller é o ás do grupo, e Asness o calouro. Outros gestores de fundos, que não foram aqui citados, também participavam com frequência desses jogos.

9 ▪ "EU CRUZO OS DEDOS PELO FUTURO"

[1] Entrevistas com Aaron Brown.

[2] "The US$ 12 Trillon Idea: How Blythe Masters and the 'Morgan Mafia' Changed the World of Finance", de Gillian Tett, *FT Magazine*, 25-26/mar./2006.

[3] "Credit Derivatives: An Overview", de David Mengle, International Swaps and Derivatives Association, publicado na Conferência de Mercados Financeiros de 2007 organizada pelo Federal Reserve Bank de Atlanta, 15/maio/2007.

[4] "Slices of Risk: How a Formula Ignited Markets That Burned Some Big Investors", de Mark Whitehouse, *Wall Street Journal*, 12/set./2005.

[5] "A Fund Behind Astronomical Losses", de Serena Ng e Carrick Mollenkamp, *Wall Street Journal*, 14/jan./2008.

[6] "Global Credit Ocean Dries Up", de Ambrose Evans-Pritchard, *The Telegraph*, 28/fev./2006.

[7] "Agency's '04 Rule Let Banks Pile Up New Debt", de Stephen Labaton, *New York Times*, 2/out./2008.

[8] A falência do Bear Stearns foi intensivamente coberta pela mídia, e eu me utilizei de várias fontes. A melhor foi uma série de matérias escritas pela repórter do *Wall Street Journal* Kate Kelly, que também escreveu um excelente livro documentando a derrocada do Bear, *Street Fighters: The Last 72 Hours of Bear Stearns, the Toughest Firm on Wall Street* (Portfolio, 2009).

10 ▪ O FATOR AGOSTO

[1] Praticamente todas as informações deste capítulo saíram de dezenas de entrevistas com os participantes, inclusive muitos que pediram anonimato. Uma série de detalhes dos problemas do PDT foi relatada pela primeira vez em "August Ambush: How Market Turmoil Waylaid the 'Quants'", de Scott Patterson e Anita Raghavan, *Wall Street Journal*, 7/set./2007.

[2] A maior parte das informações sobre o GSAM é baseada em uma entrevista com Katinka Domotorffy, que assumiu o comando do Global Alpha e vários outros fundos quantitativos do GSAM depois que Mark Carhart e Raymond Iwanowski saíram do Goldman em 2009.

[3] Entrevistas com Matthew Rothman.

Notas 401

[4] "Behind the Stock Market's Zigzag–Stressed 'Quant' Funds Buy Shorted Stocks and Sell Their Winners", de Justin Lahart, *Wall Street Journal*, 11/ago./2007.

[5] "Loosening Up: How a Panicky Day Led the Fed to Act–Freezing of Credit Drives Sudden Shift", de Randall Smith, Carrick Mollenkamp, Joellen Perry e Greg Ip, *Wall Street Journal*, 20/ago./2007.

11 ▪ O RELÓGIO DO JUÍZO FINAL

[1] Parte dos detalhes da compra da E*Trade pelo Citadel saíram de "Why Citadel Pounced on Wounded E*Trade", de Susanne Craig, Gregory Zuckerman e Matthew Karnitschnig, *Wall Street Journal*, 30/nov./2007.

[2] O ataque temperamental de Asness na mesa de pôquer se baseia no depoimento de pessoas que participavam desses jogos. Como na outra partida, alguns detalhes foram criados para dar verossimilhança à narração.

[3] Este relato é baseado em entrevistas com Nassim Taleb e Aaron Brown.

[4] O relato é baseado na entrevista com uma pessoa que participou da reunião.

[5] Relato baseado em entrevistas com pessoas que estavam presentes.

[6] Muitos dos detalhes dos últimos dias do Lehman, inclusive esta fala, saíram de "Burning Down His House: Is Lehman CEO Dick Fuld the True Villain on the Collapse of Wall Street?", de Steve Fishman, *New York*, 8/dez./2008.

[7] "Behind AIG's Fall, Risk Models Failed to Pass Real-World Test", de Carrick Mollenkamp, Serena Ng, Liam Pleven e Randall Smith, *Wall Street Journal*, 31/out./2008.

[8] O relato se baseia em uma entrevista com o senador Chuck Schumer.

12 ▪ UMA FALHA

[1] "Risk Transfer and Financial Stability", de Alan Greenspan, comentários feitos na 41ª Conferência Anual sobre Estruturas Bancárias, do Federal Reserve Bank de Chicago, 5/maio/2005.

[2] Vários detalhes do tumulto no Citadel, no final de 2008, se baseiam em uma entrevista com Ken Griffin e em entrevistas com inúmeras pessoas que conheciam a situação do fundo e pediram para ficar anônimas.

Outras informações, incluindo a fala de James Forese, se baseiam em "Citadel Under Siege: Ken Griffin's $15 Billion Firm Was Flirting with Disaster This Fall", de Marcia Vickers e Roddy Boyd, *Fortune*, 9/dez./2009; e "Hedge Fund Selling Puts New Stress on Market", de Jenny Strasburg e Gregory Zuckerman, *Wall Street Journal*, 7/nov./2008; e "A Hedge Fund King Comes Under Siege", de Jenny Strasburg e Scott Patterson, *Wall Street Journal*, 20/nov/2009.

3 Colombo não escreveu "Continuar navegando" em seu diário de 1492.

4 Diversos detalhes dos últimos dias do Saba foram relatados pela primeira vez em "Deutsche Bank Fallen Trader Left Behind $1,8 Billion Hole", de Scott Patterson e Serena Ng, *Wall Street Journal*, 6/fev./2008.

5 Vários detalhes da batalha do AQR em 2008 foram relatados pela primeira vez em "A Hedge-Fund King Is Forced to Regroup", de Scott Patterson, *Wall Street Journal*, 23/maio/2009.

6 Os lucros do Universa foram declarados pela primeira vez em "October Pain Was 'Black Swan' Gain", de Scott Patterson, *Wall Street Journal*, 3/nov./2008.

13 ▪ A OBRA DO DEMÔNIO

1 O relato se baseia em reportagens de primeira mão e em entrevistas com Paul Wilmott.

2 O "manifesto" completo pode ser encontrado no site de Wilmott na internet: http://www.wilmott.com/blogs/eman/index.cfm/2009/1/8/The-Financial-Modelers-Manifesto

3 Entrevista com Charlie Munger.

4 O relato se baseia em uma série de entrevistas com Mandelbrot, em seu apartamento em Cambridge.

5 O relato se baseia num encontro com Ed Thorp em seu escritório e numa reunião subsequente com Thorp e Bill Gross na sede do Pimco. A entrevista apareceu em "Old Pros Size Up the Game–Thorp and Pimco's Gross Open Up on Dangers of Over-Betting, How to Play the Bond Market", de Scott Patterson, *Wall Street Journal*, 22/mar./2008.

14 ▪ *DARK POOLS*

1 Esse relato da noite de pôquer é em primeira mão.

2 "Morgan Stanley Eyes Big Trading Change", de Aaron Lucchetti e Scott Patterson, *Wall Street Journal*, 24/abr./2009.

3 "Renaissance's Simons Delays Retirement Plans", de Jenny Strasburg e Scott Patterson, *Wall Street Journal*, 11/jun./2009.

4 "After Off Year, Wall Street Pay Is Bouncing Back", de Louise Story, *New York Times*, 26/abr./2009.

5 Tirado, em parte, de "Boom in 'Dark Pool' Trading Networks Is Causing Headaches on Wall Street", de Scott Patterson e Aaron Lucchetti, *Wall Street Journal*, 8/maio/2008.

Glossário

Arbitragem: Ato de comprar e vender dois ativos financeiros relacionados de precificação diferente, na expectativa de que os preços vão acabar convergindo. Se a onça do ouro custa US$ 1.000 em Nova York e US$ 1.050 em Londres, um arbitrador vai comprar ouro em Nova York e vendê-lo em Londres. Os quants adotam fórmulas para detectar relações históricas entre ativos como ações, moedas e commodities e fazem apostas de que qualquer ruptura nessas relações irá, com o tempo, voltar ao normal (*ver* **arbitragem estatística**). Apostas como essas são feitas partindo-se da premissa de que o mercado sabe prever o desempenho futuro — o que nem sempre acontece.

Arbitragem estatística (stat arb): Estratégia de operação em que os computadores monitoram as relações entre centenas ou milhares de ações e fazem negócios baseados nessas relações. Os computadores procuram períodos em que as relações de longo prazo se rompem e apostam que a relação vai voltar ao que era antes. Essa estratégia foi elaborada e utilizada pela primeira vez por um programador de computador chamado Gerry Bamberger, no Morgan Stanley, na década de 1980. Ela logo se tornou um dos métodos de negociação mais poderosos e populares já inventados, ajudando a lançar o gigantesco fundo de hedge D.E. Shaw, em Nova York, e vários outros. Peter Muller, no Process Driven Trading do Morgan Stanley, foi um dos traders que mais utilizaram a stat arb. A estratégia implodiu na crise gerada pelos quants, em agosto de 2007.

404   MENTES BRILHANTES, ROMBOS BILIONÁRIOS

Caudas grossas: A volatilidade do mercado geralmente é medida com a utilização de uma curva do sino, que representa a distribuição normal dos movimentos de mercado capturados pelo movimento browniano. As caudas da distribuição — as pontas à esquerda e à direita da curva — se inclinam para baixo. Uma cauda grossa representa um acontecimento do tipo "cisne negro", extremamente improvável, que não é capturado pela distribuição normal e visualmente se caracteriza pelo levantamento de qualquer uma das pontas da curva. Benoit Mandelbrot foi o primeiro a imaginar métodos para descrever esses acontecimentos extremos de mercado na década de 1960, mas foi amplamente ignorado.

Obrigação de dívida colateralizada (CDO): Lotes de valores mobiliários, como hipotecas ou dívidas de cartão de crédito, que são fatiados em vários níveis de risco — do AAA, considerado como o relativamente mais seguro, até BBB e abaixo disso, que são bem mais arriscados. No final da década de 1990 uma equipe de quants no J.P. Morgan criaram CDOs "sintéticas" amarrando swaps de crédito atreladas a títulos de dívida e as fatiando em várias porções de risco. No derretimento do crédito de 2007 e 2008, bilhões de dólares em fatias de CDOs e CDOs sintéticas de alta classificação despencaram em matéria de valor, à medida que um número recorde de devedores deixava de pagar suas hipotecas.

Cópula gaussiana: Modelo desenvolvido pelo engenheiro financeiro David X. Li, que previa as correlações de preços entre as várias fatias de obrigações de dívida colateralizada. As cópulas são funções matemáticas que calculam as conexões entre duas variáveis — em outras palavras, como elas "copulam". Quando X acontece (por exemplo, quando o dono de um imóvel não paga a hipoteca), há uma chance Y de acontecer Z (vizinho também não pagar). As cópulas específicas que Li utilizava foram batizadas em homenagem a Carl Friedrich Gauss, matemático alemão do século XIX conhecido por divisar um método para medir o movimento das estrelas através da curva do sino. As conexões entre os riscos de inadimplência das fatias de CDOs foram, assim, baseadas na curva do sino (uma cópula é, basicamente, uma curva do sino de várias dimen-

Glossário

sões). Na crise de crédito que começou em agosto de 2007, o modelo falhou, à medida que as correlações entre as CDOs passaram a ficar bem mais próximas do que o esperado.

Swap de crédito (CDS): Criado no início da década 1990, esses contratos basicamente forneciam seguros sobre um título de dívida ou lote de títulos. O preço do seguro flutua de acordo com o risco dos títulos. Na virada do século, cada vez mais traders adotaram esses contratos para fazer apostas se um título iria dar calote ou não. No Deutsche Bank, Boaz Weinstein foi o pioneiro no uso dos swaps de crédito como um instrumento para fazer apostas.

Fórmula de Black-Scholes de precificação de opções: Uma fórmula matemática que descreve o preço de uma opção de ação, que é um contrato que dá ao detentor o direito de comprar uma ação (opção de compra, ou *call*), ou vender uma ação (opção de venda, ou *put*), a certo preço, num determinado momento. A fórmula tem vários componentes, um dos quais é a premissa de que o movimento futuro da ação — sua volatilidade — é aleatório e não leva em conta a possibilidade de oscilações bruscas (*ver* caudas grossas).

Fundo de hedge: Veículo de investimento aberto apenas para pessoas ricas ou instituições como fundos de pensão e de doações. Os fundos de hedge tendem a usar quantidades portentosas de alavancagem, ou dinheiro emprestado, e cobram taxas de administração altas, geralmente 2% dos ativos sob administração e 20% ou mais dos lucros. Um dos primeiros fundos de hedge foi lançado em 1949 por Alfred Winslow Jones, um repórter que "hedgeava" suas apostas, assumindo posições compradas e vendidas com várias ações, umas contra as outras. Ed Thorp deu início a um fundo de hedge em 1969 chamado Convertible Hedge Associates, que depois foi rebatizado de Princeton/Newport Partners.

Hipótese dos mercados eficientes (HME): Baseada na ideia de que o movimento futuro do mercado é aleatório, a HME sustenta que todas

406 MENTES BRILHANTES, ROMBOS BILIONÁRIOS

as informações são imediatamente precificadas pelo mercado, o que o torna "eficiente". Como resultado, afirma a hipótese, não é possível para os investidores ganhar do mercado de forma consistente. O principal proponente dessa teoria é Eugene Fama, professor de finanças da Universidade de Chicago, que foi professor de Cliff Asness e de um exército de quants que, ironicamente, partiram para Wall Street para tentar ganhar do mercado nas décadas de 1990 e 2000. Muitos quants utilizavam estratégias semelhantes, derivadas do trabalho de Fama, que acabaram implodindo em agosto de 2007.

Lei dos grandes números: A lei afirma que, quanto mais observações uma pessoa fizer, maior a certeza da previsão. Dez caras ou coroas podem produzir 70% de caras e 30% de coroas. Dez mil caras ou coroas têm uma chance muito maior de se aproximar de 50% de caras e 50% de coroas. Thorp utilizou a LGN para ganhar no vinte e um e depois partiu para utilizá-la em Wall Street. Muitas fórmulas quantitativas se baseiam nela.

Movimento browniano: Descrito pela primeira vez pelo botânico escocês Robert Brown em 1827, ao observar partículas de pólen suspensas na água, o movimento browniano é a vibração aparentemente aleatória de moléculas. Matematicamente, o movimento é um passeio aleatório, no qual a futura direção do movimento — para a esquerda, para a direita, para cima ou para baixo — é imprevisível. No entanto, a média dos movimentos pode ser prevista utilizando-se a lei dos grandes números e é visualmente capturada pela distribuição normal, ou curva do sino. Os quants utilizam a matemática do movimento browniano para prever a volatilidade de tudo, desde a Bolsa de Valores até o risco do balanço de um banco multinacional.

Títulos conversíveis: Valores mobiliários emitidos por companhias que geralmente contêm um componente de renda fixa que paga juros (a parte fixa), assim como um *warrant*, que é uma opção de converter o valor mobiliário em ações, num determinado momento futuro. Na década de 1960, Ed Thorp inventou uma maneira de se precificar os *warrants* que antecipava a fórmula de Black-Scholes de precificação de opções.

Agradecimentos

Parece que milhares de pessoas me ajudaram a fazer este livro, inclusive uma multidão de fontes anônimas de bastidores, que me explicaram o funcionamento interno desses investidores altamente sigilosos. Meu agente, Shawn Coyne, me ajudou a dar vida à ideia e merece um imenso crédito por me ajudar a desenvolvê-la. Meu editor, Rick Horgan, e seu talentoso assistente, Julian Pavia, me deram diversas ideias que ensejaram um saudável pontapé inicial no livro, na hora que ele precisava. Mitch Zuckoff foi um ouvinte ideal e forneceu insights fantásticos sobre como juntar todas as peças e deixar as ideias compreensíveis. Obrigado aos meus editores no *Wall Street Journal*, especialmente Jon Hilsenrath e Nik Deogun, que incentivaram meu interesse em escrever sobre esse estranho grupo de traders; e Anita Raghavan, que me ajudou a abrir as portas do grupo dos quants do Morgan Stanley. Quase que um exército de traders e professores me ajudaram a compreender melhor o mundo dos quants, inclusive Mark Spitznagel, Nassim Taleb, Paul Wilmott, Emanuel Derman, Aaron Brown, Benoit Mandelbrot e muitos outros. Ed Thorp dedicou muito tempo para me ajudar a entender a verdadeira natureza das operações e do gerenciamento dos riscos, assim como sua própria impressionante carreira. Conforme prometido, eu gostaria de agradecer ao ANÔNIMO. E, acima de tudo, à minha mulher, Eleanor, cuja compreensão, paciência e incentivo constante nos últimos anos tornaram este livro possível.

Índice

A. W. Jones & Company, 53

Absolute Return (fundo), 224, 269, 270, 299, 360

Ações da internet, 221, 224, 361

Ações de crescimento x ações pouco valorizadas, 286, 291

Acordo da Basileia, 255

Adams, Justin, 97, 210

ADT Security Services, 158

Ahmed, Shakil, 165, 175, 213, 218

AIG (American International Group), 134, 329

AIG Financial Products (AIG-FP), 134, 330

Alcoa, 291

Aldinger, William, 262

Aleynikov, Sergey, 392

Alfa, 22

Alpha (revista), 22

Alphabuilder (sistema), 22, 105

Amaranth Advisors, 201, 202, 208, 229, 298, 313, 346

American Express, 323

American Home Mortgage Investment, 265

American Management Systems, 237

American Mathematical Society, 41

Análise de sobrevivência, 247

Andresen, Matthew, 199, 314

AOL Time Warner, 191

Applied Quantitative Research Capital Management (AQR), 9, 17, 18, 20, 157, 185, 189, 206, 214, 218, 220-24, 235, 253, 262, 263, 265, 268, 269-72, 276, 277, 281, 282-85, 287, 288-93, 298, 300, 303-07, 309, 310, 313, 316-19, 324-26, 338, 358-60, 38

AQR (*ver* Applied Quantitative Research Capital Management (AQR))

Arbitragem, 55-57, 71, 91

Arbitragem estatística, 62, 99, 123, 131, 160, 161, 167, 170, 196, 394

Arbitragem de estrutura de capital, 193, 194

Arbitragem de títulos conversíveis, 56, 94, 134, 341, 344

ART, 286

Arthur D. Little, 179

Asness, Clifford Scott, 9, 17-8, 19-22, 23, 24, 26, 32, 89, 107, 109-11, 116, 120-3, 142, 155, 157, 175-8, 181-7, 192, 193, 201, 217, 219, 220-6, 228, 230, 231, 234, 235, 256, 262, 266, 268, 269, 270-2, 281, 286-8, 291, 293, 298-9, 300-2, 309, 310-2, 315-7, 319, 325, 326, 337, 338, 346, 357-9, 360-3, 381, 383, 387, 388

Astashkevich, Alexander, 154

410 MENTES BRILHANTES, ROMBOS BILIONÁRIOS

Automated Proprietary Trading (APT), 64-7, 149, 169
Avenue Capital Group, 17
Ax, James, 147, 363
Axcom Ltd., 147

Bachelier, Louis, 47-9, 51, 59, 81, 113, 115, 375
Bacon, Louis Moore, 93
Bahl, Lalit, 151
Baldwin, Roger, 35
Bamberger, Gerry, 62-3, 66, 163, 166, 245, 393
Banco do Japão, 253
Bank of America, 220, 269, 329
Bank of New York Mellon, 349
Bankers Trust, 125
Barbarians at the Gate (Burrough e Heylar), 76
Barclays (banco), 327, 331, 390
Barclays Global Investors, 276, 283, 391
Barnett, Robert, 354
Barr Rosenberg Associates, 102
BARRA Inc., 22, 100-6, 142, 163, 209, 231
Basileia (acordo), *ver* Acordo da Basileia
Basis Capital Fund Management, 264
Baum, Lenny, 145
Baum-Welch, algoritmo de, 146
Bear Stearns, 26, 131, 134, 259, 263, 264, 281, 284, 310, 311, 321-3, 339, 345, 349, 350, 380
Beat the Dealer: A Winning Strategy for the Game of Twenty-One (Thorp), 42, 44, 67, 122, 124, 187, 191, 236, 378
Beat the Market: A Scientific Stock Market System (Thorp e Kassouf), 51, 54, 58, 67, 95, 122, 378, 379, 383
Beazer Homes USA, 291
Beeson, Gerald, 338, 342, 344, 347
Bell Labs, 138
Belopolsky, Alexander, 153
Benson, Alan, 272, 273, 288, 303, 353

Berger, Adam, 362
Berkshire Hathaway, 52, 108, 193, 269, 350, 374, 380
Berlekamp, Elwyn, 147, 363
Bernanke, Ben, 25, 331
Bernard L. Madoff Investment Securities, 89
Beta, 22, 111, 117, 119
Bistro (Broad Index Security Trust Offering), 245, 246
Black, Fischer, 58, 74, 86, 104, 115, 119, 158, 176, 177, 180, 372
Black, Steven, 326
Black Swan Protocol Protection (plano), 365
Blackjack, *ver* Vinte e Um
BlackRock, 189
Blackstone Group, 204, 206, 226
Blankfein, Lloyd, 339, 350
Bloom, David, 253
Bloomberg, Michael, 158, 205
BNP Paribas, 297
Bolha dos Mares do Sul, 27
Bolsa de Algodão de Nova York, 80
BOSS Partners, 66
Brewster, Caleb, 143
Brown, Aaron, 10, 137-9, 235, 241, 246, 282, 288, 307, 319
Brown, Peter, 151, 385
Brown, Robert, 47, 59, 128
Bruck, Connie, 76
"Bubble Logic: Or, How to Learn to Stop Worrying and Love the Bull" (Asness), 221-4
Buffett, Warren, 15, 52, 108, 118, 133, 193, 203, 269, 311, 350, 374, 377, 380
Bunning, David, 161
Burnett, Erin, 268
Burrough, Bryan, 76
Bush, George W., 182, 333, 354
Busson, Arpad "Arki", 186

Cadernetas de poupança, 238
Campos, Roel, 257

Índice

Canadian Imperial Bank of Commerce (CIBC), 247, 248
Cantey, Wilbert, 35
Caos, teoria do, 164, 389
Capital asset pricing model (CAPM), 117, 119, 120, 364
Carhart, Mark, 183, 271, 272, 277, 293
Carnegie Mellon, 183
Carry trade, 225, 253, 254, 268, 277, 296
Caudas grossas, 82, 216, 275, 321, 374, 389
Caxton Associates, 93, 286
Cayne, Jimmy, 322
CDOs (*ver* Collateralized debt obligations [CDOs])
CDOs sintéticas, 244, 246, 248, 258
CDS (*ver* Credit default swaps [CDS])
Center for Public Integrity, 252
Center for Research in Security Prices (CRSP), 111, 118
Chalkstream Capital Group, 365
Chamadas de margem, 284, 297, 306, 331
Chapel Funding, 231
Cheng, Minder, 391
Chern, Shiing-Shen, 145
Chern-Simons, teoria de, 145
Chicago, Escola de (*ver* Escola de Chicago)
China Investment Corporation, 385
Chriss, Neil, 19, 184, 192, 193, 214, 215, 217, 316, 319, 385, 386
Cioffi, Ralph, 263, 364, 384
Cisco Systems, 223
Cisnes negros, 84, 375, 390
Citadel Derivatives Group Investors, 199, 314
Citadel Investment Group, 9, 16, 57, 92, 158, 198, 380
Citigroup, 26, 134, 171, 218, 246, 254, 255, 258, 310, 339
Clark, Arthur C., 39
Cloutier, T. J., 14, 23, 385
Códigos binários, sistema de, 37

Cohen, Steve A., 19
Collateralized debt obligations (CDOs), 232, 233, 234, 235, 243, 244, 246, 247, 248, 249, 250, 251, 252, 254, 258, 260, 261, 263, 264, 265, 284, 309, 330, 354, 355, 390
Collins, Jim, 200
Commodity Corporation, 93
Continental Illinois, 70
Convertible Hedge Associates, 55, 96
Cooper, Tom, 106
Cootner, Paul, 82, 83, 374-6
Correlação, 231, 233, 247, 248, 250, 252, 260
Countrywide Financial, 265, 268, 269, 304
Cox, Christopher, 334, 344
Cramer, Jim, 268
Crawford, Steve, 255
Credit default swaps (CDS), 125, 243, 247, 249, 340, 351, 352, 354, 355
Crouhy, Michael, 248
Cruz, Zoe, 259, 289
Criptografia, 153
Curva do sino, 49, 59, 80, 81, 82, 115, 130, 133, 248, 374, 375, 389

D. E. Shaw, 65, 66, 167, 224, 276, 292, 322
Daily Telegraph, 253
Dall, Bob, 239
Dark pools, 3381, 393, 394
Dealbreaker, 358, 359
Dean Witter Discover & Company, 254
Della Pietra, Stephen, 151
Della Pietra, Vincent, 151
Delta hedging, 57, 58, 63, 96
DeLucia, David, 124
Derivativos de crédito, 21, 124, 126, 127, 134, 188, 189, 190, 242, 245, 248
Derman, Emanuel, 86, 372
Deutsche Bank, 9, 19, 26, 125, 134, 135, 157, 187, 188, 189, 190, 192, 193, 194, 197, 201, 202, 227, 228, 229, 230, 231,

233, 248, 256, 266, 327, 341, 350, 365, 382, 383

Diamond, Bob, 327

Discovery Educational Systems, 95

Distribuição de Lévy, 81, 216

Dívida russa, calote da, 131, 135, 189, 245

Dobrar a aposta, 40

Dodd, Christopher, 331, 332

Donaldson Lufkin Jenrette, 124

Dow Jones, índice, 25, 69, 73, 83, 254, 268, 291, 296, 305, 367

Dresdner Kleinwort, 201

Drexel Burnham Lambert, 87, 138

EarthWeb Inc., 219

Economist, The, 225

Einhorn, David, 16, 23, 200

Einstein, Albert, 47, 49, 58

Elsesser, Kim, 163-5, 167-8, 172, 174, 211

Empirica (fundo), 215

Enron, 162, 190, 191, 201, 202, 346

Entropia, lei da, 38

Equity Office Properties, 204

Escola de Chicago, 180, 311

E*Trade Financial, 312, 313, 314, 339, 346

Eurodólares, contratos futuros de, 171, 215

Exchange-traded funds (ETFs), 390

Falcone, Philip, 353

Fama, Eugene, 51, 76, 104, 107-9, 110-2, 114-9, 120, 121, 131, 142, 150, 179, 181, 182, 223, 269

Fan, Colin, 350

Fannie Mae, 351

Farmer, Doyne, 164, 167, 169, 389

Federal Reserve, 25, 69, 133, 159, 219, 268, 276, 305, 321, 323, 327, 333, 347

Felicidade Não se Compra, A (filme), 238

Fidelity Investments, 115

Finanças comportamentais, teoria das, 388

"Financial Modelers' Manifesto, The" (Wilmott e Derman), 372

Fogueira das Vaidades, A (Wolfe), 76

Ford (montadora), 62, 63, 220, 351

Forese, James, 339, 342

Fórmula Black-Scholes de precificação de opções, 114, 115

Fortress Investment Group, 204

Fortune (revista), 53, 162, 205

Fraser, Laurel, 220

Freddie Mac, 310, 351

French, Kenneth, 111, 116-9, 120, 142, 286, 325

Frey, Robert, 67, 149, 155, 166

Friedman, Jacques, 270

Friedman, Milton, 60

Fuld, Dick, 323, 324, 326, 327, 330

Fuld, Kathy, 324

Fundos de pensão, 26, 71, 72, 88, 186, 197, 224, 238, 249, 330

Gás natural, preços do, 201

Gates, Bill, 237, 321

Gauss, Carl Friedrich, 248

Gauss, cópula de, 248

Geffen, David, 203

Geithner, Timothy, 327

General Electric, 94, 351

General Motors, 62, 101, 126, 194, 340, 351

Generalized Autoregressive Conditional Heteoscedasticity Model [modelo de heterocedasticidade condicional autorregressiva generalizada] (GARCH), 215

Gerard, Ralph, 53

Giuliani, Rudolph, 87, 92

Glass-Steagall (lei de 1933), 190

Glenwood Capital Management, 92

Global Alpha (fundo), 22, 177, 181, 182, 183, 184, 185, 197, 225, 253, 256, 271, 277, 286, 287, 293, 302

Global Equity Opportunities (fundo), 271, 277

Índice

Goldman Sachs, 17, 18, 26, 66, 67, 74, 86, 115, 119, 121, 122, 124, 131, 134, 142, 179, 181, 186, 197, 204, 206, 225, 228, 230, 248, 256, 259, 264, 270, 281, 286, 303, 305, 331, 332, 339, 341, 344, 349, 350, 368, 372, 392

Goldman Sachs Asset Management (GSAM), 19, 121, 192, 276, 287, 302

Golkin, Saul, 96

Gorton, Gary, 331

Gowen, Clonie, 14, 20, 23, 24, 385

Graham, Benjamin, 53, 311, 368

Grande Bolha dos Fundos de Hedge, 26

Grande Depressão, 27, 53, 61, 111, 261

Grantham, Jeremy, 368

Greenberg, Ace, 188

Greenlight Capital, 16, 199

Greenspan, Alan, 25, 69, 85, 159, 219, 333-8, 353, 388

Gregory, Joe, 324

Griffin, Anne Dias, 162, 313

Griffin, Ken, 9, 16, 57, 67, 92, 93, 157, 158, 161, 162, 193, 198, 203, 208, 210, 218, 226, 265, 276, 298, 312, 315, 338, 339, 353, 354, 363, 378, 381

Gross, Bill, 122, 377

Gutfreund, John, 139

Hand, Eddie, 42

Harbinger Capital, 353

Hedge Fund Research, 360

Helyar, John, 76

Herron, Natasha, 214

Hibbs, Albert, 33

Hintz, Brad, 390

Hipótese dos mercados adaptativos, 388

Hipótese dos mercados eficientes (HME), 51, 104, 107, 109, 112, 114, 120, 121, 223, 364, 368, 369, 387

Houthakker, Hendrik, 79, 80, 82

"How Did Economists Get It So Wrong" (Krugman), 369

HSBC Finance Corporation, 262, 310

HSBC Holdings, 262

Hubler, Howard, 259, 260, 264, 310

Hull, Blair, 67

Hume, David, 124

Hunter, Brian, 201, 229

Hurst, Brian, 176

Hutchin Hill Capital, 385

IBM, 50, 55, 72, 79, 81, 89, 95, 117, 151, 273, 385

Icahn, Carl, 17

Illinois Income Investors (III/Triple I), 93, 97, 98

Iludido pelo Acaso (Taleb), 84, 214

Imóveis, preços dos, 25, 225, 231, 252, 276 (*ver também* Mercado de hipotecas subprime)

IndyMac Bancorp, 262

Inside Mortgage Finance, 260

Institute for Defense Analysis (IDA), 144

Institutional Investor, 362

Instituto Courant, 183

Investidor Inteligente, O (Graham), 53

Island ECN, 199

Israel, Ronen, 270

Iwanowski, Ray, 183, 271, 272, 277, 293

J. P. Morgan, 126, 129, 134, 188, 242, 244, 245, 246, 248, 259, 276, 323, 326, 340, 347, 389

Jackwerth, Jens Carsten, 77

Jain, Anshu, 193, 350

Janela de redesconto, 305

Jones, Alfred Winslow, 53-54, 55

Jones, Paul Tudor, 93

Jones, Robert, 74, 287

Journal of Fixed Income, 248

Journal of the American Statistical Association, 35

Kabiller, David, 184, 185, 288, 299

Kahneman, Daniel, 388

Kassouf, Sheen, 46, 51, 56-58

Kelly, John, Jr., 40-41, 57, 60, 147, 379

Kendall, Maurice, 113

Kensington (fundo), 159, 160, 200, 340, 348, 382

Kepler Financial Management, 149

Kerkorian, Kirk, 195

Kerviel, Jérôme, 321

Keynes, John Maynard, 11

Khandani, Amir, 317

Kidder, Peabody & Company, 137, 138, 141

Kimmel, Emmanuel "Manny", 42, 43, 62

Kirk, Alex, 327

Korea Development Bank, 326

Kovner, Bruce, 93

Krail, Robert, 176, 186

Krispy Kreme Doughnuts, 117, 291

Krizelman, Todd, 219

Krochuk, Tim, 292

Krugman, Paul, 369

Lances Inocentes (filme), 123

Larson, Jeffrey, 206

Lasry, Marc, 17

Laufer, Henry, 148, 155

Lehman Brothers, 26, 131, 134, 256, 259, 282, 294, 296, 310, 311, 322, 323, 326, 338, 339, 340, 346, 349, 360, 365, 380, 390

Lei das Companhias de Investimento, 53

Lei do Preço Único (LPU), 56

Lei dos Grandes Números, 31, 49, 116, 119, 148, 248

Lei Glass-Steagall, 190

Leland, Hayne, 71-72

Leland, John, 71

Leland O'Brien Rubinstein Associates Inc. (LOR), 72

Lepercq, de Neuflize & Company, 238

Levin, Asriel "Uzi", 283

Levin, Bess, 358

Lévy, distribuição de, 81

Lévy, Paul, 81

Lewis, Michael, 76, 138

Li, David X., 247

Liew, John, 176, 186, 214, 288, 289, 299, 325

Lipper TASS Database, 285

Lippmann, Greg, 266

Litowitz, Alec, 161, 251

Livre mercado, dogma libertário do, 337, 338

Lo, Andrew, 110, 317, 355, 388

Loeb, Daniel, 199, 200

Long-Term Capital Management (LTCM), 84, 128, 160, 186, 245, 286, 299, 305, 318, 337, 342, 380

Lowenstein, Roger, 132

LTCM (ver Long-Term Capital Management [LTCM])

Lynch, Peter, 15, 108

Mack, John, 165, 254, 255, 257, 258, 289, 350

Madhavan, Ananth, 391

Madoff, Bernard, 89, 358

Magellan (Fidelity Mangellan) (fundo), 108

Magnetar Capital, 161, 250

Mahjouri, Mani, 325

Maisel, Herbert, 35

Malkiel, Burton, 114

Malyshev, Misha, 199, 298, 314, 348, 392

Mandelbrot, Benoit, 10, 78, 79, 80-4, 216, 275, 320, 374, 375, 376

Maptest, 228

Markov, Andrey, 146

Markov, processo de, 146

Markov, processo oculto de, 146

Markowitz, Harry, 111, 128

Martingale (sistema de aposta), 40

Mattu, Ravi, 328

McDade, Herbert "Bart", 324, 327

McDermott, James, 35

Medallion (fundo), 93, 104, 144, 147, 149, 150, 153, 154, 155, 168, 199, 288, 297, 363, 384

Índice

Melamed, Leo, 69-70
Mendelson, Michael, 262, 270, 271, 299
Menta Capital, 283
Mercado de hipotecas subprime, 207, 260, 306
Mercer, Robert, 151, 152, 385
Meriwether, John, 128, 129, 130, 131, 139
Merrill Lynch, 64, 97, 113, 123, 134, 264, 310
Merton, Robert, 60, 85, 104, 114, 128, 158, 179
Meyer, Frank, 91-92, 98, 159
Midas, 166, 167, 171, 175, 218, 274, 392, 336
Milken, Michael, 16, 87, 138, 381
Miller, Merton, 112
Mitsubishi UFJ Financial Group, 350
Monemetrics, 146
Moore Capital Management, 93
Morgan Creek Capital Management, 347
Morgan Stanley, 9, 15, 19, 21, 26, 62, 65, 105, 106, 134, 142, 149, 157, 163, 164, 166, 168, 169, 174, 175, 184, 197, 201, 210, 214, 235, 236, 245, 248, 254, 256, 259, 261, 264, 278, 280, 309, 339, 344, 349, 384, 386
Morningstar, 389
Movimento browniano, 47, 49, 50, 59, 80, 82, 86, 112, 113, 115, 130, 375
Mozilo, Angelo, 268
MSCI BARRA, 389
Muller, Peter, 9, 13, 67, 89, 99, 105, 155, 157, 163, 174, 175, 184, 192, 201, 209, 230, 255, 256, 258, 274, 278, 289, 296, 300, 315, 319, 349, 383, 384, 389, 393
Munger, Charlie, 374
My Life as a Quant (Derman), 86

Nash, John, 35
National Academy of Sciences, 36
Neilson, Lars, 270
NetJets, 193, 217, 226

New Century Financial, 207, 260
New York Times, revista do, 18, 145, 226, 369
Newhouse, S.I., 203
Newsweek, 76
Newton, Isaac, 20, 27
Nickerson, Ken, 165, 166, 175
Normal Two-Dimensional Singularities (Laufer), 149-50
Nova (fundo), 166

"OAS Models, Expected Returns, and a Steep Yield Curve" [Modelos de Spreads Ajustados por Opções, Retornos Esperados e Uma Grande Curva de Rentabilidade] (Asness), 122
Obama, Barack, 267, 327, 354, 367, 394
O'Brien, John, 72
Obrigações hipotecárias colateralizadas (CMOs), 240
O'Connor, Terrence, 97
"On Credit Default Correlation: A Copula Function Approach" [Sobre as Correlações de Inadimplência de Crédito: Uma Abordagem com Função Cópula] (Li), 248
Operações de alta frequência, 148, 392
Opções de compra (*calls*), 45, 89
Overstock.com, 291

Pacific Mutual Life, 379
Pandit, Vikram, 171, 175, 218
Paraschivescu, Andrei, 23
Paternot, Stephan, 219
Patterson, Nick, 152
Paulson, Henry, 182, 183, 256,
Paulson, John, 353
Paulson & Company, 353
PDT (*ver* Process Driven Trading [PDT])
Pelosi, Nancy, 331
Pimco, 122, 229, 362, 377-9, 380
Poker Face of Wall Street, The (Brown), 262, 319

416   MENTES BRILHANTES, ROMBOS BILIONÁRIOS

Portfolio System for Institutional Trading (POSIT), 154

Predator's Ball, The (Bruck), 16, 76

Prediction Company, 164, 167

Prince, Chuck, 218

Princeton/Newport, 61, 62, 66, 75, 87, 88, 92, 94, 98, 160

Process Driven Trading (PDT), 9, 15, 22, 163, 165, 166, 168-72, 174, 210, 224, 228, 265, 274, 279, 289, 290, 292, 293, 296, 300, 349, 350, 365, 384, 386, 391, 403

Purcell, Phil, 254

Quantitative Research Group (QRG), 176

Rabobank, 242

Random Character of Stock Market Prices, The (org. Cootner), 47, 82

Random Walk Down Wall Street, A (Malkiel), 114

Ranieri, Lewis, 138, 239

Reagan, Ronald, 71

Rechtschaffen, Andrew, 199

Reconhecimento de voz, 10, 14, 151, 153, 385

Reed, Mike, 165, 166, 170, 274, 292

Regan, Jay, 54, 58, 61, 62, 66, 67, 87

Regra dos três, 238

Reid, Harry, 331

Relação preço/valor contábil, 118, 220

Renaissance Institutional Equities Fund (RIEF), 285, 297, 384, 385

Renaissance Technologies, 10, 14, 67, 93, 104, 142, 143, 147, 150, 152, 166, 224, 306, 322

Reservas de capital, exigências de, 257

Resolution Trust Corporation, 242

Revolução da era Reagan, 73

Ridgeline Partners, 130, 160, 198

Rieger, Adrienne, 358, 362

Risco sistêmico, 317, 391

Risk (revista), 188

RiskMetrics, 242

Robertson, Julian, 93, 186

Roleta, 33-34, 39, 164

Rosenberg, Barr, 101, 158

Rothman, Matthew, 282-6, 294, 303, 319, 328, 390

Rubin, Robert, 179

Rubinstein, Mark, 72, 77

Rudd, Andrew, 105

Russell, Joe, 312, 339

Rukeyser, Louis, 123, 188

S&P500, 51, 58, 61, 62, 70, 72, 73, 75, 87, 108, 170, 223, 252, 360, 361

Saba Capital Management, 382-3

Salomon Brothers, 126, 128, 131, 142, 158, 258

Samuelson, Paul, 113, 150

Sanders, Bernie, 336

Savage, Leonard "Jimmie", 113

Saxon Capital, 258

Scholes, Myron, 58, 85, 128, 132, 179, 212

Schumer, Chuck, 331-2

Schwartz, Alan, 322

Schwarzman, Stephen, 204-6

Securities and Exchange Commission (SEC), 46, 54, 154, 227, 257, 259, 270, 334, 344, 391

Securitização, mercado de, 231, 232, 235, 240, 241, 242, 246, 252, 254, 258, 297

Segunda-Feira Negra (19/out/1987), 71, 75, 77, 84, 85, 86, 96, 115, 147, 215, 296, 304, 342

Seguro de carteira,134

Shannon, Claude Elwood, 36, 37, 147

Sharpe, William, 111, 117

Shaw, David, 64, 65, 93, 393

Shearson Lehman Brothers, 73

Sierra Partners, 92

Simons, James Harris (Jim), 10, 14, 26, 67, 93, 104, 144, 157, 168, 288, 297, 353, 363, 364, 384, 393

Sinha, Gyan, 263

Sistema X, 380

Smelcer, Wilma, 70

Smith, Adam, 335

Smith, Derek, 230

Smith, Harold, 43

Snyder, Dan, 162

Société Générale, 321

Soros, George, 16, 54, 93, 125, 133, 353, 354

Sorriso da volatilidade, 85-86

Sosnick, Aaron, 286

Sowood Capital Management, 206

Spitznagel, Mark, 364

Stevens, Chip, 187

Stevens, Ross, 176

Susquehanna International Group, 95

T. Rowe Price, 115

Tactical Trading (fundo), 199, 298, 314, 348, 357, 392

Taleb, Nassim Nicholas, 84, 214, 319

Tallmadge, Benjamin, 143

Tanemura, Ronald, 126, 189

Tannin, Matthew, 263

Tartaglia, Nunzio, 63-67, 149, 163, 166, 169, 255

Taser International, 291

Taxa de fundos federais, 305

Taxas de juros, 142, 159, 189, 219, 224, 225, 296, 305, 310, 321, 334, 337, 361

Taxas de juros ajustáveis, 252

Taylor, Fred, 66

Taylor, Maxwell, 145

"Teoria da Especulação, A" (Bachelier), 47

Teoria da informação, 37-38, 153

Teoria das cordas, 145

Teoria das probabilidades, 31

Teoria do caos, 164

Teoria do passeio aleatório, 86, 108

Tesouro americano, títulos do, 50, 128, 131

Texas Instruments, 60

Theglobe.com, 219

Theobald, Tom, 71

Thorp, Edward Oakley, 10, 29, 32, 36, 41, 54, 66, 67, 82, 87, 88, 91, 94, 95, 98, 102, 124, 125, 130, 134, 142, 147, 158, 160, 161, 191, 194, 197, 200, 236, 237, 248, 341, 344, 358, 374, 376, 378, 380, 383

Tiger Management, 93, 186

Time Warner, 191, 278, 290

Total Securitization (newsletter), 251

Townsend, Robert, 143

Tracinda Corporation, 195

Travelers Group, 131

Tribune Company, 351

Trout, Monroe, Jr., 176

"Turbulent Times in Quant Land" (Rothman), 296

Tuttle, Jaipal, 169, 170, 174

Tversk, Amos, 388

Tykhe Capital, 288

UBS, 134, 281

Universa Investments, 364

Value-at-Risk (VAR), 130, 132, 352, 389

"Variation of Certain Speculative Prices, The" (Mandelbrot), 81

Venda a descoberto, definição de, 273

Viniar, David, 304

Vinte e Um (blackjack), 19-20, 29, 30-2, 35-7, 40, 41, 43, 44, 46, 49, 57, 62, 67, 92, 122, 124, 148, 182, 187, 188, 191, 236, 238, 248, 377, 379

Volatilidade, 50, 53, 59, 76, 80, 84, 85, 111, 115, 119, 129, 130, 142, 155, 199, 216, 224, 250, 275, 277, 282, 293, 318, 321, 341, 349, 365, 390

Volatilidade, sorriso da, 85

Volfbeyn, Pavel, 153

Vonage Holdings, 291

Waitzkin, Joshua, 122-23

Walford, Roy, 33

Wall Street (filme), 76

418   MENTES BRILHANTES, ROMBOS BILIONÁRIOS

Wall Street Journal, 61, 76, 100, 251, 292, 296, 305, 313, 319, 355, 384, 391

Wall Street with Louis Rukeyser (programa de televisão), 123

Walt Disney, 291

Wang, Bing, 191, 195

Warrants de ações, precificação de, 53, 179, 237, 374

Washington, George, 143

Washington Mutual, 262, 339, 340

Weapons Systems Evaluation Group [Grupo de Avaliação de Sistemas de Armamentos], 144

Weinstein, Boaz, 9, 19, 26, 89, 122, 134, 157, 187, 197, 227, 230, 235, 245, 256, 272, 327, 340, 343, 350, 381

Welch, Lloyd, 146

"We're Not Dead Yet" (Asness e Berger), 362

Whalen, Christopher, 207

"What Happened to the Quants?" (Lo e Khandani), 318

When Genius Failed (Lowenstein), 132

White, Harrison, 237

Whitehouse, Kaja, 296

Wilmott, Paul, 10, 367, 369, 370, 372

Wilson, Charlie, 237

Winkler, Charlie, 202

Wolfe, Tom, 76

Wong, Amy, 165, 274, 275, 290

Woodward, Bob, 354

WorldCom, 190

Yeh, James, 345

Young, Stanley, 391

Yusko, Mark, 347

Este livro foi composto na tipografia
Minion Pro, em corpo 11/15,5, e impresso em
papel off-white no Sistema Digital Instant Duplex
da Divisão Gráfica da Distribuidora Record.